V. S. Naipaul

Briefe zwischen Vater und Sohn

V. S. Naipaul

Briefe zwischen Vater und Sohn

Aus dem Englischen
von Kathrin Razum und Claus Varrelmann

Claassen

Die Originalausgabe erschien 2001 unter dem Titel
Letters Between a Father and Son
bei Little, Brown & Company, London

Der Claassen Verlag ist ein Unternehmen der
Econ Ullstein List Verlag GmbH & Co. KG

ISBN: 3-546-00324-1

Gesetzt aus der Caslon 540 bei Franzis print & media, München
Druck und Bindung: Pustet, Regensburg

Inhalt

Familienstammbäume

Seepersad Naipaul – V. S. Naipauls Vater (1906–1953)

Persad (oder Ramparsad als literarische Figur »Rapooche«)	Sein älterer Bruder
Hari	Sein jüngerer Bruder
Phoowa	Die Schwester seines Vaters
Sookhdeo	Ein wohlhabender, angeheirateter Verwandter, der Ehemann von Seepersads Tante mütterlicherseits

Droapatie Capildeo – V. S. Naipauls Mutter (1913–1991)

Die siebte von neun Töchtern und das siebte von elf Kindern. Im Einzelnen:

1. Rajdaye
2. Ramdoolarie, geschiedene Frau von Dinanath (der als Vorbild für Seepersads »Gurudeva« in *The Adventures of Gurudeva* diente)
3. Dhan, die Mutter von Owad (der später Anwalt wird)
4. Koonta, die Mutter von Boysie (der später Arzt wird)
5. Ahilla, die Mutter von Deo und Phoolo
6. Calawattee, Ehefrau von Ramnarace
7. Droapatie
8. Simbhoo (Capo S.), der ältere Bruder, Vater von Deven, Suren und Sita (Anwalt und Politiker; 1950/51 Aufenthalt in England)
9. Tara, die achte Tochter
10. Rudranath (Capo R.), der jüngere Bruder (Mathematikdozent an der London University, 1939 mit einem Stipendium nach England gekommen)
11. Binmatie, die neunte Tochter

Seepersad Naipaul = Droapatie Capildeo

Kamla	Vidia	Sati	Mira	Savi	Shiva	Nalini
(1930–)	(1932–)	(1934–1984)	(1936–)	(1938–)	(1945–1985)	(1952–)

Einleitung

Es ist eine heikle Aufgabe, eine Einleitung zu dieser ebenso außergewöhnlichen wie bewegenden Korrespondenz zwischen Vater und Sohn zu schreiben. Die Briefe von dem älteren Mann, der durch die langjährige Verantwortung für eine große Familie und den Kummer über seine unerfüllt gebliebenen Ambitionen gezeichnet ist, und dem jüngeren Mann, der sich auf der Schwelle zu einer großen, facettenreichen literarischen Karriere befindet, enthalten einiges von dem Rohmaterial für einen der besten, zeitlosen Romane des zwanzigsten Jahrhunderts: V. S. Naipauls *Ein Haus für Mr Biswas*. Zugleich würdigen die Briefe Seepersad Naipauls schriftstellerische Leistung, nicht nur, indem sie die Entstehung seines einzigen veröffentlichten Buches *The Adventures of Gurudeva* dokumentieren, sondern auch, vielleicht noch eindrucksvoller, indem sie zeigen, dass er mit Leib und Seele Literat war. Die Welt der Gedanken, die Welt des Schriftstellers, bedeutete Seepersad Naipaul (Pa) alles: Mit seiner ganz eigenen Stimme das Tun und Treiben von Männern und Frauen treffsicher, humorvoll und wohlwollend zu schildern hieß für ihn ein nobles Leben führen. In seinem älteren Sohn Vidia spiegelt sich diese Überzeugung auf wundersame Weise wider – wundersam, da hier ganz offensichtlich nicht ein Sohn in die Fußstapfen seines Vaters tritt oder vom Vater gedrängt wird, dies zu tun. Vielmehr scheinen die beiden Männer nebeneinander herzugehen, und zwar ohne jegliche Befangenheit, obwohl sie doch zwei unterschiedlichen Generationen angehören und Vidia erst siebzehn war, als der vorliegende Briefwechsel seinen Anfang nahm. Der Altersunterschied und Seepersads vorzeitiger Tod haben es Vidia ermöglicht, schon früh zu würdigen, was er seinem Vater alles verdankt, und er hat dies in seinem Werk auf unterschiedlichste Weise getan. Zugleich tritt in diesem Briefwechsel ein Vater zutage, der sich seinem Sohn indirekt und intuitiv erkenntlich zeigt: Pas liebevolle Anteilnahme an Vidias Leben ist eine großzügige und treue Würdigung des scharfen Verstands, der Aufgeschlossenheit und Empfindsamkeit des jüngeren Mannes.

Der wesentliche Teil der Korrespondenz umfasst kaum mehr als drei Jahre, einen Zeitraum, der sich grob durch zwei Ereignisse eingrenzen lässt: Einerseits Vidias Abreise aus Trinidad 1950, als er die Insel – zum ersten Mal – verließ, um mit einem staatlichen Stipendium in Oxford zu studieren, andererseits durch Seepersads unerwarteten Tod im Jahre 1953, in dessen Folge Vidia von der Universität abging. Als eine Art Postskriptum ist eine Auswahl von Briefen angefügt, die Vidias weitere Entwicklung während der folgenden drei Jahre dokumentieren, bis hin zur Annahme seiner ersten beiden Bücher durch einen englischen Verlag.

Folgenreiche Jahre... Staatliche Stipendien waren rar. Da sie eine Gelegenheit darstellten, den Beschränkungen der kleingeistigen, rückständigen Gesellschaft Trinidads zu entfliehen, waren sie sehr begehrt und heiß umkämpft. »Rückblickend«, schrieb Vidia im Dezember 1950 nach seinem ersten Trimester in Oxford, »erkenne ich, was für eine enorme Leistung ich damals vollbracht habe.« Nicht weniger enorm war wohl der Schritt von einem Leben in einer Trinidader Großfamilie zum Leben im England der Nachkriegszeit (im Mutterland) – in Oxford, dem Standort der Morris-Werke und einer Universität, die ihre Studenten primär aus den englischen Privatschulen rekrutierte.

In *Finding the Centre* (1984) [*Die Mitte finden*] – in den hier veröffentlichten Briefen stößt man immer wieder auf

Seepersads Ermahnung an seinen Sohn, er möge seine »Mitte bewahren« – schreibt Vidia in dem Essay »Prolog zu einer Autobiographie« über seinen Vater und die Situation der Familie:

»Während eines Großteils seines Arbeitslebens war er Journalist. Für einen in Trinidad lebenden Inder seiner Generation war das ein ungewöhnlicher Beruf. Mein Vater wurde 1906 geboren. Damals waren die Inder auf Trinidad eine separate Gemeinschaft, größtenteils Hindi sprechende Landbewohner, die auf den Zuckerrohrplantagen im zentralen und südlichen Trinidad arbeiteten. Viele dieser Inder waren in Indien geboren und als Kontraktarbeiter für fünf Jahre nach Trinidad gekommen.

1929 begann mein Vater, hin und wieder für den *Trinidad Guardian* Artikel über das Leben der Inder zu schreiben. 1932, im Jahr meiner Geburt, wurde er Korrespondent des *Guardian* in dem kleinen Marktflecken Chaguanas. Chaguanas befand sich mitten im Gebiet des Zuckerrohranbaus, im Gebiet der Inder auf Trinidad. Hier hatte sich die Familie meiner Mutter etabliert. Die Kontraktarbeit lag längst hinter ihnen; sie waren Großgrundbesitzer.

Etwa zwei Jahre nach meiner Geburt verließ mein Vater die Redaktion des *Guardian*. Einige Jahre lang übernahm er Gelegenheitsarbeiten, mal bewegte er sich dabei im Umfeld der Familie meiner Mutter, mal griff er, wie früher oft, auf die Hilfe eines angeheirateten Onkels zurück, eines wohlhabenden Mannes, der Gründer und Teilhaber des größten Busunternehmens der Insel war. Selber ein mittelloser Mann, zu dessen nächsten Verwandten noch Landarbeiter zählten, war mein Vater sein Lebtag zwischen diesen beiden mächtigen Familien gefangen, nie wirklich unabhängig, nie wirklich anerkannt.

1938 wurde mein Vater erneut vom *Guardian* eingestellt, diesmal als Stadtreporter. Und wir – mein Vater, meine Mutter und ihre fünf Kinder, eine eigene kleine Familieneinheit innerhalb der Großfamilie meiner Mutter, zogen nach Port of Spain, in das Haus, das meiner Großmutter mütterlicherseits gehörte. Und jetzt lernte ich meinen Vater kennen.«

1945 kam ein sechstes Kind zur Welt, Vidias einziger Bruder Shiva, und 1952 erfuhr Vidia in Oxford – zunächst durch einen (in diesem Buch abgedruckten) Brief seiner älteren Schwester Kamla – von der bevorstehenden Geburt eines siebten Kindes, nämlich Nalinis, der fünften Tochter der Familie. Vidias Mutter, Droapatie Capildeo (Ma), war ebenfalls ein siebtes Kind, die siebte von neun Töchtern. Die Mitglieder der vielköpfigen Capildeo-Sippe – insbesondere Mas jüngere Brüder Simbhoo (Capo S.) und Rudranath (Capo R.) – treten in den Luftpostbriefen, die von Port of Spain nach Oxford geschickt wurden, als rege, oft wenig angenehme Nebenfiguren auf. Doch die Hauptrollen gebührten natürlich den nächsten Verwandten: Pa selbst, der seine Gedanken zum Leben als Schriftsteller festhält, und den anderen Familienmitgliedern, von denen wir durch ihn erfahren – in Form seiner liebevollen Sorge um das Wohlbefinden seiner beiden abwesenden Ältesten, Kamla in Benares und Vidia in Oxford, und um die Entwicklung seiner und Mas pubertierender Töchter Sati, Mira und Savi.

Kamla nimmt in diesem Buch eine Sonderstellung ein. Zwei Jahre älter als Vidia, war sie die Erste, die von zu Hause wegging; sie studierte an der Benares Hindu University, wo sie es nicht immer leicht hatte, und kehrte 1953 zur Familie zurück, die nach Pas Herzinfarkt eine harte Zeit durchlebte. Bruder und Schwester standen einander sehr nah. In den Briefen, die sie einander schreiben und die in diesem Buch zahlreich vertreten sind, werfen sie sich gegenseitig immer wieder vor, sie würden zu selten schreiben, und Pa wirft seinerseits beiden das Gleiche vor. Die Ausgewogenheit der Beziehung zwischen Pa und Vidia, die in ihren Briefen zum Vorschein kommt, wurde schon erwähnt; der Briefwechsel zwischen Vidia und seiner Schwester wiederum zeichnet sich durch eine aufschlussreiche Unbekümmertheit und Direktheit aus.

Mag Vidia auch aus Oxford schreiben, so ist dies doch kein Buch über Oxford. Zwar lesen wir einiges über das Leben an der Universität und die Erfahrungen, die Vidia dort macht, doch hat Oxford nur eine geringe Bedeutung für ihn. Er arbeitet hart, hat mit gesundheitlichen Problemen zu kämpfen, mit Angst und Depressionen und mit häufigem Geldmangel; er schließt Freundschaften, erlebt Augenblicke des Glücks und entwickelt ein wachsendes, wenn auch noch labiles Selbstvertrauen. Nur zweierlei ist ihm wirklich wichtig: Zum einen die Familie – insbesondere Kamla, aber auch Ma (mitsamt ihren Verwandten, den Capildeos) und seine anderen Schwestern und nicht zu vergessen der kleine Shiva. Zum anderen natürlich das niemals nachlassende Bestreben, ein guter Schriftsteller zu werden.

Als Vidia Trinidad verließ, um nach Oxford zu gehen, war Shiva fünf. Erst sechs Jahre später sollten sich die Brüder wiedersehen. In seinem Essay »Brüder« in dem posthum veröffentlichten *An Unfinished Journey* (1986) erinnert sich Shiva an Vidias Briefe nach Hause und seinen Besuch in Trinidad:

Manchmal brachte der Briefträger blaue Luftpostbriefe, was zu Hause immer für große Aufregung sorgte. Gelegentlich hörte ich voll benommenem Staunen dieses fiktive Wesen – *meinen* Bruder – im Radio eine Kurzgeschichte vorlesen. Als ich elf Jahre alt war, tauchte diese geheimnisvolle Gestalt plötzlich bei uns auf. Mir war schleierhaft, wie er zu einem Mensch aus Fleisch und Blut geworden war. Doch es war eine Zeit der Faszination, der freudigen Begeisterung für mich. Ich stellte mich oft in seine Zimmertür und betrachtete ihn neugierig, wenn er auf dem Bett lag und Zigaretten aus einer grünen Blechschachtel rauchte. Dieser Anblick beschwor das verblassende Bild meines Vaters in mir herauf. Auch er hatte an unseren warmen, ruhigen Nachmittagen auf diesem Bett gelegen, gelesen und dabei Zigaretten geraucht.

Dieses eindrückliche Bild spiegelt sehr gut die Atmosphäre wider, von der das vorliegende Buch durchdrungen ist, die innigen Gefühle und bewegenden Geschehnisse, die hier geschildert werden. Und es ist anrührend, bei der Lektüre dieser Briefe zu verfolgen, wie sich die feine Balance innerhalb der Beziehung zwischen einem wunderbaren Mann und seinem wunderbaren Sohn ganz allmählich verschiebt, wie sich die Autorität gleichsam organisch vom einen auf den anderen verlagert.

Beim Zusammenstellen dieses Buches habe ich auf Eingriffe weitgehend verzichtet, im Vertrauen darauf, dass die Briefe in ihrer Abfolge für sich selbst sprechen. Die nur in wenigen Fällen eingefügten eckigen Klammern – [...] – stehen für unentzifferbare Stellen im hand- oder maschinengeschriebenen Text. Auch die Zeichensetzung habe ich nur in wenigen Fällen verändert, um das Verständnis zu erleichtern. Aus demselben Grund oder aber, um unnötige Wiederholungen zu vermeiden, habe ich einige kleine, jedoch nie bedeutungsverändernde Streichungen vorgenommen.

Nahe Verwandte werden bei der ersten Erwähnung mit einer Anmerkung kenntlich gemacht. Die vorangestellten Stammbäume stellen die verwandtschaftlichen Beziehungen im Einzelnen dar. Beiläufig erwähnte Bekannte oder Örtlichkeiten werden nicht kommentiert. Die Anmerkungen sollen einige Aspekte des hinduistischen Brauchtums erläutern und geben zusätzliche Informationen zu Büchern und Autoren – allerdings nur, wenn sie nicht dem klassischen Kanon angehören oder wenn in den Briefen selbst nicht ausführlicher auf sie eingegangen wird.

Mein besonderer Dank gilt der McFarlin Library an der University of Tulsa, Oklahoma, wo sich das Naipaul-Archiv befindet, dem die hier abgedruckten Briefe entstammen;

ebenso Mr William Buford vom *New Yorker*, dessen Engagement und Tatkraft bei der Umsetzung dieses Projekts von entscheidender Bedeutung waren; schließlich Emma Parry für ihre kluge Mitwirkung bei der Textredaktion. Vor allem aber gilt mein Dank Kamla für die Erlaubnis, ihre Briefe an Vidia abzudrucken, sowie Vidia selbst, der, bei aller verständlichen Zurückhaltung, diesem Buchprojekt zugestimmt hat. Es ist eine aparte Vorstellung, dass dies ein Buch ist, das er niemals lesen wird.

Gillon Aitken
Juli 1999

I

21. September 1949 –
22. September 1950

Von Port of Spain nach Oxford

Trinidad
21. September 1949

Liebe Kamla[1],

ich frage mich, was mit dieser Schreibmaschine los ist. Jetzt scheint sie allerdings wieder zu funktionieren. Ich lege dir ein paar Zeitungsausschnitte bei, die dir bestimmt Freude machen werden. Du wirst ihnen entnehmen, dass ich doch zum Dinner der Old Boys' Association gegangen bin. Diese Stunden zählen zu den qualvollsten, die ich je erlebt habe. Erstens habe ich keine Tischmanieren, zweitens bekam ich nichts zu essen. Man hätte sich auf meine Wünsche eingestellt, teilte man mir nach dem Dinner mit, doch das beschränkte sich offenbar darauf, mir Kartoffeln in verschiedener Zubereitung zu servieren – mal gebraten, mal gekocht. Ich hatte den Geschäftsführer gebeten, mir anstelle der Schildkrötensuppe, die die anderen aßen, etwas Maissuppe bringen zu lassen. Er ignorierte das, und der Kellner brachte mir einen Teller grünen Schleim. Es war die Schildkrötensuppe. Angewidert und verärgert sagte ich dem Mann, er solle sie wieder wegbringen. Das war ein grober Verstoß gegen die Etikette, wie man mir erklärte. Und so bestanden die ersten zwei Gänge für mich aus Brot mit Butter und eiskaltem Wasser. Die Menükarte war auf Französisch abgefasst. Was unsereiner gekochtes Huhn nennen würde, hieß dort »Poulet Sauté Renaissance«. Der Kaffee hieß »moka«. Darunter hatte ich mir eher irgendein exotisches russisches Gericht vorgestellt. Zum Nachtisch gab es unter anderem etwas, das sich »Pomme Surprise« nannte. Wörtlich bedeutet das »überraschter Apfel«, und der jüngere Hannays[2], der neben mir saß, sagte, es handele sich um einen Apfelauflauf, der auf überraschende Art zubereitet sei. Das Zeug kam. Ich aß es. Es schmeckte gut. Allerdings nicht nach Apfel. »Das«, sagte mir Hannays, »ist ja eben die Überraschung.«

Ich habe gerade die Aufnahmeformulare für die Universität fertig ausgefüllt; ich hatte dafür ein paar Fotos von mir machen lassen. Ich war immer der Meinung gewesen, ich sei zwar nicht attraktiv, aber doch zumindest nicht hässlich. Diese Bilder haben mich eines Besseren belehrt. Ich wusste gar nicht, dass ich ein fettes Gesicht habe. Auf dem Bild ist es so. Ich sah mir den Asiaten auf dem Papier an und fand, ein Inder aus Indien könne nicht indischer aussehen als ich. Nach meinem Gesicht zu urteilen, würde man mich für einen Hundert-Kilo-Mann halten. Ich hatte gehofft, ich könnte die Leute von der Universität durch eine intellektuelle Pose beeindrucken, und jetzt bekommen sie das. Dabei habe ich sogar noch zwei Dollar bezahlt, um das Bild retuschieren zu lassen.

Mir geht es gut. Ich lese endlich wieder. Ich habe beschlossen, mich zur Vorbereitung auf nächstes Jahr zunächst im Roman des 19. Jahrhunderts kundig zu machen. Ich habe das Buch von Butler[3] gelesen; ich finde es nicht halb so gut wie Maughams *Der Menschen Hörigkeit*. Es ist ungeschickt aufgebaut. Butler hat den Akzent zu stark auf vorübergehende religiöse Konflikte gelegt, ist zu sehr darauf bedacht, seine Theorie der Erblichkeit zu belegen. Als Nächstes wandte ich mich Jane Austen zu, über die ich viel Lobendes gelesen hatte. Ich lieh mir *Emma* in der Bibliothek aus. In der Einleitung preist Monica Dickens es als Austens bestes Buch. Ehrlich gesagt fand ich die Einleitung gelungener als das Buch selbst. Jane Austen scheint in erster

Linie eine Schriftstellerin für Frauen zu sein; lebte sie heute, wären zweifellos ständig Beiträge von ihr in den Frauenzeitschriften zu lesen. Ich fand ihren Roman ausgesprochen langweilig. Er ist purer Klatsch. Einem weiblichen Publikum gefällt so etwas vielleicht. Stilistisch ist sie natürlich sehr gut. Aber das Buch ist, abgesehen davon, dass es purer Klatsch ist, einfach glatt und routiniert heruntergeschrieben.

Es wird dich vielleicht interessieren, was ich mit meinen 75 $ machen werde. Ich werde deine Schulden bezahlen. 50 $ kommen auf die Bank, 10 $ gehen an Millington[4] und 15 $ an Dass. Ich verdiene mir noch ein Taschengeld von zwei Dollar dazu. Das bekomme ich von Mamie[5] dafür, dass ich Sita[6] unterrichte. Diesem Kind eine höhere Schulbildung zukommen zu lassen ist reine Zeit- und Geldverschwendung. Sie ist wirklich strohdumm. Wenn man einen Mann zur Verzweiflung bringen will, muss man ihm nur eine ganze Klasse voller Sitas zu unterrichten geben. Weißt du eigentlich, dass ich auch George[7] unterrichte? Er ist etwas begriffsstutzig, aber wenn er hart arbeitet, könnte er es schaffen. Es wird dich sicher freuen zu hören, dass Jainarayan[8] ausgezeichnete Fortschritte macht. Diese Leute sind schon bemitleidenswert. Und diese Geschichte mit der Abwertung wird alles noch schwieriger für sie machen.

Nicht wir hier zu Hause müssen ausführlich schreiben – das ist deine Aufgabe. Du bist diejenige, die neue Länder sieht und neue, aufregende Erfahrungen macht, und wahrscheinlich wird dir diese Zeit als der interessanteste Abschnitt deines Lebens in Erinnerung bleiben. Ich muss allerdings sagen, dass deine Briefe deutlich besser geworden sind. Ich frage mich, wie das kommt. Liegt es daran, dass du jetzt unbefangen schreibst, ohne bewusst literarisch sein zu wollen? Ja, ich glaube, das ist es.

Du solltest die Augen offen halten, solange du in Indien bist. Und zwar in zweierlei Hinsicht: Zunächst mal solltest du ganz einfach auf deinen persönlichen Besitz Acht geben, denn die Inder sind ein diebisches Pack. Denk nur daran, was mit den

Hosen der westindischen Kricket-Elf passiert ist.[9] Halt die Augen offen und sag mir, ob Beverly Nichols[10] Recht hat. Er ist 1945 nach Indien gereist und hat ein elendes, von pompösem Mittelmaß geprägtes Land ohne Zukunftsperspektive gesehen. Er hat den Schmutz gesehen, hat sich geweigert, von der »Spiritualität« zu schreiben, die eine andere Sorte Besucher beeindruckt. Den Indern hat sein Buch natürlich nicht gefallen, aber ich glaube, dass er die Wahrheit gesagt hat. Nehrus Autobiographie[11] lässt darauf schließen, dass er, der indische Premierminister, jemand ist, der sich erstklassig in Szene zu setzen weiß und seine Frömmigkeit als Machtinstrument benutzt. Sicher entspricht das größtenteils der Wahrheit. Auch wenn Huxley inzwischen zum Invaliden geworden ist, mit einem Übel geschlagen, dem die Intellektuellen begeistert Vorschub leisten, nämlich dem Mystizismus, so ist das, was er vor etwa zwanzig Jahren in seinem Buch[12] über Indien geschrieben hat, doch nach wie vor richtig. Er meinte, all die Asketen und all die Leute, die unentwegt meditieren, seien ein Produkt unzureichender Ernährung. Du bist jetzt mittendrin in dieser absonderlichen Szenerie. Lass dich nicht anstecken; ich bin schon jetzt froh, wenn deine drei Jahre dort um sind und du die erfrischende Luft des Atheismus wirst atmen können. (Ich mag dieses Wort nicht. Man denkt dabei an jemanden, der sich für Religion interessiert; nicht aber an jemanden, der sie einfach ignoriert…)

Ich nehme an, die zehn Pfund hast du mittlerweile erhalten. Wir haben deine Aufzeichnungen bekommen. Ich habe eine gewisse Bedrückung und Sorge herausgelesen. Ich hatte nicht den Eindruck, dass du besonders glücklich bist. Und ich kann mir vorstellen, wie froh du warst, als du Boysie[13] in Avonmouth getroffen hast. Wie soll man auch glücklich und zufrieden sein, wenn man mit nicht mehr als siebzig Dollar in der Tasche in ein fremdes Land geht, um Gott weiß wie lange zu bleiben! Ich bezweifle, dass wir der finanziellen Belastung hätten standhalten können. Und bin sehr froh, dass die Dinge sich so entwickelt haben.

Ich schreibe bald wieder. Auf Wiedersehen, und viel Glück.

Alles Liebe
Vido[14]

[An Kamla]

Trinidad
10. Oktober 1949

Mein lieber kleiner Dummkopf,

du bist wirklich eine verdammte Eselin. Die ersten paar Zeilen deines Briefes haben mich ja noch amüsiert, aber dann wurde er absurd.

Du bist eben doch eine alberne dumme Gans. Ich nehme an, es hat dir ziemlichen Spaß gemacht, diesen Appell an einen missratenen Bruder zu verfassen. Es hat dich zu einer Heldin in bester Hollywoodmanier gemacht. Jetzt hör mal zu, meine liebe »bitte bitte« Miss Naipaul, von mir aus kannst du dich hemmungslos deinen Fantasien hingeben, aber lass mich dabei aus dem Spiel. Ich verstehe durchaus, dass dieses Bild vom intelligenten, sensiblen Bruder (»von all deinen Kindern ist er das sensibelste«), der sich sozusagen absichtlich vor die Hunde gehen lässt und sich vor Gram verzehrt, weil seine liebe Schwester fortgegangen ist, seinen Reiz hat und einer gewissen Melodramatik nicht entbehrt.

So warst du hier auch schon. Weißt du noch, wie du mich verspottet hast, als ich mir Arbeit gesucht habe? Dir hat das Bild gefallen, das du von mir entworfen hast, ein Bild, wie es sich jemand von mir machen würde, der nichts von unserer Familie weiß. Ein schwächlicher, bebrillter Junge ist frustriert, weil er nicht gut aussieht. Er findet sich damit ab, denn er ist ein Intellektueller; er wird zum Trinker. Er lässt sich leicht vom rechten Weg abbringen, und wenn er dem Laster verfällt, fällt er tief. Die Schwester hat das schon immer gewusst. Sie weint Sturzbäche, während sie ihrem Bruder den bitteren Brief schreibt, in dem sie ihn fragt, ob es stimme, was sie da gehört habe, und sich halb wünscht, er möge ja sagen. Du bist eine Närrin. Er lässt sich leicht vom rechten Weg abbringen. Lebt in einer Familie, in der Großzügigkeit als geschäftsschädigend gilt; in der Mittelmaß und Dummheit regieren, in der es eine Tugend ist, Fleisch zu essen – er ist geizig, er ist dumm, er isst Fleisch.

Lasse ich mich leicht vom rechten Weg abbringen? Wahrscheinlich schon – von dir. Ich hätte mein Geld mit Gewinn für mich selbst ausgeben können. Die Fähigkeit des Menschen, auf ein Vergnügen zu verzichten, nachdem er es ausgekostet hat, habe ich schon immer bewundert.

Du wusstest doch in Trinidad nur zu gut, wie sehr ich mich bemüht habe, mein Rauchen vor dir zu verbergen! Warum hat mir die Eselin nicht verraten, wer der niederträchtige, verleumderische »Freund« ist, dem mein Wohlergehen so am Herzen liegt?

Du hast mich beleidigt, Kamla. Dies ist mein letzter Brief an dich. Ich lasse mich leicht vom rechten Weg abbringen! Nicht etwa du, die so töricht ist, zu glauben, was irgendein Esel erzählt. Das alles hätte durchaus unterhaltsam sein können, aber du musstest ja unbedingt diese Hollywood-Nummer abziehen. Es hat Zeiten gegeben, da haben wir fast drei Wochen lang keinen Brief von dir bekommen. Und jetzt gleich drei Predigten. Vido gerät auf die schiefe Bahn. Haltet ihn auf! Er kann sich selbst nicht helfen, der Arme. Und dann der Brief an mich: »Du willst, dass ich glücklich bin. Aber wie soll das möglich sein?« Das ist ja alles sehr schön. Aber streiche mich in Zukunft aus deinen Tagträumen. Du kannst es ja mit irgendeinem englischen oder asiatischen Esel versuchen.

Seit drei Wochen rauche ich. Und zwar so viel wie mit Springer und Co.[15], als du noch hier warst. Schrecklich, nicht wahr? Ich trinke übermäßig? Ja, stimmt, Wasser. Es ist sehr heiß zurzeit. Und was habt ihr bloß alle gegen Owad[16]? Ich sag dir eines, Miss Hollywood, er ist keinen Deut schlimmer als all deine anderen Cousins. Das wirst du natürlich nur als Bestätigung dafür auffassen, dass ich vor die Hunde gegangen bin. Aber mir ist vollkommen schnurz, was du jetzt von mir denkst. Du hast mich auf die schlimmstmögliche Art und Weise beleidigt.

V. S. Naipaul

Miss Kamla Naipaul
Wohnheim für Studentinnen
Banaras Hindu University
Banaras
INDIEN

Trinidad
24. November 1949

Mein Schatz,

ich möchte, dass du mir eines versprichst. Ich möchte, dass du mir versprichst, ein Buch in Tagebuchform über deinen Aufenthalt in Indien zu schreiben. Versuche, wenigstens ein halbes Jahr zu bleiben – studiere deine Umgebung, analysiere den Charakter der Menschen. Sei nicht bitter. Versuche, das Ganze mit Humor zu tragen. Schick mir dein Manuskript in Fortsetzungen. Ich werde sie bearbeiten. Ich bekomme Empfehlungsschreiben an eine ganze Reihe von Leuten – nicht zuletzt auch an Pagett in Oxford. Pa kann mich mit Rodin in Verbindung bringen, dem Starjournalisten des englischen *Daily Express*. Dein Buch wird ein echter Verkaufsschlager werden. Ich sehe es vor mir – *Meine Reise nach Indien: Protokoll eines unglücklichen halben Jahres*, von Kamla Naipaul.

Nimm nicht alles so tragisch. Ein Mädchen, das so gerne

lacht wie du, muss doch merken, wie dämlich und urkomisch diese ganze Sache ist. Wenn du dir weiterhin alles so zu Herzen nimmst, wird dein Leben ein einziges Klagelied sein.

Aber machen wir uns mal ganz pragmatisch ein paar Gedanken um dich. Ich habe schon 150 $ zurückgezahlt, und im Dezember werden es 200 $ sein. Nicht schlecht, oder? Wenn du das nicht annehmen kannst: Erzähl es deinem Onkel[17] in London. Finde heraus, ob sein Angebot noch gilt. Ich hoffe, du hältst Kontakt mit Ruth[18]. Wenn dein Onkel nein sagt, sehen wir weiter. Wie viel Geld hast du eigentlich auf der Bank?

Hat dir denn die blöde Regierungsstelle dein Geld noch nicht geschickt?

Meine Zeit in Trinidad neigt sich dem Ende zu – neun Monate noch. Dann werde ich fortgehen und hoffentlich nie mehr zurückkommen. Ich glaube, im Grunde meines Herzens bin ich ein Faulenzer. Dieses intellektuelle Gebaren ist letztlich bloß eine modische Form der Faulheit. Deswegen glaube ich auch, dass ich entweder ausgesprochen erfolgreich sein oder grandios scheitern werde. Aber ich bin auf alles gefasst. Ich möchte mir einmal sagen können, dass ich so gelebt habe, wie ich leben wollte. Im Moment habe ich das Gefühl, dass die Weltanschauung, die ich in meinen Büchern werde darlegen müssen, noch recht oberflächlich ist. Ich sehne mich danach, etwas vom Leben zu sehen. Das Leben ist einfach unschlagbar, was die Vielfalt an Ereignissen und Gefühlen angeht. Ich fühle und denke zu allem etwas – zu dieser ganzen amüsanten, tragischen Welt.

Ich habe festgestellt, dass es nicht leicht ist, meiner eigenen Maxime zu folgen. »Wir müssen hart sein«, sage ich. »Wir müssen die Schmerzensschreie der sterbenden Welt ignorieren«, aber ich kann es nicht. Es gibt so viel Leid – überwältigend viel. Es ist ein zentraler Bestandteil des Lebens, das Leid. So elementar wie die Nacht. Und es lässt uns das Glück umso intensiver erleben.

Bitte schreibe nur mir, wie traurig du bist.

Es gibt einen Punkt, den ich gern von dir untermauert

bekommen würde. Meine Theorie ist, dass die Welt im Sterben liegt – das heutige Asien ist nur die primitive Manifestation einer längst untergegangenen Kultur, Europa wird durch seine materielle Lage in die Primitivität gezwungen, Amerika ist eine Fehlgeburt. Nimm die indische Musik. Sie wird in einem geradezu lachhaften Ausmaß von der westlichen Musik beeinflusst. Die indische Malerei und Bildhauerei existieren nicht mehr. Dies ist das Bild, nach dem du für mich Ausschau halten sollst – ein totes Land, das nur durch seine einstige Größe noch in Schwung gehalten wird.

Weine nicht, mein Liebes.

Dein dich liebender Bruder
Vido

(Ich benutze das Briefpapier, das ich gestern Abend am Flughafen besorgt habe, damit du vielleicht einen Hauch von Abenteuer spürst)

Hotel Wellington
Seventh Avenue
New York
NY
2. August
11.15

Miss Sati[19] Naipaul
26 Nepaul Street
Port of Spain
TRINIDAD

New York ist eine herrliche Stadt. Luxus und Dekadenz. Aber was für eine Dekadenz! Zeitungen, die 35 Seiten dick sind, kosten 5 Cent.

Eines springt einem allerdings sofort ins Auge. Die

Amerikaner legen zu viel Wert aufs Essen, finde ich. Ständig sind sie am Essen. Wo man auch hinschaut, überall gibt es Esslokale und Hotels. Ich glaube, es ist ziemlich schwierig, sich zu verlaufen. Die Straßen sind nummeriert und die Häuserblocks ebenfalls.

Also bin ich heute Vormittag ein bisschen herumspaziert. Ich habe etwa 3 $ für die Fahrt zur amerikanischen Dampfschifffahrtsgesellschaft und zurück bezahlt. Auf einem amerikanischen Schiff ist die Touristenklasse wie die erste Klasse.

Ich habe überall nach einer Buchhandlung gesucht und schließlich eine entdeckt. Sie war hervorragend sortiert. Ich hätte ohne schlechtes Gewissen 100 $ für Bücher ausgeben können. Es gab dort stapelweise Bücher, die ich schon lange kaufen oder lesen will. Die zuvorkommenden Verkäufer brauchen gerade mal eine halbe Minute, um herauszufinden, ob sie das Buch vorrätig haben, das man sucht.

Ich habe den Roman *Südwind* von Norman Douglas gekauft, für 1,28 $. James Joyce und Hemingway, Maugham und Huxley werden zum selben Preis verkauft.

Zum ersten Mal in meinem Leben werde ich ständig von irgendjemandem »Sir« genannt. Es geht mir bestens und – London, ich komme! – ich habe kein Heimweh.

Ich habe allein 3 Stunden täglich mit Französisch zugebracht, 3 Stunden mit Spanisch usw. Nicht, dass ich von dir verlangen würde, genauso viel zu tun. Es liegt, wie gesagt, ganz bei dir.

Schreib mir und berichte, ob du dich schon entschieden hast, das H. C.[20] zu machen. Und mach dir keine Gedanken, dass du Ma für zwei weitere Jahre nicht unterstützen kannst. Wir werden vorläufig auch ohne deine Hilfe zurechtkommen. Außerdem wird dir ein gutes H. C. mehr bringen als das Geld, das du in einem Jahr verdienen kannst.

Alles Gute für die Prüfung.

Viele Grüße
Vido

62 Westbere Road
London, NW2
15.9.1950 nachmittags

Banares

Meine liebe Kamla,

einen Brief gleich zweimal zu schreiben ist ziemlich ermüdend. Erst nach Hause zu schreiben und dann das Gleiche noch einmal dir, das ist wirklich Schwerstarbeit.

Aber das entschuldigt nicht, dass ich dir nicht geschrieben habe. Es war reine Faulheit. Ich dachte, die anderen zu Hause hätten mich fallen gelassen. Drei Wochen lang habe ich nichts von ihnen gehört; in der Zwischenzeit habe ich Briefe von Leuten aus Frankreich und Deutschland bekommen und mehrere von Freunden hier. Die erste Nachricht, die kam, war eine offizielle – vom Kolonialministerium.

Es wird dich sicher freuen zu hören, dass ich rundum glücklich bin. Das Einzige, was noch fehlt, um mich zum glücklichsten Mann auf Erden zu machen, ist ein Mädchen, aber was kann ich da schon tun? Mich würde doch keine mögen, es ist zum Verzweifeln.

Ich fasse zusammen, was ich schon in rund einem halben Dutzend anderer Briefe geschrieben habe:

1. Die Regierungsstelle hatte mir eine Überfahrt mit Abreise am 19. September angeboten. Das war schlichtweg lächerlich. Ich wäre einen Tag vor Trimesterbeginn angekommen. Also habe ich gespart und auf Shakhans Rat beschlossen, nach New York zu fliegen und von dort aus das Schiff nach England zu nehmen. Die von der Regierung meinten: »Von uns bekommen Sie nicht mehr als 464 $. Ihre Reise kostet 538 $, die Kosten für den Aufenthalt in New York nicht eingerechnet. Die Differenz müssen Sie aus eigener Tasche bezahlen.« Ich war so verzweifelt, dass ich einwilligte. Was war

ich erleichtert, als sie sich schließlich doch bereit erklärten, alles zu bezahlen.

2. Ich hatte Angst. Ich war noch nie allein unterwegs gewesen. Die Vorstellung, eine Nacht in einer fremden Stadt zu verbringen und mich an Bord eines Schiffs zu begeben, war furchterregend. Das Schiff sollte am 2. August um 16 Uhr in N. Y. auslaufen, das Flugzeug am 1. August um 9.30 Uhr in Trinidad abfliegen. Um sieben Uhr morgens am 1. August war ich reisefertig. Mir war nicht im Geringsten danach, Tränen zu vergießen. Ich sollte um 8.30 Uhr am Flughafen sein. In Nr. 17[21] erfuhr ich, dass das Flugzeug Verspätung hatte. Ich war außer mir. Ich wollte es nicht glauben. Aber es stimmte. Also saß ich gequält bis 11 Uhr in Woodbrook herum und drehte Däumchen, dann hievte ich mein Gepäck in den guten alten PA 1192[22], und gegen 12 waren wir in Diane. Im Wartesaal wimmelte es von Menschen, die gekommen waren – nicht etwa, um mich zu verabschieden, sondern um den Flughafen zu besichtigen. Aber das Flugzeug kam dann tatsächlich pünktlich, und um 12.50 Uhr wurden die Bande zwischen V. S. Naipaul und seiner Familie durchtrennt. Ich war nicht unglücklich, aber ich hatte Angst – ich fürchtete mich vor New York. Doch meine Angst verging.

Ich begann das Ganze zu genießen.

[*Anmerkung am Fuß der ersten Seite*]: Ich habe Ruth kennen gelernt. Sie hat mir einen sehr unangenehmen Nachmittag bereitet. Sie ist eine richtige Xanthippe, dumm und voller Selbstmitleid. Eine grässliche Person.

[Zweiter Brief]

Jetzt lies weiter, Liebes.

Wir landeten gegen 16.30 Uhr in San Fran, Puerto Rico, und flogen um […] weiter, diesmal nach New York – 8 Stunden Flug am Stück. Jeder einzelne Moment dieses Tages, dieses Flugs, hat sich mir eingeprägt. Ich erinnere mich an die Gesichter der Stewards und Stewardessen, an die Mahlzeiten, an die Passagiere.

Ungefähr um Mitternacht waren wir über New York, endlose Lichterketten, ein Sternenmeer, rot und grün und blau getupft. Wir landeten um 0.30 Uhr, und man übergab mir einen Brief vom britischen Konsulat, in dem ich angewiesen wurde, mich zu einem bestimmten Hotel zu begeben.

Ich fuhr mit dem Taxi hin und fühlte mich wie ein Lord, als ein schwarzer Gepäckträger meine Sachen ins Hotel trug und mit jedem dritten Wort »Sir« zu mir sagte. Es war wirklich atemberaubend. Ich war frei und wurde respektvoll behandelt. Ich war unsagbar glücklich. Freiheit und die Befriedigung eines tiefen Verlangens – ein erhebendes Gefühl.

Ich erreichte das Hotel gegen zwei Uhr. Gerade wollte ich etwas essen gehen, da fiel mir ein, dass ich ein gebratenes Huhn dabeihatte – meine geliebte Mutter kümmert sich mit all ihrer süßen, bescheidenen Liebe um das Wohlergehen ihrer Kinder –, und so warf ich das Roti (in Papier eingewickelt) in den Papierkorb und aß das Huhn und eine Banane und trank dazu eiskaltes Wasser. Was das Zimmermädchen am nächsten Tag sagte, als es den Papierkorb leerte, weiß ich nicht, und ich will es auch gar nicht wissen.

Am nächsten Morgen nahm ich ein Taxi zum Büro der Dampfschifffahrtsgesellschaft, fuhr mit dem Taxi wieder zurück, frühstückte, ging spazieren und kaufte mir ein Buch; kehrte ins Hotel zurück, las Zeitung, brachte mein Gepäck zum Hafen und ging an Bord des Schiffs. Ganz einfach. Ich konnte es nicht fassen, dass ich das alles problemlos geschafft hatte.

3. Die Reise war sehr angenehm. Ich habe mit mehreren Leuten Bekanntschaft geschlossen. Eine Deutsche (verheiratet, ihr Mann war auch an Bord), die ich sonst wohl mit ihrer tatkräftigen Unterstützung geküsst hätte, hat mich nach Deutschland eingeladen. Ich glaube, ich werde nächstes Jahr hinfahren.

4. England hat sich bisher als sehr angenehm erwiesen. Obwohl mein Leben hier bei Boyzee etwas eingeschränkt ist, genieße ich es.

5. Mädchen – ich habe zwei kennen gelernt. Die Bekanntschaft mit der einen dauerte drei Tage, ich bin mit ihr zu St. Paul's und in den Regent's Park gegangen, aber sie hat mich fallen lassen. Sie will ihrem Freund treu bleiben. Mädchen Nr. 2 war eine Norwegerin, die ich im Zug nach Oxford kennen gelernt habe. Wir haben uns ein paar Sehenswürdigkeiten zusammen angeschaut, und ich habe ihr auf Französisch die wildesten Komplimente gemacht, habe ihr ewige Liebe geschworen und ihr (auf Französisch) den wohl glühendsten Liebesbrief geschrieben, den ich je verfasst habe. Sie ist letzten Sonntag nach Norwegen abgereist. Ich glaube, ich werde an Weihnachten nach Norwegen fahren. Sie war sehr nett.

Immer der deine
Vido

Trinidad
15. September 1950, nachmittags

Herrn V. S. Naipaul
62 Westbere Road
London, NW2

Lieber Vido,

offenbar hast du meinen Brief noch nicht erhalten. Du scheinst jedoch genug Geld zu haben, und das freut mich.

Du musst eine gute Schreibmaschine haben, denn sie tippt sehr sauber; allerdings fällt mir auf, dass das C und das O öfter doppeln. Aber das kann auch am schnellen Tippen liegen.

Hoffentlich nehmen die Leute bei Penguin deine Kurzgeschichte an. Ich würde sie mir natürlich gerne anschauen, aber ich vermute fast, du wirst sie mir nicht zeigen wollen. Ich bin mir ziemlich sicher, dass sie gut ist, denn ich kann mir nicht vorstellen, dass du eine schlechte Geschichte schreibst. Wenn man schreibt, zahlt es sich aus, etwas Gutes zu lesen. Gute Lektüre und gutes Schreiben gehen Hand in Hand. Aber das hast du bestimmt schon selbst herausgefunden.

Mr Swanzy[23] hat in seiner halbjährlichen Besprechung *Poems and Prose in Caribbean Voices* lobende Worte für meine Kurzgeschichten gefunden. Die Besprechung ist auch in der letzten Ausgabe des *Guardian Weekly* erschienen. Andererseits hat mir Mrs Lindo[24] (Jamaika) eine Lektion erteilt, weil die kürzere der von mir eingesandten Geschichten bereits veröffentlicht war. Sie meint, die BBC hätte vorgehabt, mir dafür sieben Guineen zu bezahlen, aber als man feststellte, dass der Text schon veröffentlicht war, sei das Honorar auf 4 £ und 9 Shilling gekürzt worden, wovon etwas über 9 Shilling Einkommenssteuer abgezogen wurden. Mir blieben also gerade mal 11 $. Ich habe bis jetzt noch nichts zu »Obeah« oder »The Engagement« gehört, obwohl ich sie beide hingeschickt habe; und zu deinem Gedicht habe ich auch nichts gehört. Am besten schreibst du Mrs Lindo, damit sie weiß, dass du jetzt in England bist. Vielleicht verwechselt sie dich mit mir.

Hast du Kamla geschrieben? Sie scheint traurig zu sein, weil du ihr nicht schreibst. Schreib dem Mädchen und pass auf, dass du ihre Gefühle nicht verletzt. Wir haben heute einen Brief von ihr bekommen, zusammen mit deinem. Sie ist immer noch krank vom vielen Arbeiten.

Such die Bekanntschaft von Leuten wie Thorold Dickinson[25] und anderen hohen Tieren aus der Film- und Verlagswelt. Man weiß nie, wozu sie einem nützen können.

Solange du mit deiner Freiheit und deinem Gefühl von Unabhängigkeit verantwortlich umgehst, wird nur Gutes daraus erwachsen. Lass die Niedergeschlagenheit nicht zu sehr von dir Besitz ergreifen. Wenn dich diese Stimmung gelegentlich heimsucht, betrachte sie als etwas Vorübergehendes und gib dich ihr keinesfalls hin.

Selbstvertrauen ist ein kostbares Gut, und ich bin froh, dass du selbstbewusst bist; aber du darfst weder Menschen noch Widrigkeiten je unterschätzen. Schreib oft.

Herzlichst, Pa

[Von Kamla]

Mo., 18. Sept. 1950

Mein lieber Vido,

ich habe deine beiden Briefe am Samstagnachmittag gekriegt, aber ich konnte nicht gleich antworten, weil ich kein Luftpostpapier mehr hatte. Na egal, heute habe ich neues gekauft. Ich komme gerade vom Musikunterricht – Sitar – und einer Viertelstunde Rollschuhlaufen auf dem Collegeflur zurück.

Es freut mich sehr, dass es dir gut geht. Endlich sind deine Träume wahr geworden. Es liegt jetzt ganz in deiner Hand, aus deinen glänzenden Möglichkeiten etwas zu machen. Setze deinen Verstand ein. Aber du wirst es sowieso hinkriegen, das weiß ich. Ich freue mich für dich.

Es ist nicht so, dass die anderen dich fallen gelassen hätten. Sie sind nur maßlos enttäuscht. Das klingt jetzt vielleicht pathetisch, aber sei nicht böse. Es stimmt einfach. Du solltest ihnen nicht so unpersönliche Briefe schreiben. Du weißt ganz genau, dass Pa zu Hause jetzt allein dasteht. Du warst dein Leben lang sein Freund, und jetzt sind die Familienbande durchtrennt, wie du sagst. Hab Verständnis für sie, Vido, und schreib ihnen, so wie sie es verdient haben. Das ist das Mindeste, was du tun kannst. Pa hat mir vor etwa einer Woche geschrieben, dass du abgereist bist. Sein Brief klang ziemlich traurig. Er meinte, er hätte Sati gebeten, dir im Namen der Familie zu schreiben. Du verstehst, was ich meine. Und benimm dich bitte gegenüber den Verwandten in England[26] taktvoll.

Weißt du, es ist mir sehr unangenehm, dir ständig zu sagen, was du tun und was du lassen sollst. Aber anscheinend kann ich nicht anders. Ob du meine Ratschläge wohl beherzigst? Ich könnte es mir glatt vorstellen.

Pa hat mir Fotos von euch zu Hause geschickt. Du siehst reizend aus, aber den berühmten »Mooch« [...], den habe ich absichtlich verdeckt. Mach dieses Experiment nie wieder. Mit Schnauzer siehst du einfach grauenhaft aus. Mira und Savi[27] sind in die Höhe geschossen wie Bambusrohre. Ich glaube, du bist mit ein paar ziemlich gut aussehenden Schwestern gesegnet... äh, na ja.

Sag mal, du Kannibale, wann bist du so degeneriert? Das lässt ja besorgniserregende Rückschlüsse auf deine Psyche zu.

Übrigens gibt es hier jemanden aus Oxford, Colin Turnbull[28]. Er meint, dein College wäre ganz in Ordnung, allerdings hätte es einen Nachteil: Man zerreiße sich leicht die Hosen, wenn man nachts versuche, am Gebäude hochzuklettern. Ich hoffe, du verstehst meinen Wink. Colin kehrt nächstes Jahr nach Oxford zurück. Er hat mir versprochen, dass er dich besuchen wird. Sei nett zu ihm.

Dich scheint ja plötzlich die Leidenschaft gepackt zu haben. Ein junger Äneas, wie? Mir ist das egal, aber sei vorsichtig. Du weißt, was ich meine. Ich würde dich ungern in die gleiche Kategorie einordnen müssen wie diese Westinder. Lass es nie so weit kommen. Sei nett und benimm dich wie ein Gentleman. Du bist zu jung für eine feste Freundin. Dass du mir ja nicht heiratest. Mensch, ich hoffe bloß, dass du in deinem Herzen und deinem Heim noch Platz für mich haben wirst, wenn ich komme. Ein Eckchen wirst du doch freihalten, oder? Mädchen kosten Geld, Vido, und Schulden sollte man vermeiden.

Ich habe beschlossen, nicht mehr als Sekretärin bei der ISA zu arbeiten – es ist eine zu große seelische und körperliche Belastung. Ich werde immer dünner. Meinem Aussehen ist das nicht gerade zuträglich. Der Arzt hat mir geraten, keine Milch mehr zu trinken. Wie findest du das? Ich habe einen Ausschlag am linken Bein gehabt, einen Abszess an der Hüfte und was es sonst noch an Symptomen nervlicher Anspannung und Überarbeitung gibt. Jetzt geht es mir wieder viel besser. Hoffentlich kann ich im Winter meine Versäumnisse aufholen. Indische Kultur wird auf Hindi unterrichtet – ich lerne überhaupt nichts.

Wenn du irgendwas brauchst, sag es nur mir. Schreib nicht nach Hause. Versprich mir, dass du mir Bescheid sagst, wann immer du etwas brauchst. Ich kann dir sogar Zigaretten schicken.

So, das war's für heute. Ich werde dir regelmäßig schreiben.

Liebe Grüße, Kamla

Lass es dir gut gehen. Aber pass auf dich auf. Sei brav. In Liebe, Kamla.

Hast du Velma[29] geschrieben? Pa hat mir das neueste Gerücht erzählt: Capildeo S. geht nach England, um mit Textilien zu handeln!

Zu Hause, 22.9.50

Lieber Sohn,

gestern haben wir deinen Brief vom 17. September erhalten. Er hat mich gefreut – aber gleichzeitig hat er mich auch traurig gemacht. Ich dachte, Simbhoos[30] Ankunft würde dich und Boysie aufmuntern, ihr würdet euch durch ihn etwas mehr wie zu Hause fühlen, würdet gemeinsam lachen oder die Umgebung erkunden. Mach dir nichts draus, wenn manchmal keine Briefe kommen. Du sagst, Kamla habe dir nicht geschrieben. Kamla sagt, du habest *ihr* nicht geschrieben. Schreib *du* ihr, und bemüh dich, in deinem Brief nett zu ihr zu sein. Kamla ist sehr darauf erpicht, von dir zu hören, und auch, dir zu schreiben. Vielleicht hatte sie deine Adresse nicht.

Meine Ausrüstung zum Filmentwickeln war ein guter Griff. Bereits der allererste Versuch war erfolgreich. Ich kann diesem Brief keine Fotos beifügen, andernfalls hättest du ein paar Exemplare bekommen. Kamla habe ich eines meiner selbst entwickelten Bilder geschickt. Es ist eine Aufnahme von Shivan[31] und Baido[32]. Ein netter Schnappschuss. Jetzt brauche ich noch ein Vergrößerungsgerät, um Abzüge machen zu können. Ein weiterer Haken ist, dass ich nicht das richtige Fotopapier bekomme. Bei Johnsons of Hendon Ltd. in London, NW4, gibt es Kopierrahmen aus Plastik; darüber hinaus bieten sie einen neuartigen so genannten Exactum Printer an; außerdem führen sie Gaslichtpapier in verschiedenen Qualitäten. Mit diesem Papier kann man Abzüge bei Tageslicht anfertigen. Es ist sehr billig. Sieh zu, ob du mir ein paar Pakete schicken kannst, für Negative Größe 120. Außerdem Papier für Kontaktabzüge, und zwar die Qualitäten fest, weich und mittel. Sag den Leuten dort, was für einen Fotoapparat ich habe, dann werden sie dir schon das Richtige geben.

Der *Guardian* hat mir nur 5 $ für die beiden Fotos von Ramadhin[33] bezahlt; und weitere fünf Dollar für den Artikel im *Sunday Guardian*. Davor, glaube ich, habe ich 3 $ für das Onkel-Tante-Foto bekommen, das auf der Sportseite des *TG* abgedruckt worden ist. Bei meinem Artikel über den Reisanbau für den *Weekly* waren allerdings vier Fotos dabei. Sie sollten mir mindestens 12 $ einbringen, aber bei diesen Leuten weiß man ja nie.

Ich habe noch nichts Neues zu deinem Gedicht gehört. Du weißt ja, dass Mrs Lindo es nach London geschickt hat. Und zu »Obeah« und »The Engagement«, die ebenfalls eingeschickt wurden, habe ich auch nichts weiter gehört; man hat mir den Empfang bestätigt und gesagt, sie würden möglicherweise zu einem späteren Zeitpunkt gesendet. Warten wir also ab.

Du schreibst gut. Ich habe nicht die geringsten Zweifel, dass du ein großer Schriftsteller werden wirst, aber mach es dir nicht zu leicht: Hüte dich vor jeglicher Art von Ausschweifung. Ich meine damit nicht, dass du wie ein Puritaner leben sollst. Schade, dass du bez. des Treffens mit Simbhoo unnütz Geld ausgegeben hast; aber so etwas kommt vor. Es war schön zu erfahren, dass du uns etwas Geld schicken konntest, auch wenn wir momentan zurechtkommen. Hast du ein Sparkonto? Ja, ich glaube das hast du. Ich glaube, du hast es in einem deiner früheren Briefe erwähnt. S.[34] hat all diese Dinge auch zu Rudranath[35] gesagt, als Letzterer sein Stipendium bekommen hatte. Ich erinnere mich noch an S.s ausgeprägten Widerwillen und Ärger. Bewahre deine Mitte. Du bist wirklich auf dem besten Weg, ein Intellektueller zu werden. Er spricht nur eine Tatsache aus. Nimm sie als solche zur Kenntnis. Sag: »Danke schön.«

So viel wie dieser Tage hatte ich noch nie zu tun. Hoffentlich schaffe ich das alles. Ich bin nicht mehr bei der

Evening News. Man hat mich zum *Guardian* versetzt. Seit letztem Montag – dem Tag der Parlamentswahlen – arbeite ich fast ununterbrochen von früh bis spät – bis neun oder zehn Uhr abends. Ich habe keine Ahnung, woher ich die Zeit nehmen soll, Reportagen für den *Weekly* zu schreiben. Selbst diesen Brief kann ich nur rasch zwischendurch einschieben. Gestern Mittag um halb eins bekam ich den Auftrag, eine Reportage über das Gesundbeten zu schreiben, den fertigen Artikel sollte ich heute Morgen abgeben. Die Versammlung bei dem Gesundbeter, über die ich berichten sollte, ging jedoch erst gegen Mitternacht zu Ende. Das war die Nacht von gestern auf heute. Trotzdem habe ich den Artikel rechtzeitig abgegeben. Und das Merkwürdige ist, dass er, glaube ich, gut geworden ist – flott geschrieben.

Ich finde es schön, dass du beschlossen hast, uns wöchentlich zu schreiben. Ich glaube, ich schaffe es leicht, dir alle vierzehn Tage zu schreiben, vorausgesetzt, ich habe Luftpostpapier zur Hand! Und vorausgesetzt, der Brief, den ich geschrieben habe, wird abgeschickt!

Den Reifen habe ich noch nicht gekauft. Ich werde ihn wohl erst dann kaufen, wenn ich nicht mehr von zu Hause wegkomme – ohne einen zu haben. Wie bei der Batterie. Halt uns auf dem Laufenden, was sich bei dir ereignet. Erzähl mir, was aus den Gedichten geworden ist, die du eingeschickt hast, und aus den Kurzgeschichten. Du brauchst dir über nichts und niemanden hier Sorgen zu machen.

Keine Angst, wir haben alle deine Briefe erhalten. Ich fand nur, dass sie sehr lange unterwegs waren. Einmal sind drei Briefe mit verschiedenen Absendedaten zugleich angekommen. Insgesamt haben wir seit deiner Abreise sieben Briefe von dir bekommen sowie ein Telegramm.

Es ist schon in Ordnung, ein Mädchen zu küssen, solange du nicht eine zu große Vorliebe für so etwas entwickelst. Viele Grüße von allen.

Naipaul

II

5. Oktober 1950 –
1. Januar 1951

Das erste Trimester in Oxford

Zu Hause: 5.10.50
19 Uhr

Mein lieber Vido,

in England muss es jetzt etwa 11 Uhr abends sein. Dein erster Tag an der Universität ist also längst zu Ende. Ich möchte natürlich unbedingt wissen, wie Oxford auf dich reagiert hat beziehungsweise wie du auf Oxford reagiert hast. Schick mir ein detailliertes schriftliches Bild des Tages... Habe deinen Brief vom 29. Sept. erhalten; habe auch einen von Kamla erhalten. Sowohl deiner als auch ihrer kamen gestern. So weit, so gut... Ich glaube, du gibst dich unnötigen Sorgen über das Schreiben hin. Du wirst in Oxford alle Hände voll zu tun haben; auf jeden Fall wirst du für längere Zeit kaum Gelegenheit finden, für Geld zu schreiben. Das weiß ich von Andrew Pearse[1].

Hab keine Angst davor, ein Künstler zu sein. D. H. Lawrence war durch und durch Künstler; und zumindest vorläufig solltest du wie Lawrence denken. Denk daran, was er gesagt hat: »Kunst um meiner selbst willen. Wenn ich schreiben will, dann schreibe ich – wenn ich es nicht will, dann schreibe ich nicht.« Vor vielen Jahren, als ich zwischen 14 und 16 Jahre alt war, ging es mir ganz ähnlich wie dir jetzt; ich wollte schreiben, schrieb aber in einer Art Vakuum – ohne jeden Bezug zur Realität –, denn was ich schrieb oder zu schreiben versuchte, war völlig blutleer. Ich schrieb einfach Geschichten, die kein Pendant im wahren Leben hatten. Wenn ich heute über Rapooche schreibe, dann weiß ich, dass ich in diesem Moment selbst Rapooche bin. Darum muss ich Rapooche kennen, Rapooche sein. In gewisser Weise bin ich ganz ich selbst, und doch bin ich auch ganz die Person, die ich beschreiben will. Es ist, als schlüpfte ich in eine Rolle, so wie es Schauspieler tun. Das ist, glaube ich, das Geheimnis, wenn man die Dinge wirklich erfassen will. Allein die Tatsache, dass dir deine Schwäche in dieser Hinsicht bewusst ist, zeigt mir, dass du auf dem richtigen Weg bist. Vielleicht hört sich das alles zu sehr nach einer Belehrung an; ich weiß nicht, ob es mir gelungen ist, dir begreiflich zu machen, was ich sagen will…

Man kann nur dann gut schreiben, wenn man nachzudenken weiß, aber wenn es sich um Literatur handelt, muss man in der Lage sein, so zu denken, wie der Protagonist in der betreffenden Situation denken würde.

Ich habe einen ähnlichen Fehler wie du gemacht, als ich – anlässlich des letzten Länderspiels – einen Artikel über Ramadhin an den *News Chronicle* geschickt habe statt an den *Sunday Chronicle*. Ich hatte keine Ahnung, dass es zwei verschiedene Zeitungen mit verschiedenen Besitzern sind. Es tröstet mich jedoch etwas, dass der Sportredakteur, als er mir den Artikel zurückschickte, anmerkte: »Eine hervorragende Geschichte, aber nichts für eine Tageszeitung, deren Zeitungspapier so streng rationiert ist wie derzeit unseres.« Immerhin hätten sie den Artikel ja auch mit einem vorformulierten Ablehnungsschreiben zurückschicken können. Und nachdem ich ihn mir noch einmal durchgelesen habe, finde ich auch, dass er »hervorragend« ist.

Es tut mir Leid, dass Rodin nicht sehr hilfsbereit war. Ich werde ihm schreiben. Ich hätte dir ein Empfehlungsschreiben mitgeben sollen. Das ist in solchen Fällen wohl angeraten. Er ist offenbar eine große Nummer. Jemand, der Reportagen für eine so bekannte Zeitung wie den *Express* schreibt, muss überdurchschnittliche Fähigkeiten besitzen. Obwohl es manchmal auch reines Glück ist. Denn ich bin überzeugt, dass selbst ich die eine oder andere Geschichte zustande bringen würde, die gut genug für den *Sunday Express* wäre. Sei nicht so ungeduldig. Deine Zeit wird kommen. Aber stell dich bitte darauf ein, dass du viele, viele Ablehnungen erhalten wirst, ehe du »es schaffst«. Stell dich darauf ein, und bedenke, dass das fast so etwas wie eine notwendige Vorstufe ist [...] Hast du Mrs Capildeo R. getroffen?

Seit deiner Abreise sind ein paar erstklassige Artikel von mir im *Sunday Guardian* erschienen. Einer davon, mit dem Titel »Was halten die Bauern von den Wahlen?«, war besonders gut. Sogar jemand vom British Council hat mir gesagt, wie gut ihm der Artikel gefallen habe und dass mehr solche Berichte geschrieben werden müssten. Ein anderer beschrieb das Wirken eines Gesundbeters, dem ich in Woodbrook zugesehen habe. (Meine Geschichte über den Reisanbau ist auch gut geworden. Heute bekam ich dafür einen Scheck über 20 $. Die dazugehörigen Fotos stammten auch von mir – vier Stück. Ich finde, ich bin nicht gut genug bezahlt worden. Allein für die Geschichte hätte ich fünfzehn Dollar bekommen müssen, und für jedes Foto mindestens 3 $. Ich habe vor, mit Smith darüber zu reden. Habe aber die Hoffnung aufgegeben, viele Artikel für den *Weekly* schreiben zu können. Keine Zeit dafür. Die Arbeit für den *Guardian* nimmt mich völlig in Anspruch.

Schick mir unbedingt ein Exemplar von R. K. Narayans *Mr Sampath*. Dieser Roman wurde in *The Year's Work in Literature 1949* – einer jährlichen Veröffentlichung des British Council – sehr wohlwollend besprochen. Über Narayan heißt es dort, er sei »der großartigste der auf Englisch schreibenden indischen Schriftsteller ... dem kein englischer Autor unserer Zeit des Wasser reichen kann«. Das Buch ist bei Eyre and Spottiswoode, Ltd, 6 Great New St., London, EC4 erschienen. Der Preis ist nicht angegeben. Du bekommst das Geld von mir wieder. Außerdem *The Author's Handbook* (Verlag The Bodley Head). Bez. Fotoentwicklung: Schick mir bloß ein oder zwei Pakete »Selbsttönendes Tageslichtpapier« – in den Qualitäten hart, weich und normal. Das wird nicht viel kosten. Ich wünschte, dieses Blatt wäre länger. [Satz gestrichen, mit der Anmerkung: »Gestrichene Sätze wurden von mir zensiert, Savi«] Jetzt wäre eigentlich die Zeit, in der ich schreiben sollte, was ich mir so sehnlich zu schreiben wünsche. Jetzt wäre die Zeit, ich selbst zu sein. Wann werde ich die Möglichkeit dazu haben? Ich weiß es nicht. Wenn ich von der Arbeit heimkomme, bin ich todmüde. Der *Guardian* raubt mir alle Kraft – mit diesem belanglosen Zeug. Wie viel gepökelter Fisch kostet, zum Beispiel. Genau das ist mein Auftrag für morgen! Es schmerzt mich. Sei du guten Mutes, und noch wichtiger: Mach keinen Unfug.

Viele Grüße von Ma und den anderen, Pa

University College, Oxford
12. Oktober 1950

Ihr Lieben,

was für ein Vergnügen, Pas großartigen Brief von zu Hause zu bekommen. Würde ich den Mann nicht kennen, hätte ich gesagt: Es muss ein wahres Vergnügen sein, so einen Vater zu haben. Er schreibt wirklich ausgezeichnete Briefe.

Es ist zwölf Uhr mittags. Ich komme gerade aus einem Tutorium zurück, einer wöchentlich stattfindenden Unterrichtsstunde bei meinem Tutor. Ich hatte einen Aufsatz über *König Lear* geschrieben, den er als sehr schön zu lesen und argumentativ überzeugend bezeichnete.

Ich stelle fest, dass ich mich zum ersten Mal richtig auf die Briefe von zu Hause freue. Heute Morgen habe ich auch einen Brief von Johnnie Chenwing bekommen, dem chinesischen Jungen, den ich an der Tranquillity School[2] unterrichtet habe. Er hat mir zehn Pfund geschickt. Ich frage mich, womit ich ihn dermaßen beeindruckt habe. Beim ersten Zusammentreffen beeindrucke ich die Leute meistens, aber dann werde ich immer ziemlich bald zu dem Clown, der ich nun mal bin, und sinke in ihrer Achtung. Aber das ist wohl einfach mein Naturell. So bin ich eben. Ich weiß nicht mehr genau, ob ich euch oder Kamla meinen ersten Tag in Oxford geschildert habe. Aber ich glaube, euch habe ich schon davon geschrieben.

Die Leute hier akzeptieren mich. Ich habe schon eine ganze Reihe Bekannte und habe mich, um Leute kennen zu lernen, einem halben Dutzend Vereinigungen angeschlossen. Auch würde ich gerne zeichnen – ich verspüre ein geradezu brennendes Verlangen danach, zu zeichnen und Gedichte zu schreiben. Ich habe eine ganze Reihe Gedichte geschrieben, seit ich von zu Hause weggegangen bin, und Material fließt mir in rauen Mengen zu. Nachdenklichkeit und Gefühlstiefe, mehr braucht man eigentlich nicht, um Gedichte zu schreiben, außer natürlich einem Gespür für Sprache. Als ich in London war, ließ ich einen Schriftsteller, der letztes Jahr einen Roman veröffentlicht hat, eins meiner Gedichte lesen. Es gefiel ihm gut, besonders folgende drei Zeilen:

In einer gilbenden Welt
der gilbenden Blätter
und gilbenden Menschen

In diesem wunderbaren Klima drängen sich einem schöne Worte förmlich auf. Hört euch mal das hier an. Lest es laut. Ich habe versucht, das Geräusch eines schnell fahrenden Zuges einzufangen:

… laute Züge
rüttelnd rattern sie ins Nichts

Mir ist egal, was andere davon halten, ich finde diese Zeile großartig. Und dann diese hier, in der Oxford beschrieben wird:

dieser Elefantenfriedhof, wo die verfallenen und die
heruntergekommenen
Philosophien
im Tod geballt verfallen

Wirklich gut, findet ihr nicht? Ihr seht ja selbst, um wie viel besser meine Dichtung geworden ist. Ich habe ein besseres Gefühl für Sprache entwickelt, und ich weiß jetzt die erste Zeile von Mulk Raj Anands *The Liar* wirklich zu würdigen. »Labhu, der alte Shikari unseres Dorfes, war ein geborener Lügner.« Nur wenige Menschen entwickeln solch ein Gefühl für Sprache. Doch genug davon.

Ich habe Ruth kennen gelernt und muss sagen, dass mir eine dermaßen dumme, arrogante, zänkische und von Selbstmitleid erfüllte Frau in meinem gesamten zugegebenermaßen noch nicht sehr langen Leben bisher nicht untergekommen ist. Ich war drei Stunden bei ihr zu Besuch. Es war die Hölle. Ich kann mir unmöglich vorstellen, bei ihr zu wohnen und mich wohl zu fühlen. Sie scheint die ganze Sippe zu hassen. Es würde mich nicht wundern, wenn Capo [Capildeo] R.s Griesgrämigkeit nicht zuletzt auf sie zurückzuführen ist.

Ihr müsst wissen, dass Oxford eine Ansammlung von über zwanzig Colleges ist. Man kann unmöglich alle Leute kennen lernen, die man gern kennen lernen möchte. Die Studienanfänger von 1948 bleiben mehr oder weniger für sich und alle anderen dementsprechend auch. Wenn man in seinem College Leute außerhalb der eigenen Gruppe kennen lernen möchte, muss man an allen möglichen Aktivitäten teilnehmen; man kann hier jeden Abend ausgehen. Der Dekan hat das Problem am Donnerstagabend sehr gut auf den Punkt gebracht: Bücher sind nicht alles; andererseits wäre es dumm, zu glauben, dass Bücher nichts sind. Den Kompromiss muss man selbst finden. Wobei man nicht vergessen sollte, dass genau diese Ablenkungen das Wesen einer Universitätsausbildung ausmachen. Man muss kein Stipendium erlangen. Es geht nicht darum, besser zu sein als alle anderen. Wenn man einigermaßen fleißig ist, besteht kein Grund, warum man nicht bestehen sollte.

Die härteste Nuss, die ich hier zu knacken habe, ist Angelsächsisch. Es ist eine vollkommen neue Sprache für mich, weitaus komplizierter als Latein. Satti kann euch eine Vorstellung davon vermitteln, wie schwierig es ist.

Es ist noch nicht zu spät für deinen Ramadhin-Artikel. Ich an deiner Stelle würde interessante Meldungen und Neuigkeiten an den *News Chronicle* schicken. Es könnte sich lohnen. Die Zeitungen gieren regelrecht nach Neuigkeiten. Aber sie sollten kurz und flott geschrieben sein. Die Nachricht über den feierlichen Krickettag in Jamaika und den großen offiziellen Empfang zum Beispiel hat es hier auf die Titelseiten gebracht. Verstehst du, was ich meine? Schicke deinen Ramadhin-Artikel an eine beliebige Sonntagszeitung. Es ist noch nicht zu spät. Jeder hier in England kennt Ramadhin, aber kaum jemand weiß etwas über sein Leben.

Die Atmosphäre hier am College erinnert mehr an einen Club als an sonst etwas. Es gibt den so genannten Junior Common Room, wo die Studenten der ersten Studienjahre sich treffen und zusammen trinken, rauchen und sich unterhalten, als wären sie in einem Club. Ich muss auch tanzen lernen. Sogar Capo hat mir geraten, es zu lernen. Die Vorlesungen sind langweilig und wenig informativ. Ich gehe hauptsächlich hin, um andere Studenten kennen zu lernen. Ihr würdet staunen, wenn ihr die Massen von Leuten sehen könntet, die Englisch studieren. Die meisten wollen Schriftsteller werden. Man ist nicht verpflichtet, Vorlesungen zu besuchen oder Aufsätze zu schreiben. Man braucht überhaupt nicht zu arbeiten, wenn man es nicht möchte. Aber ich habe jede Menge zu lesen.

Wenn ich mit diesem Brief fertig bin, werde ich mich um die Bücher kümmern, die Pa haben möchte. Chenwing hat mich auch um ein paar Bücher gebeten. Ich werde ihm ebenfalls welche schicken. Allmählich wird es immer kälter hier. Bald werde ich meinen Mantel anziehen müssen. Bisher hat mir der ungefütterte Gummi-Regenmantel gereicht. Bitte nennt einen Regenmantel nicht Cape. England lehrt mich, bitte und danke zu sagen.

Man lernt die Schönheit Oxfords zu schätzen.

Ich glaube, jetzt fällt mir nichts mehr ein. Ich habe einfach zwanglos dahergeplaudert, in der Hoffnung, diesem Brief eine Art Plauderton zu geben.

Übrigens wollte ich euch um einen Gefallen bitten: Könntet ihr mir eine Stange Zigaretten schicken? Hier rauchen alle, und alle bieten einem zu rauchen an, sodass ich es mir wieder angewöhnt habe. Aber seid nicht entsetzt. Und bitte schickt mir die Zigaretten. Sie sind hier so teuer.

Euer euch liebender Sohn (beziehungsweise Bruder)
Vidia

[*Handschriftliche Anmerkung*]: Bitte entschuldigt die Tippfehler. Ich habe weder Zeit noch Lust, den Brief Korrektur zu lesen.

Zu Hause, 22.10.50

Lieber Vido,

irgendetwas stimmt nicht mit meiner Schreibmaschine, sie schreibt nicht mehr bis an den rechten Seitenrand. Darum habe ich das Blatt in der Mitte gefaltet.

Deine Briefe sind von einer wundervollen Spontaneität. Wenn du mir Briefe über das Leben und die Menschen – vor allem die Menschen – in Oxford schreiben könntest, dann könnte ich sie zu einem Buch zusammenstellen: *BRIEFE ZWISCHEN VATER UND SOHN*, oder *MEINE BRIEFE AUS OXFORD*. Was meinst du? Mit Kamla geht so etwas nicht. Du kannst das, da bin ich mir sicher. Wenn du es schaffst, deinem Schreiben stets dieselbe Spontaneität zu geben, dann wird alles, was du schreibst, funkeln. Dass die Gedanken beim Schreiben so ungehindert fließen, liegt, glaube ich, daran, dass man keine Angst hat. Es liegt daran, dass man keinen hehren, manchmal unerreichbaren Idealen genügen will. Ich weiß das, denn ich kenne es aus eigener Erfahrung. Jedes Mal, wenn ich mich zu sehr davon bestimmen lasse, dem Menschen, an den ich schreibe oder für den ich schreibe, gefallen zu wollen, verliere ich die Balance und ruiniere alles. Ich konzentriere mich dann nämlich weniger auf das, was ich sagen will, als darauf, mich bei der Person, an die schreibe, lieb Kind zu machen. Dabei kann nur etwas Ungelenkes herauskommen. Versuche nicht, jemand anderem als dir selbst zu gefallen. Sieh nur zu, dass es dir gelingt, genau das zu sagen, was du sagen willst – ohne Prahlerei, mit Mut und vollkommener Aufrichtigkeit –, dann wirst du deinen eigenen Stil gefunden haben, weil du beim Schreiben du selbst warst. Dieser Einstellung muss man, sosehr das viele Leute auch bezweifeln mögen, selbst dann treu bleiben, wenn man für ein Massenblatt schreibt. Man muss man selbst sein. Man muss aufrichtig sein. Man muss bestrebt sein, nur das zu sagen, was man sagen will, und es klar auszudrücken. Wenn man beim Ringen um Klarheit eine Grammatikregel missachten muss, dann missachtet man sie eben. Wenn man um des Wohlklangs willen ein langes Wort verwenden muss, dann verwendet man es eben. Meine Güte! Was glaubst du, was Literatur im Endeffekt ausmacht? Dass man aus tiefstem Herzen und nicht locker aus dem Handgelenk schreibt. Die meisten Menschen schreiben locker aus dem Handgelenk. Wenn ein Krimineller, der ein halber Analphabet ist, einen langen Brief an seinen Schatz schreibt, ist dieser Brief so, wie die Briefe solcher Männer normalerweise eben sind. Wenn derselbe Kriminelle diesen Brief aber direkt vor seiner Hinrichtung schriebe, wäre es Literatur; wäre es Poesie. Darum ist Bunyans *Pilgerreise* so beeindruckend. Darum sind Gandhis Schriften beeindruckend.

Jawohl! Ich bin ein lebender Widerspruch; aber ich glaube, da befinde ich mich in guter Gesellschaft. Über Bacon heißt es: »Sein moralischer Charakter war außerordentlich facettenreich.« Mit derselben Berechtigung könnte man sagen, dass er moralisch außerordentlich korrumpiert war. Dennoch würde kaum jemand leugnen, dass Bacon ein Mann von »beispielloser Geisteskraft und Wissbegierde« war. Es sei denn, Macaulay übertreibt wieder einmal. Oder nimm Goldsmith. »Er schrieb wie ein Engel und sprach wie 'n Papagei.« Dann ist da noch Boswell, der Mann, der von jenen verlacht wurde, deren Gesellschaft er suchte. Von jenen, die er später auszeichnete, indem er die bedeutendste Biographie aller Zeiten schrieb. Mir scheint, dass es nicht darauf ankam, wie diese Männer nach außen wirkten; entscheidend war das andere Selbst, das sie heraufzubeschwören wussten. Die Stimmung, in die sie sich versetzen konnten – aus der heraus sie schrieben, was und wie sie schrieben. Als Mohammed in Trance – wobei ich nicht glaube, dass es eine echte Trance war – den Koran diktierte, war er nicht derselbe Mohammed wie im Wachzustand. Wieder die Stimmung. Man kann sich von einem Moment auf den nächsten zu dem machen, der man gerade sein möchte. Kein Wunder, dass William James von den vielen Selbsten des Menschen spricht. Möglicherweise hat er Recht. Ja, ich glaube, dass er Recht hat. Man kann sich sein schreibendes Selbst dienstbar machen, oder auch sein politisches Selbst, sein verschwörerisches Selbst, sein lyrisches Selbst, sein mystisches Selbst, sein heiliges Selbst. Konflikte? Nicht, wenn man über eine ausgewogene Persönlichkeit verfügt, wenn man eine normale psychologische Entwicklung genommen hat. Verwechsle das alles bitte nicht mit dem krankhaften Zustand, den die moderne Psychologie als paranoide Reaktion bezeichnet: Ich denke dabei an Leute, die ihrer eigenen abstrusen Logik folgen – James Swami Dayanand Maharadscha von Trinidad beispielsweise – ehemaliger Stadtrat, jetzt ein Radscha, der mit Schärpe und Zepter (ein kleiner Dolch) auf der Queen Street paradiert und sich doch wahrhaftig für den König von Irgendwo hält.

Weißt du, du solltest dir ein paar Vorlesungen in Psychologie anhören. Spotte nicht über solche Vorlesungen. Sie gehören zu einer umfassenden Bildung dazu. Ein gutes Buch für dich wäre… ach, was soll's.

Es tut mir sehr Leid, aber deine Mutter hat gerade von Sarkar[3] erfahren, dass es aufgrund der Zollbestimmungen äußerst schwierig ist, Dinge wie Zigaretten auszuführen. Er meint, es sei unmöglich. Ich werde noch ein paar Erkundigungen anstellen, denn ich finde, das dürfte nicht so sein.

Ich schicke dir also den Artikel über Ramadhin. Sieh zu, ob du ihn irgendwo unterbringen kannst. Wenn er gekürzt werden muss, kürze ihn. Versuch es beim *Sunday Chronicle*, beim *Sunday Express* oder bei *Reynold's News*. Wenn es dir gelingt, ihn zu verkaufen, darfst du das Geld behalten.

Ich könnte dir noch Etliches berichten, aber ich glaube, ich habe genug gesagt. Schreib ausführliche Briefe über Menschen – an mich. Wenn ein Luftpost-Briefbogen nicht genug Platz bietet, schick Briefe per Schiffspost.

Heute war Hosey[4]. Alle sind hinausgegangen, um sich den Umzug anzusehen, außer mir. Aber ich habe mir das Ganze von oben angeschaut, und als die Tajiahs[5] am Rialto vorbeigetragen wurden, ging ich hinüber und machte zwei Schnappschüsse von Hoseys und den Monden[6].

Ich habe eine Fotoserie über den Reisanbau in Trinidad zusammengestellt – mit Vergrößerungen und allem Drum und Dran. Eines Tages werde ich sie vielleicht verwenden. Hier bei uns habe ich das bereits getan.

Vergiss nicht, mir den Roman von Narayan zu schicken –

Mr Sampath. Und das *Writers' and Artists' Yearbook*, das ein sehr nützlicher Ratgeber für mich sein wird.

Ich habe ein Gespräch mit einem Engländer namens Barker geführt, das hinsichtlich der Absatzmöglichkeiten für Geschichten in England und den USA sehr entmutigend war. Er ist Spätredakteur beim *Guardian* und hat schon für Zeitungen in England und Indien gearbeitet. Er war, glaube ich, Reporter beim *Daily Telegraph* (London). Auch für amerikanische Zeitschriften hat er einige Artikel geschrieben und ein paar Kurzgeschichten verfasst.

Wie geht es dir gesundheitlich? Hast du wieder eine deiner Erkältungen gehabt? Schreib uns darüber. Bei uns ist alles in Ordnung, allen geht es gut. Viele Grüße, auch von den anderen, Pa.

27.10.50

Hier noch ein Postskriptum; entschuldige bitte die Verzögerung. Als ich heute Abend nach Hause kam, fand ich einen Brief von dir vor. Ich erkenne deine Briefe inzwischen an der Farbe des Papiers. Manchmal bin ich in meinen Briefen etwas redselig; wenn du abwegig findest, was ich schreibe, verbuche es als Nebensächlichkeit. Wer schreibt, sollte etwas zu sagen haben, aber wenn man nur dann schreiben würde, wenn man glaubt, man werde Entscheidendes sagen, würde man nur selten schreiben.

Ich hoffe sehr, dass es dir gelungen ist, Radhakrishnan[7] erneut zu treffen. Will man von Männern wie ihm wahrgenommen werden, sind ein oder zwei »Zurückweisungen« ein geringer Preis für die Ehre eines Gesprächs. Und es ist bei solchen Leuten immer das Beste, ganz offen zu sagen, wo man steht. Du hättest, um ein Gespräch in Gang zu bringen, sagen können: »Mein Vater hat Sie schon immer für einen der klügsten Köpfe des modernen Indien gehalten. Er hat oft zu mir gesagt, dass er den Hinduismus erst durch die Lektüre Ihres Buches *The Heart of Hindustan* richtig verstanden hat.«

Damit würdest du das Eis brechen, wie es so schön heißt. Kontakte knüpfen, Vido, immer Kontakte knüpfen. Ich will fortfahren: Angenommen, es käme zu einer interessanten Plauderei mit diesem großen Gelehrten, dann könntest du mir das Erlebnis in einem Brief beschreiben – einem langen Brief, wenn nötig. Ich würde einen solchen Brief mit viel Freude lesen; und ich würde ihn zusammen mit anderen Briefen von dir aufbewahren. Schreib mir jede Woche über die Menschen, die dir begegnen; berichte, worüber ihr geredet habt, wie die anderen geredet haben; du wirst erstaunt sein, was für eine schöne Sammlung von Briefen du binnen eines Jahres geschrieben haben wirst. Lass uns das so machen. Es ist eine einfache und gute Methode; denn die Gedanken, denen du Ausdruck verleihen willst, werden ungehindert, leicht und spontan fließen – wertvolle Qualitäten, die zur Essenz guten Schreibens gehören.

Angenommen, du hebst meine Briefe auf, und ich deine, könnten vielleicht statt einem Buch, zwei daraus entstehen. Wer weiß!

Meine Briefe würden dann nicht bloß Predigten enthalten, sondern Schilderungen von Menschen und Ereignissen hier bei uns… Eine Kamla, eine Bhagwat[8], ein Calypso-Abend, ein Shango[9], ein Schwätzchen mit Baboolal[10], ein Schwätzchen mit Rapooche. Verstehst du, was ich meine? Du brauchst mir deine Briefe nicht per Luftpost zu schicken, wenn sie zu lang werden. Bewahre deine Mitte. Zu Hause ist alles in Ordnung.

[Von Kamla]

8. November 1950

Mein lieber Vido,

es freut mich, dass du dich in Oxford eingelebt hast. Aber eins möchte ich dir trotzdem sagen: Ich finde, du solltest dich nicht hinter Büchern verschanzen. Du brauchst dich ja nicht mehr um ein Stipendium zu bemühen, und glaub mir: Je mehr man liest, desto mehr gibt es zu lesen. Vernachlässige weder Studium noch Freundschaften. Wie du selbst sagst, ist beides sehr wichtig. Es gibt eine goldene Mitte.

Was die Zigaretten angeht, hat man mir gesagt, dass du horrende Zollgebühren zahlen müsstest. Es wäre besser, du kaufst sie dir selbst. Denk nicht, dass das jetzt Ausflüchte sind. Wenn du willst, schick ich dir ein paar Päckchen. Dann sehen wir, wie hoch die Gebühren sind und ob es sinnvoll ist, dass ich noch welche schicke.

Vor zwei Tagen habe ich einen Brief von Ma bekommen. Sie schreibt, dass es dir besser geht als Pa. Du kannst dir vorstellen, wie überrascht ich war. Danach hatte ich gar nicht gefragt.

Noble Sarkar hat sich nach uns erkundigt, Ma hat mir die gesamte Unterhaltung wiedergegeben. Und da wir gerade bei Ma sind – sie hat (ganz vorsichtig) angefragt, ob wir zwei uns vielleicht an Savis Schulgebühren beteiligen könnten. Sie meinte, ich soll dich fragen. Ich habe beschlossen, jeden Monat 50 Rupien – umgerechnet 18 $ – nach Hause zu schicken. Das wird ihnen sicher eine große Hilfe sein. Ich weiß nicht, ob du vielleicht etwas beisteuern kannst. Mir ist völlig klar, dass du ungefähr dreimal so viel zum Leben brauchst wie ich.

Schreib mir jedenfalls, was du dazu meinst – und sag niemandem zu Hause etwas davon. Wenn du glaubst, dass mein Beitrag reicht, schick nichts, denn ich werde ja nach England kommen, und dann brauchst du womöglich noch mehr Geld. Also schreib mir, und ich werde eine Entscheidung treffen. Und schimpfe nicht mit Ma, wenn du nach Hause schreibst.

In den Ferien habe ich Post von Ramnarace Moussa[11] bekommen. Er will dies und das und jenes und außerdem einen ganzen Stapel Bücher. Ich soll sie für ihn kaufen, und das Geld dafür will er beilegen, »wenn Ma dir Geld schickt«.

Wissen diese Leute etwa nicht, dass ich kein Geld von zu Hause kriege? Ich frage mich, ob ich hier bin, um einen Versandhandel zu betreiben oder um zu studieren. Wirklich, das ärgert mich maßlos. Da schreibt er mir und bittet mich um diese Gefallen, dann preist er mich in den höchsten Tönen, und auf den letzten beiden Seiten folgt noch mal ein dezenter Hinweis auf die Sachen, die er haben will. Das ist nun schon der dritte Brief. Und er wird nicht unbeantwortet bleiben.

Ach übrigens, es gibt da etwas, was ich gerne von dir hätte. Ich bin allerdings nicht sicher, ob du es finden wirst. Oxford gibt doch diese Aufgaben mit Musterlösungen zur englischen Literatur heraus. Vielleicht kannst du mir davon welche besorgen, speziell die zur Lyrik. Wirklich, Vido, ich bin beim Studieren völlig auf mich allein gestellt. Glaub mir, wenn man hier einfallsreich ist, hat man schlechte Karten. Wenn man sich dagegen stur einpaukt, was in den Büchern steht, und es dann genauso wiedergibt – Bestnote. Was ich gerne wüsste, ist, auf welche Weise die Fragen beantwortet werden sollen. Vor ein paar Tagen haben wir eine Klausur geschrieben – Coleridge als Dichter –, ich bekam 7 von 10 Punkten, weil ich »einfallsreich« gewesen war. Ein anderes Mädchen bekam auch 7 Punkte. Meiner Dozentin gefiel ihr Aufsatz besser, und sie forderte die anderen auf, ihn auswendig zu lernen. Sie riet auch mir, ihn zu lesen, und ich schwöre dir, der Text steht wortwörtlich so in Compton-Ricketts Literaturgeschichte.

Liebe Grüße
Kamla

[Zwei Anmerkungen am Seitenrand]:

Schick bitte eine Weihnachtskarte für Nanie[12]! Sei so gut.

Wenn es um Mädchen geht, sollte deine grundsätzliche Überlegung sein: »Würde Kamla sie für eine dumme Gans halten?« *Deinen* Grundsatz habe ich übrigens schon befolgt, bevor du mich darum gebeten hast. Keine Sorge!

Zu Hause: 17. Nov. 50

Lieber Vido,

ich glaube, du bist uns einen deiner wöchentlichen Briefe schuldig geblieben. Das sollte nicht passieren. Betrachte es als eine Aufgabe fürs Wochenende, nach Hause zu schreiben. An dieser Regelung solltest du festhalten, auch wenn ab und zu von uns kein Brief kommt. Aber du wirst feststellen, dass meistens gilt: Brief für Brief, d.h., wenn ich (oder wir) einen Brief von dir erhalten, wird eine Antwort von uns folgen. Wie lange dauert es, so einen Brief in die Tasten zu hauen? Höchstens fünf Minuten, und ich für meinen Teil empfinde es als ein Vergnügen. Du erwähnst nicht, wie es mit der Verpflegung aussieht. Was isst du hauptsächlich? Berichte in deinem nächsten Brief davon.

Ich habe dir, glaube ich, schon erzählt, dass es wegen der Zollbestimmungen schwierig ist, Zigaretten zu verschicken. Ich weiß, du wirst sehr enttäuscht sein, aber wir sind es auch. Könntest du Boysie denn nicht bitten, dir in London welche zu besorgen? Ich habe gehört, dass Zigaretten in London nicht ganz so teuer sind wie bei dir. Und außerdem wären die Zollgebühren für Zigaretten, die wir dir von hier schicken, vermutlich so hoch, dass es billiger wäre, wenn du sie dir selber kaufen würdest. Aber es ist ja sowieso nicht erlaubt, so etwas wie Zigaretten von hier zu verschicken. Jeder, den wir bisher gefragt haben, hat gesagt, es sei schlicht und einfach verboten. Heute sollte deine Mutter sich bei der Behörde erkundigen, wie die Bestimmung genau lautet, aber wie von ihr nicht anders zu erwarten, hat sie mir eben gesagt, sie hätte keine Zeit dafür gehabt.

Am 10.11.50 hat deine Mutter dir ein 10 kg schweres Paket

geschickt. Es enthält: 6 Dosen Grapefruitsaft, zwei Dosen Orangensaft, 2 Pfd. Kristallzucker, 1 Glas Amchar[13] und einen selbst gebackenen Kuchen.

Am Montag – heute ist Donnerstag – bin ich zum *Guardian Weekly* versetzt worden, um dort als Schlussredakteur zu arbeiten. Und Artikel zu schreiben und den Seitenumbruch zu machen. Seiten zu umbrechen ist eine ziemlich interessante Arbeit – beinahe so faszinierend wie das Artikelschreiben; aber vorläufig bin ich noch am Lernen. Ich komme abends selten vor 17.30 nach Hause, manchmal sogar noch später. Es ist harte Arbeit, aber wenn mir erst mal erlaubt wird, meine eigenen Vorstellungen beim Umbruch zu verwirklichen, ohne dass mir jemand allzu sehr hineinredet, dann wird mich der anstrengende Teil der Tätigkeit mit Sicherheit nicht stören. Man vertieft sich nämlich so sehr in die Arbeit, dass die Zeit im Handumdrehen vergeht, und ehe man sichs versieht, ist schon wieder Feierabend. Mehr darüber in einem der nächsten Briefe.

Die Klatschgeschichte der Woche: Chan Sadhu (Sanyasi) ist vor etwa einem Monat mit einem Jungen aus einer Brahmanenfamilie durchgebrannt. Ich habe das eben erst, vor ein paar Minuten, von deiner Mutter erfahren, die gerade von einem Besuch bei Sookhdeo[14] zurückgekehrt ist. Sie war bei ihm, um ihm 100 $ zu zahlen, die wir ihm an Zinsen schuldig waren. Niemand hat uns irgendetwas über diese heimliche Liebschaft erzählt.

Noch etwas von der Verwandtschaft: Sookhdeo hat deiner Mutter einen Hundert-Dollar-Kredit erlassen, den er ihr vor Kamlas Abreise gewährt hatte. Zu diesen Hundert hat er noch 14 $ für dich draufgelegt, als er eine Quittung für die Zinszahlung ausstellte. Ich schlage vor, du bedankst dich in einem Brief – nicht zu überschwänglich – für das Geschenk. Es wird ihn freuen, schließlich ist er auch nur ein Mensch.

In deinem letzten Brief – vom 6. Nov. – steht kein Wort über das Buch von Narayan. Mach dir wegen der Fotosachen, um die ich dich gebeten habe, keine Mühe, denn ich habe momentan gar nicht genug Zeit, den Fotoapparat in die Hand zu nehmen. Aber schick mir unbedingt das Buch.

Glückwunsch zu deinem Erfolg bei *Isis*[15]. Schick mir ein Exemplar des *Weekly*.

Zu den Geschichten über die Karnevalskönigin und über Maugham im *QRC*[16] *Chronicle*: Ich hatte kein Exemplar des *Chronicle*, deshalb bat ich Debysingh[17], mir eins zu besorgen. Er sagte, ich solle Deven[18] zu ihm schicken, er werde ihm ein Exemplar mitgeben. Deven ist ihm heute im College nicht über den Weg gelaufen, aber er hat mir gesagt, er werde morgen zu ihm gehen. Wenn er mir den *Chronicle* bringt, werde ich ihn dir unverzüglich schicken, zusammen mit der Tranquillity-Schulzeitung. Welche bereits auf meinem Schreibtisch liegt. Du wirst zwei X in deinem Artikel vorfinden. Ich glaube, wenn du das, was zwischen den beiden X steht, streichst und ein paar Sätze durch »und« verbindest, damit das Ganze weniger nach Telegramm klingt, dann ist es ein recht guter Artikel. Ich habe es nie über mich gebracht, das Ding ganz zu lesen. Ein paar der Geschichten, die du für den *Hindu* geschrieben hast, waren wirklich gut, aber ich fürchte, es wird mir nicht gelingen, an ein, zwei Exemplare dieser leider so kurzlebigen Zeitung heranzukommen.

Willst du nicht ein paar Artikel für den *TG* oder den *WG*[19] über das Leben in Oxford schreiben? Am besten im Plauderton. Wenn du für den *Weekly* schriebest, bekämst du dreimal so viel Geld, wie du vom *Guardian* erhalten würdest. Vergiss die *Evening News*. Wenn du willst, frag Hitchens[20], was er von der Idee hält, aber ich glaube eigentlich, dass du gleich anfangen könntest zu schreiben. Vier oder fünf Schreibmaschinenseiten wären eine gute Länge, und du würdest zwischen zehn und fünfzehn Dollar dafür bekommen – wenn es beim *Weekly* angenommen wird. Und wenn du beim Schreiben Trinidad im Auge behältst, umso besser.

Exemplare des *Guardian* oder Ausschnitte daraus schicke ich per Schiffspost.

Uns allen geht es gut, Pa

University College, Oxford
22. Nov.

Meine liebe Kamla,

danke für deinen Brief. Irgendetwas vergesse ich immer. In dem Moment, wo ich mich hinsetze, um dir zu schreiben, fällt mir wieder ein, was ich für dich hätte besorgen sollen. Ich werde versuchen, morgen daran zu denken. Hab noch ein bisschen Geduld.

Es gibt nichts Neues zu berichten, meine Liebe, gar nichts. Ich habe in letzter Zeit hart gearbeitet, aber nicht so hart, wie ich eigentlich wollte. Fast ständig begleitet mich ein Gefühl der Leere. Es kommt mir vor, als kämpfte ich mich in einem Tunnel voran, der an beiden Enden verbarrikadiert ist. Meine Vergangenheit – Trinidad und die Geldsorgen unserer Eltern – liegt hinter mir, und ich bin nicht in der Lage, irgendjemandem zu helfen. Meine Zukunft – wie sie denn auch aussehen mag – ist noch volle vier Jahre entfernt. Dann werde ich zweifelsohne helfen können. Aber wie soll ich helfen, wenn du schon in zwei Jahren nach England kommst? Wenn ich erst einmal hier Fuß gefasst und Freunde gefunden habe, tun sich vielleicht neue Möglichkeiten auf. Aber im Moment habe ich nichts. Doch verzweifle nicht. Wenn du erst einmal hier bist und eine Stelle findest, sieht alles anders aus. Ich würde dich gern in meiner Nähe haben, wenn du kommst; nicht, dass ich in deinem Leben herumschnüffeln wollte – es würde mir ein Gefühl größerer Sicherheit geben. Aber das alles ist noch 24 Monate entfernt.

Meine Liebe, mein Stipendium reicht kaum für mich selbst. Ich rauche zu viel, aber schreib das nicht den anderen. Ich werde mein Möglichstes tun, um zu Weihnachten 5 £ nach Hause zu schicken, aber mit Sicherheit weiß ich das erst, wenn ich mit der Collegeverwaltung abgerechnet habe. Ich bin willens, für Geld zu schreiben, wenn jemand Interesse hat, und nächstes Trimester werde ich ein paar Artikel für den *Guardian* verfassen und außerdem versuchen, hier einige meiner Geschichten zu veröffentlichen. Ich sage »einige« – ich habe erst zwei geschrieben, aber dafür sitze ich seit einiger Zeit an einem Roman. Ich habe schon 8 Kapitel, etwa 140 Seiten eines durchschnittlichen Penguin-Buchs, aber es ist wirklich noch eine Rohfassung. Vor Ende des nächsten Trimesters werde ich sie nicht mehr anrühren. Ich habe mich verausgabt. Ich möchte, dass ein paar neue Ideen in mir reifen. In einem Jahr wird der Roman fertig sein. Und stell dir nur vor, was im Falle seiner Veröffentlichung aus mir werden wird! Denn eines weiß ich sicher: Ist er erst einmal veröffentlicht, wird er sich gut verkaufen. Es ist ein humorvoller Roman.

Kann ich dir irgendetwas zu Weihnachten besorgen, meine Liebe? Sag es mir, denn in einer Woche kommt mein Stipendiengeld.

Heute Morgen habe ich drei Briefe erhalten. Ich kam mir ganz schön wichtig vor. 2 enthielten Geld, einer kam von zu Hause. Boyzee hat mir ein Pfund geschickt, die BBC eine Guinee. Am 24. September wurde eins meiner Gedichte gesendet, wusstest du das? Aber ich bin, wie du wahrscheinlich weißt, kein Dichter. Trotzdem werde ich versuchen, ihnen die Gedichte, die ich geschrieben habe, zu verkaufen. Ich habe sie auch an 2 Zeitschriften eingesandt, die sie aber prompt wieder zurückgeschickt haben – aus gutem Grund. Es sind sehr schlechte Gedichte. Das weiß ich.

Und jetzt zu den Mädchen. Ich habe dieses Trimester zwei ausgesprochen erfolglose Liebschaften gehabt. Die eine habe ich gerade gestern erst auf romantische Weise zu einem runden Abschluss gebracht. Das erste Mädchen – eine Belgierin, das hübscheste Ding, das man sich vorstellen kann – ertrug mich drei Wochen lang. Dann erklärte sie mir plötzlich, sie könne nicht mehr zum Tee kommen. Ich war bestürzt und tief gekränkt. Anscheinend war eine der Geschichten, die ich ihr gezeigt habe, in ihren Augen pornographisch. Verflucht! Ich habe die Geschichte letzten Samstag John Harrison[21] gezeigt, als er zum Tee bei mir war, und er fand sie völlig in Ordnung. Na ja, jedenfalls hat sie mich fallen lassen und mir den schönsten Brief geschrieben, den ich je von einer Frau bekommen habe. Ich zitiere:

Mein lieber Vidia (schrieb sie),

ich werde mir nie verzeihen, dass ich dich verletzt habe und dass dies der schwärzeste Tag in meinem Leben ist, aber du musst mich verstehen – es ist ja nicht nur so, dass deine Verfehlung, die ich persönlich von ganzem Herzen verzeihe, auf gesellschaftlicher Ebene inakzeptabel ist; es ist vor allem so – das habe ich dir ja schon versucht zu sagen –, dass ich einen anderen liebe. Ich hasse mich selbst für die schmerzvollen Stunden, die ich dir bereitet habe usw. usw…

Ich wünschte, ich könnte durch irgendetwas, das ich sage, deinem Leben mehr Sinn geben, usw.

Weil du intelligent bist, rennst du gegen die Trägheit dieses langsamen Landes und seiner Menschen an – vielleicht wäre ein Kompromiss, und sei er dir noch so verhasst, doch das Beste. Du und ein anderer sind die einzigen interessanten Jungen, die ich bisher in Oxford kennen gelernt habe, aber du gehst deinen eigenen Ängsten aus dem Weg, wohingegen ich finde, dass nur Menschen mit Ängsten interessant sind, und schön in ihrer Qual.

Warum begreifst du nicht, dass deine Qual nur deine Größe beweist usw.?

Klasse! Nicht schlecht, was? Überleg mal – dein eigener Bruder, der gerade achtzehn geworden ist, aber jedem Mädchen erzählt, er sei 22, entlockt einem Mädchen, hinter dem fast alle Anglistikstudenten her sind, so einen Brief! Ich glaube, der andere Kerl war ein besserer Dichter. Die andere Frau, die einmal pro Woche zum 4-Uhr-Tee zu mir gekommen ist, ist Engländerin und strohdumm, und ich bin heilfroh, dass ich sie los bin.

Auf Wiedersehen, meine liebe Kamla, lass es dir gut gehen und schreib nicht solche Briefe wie den oben, denn vergiss nicht, ich habe dieses Mädchen *angelogen*.

Viele Grüße, Vido

27.11.50

Lieber Vido,

es wäre ein Jammer, dieses schöne Blatt nicht zu nutzen. Dein letzter Brief kam vor ein paar Tagen an. Ich hoffe, dieser wird dich noch vor Weihnachten erreichen. Da du die Ferien in London verbringen wirst, frage ich mich, wer dein Paket entgegennehmen wird, das ans College adressiert ist und Grapefruitsaft, Zucker, einen Kuchen und so weiter enthält. Wir haben es am 10. November abgeschickt, du solltest daher ungefähr wissen, wann es ankommen wird.

Außerdem hoffe ich, dass du den Narayan abgeschickt hast, ehe du nach London gefahren bist. Roland Millner, dein neuseeländischer Brieffreund, hat dir eine Weihnachtskarte geschickt; hoffentlich hast du ihm auch eine geschickt. Wenn nicht, kannst du es ja immer noch tun. Die Karte ist mit der normalen Post zu dir unterwegs.

Wir hatten dich gebeten, uns zu berichten, wie du mit dem Essen zurechtkommst, aber du hast nichts darüber geschrieben. Natürlich können wir von hier aus ohnehin nichts daran ändern, aber wir würden es trotzdem gerne wissen.

So wie es aussieht, bekomme ich möglicherweise ein Stipendium des British Council. Nächstes Mal mehr darüber – Pa.

In einem kurzen Absatz von D. H. Lawrence' *Der Hengst St. Mawr* bin ich gerade auf folgende ungewöhnliche Sätze gestoßen: »Aber sein Gesicht war leer und steinern, und er hatte einen steinernen, fernen, stolzen Blick... Sie konnte die Wolke der Kränkung in seinen Augen erkennen...«

Es gibt unzählige solcher Sätze in diesem Buch, das ich heute gekauft habe. Außerdem habe ich eine Sammlung orientalischer Geschichten aus dem alten Bagdad erstanden, verfasst von einem gewissen Hassan, und von H. G. Wells *Eine kurze Geschichte der Welt.* Letzteres hatte ich schon einmal, wie du bestimmt weißt, aber irgendwie ist es mir abhanden gekommen. Vor ein paar Wochen habe ich mir Lawrence' *Briefe* gekauft. Allerdings habe ich nicht mehr viel Zeit zum Lesen; ich schreibe auch keine Artikel für den *Weekly* mehr, was mir immer 25 bis 40 D. zusätzlich eingebracht hat. Das ist eine erhebliche Einbuße, aber was soll's!

Geht es dir gut? Gib mir eine ehrliche Antwort. Sofern du nicht krank bist, wüsste ich beim besten Willen keinen Grund, wieso es dir nicht gut gehen sollte. Nachdem ich heute eine Unterhaltung mit Noble Sarkar hatte – er ist jetzt Arzt und ist gestern hier angekommen –, habe ich mir überlegt, wenn nötig das Haus zu verkaufen, um dir nach deinem Abschluss ein weiterführendes Studium zu ermöglichen. Versuch, ein Stipendium zu bekommen, ja? Ich weiß natürlich nicht, ob du eine Chance hast, wenn es denn überhaupt eine gibt.

Übrigens habe ich Capo R. und Boysie geschrieben. Boysie hat geantwortet, sein Brief kam heute an; Capo R. dagegen hat nichts von sich hören lassen. Na ja, soll er doch schweigen.

Der Vertreter des British Council hier bei uns möchte mir unbedingt ein Stipendium des B. C. zukommen lassen; er hat mir kürzlich Komplimente zu meinen Geschichten gemacht. Aber mein Alter ist eine Hürde – für den Erhalt des Stipendiums, meine ich. Ich bin immerhin bereits in meinem 45. Lebensjahr. Stanley war so freundlich anzudeuten, was ich in meiner Bewerbung besonders hervorheben soll; Pearse hat es ebenfalls getan. Du musst wissen, dass über die Vergabe des Stip. ein Gremium entscheidet, in dem auch Hannays[22] sitzt. Alle fürchten sich vor Hann, da er der Aufpasser der Regierung ist. Aber wenn ich das Stip. tatsächlich erhalten würde, wüsste ich gar nicht, wie ich es in Anspruch nehmen sollte. Wer würde sich um die Familie kümmern? Das ist der Haken bei der Sache.

Ein gewisser Mr Steer, Absolvent des Oxforder Balliol College – er ist dort allerdings, glaube ich, nur zum Graduiertenstudium gewesen, nachdem er seinen Abschluss an der Birmingham Univ. gemacht hat –, möchte ebenfalls, dass ich mit ihm zusammenarbeite. Er ist der von der Regierung beauftragte Statistiker; mein Gehalt würde anfangs 160 $ (oder mehr) betragen und dann auf 200 $ steigen. Aber auch hier gibt es wieder einen Haken. Die Tätigkeit ist auf fünf Monate begrenzt. Ich habe schon so gut wie abgesagt. Wenn ich doch bloß 200 $ pro Monat verdienen würde, dann hätte ich viel weniger Sorgen.

Pa

[*Handschriftliche Anmerkung*]: Wie du siehst, ist die Schreibmaschine repariert worden.

University College, Oxford
1. Dezember 1950

Meine liebe Kamla,

ich sitze vor der Schreibmaschine und habe nicht die geringste Ahnung, was ich schreiben soll. Wirklich nicht.

Ich bin wieder in London, bis nach Weihnachten. Am 27. Dezember werde ich nach Oxford zurückkehren und für mich allein in der Bibliothek arbeiten, bis dann Mitte Januar das nächste Trimester anfängt. Ich habe all meine Kleider und die Hälfte meiner Bücher mitgenommen. Und ich versuche, hart zu arbeiten. Ich gehe, wenn irgend möglich, nicht aus, aber mehr als vier Stunden Arbeit bringe ich nicht zuwege. Trotzdem komme ich einigermaßen voran. Zu Beginn des nächsten Trimesters stehen mehrere Prüfungen bei meinen Tutoren an und am Ende die große Vorprüfung. Ich muss also hart arbeiten.

Richtige Sorgen macht mir eigentlich nur Angelsächsisch. Hoffentlich schaffe ich es.

Ich habe mich bei der Oxford University Press nach den Musterfragen und -antworten erkundigt, aber sie hatten sie nicht da. Es tut mir furchtbar Leid, und ich kann dir nur raten, mit dem Strom zu schwimmen, dir aber nichts vorzumachen. Du weißt, dass es so nicht in Ordnung ist. Ich meine, du weißt es. Die anderen Leute akzeptieren es einfach als einen Teil des indischen Lebens.

Ich habe aufgehört zu schreiben, um mich auf meine Prüfungen vorzubereiten. Acht Bücher muss ich lesen. Sechs habe ich durchgeblättert, eins habe ich gelesen, das letzte noch nicht einmal aufgeschlagen. Mit zweien der Bücher habe ich mich in den letzten anderthalb Wochen ziemlich ausgiebig beschäftigt. Mit einem der beiden Bücher von Vergil bin ich fertig. Das andere habe ich schon zweimal durchgearbeitet, wenn auch vor einem halben Jahr. Da werde ich nicht viel zu wiederholen haben. Latein macht mir also keine Sorgen.

Vielleicht interessiert es dich, dass ich vor etwa einer Woche meinen ersten Schnee erlebt habe. Er kam in kleinen Watteflocken herunter, und nach zwei Stunden war der Boden bedeckt, die Straße allerdings nicht. Ich freue mich auf weiteren Schnee. Die Zeitungen kündigen ihn schon seit zwei Tagen an, aber in meiner Gegend in London ist keiner mehr gefallen.

Ich wohne nicht bei Boyzee und Capo S., sondern in Earl's Court. Nicht weit von der U-Bahn-Station, etwa eine Minute zu Fuß, um genau zu sein. Es ist etwas völlig anderes, ein eigenes Zimmer zu haben. Hör zu, meine Liebe, wenn du Zollgebühren bezahlen musst, um die Zigaretten überhaupt zu *schicken*, dann lass es bleiben. Wenn *ich* die Gebühren bezahlen muss, dann schick sie auf jeden Fall. Aber um Himmels willen keine indischen Zigaretten.

Capo R. und S. haben beschlossen, ein Haus in London zu kaufen. Für 5 000 £! Ich habe Capo R. vor ein paar Tagen gesehen, wir waren verabredet. Wir haben im Lyon's Corner House in der Tottenham Court Road zusammengegessen. Er will sich der Juristerei zuwenden. Um Geld zu verdienen. Ich fand, dass er sehr freundlich zu mir war. Aber bei diesem Mann weiß man nie. Er hat mich nach Wallington eingeladen, aber bisher war ich noch nicht dort. Ich kann seine Frau, die du ja so reizend fandest, nicht ausstehen. Da hat dich wohl dein Urteilsvermögen verlassen.

Die Schwester von Boyzees Vater ist tot – die Letzte aus der Deepan-Sippe. Ich nehme an, er wird es dir demnächst schreiben. Er sitzt gerade im Speiseraum der Pension, und ich habe ihn gefragt, womit ich denn bloß die Seite füllen soll. Da hat er es mir erzählt. Also habe ich es aufgeschrieben.

Ich wünsche dir frohe Weihnachten und was so alles dazugehört. Ich weiß nichts mehr zu schreiben. Ich habe mir das Hirn zermartert, aber mir fällt nichts mehr ein.

Alles Liebe, Vido

[*Handschriftliche Anmerkung*]: Nicht abgeschickt

London
11. Dezember 1950

Ihr Lieben,

ich habe das Bedürfnis, einen langen Brief nach Hause zu schreiben. Seit zwei Tagen denke ich immer öfter an zu Hause. Ich habe Boyzee davon erzählt, und er meinte, das läge wahrscheinlich daran, dass Weihnachten vor der Tür steht. Ich weiß nicht. Weihnachten hat weder mir noch sonst jemandem in der Familie je viel bedeutet. Für uns war es vor allem die Ahnung eines grandiosen Vergnügens, das irgendwo existierte, ohne dass wir aber gewusst hätten, wo. Wir standen immer außerhalb, am Rande eines vagen Gefühls der Freude. Dieses Gefühl habe ich auch hier in London. Aber hier ist alles so viel romantischer. Gegen halb vier wird es dunkel, und alle Lichter gehen an. Die Läden sind hell erleuchtet, die Straßen auch, und es sind viele Leute unterwegs. Ich laufe durch die Straßen und bin doch so allein, stehe so weit außerhalb dieser wunderbaren festlichen Stimmung.

Aber ich habe an zu Hause gedacht. Ich konnte mir jedes Detail von allem, was ich kenne, vergegenwärtigen – die Stelle am Tor, wo ein Stück abgebrochen ist, zum Beispiel, den Oleander und die welken Rosen. Manchmal lässt mich das Geräusch eines anspringenden Motors draußen aufschrecken. Das schwache, zögerliche Tuckern erinnert mich an Nr. 26, an die Gerüche und all das. Es macht mich traurig. Versteht mich nicht falsch. Es lässt mich auf eine Weise an euch denken, wie ich zu Hause nie an euch gedacht habe. Und ich schäme mich, dass ich euch in meinen ersten vier Wochen in England nicht geschrieben habe, bloß weil ich keinen Brief von euch bekommen habe. Das tut mir wirklich Leid. Bitte verzeiht mir.

Außerdem erinnert es mich aus unerfindlichen Gründen an die frühen Morgenstunden in dem Hotel in New York.

Daran, wie ich große Stücke Brathuhn gegessen habe, mehr, als ich je auf einmal gegessen hatte. Es war gut, aber – ach! so trocken, und ich hatte nichts, womit ich es hätte herunterspülen können; selbst die Orangen waren nicht sehr saftig, und die Bananen hatte ich im Flugzeug einer Frau mit zwei Kindern geschenkt. Das war nicht nur die reine Großzügigkeit von mir. Meine Güte, was haben die Bananen gestunken!

Ja, ich denke sehr oft an zu Hause. Ich denke an unsere vielen Probleme. Von hier aus scheinen sie fast unwirklich. Man muss angestrengt nachdenken, damit einem bewusst wird, dass die eigenen Eltern große Sorgen haben. Vor ein paar Tagen hatte ich nachts das Gefühl, irgendetwas Schlimmes sei passiert. Ich wollte ein Telegramm schicken, habe es mir dann aber doch anders überlegt. Kamla schreibt, dass sie jeden Monat etwa achtzehn Dollar schickt. Ich werde sehen, was ich schicken kann, wenn ich in vierzehn Tagen wieder in Oxford bin. Zehn Dollar werden es mindestens sein.

Aber wisst ihr, warum ich an das Huhn denke? Also – ich habe dadurch gespürt, was ich euch allen bedeute, und ihr könnt euch nicht vorstellen, wie unendlich traurig dieses Gefühl einen machen kann. Man fühlt sich zu schwach, um eine so große Verantwortung auf sich nehmen zu wollen – die Verantwortung, sich solcher Liebe würdig zu erweisen.

Wie ihr seht, schreibe ich aus London. Ich bin vor einer Woche hier angekommen. Die Hälfte meiner Bücher und Kleider habe ich in Oxford gelassen. Das Trimester beginnt erst in fünf Wochen, aber ich möchte die letzten drei Wochen in Reichweite der Bibliothek verbringen. Ich arbeite auch jetzt, merke aber, dass es mir nicht gelingt, die gleiche Energie darauf zu verwenden wie 1948. Rückblickend erkenne ich, was für eine enorme Leistung ich damals vollbracht habe. Ich frage mich, wie ich das durchgestanden habe. Aber ich habe einige meiner Aufsätze aus dem letzten Trimester noch einmal gelesen. Sie sind wirklich nicht schlecht. Ich versuche mich zu zwingen, den ganzen Tag zu Hause zu bleiben und zu arbeiten. Und ich mache durchaus Fortschritte. Letzte Woche habe ich mich mit *König Lear* beschäftigt, habe etwas Vergil und achtzig Seiten Sekundärliteratur dazu gelesen, und ein bisschen Angelsächsisch habe ich auch gemacht. Ich will der Beste des Kurses werden. Ich muss diesen Leuten beweisen, dass ich sie in ihrer eigenen Sprache schlagen kann.

Mit dem Schreiben habe ich aufgehört. Ich fühle mich plötzlich wie ausgetrocknet. Ich verwende grauenhafte Klischees, und mir fallen einfach keine ausdrucksstarken Worte ein. Also habe ich aufgehört. Genauer gesagt habe ich seit drei Wochen nichts mehr geschrieben. Das ist auch gut so. Es ist besser, den Geist ein bisschen brachliegen zu lassen.

Vom Wetter gibt es tatsächlich Interessantes zu berichten. Letzte Woche habe ich meinen ersten Schnee erlebt. Er fiel in weißen Flöckchen, es war, als hätte eine riesige Hand einen riesigen Sack Baumwolle aufgerissen und ließe nun kleine Baumwollfetzen herabwirbeln. In dieser Hinsicht lügt die Kamera nicht. Schnee ist genauso, wie man ihn in Filmen und auf Fotos sieht. Es schneite ungefähr zwei Stunden lang. Auf den Straßen blieb der Schnee nicht liegen, aber die Zweige der kahlen Bäume waren auf der Oberseite weiß – ein umso schöneres Weiß, als die Äste im Kontrast dazu tiefschwarz waren. Und auf der Erde lag eine weiße Decke. Schnee ist sehr leicht. Wenn man eine Cow-and-Gate-Dose[23] damit füllt, wiegt sie weniger als ein Pfund. Aber auf dem Boden bleibt er lange liegen. Wenn man hinausging, waren Schultern und Haare bald mit Flocken gesprenkelt. Das Einzige, was man in Trinidad halbwegs damit vergleichen kann, ist das Zeug, das sich im Kühlschrank bildet – allerdings nicht, wenn es hart wird.

Die Mahlzeiten hier sind ganz anders als zu Hause. Normalerweise geht es mit einer Suppe los. Dann kommt der Hauptgang. Ein bisschen Fleisch oder Fisch, Kartoffeln (ich habe hier in England bisher jeden Tag Kartoffeln gegessen, in Oxford zweimal täglich) und dazu entweder Kohl oder Blumenkohl. Dann ein Nachtisch. Äpfel mit Vanillesoße oder irgendetwas in der Art. Schließlich Kaffee. Ihr glaubt nicht, wie rasch man sich an diese Sitte mit dem Kaffee gewöhnt, nach dem Mittag- und nach dem Abendessen. Kein Reis, aber er fehlt mir nicht. Kein Roti, und auch das fehlt mir nicht. Man isst Brot zur Suppe, oder auch zum Hauptgang. Meine Tischmanieren, die in Trinidad praktisch nicht existierten, haben sich enorm verbessert. Und noch etwas. Die Familie isst immer gemeinsam zu Abend. Mir ist klar, dass das in Trinidad unmöglich wäre.

Neulich habe ich ein paar Westinder kennen gelernt. Harrison hat mir Changs[24] Adresse gegeben. Ich rief ihn an, und er lud mich zu sich nach Hause ein. Selvon[25] war auch da, mit seiner Frau, und Gloria Escoffery. Gloria ist ein Mädchen, das Harrison zufolge eine große Zukunft vor sich hat. Ehrlich gesagt habe ich da so meine Zweifel. Sie ließ das Manuskript einer Kurzgeschichte herumgehen, die sie über die Rassenfrage geschrieben hatte. Sie wollte nicht, dass ich die Geschichte las. Dann fing sie an, irgendeinen Unsinn zu reden von wegen, Schreiben heiße Ergründen.

»Ich schreibe, weil ich etwas nicht verstehe. Ich schreibe, um zu ergründen, um zu verstehen.«

Ich: »Sie zäumen das Pferd doch vom Schwanz auf. Ich war immer der Ansicht, erst komme das Verstehen, dann das Schreiben. Und es geht noch weiter. Ich war immer überzeugt, dass Schriftsteller schreiben, weil sie schreiben wollen und weil die Aussicht besteht, dass sie für ihre Leistung Geld erhalten, wenn sie gut gearbeitet haben.«

Gloria fiel nichts anderes dazu ein, als persönlich zu werden: »Offenbar haben die Ideale Oxfords schon auf Sie abgefärbt.«

Und damit nicht genug. Sie liest noch immer Romane, um das Leben zu verstehen. So ein Blödsinn! Leben Sie das Leben!, sagte ich zu ihr.

Sie habe diese Kurzgeschichte geschrieben, um die Rassenproblematik zu erläutern. Daraufhin sagte Selvon, der sich sehr klug und eloquent geäußert hatte, bis ich das Wort ergriff, das sei ein zu großes Thema für eine Kurzgeschichte. Und ich: »Meine liebe Gloria, wie wäre es, Sie schrieben ein Pamphlet zur Rassenfrage und beließen es dabei?«

Selvon war der Ansicht, Schriftsteller hätten einen erzieherischen Auftrag. Ich sagte, damit erhöhe er die Mitglieder der Belletristenzunft. Belletristik, sagte ich ihm, sei die zur Unterhaltung bestimmte Imitation von Handlungen.

Nachdem ich gegangen war, sprachen sie noch länger über mich. Chang rief mich am nächsten Tag an. Gloria setze uneingeschränktes Vertrauen in mich. Sie hätten mich alle etwas eigenartig gefunden, aber das lag wohl schlichtweg daran, dass ich ein paar vernünftige Worte gesagt und diesen Kulturschöpfern Bescheid gestoßen hatte. Meine Eigenartigkeit, so fanden sie heraus, sei ein Ergebnis meiner Reaktion auf England. Ein äußerst unterhaltsamer Abend!

So, jetzt habe ich über 1200 Wörter geschrieben – das ermüdet den stärksten Mann. Alles Gute, und schöne Weihnachten.

In Liebe
Vido

[Weihnachtskarte]

Grüße zur Weihnacht, mein Sohn

[*im Innern der Karte*]

Du bist ein wunderbarer Sohn
ein steter Quell der Freude –
wir hoffen, dass das Schicksal dir
das Beste nur bescheide.
Zur Weihnacht wünschen wir dir Glück
und dass du stets bedenkst
welch Freude du, so wie du bist,
den Menschen um dich schenkst.

Fröhliche Weihnachten
Wohlstand und Erfolg im Neuen Jahr
und die allerbesten Wünsche

Von Ma und Pa und den anderen

Zu Hause, Mi., 1. Jan.

Lieber Vidia,

es tut mir Leid, wenn ich den Eindruck erweckt habe, wir wären furchtbar knapp bei Kasse. Das ist nicht der Fall. Natürlich fehlt uns das zusätzliche Geld, das ich früher mit den freiberuflichen Reportagen verdient habe. Ich arbeite jetzt nur noch am Schreibtisch. Aber das bedeutet nicht, dass wir ernsthafte Probleme hätten, und es ist wirklich nicht nötig, dass du uns Geld schickst. Meiner Ansicht nach solltest du in deinen Ferien nicht arbeiten, sondern dich ausruhen und ein bisschen lernen – außer natürlich, du selbst willst es unbedingt, um etwas Abwechslung zu haben.

Gyp ist tot. Er wurde heute gegen 13 Uhr bei uns in der Straße von einem Lastwagen überfahren und starb gut drei Stunden später. Er liegt jetzt im Schatten unter dem großen Baum, mit einem Sack zugedeckt. Morgen werden wir ihn hinter der kleinen betonierten Fläche begraben. Er wird mir sehr fehlen.

Nach dem Mittagessen ließ ich den sterbenden Gyp allein und fuhr zum *TG.* Wie üblich habe ich den Wagen in der Queen Street geparkt, gegenüber von Rudds's Engineering. Um 17 Uhr habe ich Feierabend gemacht, und als ich in den Wagen steigen wollte, war der gute alte PA 1192 weg. Ich habe es bei der Polizei gemeldet. Vielleicht bekomme ich den Wagen unversehrt zurück, vielleicht auch nicht. Erst letzte Woche habe ich ihn gründlich überholen lassen, er schnurrte, als wäre er fabrikneu, ohne Aussetzer. Die Rechnung beläuft sich auf 45,75 $, die Kosten für die Runderneuerung des einen Reifens (14 $) und das Vulkanisieren eines anderen nicht eingerechnet. Falls ich meinen Wagen gar nicht wiederbekomme oder nur ausgebrannt oder ausgeschlachtet oder in Einzelteilen – was habe ich dann für Ansprüche gegenüber der Versicherung? Ich werde mich erkundigen müssen – wahrscheinlich bei einem Rechtsanwalt.

Gräme dich nicht zu sehr über diese Vorkommnisse. Beides ist natürlich unerfreulich, aber es gibt Schlimmeres, als einen Hund und ein Auto zu verlieren. Außerdem wird die Versicherung für den Wagen aufkommen müssen. Du siehst also: kein Grund zur Sorge.

Ich weiß nicht, wann genau deine Mamie und die anderen nach England abreisen werden. Sie wollten eigentlich schon bald fahren – im Februar oder im März –, aber offenbar hat Capo ihnen geschrieben, dass sie warten sollen, bis das Haus in der Patna Street verkauft ist. Das Haus ist zwar schon verkauft, bloß ist das Geld noch nicht gezahlt worden. Wie dem auch sei, ich werde die Zigaretten für dich besorgen. Ich habe Richards gebeten, dir ein paar Päckchen mitzubringen, aber er sagte, er würde für sich selbst schon welche mitnehmen. Wir dürfen keine Zigaretten ins Ausland schicken. Jainarayan hat sich trotzdem die Freiheit genommen, dir zwei Kästchen Capstan geschickt, aber man hat ihn darauf hingewiesen, dass es eigentlich illegal sei und es ein Versehen gewesen sein müsse, wenn in den Wochen vor Weihnachten einige Geschenkpakete mit Zigaretten den Zoll passiert hätten. Übrigens hast du Jainarayan noch nicht geschrieben, um ihm zu sagen, ob du die Zigaretten bekommen hast. Bitte schreib ihm ein paar Zeilen. Er ist ein feiner Kerl, und das weißt du auch. Er ist stets bereit, uns Gefälligkeiten zu erweisen; kommt regelmäßig zu Besuch. Die anderen kommen nur selten. Owad habe ich seit Monaten nicht gesehen; offenbar ist er beleidigt, weil ich ihm nicht erlaubt habe, meinen Wagen zu fahren.

Und schick Velma einen kurzen Brief; danach brauchst du ihr nicht öfter als alle drei Monate zu schreiben. Bis die Prüfungen vorbei sind, reicht es, wenn du einmal im Monat von dir hören lässt, oder alle sechs Wochen. Ich weiß, wie zeitaufwendig es sein kann, einen Brief zu schreiben.

Ärgere dich nicht über Satis Ruppigkeit. Sie hat es nicht so gemeint; es war dieselbe nett gemeinte Ruppigkeit, wie du sie von zu Hause kennst. Sie war sichtlich gekränkt, als sie merkte, dass ihr beide, sowohl Kamla als auch du, sie missverstanden habt. Also, wenn du nächstes Mal schreibst, sage ihr, dass du es als einen Ausdruck von Zuneigung verstanden hast.

Deine Idee, für den *TG* zu schreiben, finde ich gut, aber schreib zuerst an Hitchens, und schick Kopien deiner bisherigen Geschichten mit. Aber warte damit bis nach den Prüfungen. Du kannst mit dem Schreiben ein bisschen Geld verdienen.

Donnerstag, 19.30

PA 1192 scheint wirklich weg zu sein. Die Polizei hat keine Mühe gescheut; nachdem ich gestern Nachmittag den

Diebstahl gemeldet habe, waren binnen weniger Minuten mehrere Streifenwagen unterwegs. Aber ich habe noch nichts über das Schicksal des Autos gehört. Sobald der Wagen gefunden ist, wird uns die Polizei Bescheid sagen. War heute Morgen bei Andrew Sinanan (Anwalt) und habe dann die Angelegenheit der Versicherung gemeldet. Es sieht so aus, als würden sie ohne großes Aufhebens zahlen, allerdings erst, wenn endgültig feststeht, was mit dem Wagen passiert ist.

Schick mir die *Isis*.

Herzliche Grüße, Pa

III

1. Januar 1951 –
11. April 1951

Frühjahrstrimester,
Osterferien 1951

University College, Oxford
1. Januar 1951

Ihr Lieben,

ich bin wieder in Oxford, allerdings nicht im College, sondern in einem Zimmer etwa zehn Minuten davon entfernt.

Zuerst möchte ich euch sagen, wie sehr mich eure Weihnachtskarte gerührt hat. Nur selten hat mich eine Karte gleichzeitig so glücklich und so traurig gemacht. Sie ist am ersten Weihnachtsfeiertag in London angekommen. Am Tag nach dem zweiten Weihnachtsfeiertag bin ich nach Oxford zurückgefahren. Die Vermieterin und ihre Tochter sind sehr nett.

Das zweite, wofür ich euch danken möchte, ist das Paket. Mit so einem großen Paket hätte ich nie gerechnet. Man könnte meinen, ich wollte einen Laden eröffnen. Es muss euch ein Vermögen gekostet haben. Von jetzt an brauche ich nur noch alle sechs Monate zwei Pfund Zucker.

Kamla hat mir reizende Bilder von sich geschickt. Eins davon habe ich Boyzee gegeben. Ich muss ihr ein Geschenk zu ihrem einundzwanzigsten Geburtstag besorgen. Ich werde mich in den nächsten Tagen darum kümmern.

Gestern bin ich auf meine Brille getreten und habe das Gestell kaputtgemacht. Gott sei Dank ist Neujahr in England ein normaler Arbeitstag, sodass ich meine Brille heute Abend schon wiederhatte.

Das Wetter ist im Moment ziemlich scheußlich. Seit zwei Tagen ist die Sonne nicht mehr hervorgekommen, und es sieht zu jeder Tageszeit so aus, als würde innerhalb der nächsten halben Stunde die Nacht anbrechen. Es schneit regelmäßig. Wenn der Schnee noch unberührt und alles in flauschiges Weiß gehüllt ist, sieht das zugegebenermaßen sehr schön aus. Aber wenn man darauf laufen muss, stellt sich die Sache ganz anders dar. Man rutscht, und der Schnee ist auch nicht mehr weiß und schön, sondern wird zu einer Art eisigem Matsch. Ehrlich gesagt sehne ich mich nach dem herrlichen Wetter vom Oktober – ziemlich trocken, kühl und manchmal auch kalt.

Bitte habt Nachsicht, wenn ich in den nächsten zweieinhalb Monaten nur sehr kurze Briefe schreibe. Meine ersten Prüfungen stehen an, und ich habe vor, außerordentlich hart zu arbeiten. Und ihr wisst, was ich meine, wenn ich von harter Arbeit rede.

Oxford ist fast immer langweilig, aber jetzt sind zudem kaum Studenten da. Im College sieht man den Pförtner einsam dasitzen, *Reader's Digest* lesen und auf Gesellschaft hoffen. Wisst ihr was? Ich habe richtig Heimweh nach London. London ist eine Stadt für Menschen, die in der Stadt groß geworden sind. Wenn man Lärm mag, aber keinen Trubel, Menschenmengen, aber kein Gedränge, dann ist man in London genau richtig. Die Leuchtreklame wirkt im Vergleich zu der in New York natürlich etwas unterentwickelt, aber London ist von einer zurückhaltenden, nüchternen Schönheit. Ich kann mir nicht vorstellen, woanders als in London zu leben. Man hat alles in der Nähe. Die Fleet Street, die großen Verlage, die Museen, die Gemäldegalerien sowie erstklassige Kinos und Theater. Die Stadt ist voller Leben. Und wenn man etwas Aufregendes erleben will, muss man sich nur mal den Londoner Verkehrsbetrieb in Aktion ansehen. In einer U-Bahn-Station wie Piccadilly Circus fährt zu manchen Zeiten alle halbe Minute ein Zug. Wirklich fantastisch. Oxfords Busse dagegen sind nach übereinstimmender Meinung vollkommen unzuverlässig.

Ein glückliches, wahrlich neues Jahr
Vido

University College, Oxford
11. Januar 1951

Ihr Lieben,

ich nehme an, ihr habt den Brief, den ich nach dem zweiten Weihnachtsfeiertag geschrieben habe, inzwischen bekommen, sodass Sati das nächste Mal über etwas anderes schreiben kann. Ihr Englisch ist bedeutend besser geworden, stelle ich fest. Ob das daran lag, dass sie im Gegensatz zu sonst beim Schreiben ordentlich Dampf abgelassen hat, oder ob sie sich intellektuell weiterentwickelt hat, kann ich nicht beurteilen. Aber wenn ihr Englisch dadurch besser wird, dass sie wütend ist, dann soll sie immer schön wütend bleiben.

Oder vielleicht hat sie auch unter dem Einfluss des Weihnachtsfests so geschrieben. Jedenfalls tut es mir sehr Leid, dass ich mich nicht gemeldet habe. Ich hatte sogar ein paar Weihnachtskarten gekauft, die ich nach Hause schicken wollte, hatte dann aber keine Lust, sie abzusenden, und habe sie zerrissen. Außerdem habe ich etwa zwei Tage vor Weihnachten einen langen Brief geschrieben. Und erst gestern Abend habe ich einen Brief an Kamla zerrissen – obwohl er auf Luftpostpapier geschrieben war. In einer bestimmten Stimmung schreibe ich oft Sachen, die sich dann am nächsten Morgen miserabel lesen und meistens schrecklich rührselig sind.

Ich habe ein ziemlich schwer verdauliches Weihnachten hinter mir. Am Tag vor Heiligabend bin ich nach Kilburn gefahren und habe das schwerstverdauliche Essen zu mir genommen, das ich in diesem Land bisher gegessen habe. Meine beiden Onkel und Boyzee waren auch dabei. Wir aßen so viel, dass wir uns danach wirklich nur noch unter Qualen bewegen konnten und uns kaum mehr zu tun blieb, als einander schicksalsergeben anzuschauen. Den ersten Weihnachtsfeiertag habe ich in meiner Pension verbracht. Die Wirtin hat eine kleine Feier veranstaltet. Furchtbar langweilig.

Es freut mich zu hören, dass das Haus ein bisschen verschönt wird. Das war auch höchste Zeit. Ich habe mich mit meinem Tutor darüber unterhalten, was ich im vierten Jahr belegen soll, aber er meinte, es sei noch zu früh, um das zu entscheiden. Ich werde also ans Bildungsministerium schreiben und ihnen mitteilen, dass ich das Lehrerdiplom machen will. Unter dem Vorbehalt, mich später noch umzuentscheiden.

Heute habe ich zusammen mit Satis Brief eine Karte bekommen. Von Golden[1]. Dieses blöde Mädchen hatte an Mr Vido Naipaul, Oxford University, London, England geschrieben. Es ist sehr schmeichelhaft, dass mich ein an Mr Naipaul, Oxford University, adressierter Brief tatsächlich erreicht. Aber ist sie nicht unglaublich dumm?

Ich bin heute wieder ans College zurückgekehrt. In den letzten zwei Wochen habe ich in einem möblierten Zimmer in Oxford gewohnt. Ich habe vor, ab und zu wieder dort hinzugehen, um ein richtiges Bad zu nehmen. Die Vermieterin ist einverstanden.

So, ich muss noch einen ganzen Stapel Briefe schreiben, und übermorgen habe ich eine Prüfung. Cheerio, und bis nächste Woche.

Viele Grüße
Vido

[*Handschriftliche Anmerkung*]: Ich schreibe gerade an einem kurzen Artikel für *Isis* – »Weihnachten in […]«

University College, Oxford
11. Januar 1951

Meine liebe Kamla,

ich bin wieder in meinem Zimmer im College, und hinter mir läuft mit voller Kraft die elektrische Heizung. Danke für deine Briefe.

Anscheinend kriegst du ja eine ganze Menge von Indien zu sehen.

Ich habe übermorgen eine Prüfung, und in zwei Monaten kommt die Vorprüfung, die ich bestehen muss, um weiter in Oxford bleiben zu können. Du wirst dich also darauf einstellen müssen, weniger und kürzere Briefe von mir zu kriegen.

Ich habe einen Brief von Satti bekommen. Sie hat mir eine richtige Standpauke gehalten, weil ich nur zweimal im Monat schreibe.

Mach dir wegen der Zigaretten keine Umstände, wenn es zu aufwendig ist. Aber ich möchte dich um etwas anderes bitten. Wie du weißt, habe ich vor zwei Wochen, als ich nach Oxford zurückkam, ein möbliertes Zimmer genommen. Die Vermieterin war sehr nett, und ich habe versprochen, ihr Tee zu besorgen. Ich wäre froh, wenn du ihn ihr schicken könntest. Die Adresse lautet:

Mrs King
12 Richmond Road
Oxford, England

Bitte mach das wirklich, denn ich werde ab jetzt bei Bedarf die Badewanne in ihrem Haus benutzen; ich habe dir ja wahrscheinlich erzählt, dass das Bad hier kilometerweit von meinem Zimmer entfernt liegt und man dort nie ungestört ist.

Freunde habe ich bisher noch keine gefunden. Offenbar

stimmt mit mir irgendwas nicht. Aber ich werde trotzdem weiterhin tun, was ich kann.

Ich habe ein paar Weihnachtskarten gekauft – die vom College –, habe sie aber zerrissen. Ich wollte sie nicht verschicken, keine Ahnung, warum.

Ich hatte fünf Pfund beiseite gelegt, um dir ein Geschenk zu kaufen, aber dann sind zwei Sachen dazwischengekommen. Zum einen habe ich meine Brille kaputtgemacht, und da ich nicht warten konnte, bis ich eine kostenlose bekam, musste ich die Reparatur bezahlen. Und dann habe ich festgestellt, dass man im Schnee anständiges Schuhwerk braucht; ich war also gezwungen, ein Paar Stiefel zu kaufen, das mich fast drei Pfund gekostet hat. Du musst also etwas Geduld haben. Ich werde dir dein Geschenk Ende März schicken. Ich hoffe, das ist nicht so schlimm.

Ich fürchte, ich kann kein Geld nach Hause schicken. Das College hat die Kosten für Unterkunft und Verpflegung um zehn Pfund pro Trimester erhöht, und das Stipendium ist gleich geblieben. Ich komme wirklich nur mit Ach und Krach über die Runden. Und um hier Freunde zu finden, muss man Geld haben – damit man sie zu einem Bier oder einem Tee einladen kann.

So, das war's erst einmal. Ich schreibe in etwa zwei Wochen wieder.

Vido

Zu Hause: 19.1.51

Lieber Vido,

gestern Abend habe ich mir eine Ausstellung mit Bildern von Kindern im RVI[2] angeschaut. Und ich hatte zum ersten Mal das Vergnügen, Mr Harrison zu begegnen. Er schien sich ehrlich zu freuen, mich zu sehen, und wir saßen etwa eine halbe

Stunde beisammen und redeten. Er ist offenbar sehr beeindruckt von dir – er sagte, er sei sich sicher, dass aus dir ein großer Schriftsteller wird. Morgen oder übermorgen fährt er nach Jamaika, um dort dieselbe Ausstellung zu präsentieren. Die Bilder sind von englischen Kindern aus England gemalt. Auf mich wirken die meisten gewollt kindlich, aber natürlich bin ich kein Fachmann auf diesem Gebiet. Am Montag – heute ist Donnerstag – habe ich einen Brief von dir und einen von Kamla bekommen. Sie hat aus Kalkutta geschrieben, wo sie einen Teil der Weihnachtsferien verbracht hatte; am nächsten Tag wollte sie nach Benares zurückkehren. Es freut mich sehr, dass du daran gedacht hast, ihr ein Geschenk zu ihrem einundzwanzigsten Geburtstag zu schicken. Wir werden ihr auch etwas schenken – vielleicht Bargeld, sagen wir 10 $.

Mittlerweile bin ich seit fast drei Monaten Schlussred. beim *Weekly*. Chefredakteur ist nicht mehr Smith, sondern Jenkins – du kennst ihn womöglich. Es gibt noch einen anderen Schlussred. beim *Weekly*, einen jungen Engländer namens Bain. Jenkins hat die Aufgabe, der Zeitung ein neues Erscheinungsbild zu geben. Der Mann weiß zweifellos, was er tut, allerdings finde ich ihn, offen gestanden, ziemlich trottelig. Aber es lässt sich gut mit ihm zusammenarbeiten; hochnäsig ist er nicht. Ich habe Sati gebeten, dir ein Exemplar des *Weekly* zu schicken. Mal sehen, ob du errätst, welche Seiten von mir stammen.

Ich möchte mir unbedingt die eine oder andere Ausgabe von *Isis* anschauen. Könntest du sie gleich abschicken?

Letzten Sonntag hat die BBC »The Engagement« gesendet. Den Namen des Sprechers habe ich vergessen, aber es war kein Inder. Er hat sehr gut gelesen – viel besser als Selvon oder dieser andere Mensch. »Obeah« haben sie noch nicht gesendet. Weiß der Himmel, wann ich wieder anfangen werde, Kurzgeschichten zu schreiben. Nach Feierabend bin ich einfach zu müde.

Ich glaube, ich habe dir schon geschrieben, wieso ich dir das Gedicht, das du hier gelassen hast, nicht schicken konnte.

Es liegt immer noch bei Pearse, der mir gesagt hat, er wolle es sich in aller Ruhe durchlesen. Vielleicht wird er es in seinem *Quarterly* veröffentlichen.

Bestimmt hast du inzwischen den Brief des Bildungsministeriums in Sachen viertes Studienjahr bekommen. Bitte schreib ihnen, wie der Stand der Dinge ist.

Ich habe heute meinen Wagen zu McEnearney gebracht. Die Liste der notwendigen Reparaturen erstreckte sich über anderthalb Auftragszettel. Sie umfasste die Runderneuerung eines Reifens – eines der beiden vorderen, der, wie du dich sicher erinnerst, bereits mehrmals platt war, sowie das Vulkanisieren eines anderen –, sofern er das noch aushält. Der Motor des alten Jeep schnurrt so gleichmäßig wie eh und je. Das Auto ist wirklich ein treuer Gefährte – es hat fast menschliche Züge.

Mrs Capildeo hat das Haus in der Patna Street verkauft. Ich glaube, sie hat 12 000 $ dafür bekommen. Capo sagte, er habe es für 15 000 gekauft. Mamee hat uns eine Gartenschere geschenkt, die sie damals zusammen mit dem Haus gekauft hat. Die Klingen sind wie neu; Mamee hat uns gebeten, den Leuten aus Nr. 17 nicht zu erzählen, dass sie uns die Schere geschenkt hat!

Besorg mir möglichst bald ein Exemplar des Autorenhandbuchs. Herausgeber Allen Lane, Verlag The Bodley Head. Es enthält viele wertvolle Informationen.

Die Geschichten von Narayan habe ich alle gelesen. Sie sind gut, aber ihnen fehlt der Schwung. Ich glaube, es war Edgar Wallace, der einmal zu einem Intellektuellen sagte: »Ich schreibe keine großartigen Geschichten; ich schreibe bloß gute Geschichten.«

Warum hast du den ersten Weihnachtstag nicht mit Capo S. verbracht? Das sieht dir doch wieder mal ähnlich. Deine Mutter hat ein bisschen darüber gemeckert, dass du in Pensionen oder Hotels gewohnt hast, wo du doch die paar Wochen kostenlos bei deinem Mamoo und Boysie hättest unterkommen können.

Wenn die Prüfungen vorbei sind, solltest du uns ausführliche Schilderungen des Lebens in Oxford schicken. Ich bin sicher, sie werden lesenswert sein. Schade, dass du deinen langen Brief zerrissen hast. Er war bestimmt sehr gut. Das ist in solchen Fällen oft so.

Letzten Sonntag waren wir bei Baboolal. Habe 2 Säcke Dünger für die Rosen mitgenommen, die fast vollständig von Schädlingen zerstört worden sind. Eigentlich ist es ja absurd: Wir streuen Dünger aus, um neue Triebe zu bekommen, und sobald sich die jungen Triebe zeigen, werden sie von den Schädlingen gefressen! Genau genommen düngen wir, um Rosen für die Schädlinge zu ziehen.

So, ich glaube, es reicht für heute. Schreib bald wieder.

Herzlichst, dein Pa

[*Zusatz in Kinderschrift*]:

Lieber Vido,

bin immer ganz artig. Schicke dir 1100 Küsse. Shivadhar [Shiva]

University College, Oxford
24. Januar 1950 [sic!]

Ihr Lieben,

warum zum Teufel habt ihr dieser Zimtzicke vom Bildungsministerium nicht den Marsch geblasen? Wenn der Beamte, der in London für die Stipendiaten aus den Kolonien zuständig ist, ungeduldig wird, warum hat er dann nicht selbst direkt an mich geschrieben? Lasst nicht die Leute aus Trinidad den Hampelmann spielen. Es gibt keinen Grund zur Beunruhigung.

Ich habe euch schlichtweg deshalb keine Adresse in London genannt, weil ihr alles weiterhin ans University College hättet senden können, man bekommt seine Post hier nachgeschickt. Schickt alles, sämtliche Briefe hierher. Ich werde sie schon kriegen. Also macht euch ab jetzt keine Sorgen mehr.

Ich befinde mich in der zweiten Woche meines zweiten Trimesters. Die Leute kommen mir freundlicher vor. Ich habe jetzt einen eigenen kleinen Freundeskreis, und Oxford wird dadurch viel interessanter.

Die Zeitungen, die ihr mir geschickt habt, habe ich bekommen, und ich bin sehr dankbar dafür. Ich habe gelesen, was Harrison über mich geschrieben hat. Ich wünschte, ich würde seine Meinung über mich teilen.

Ich habe die »Collections« hinter mir, die Prüfungen, die die Tutoren zu Beginn des Trimesters abhalten, um zu ermitteln, wie gut man vorangekommen ist. Im ersten Trimester hatte ich nicht gut gearbeitet, aber meine Arbeit in den Ferien hat sich ausgezahlt. In Englischer Literatur bekam ich ein Alpha beta. In Angelsächsisch gab es keine Zensuren, aber ich habe sehr gut abgeschnitten, und in Latein habe ich ein Alpha minus bekommen. Nicht schlecht, aber in sechs Wochen steht die Vorprüfung an, und ich habe noch jede Menge Arbeit vor mir.

Es tut mir Leid, dass ihr Geldprobleme habt. Ich werde mein Möglichstes tun, um euch Ende März etwa vierzig Dollar zu schicken. Ich werde mir wohl für die drei Ferienmonate irgendeine Arbeit suchen.

Dass die Leute in diesem Land ständig übers Wetter schreiben, liegt daran, dass das Wetter permanent wechselt. Als ich Anfang des Monats nach Oxford kam, schneite es drei Tage lang; in der zweiten Woche wurde es sehr mild, aber heute ist es wieder viel kälter als gestern. Über das Wetter gibt es immer Interessantes zu berichten. Ich glaube, bei Sonnenschein käme einem Oxford ganz anders vor. Der Himmel ist fast immer grau, und das passt. Wenn man also sagt, schönes Wetter heute, dann heißt das wirklich etwas. In Trinidad sagt man, verdammt, schon wieder schönes Wetter. Hier ist ein sonniger Tag mit blauem Himmel etwas, das man umso mehr zu schätzen weiß, als es so selten vorkommt.

Wenn es Mrs Capo nichts ausmacht, könntet ihr sie vielleicht bitten, 400 amerikanische Zigaretten für mich zu kaufen? So viel darf jeder zollfrei einführen. Ich werde ihr das Geld geben, sobald sie hier ist. Ihr habt wirklich keinen Begriff davon, wie wichtig Zigaretten sind, wenn man Freunde haben will. Ich lade niemanden zum Abendessen oder zum Tee ein, weil ich mir das nicht leisten kann, aber es wäre gut, wenn ich wenigstens Zigaretten anbieten könnte. Also sagt es ihr bitte. Und schärft ihr ein, es nicht zu vergessen.

Ich habe einen Brief von Kamla bekommen, dem ich entnehme, dass es ihr in Indien gefällt, und dem ich außerdem entnehme, dass Satti sich in letzter Zeit offenbar ziemlich mit Stift und Papier ausgetobt hat. Ich kriege kaum Post von zu Hause, außer von Pa, und dann schreibt Satti an mich und Kamla, um uns zurechtzuweisen, weil wir keine Briefe schreiben.

Hört zu, ich weiß, wie viel einem Briefe bedeuten. Wahrscheinlich können die Pförtner mein ständiges Fragen, ob etwas für mich dabei war und wann die nächste Post kommt, schon nicht mehr hören. Ich lese meine Briefe langsam, damit sie nicht so schnell zu Ende sind. Und wenn ich nicht schreibe, dann bedeutet das, dass ich wirklich nicht die Zeit dafür habe. Diesen Brief zum Beispiel habe ich um Viertel nach acht angefangen, nach dem Abendessen. Jetzt ist es zehn vor neun. Nach neun kann ich nur noch zwei Stunden lang gut arbeiten. Und weiß der Himmel, wer zwischendurch womöglich vorbeikommt, und ich kann die Leute ja wohl kaum vor der Tür stehen lassen. Also versucht mich bitte zu verstehen.

Ich werde ein Exemplar der *Isis* von dieser Woche kaufen und sie euch schicken. Ich habe diesmal eine ganze Seite.

Das heißt, eigentlich eine halbe, denn die andere Hälfte ist eine Anzeige.

Wie schon gesagt, meine Zeit ist begrenzt. Aber nach der Prüfung am Ende des Trimesters habe ich erst wieder im Juni 1953 eine Prüfung. Ich werde also viel Zeit haben. Alle möglichen namhaften Persönlichkeiten kommen hier nach Oxford und halten Vorträge zu den verschiedensten Themen. Ich könnte einen vierzehntäglichen Brief aus Oxford schreiben, mit Neuigkeiten über die Westinder hier in Oxford und den Äußerungen bedeutender Männer zu den großen Problemen der Welt. Ich weiß nicht, ob du in deiner Funktion als Redakteur ein bisschen Vetternwirtschaft betreiben kannst; oder wären diese Briefe für den normalen *Guardian* interessant? Sag mir doch bitte Bescheid. Und was meinst du, wie viel sie zahlen würden?

So, jetzt ist es neun. Ich muss mich an die Arbeit machen.

Cheerio!
Vido

University College, Oxford
27. Januar 1951

Liebe Kamla,

danke für deinen Brief.

Ich bin froh, dass du das mit dem Geburtstagsgeschenk verstehst, und du kannst sicher sein, dass ich es nachhole.

Ich habe in den »Collections«, den persönlichen, von den Tutoren abgehaltenen Prüfungen, ausgezeichnet abgeschnitten.

Aus unerfindlichen Gründen kann ich mich nicht konzentrieren. In diesem Trimester habe ich alle Geselligkeiten gestrichen, ich versuche mich abzuschotten, um zu arbeiten, habe das Gefühl, wenig zu tun, und zugleich doch auch den Eindruck, dass es nicht viel zu tun gibt. Ich weiß nicht. Ich hoffe wirklich, dass ich diese Prüfung bestehe. Aber ich glaube es eigentlich schon. Ich wünschte einfach, sie wäre vorbei, damit ich meine Versäumnisse bei der Lektüre aufholen und an meinem Roman weiterschreiben kann.

Ich arbeite als Journalist für unsere Universitätszeitung *Isis*. Das hat nicht viel zu sagen, aber wenn es mit rechten Dingen zugeht, sollte ich bis Ende des Jahres zumindest zum Nachrichtenredakteur aufgerückt sein. Du wirst staunen, wenn ich dir erzähle, dass die Mehrzahl der Studenten hier ausgesprochen dumm ist und ihre Intelligenz im Schnitt nicht einmal an die eines Sechstklässlers am QRC heranreicht.

Ich weiß noch, dass ich in meinem letzten Brief geschrieben habe, ich fände es schwierig, Freunde zu gewinnen. Ja, und nun stelle ich mit fortschreitendem Trimester fest, dass manche Leute mehr als freundlich sind, sie werden schlichtweg lästig. Es gibt da vor allem so einen Katholiken, der alles versucht, um mir zu beweisen, dass er ein Vertreter jener neumodischen Gattung ist, des katholischen Intellektuellen. Meine Güte! Er ist so abergläubisch wie irgendein indischer Landbewohner auf Trinidad, er glaubt an schwarze Magie und daran, dass Menschen von anderen Menschen krank gemacht werden können, lauter solches Zeug. Und trotzdem hat er sich nicht entblödet, die absurde Bemerkung zu machen, dass auf den Westindischen Inseln eine besonders primitive Form von Aberglauben herrsche!

Anfang dieses Trimesters haben mich die Leute vom Ruderclub gefragt, ob ich Lust hätte, Steuermann zu werden. Ich sagte ja, denn ich stellte es mir prima vor, irgendeiner Betätigung im Freien nachzugehen. Sie versuchten es eine Woche lang mit mir, aber ich war ein ziemlich grauenhafter Steuermann, und sie haben mir den Laufpass gegeben. Und ich bin erleichtert darüber.

Der Steuermann ist der Kleinste im Boot. Doch zugleich hat er das Kommando und ist unmittelbar für das Leben der Mannschaft und die Sicherheit des Boots verantwortlich – es sind schmale Rennboote, etwa zwanzig Meter lang und 60 Zentimeter breit, so zerbrechliche Dinger, dass man nur einmal an der falschen Stelle fest auftreten muss, um sie kaputtzumachen. Ich finde es nicht schlimm, dass man mir den Laufpass gegeben hat. Es bedeutet einfach nur, dass ich eine weitere Sache entdeckt habe, für die ich kein Talent besitze.

Ich warte erst einmal ab, wie hoch meine Ausgaben in diesem Trimester sind, bevor ich mich mit dem Kolonialministerium anlege. Aber ich habe das Gefühl, dass alles in Ordnung kommen wird. Ich glaube fest daran, dass vorbestimmt ist, was aus mir wird. Dass ich, sollte ich morgen sterben müssen, morgen sterben werde. Das ist mein einziger Aberglaube, aber es ist zugleich meine tiefe Überzeugung, und in ihr fühle ich mich sicher.

Weißt du was? Ich habe ein paar Zeitungen aus Trinidad bekommen und sie gelesen, und ich fand sie unglaublich absurd. Mir war nie klar gewesen, dass der *Guardian* so schlecht geschrieben ist, dass unsere Honoratioren reine Karikaturen sind und Trinidad das lächerlichste Eiland ist, das je das Meer zierte.

Die Engländer sind ein sonderbares Volk. Glaub mir. Je länger man in England lebt, desto sonderbarer erscheinen sie einem. Sie haben etwas so Ordentliches und zugleich Abenteuerliches an sich, etwas so Brünstiges, so Mutiges. Die Jungs im College zum Beispiel. Da geht vor ihren Augen, vor unser aller Augen, die Welt aus den Fugen. Verstört sie das etwa, so wie mich? Nicht im Geringsten. Sie ignorieren es größtenteils einfach, trinken, rauchen und kippen unglaubliche Mengen Tee und Kaffee in sich hinein, lesen Zeitung und vergessen offenbar sofort wieder, was sie gelesen haben.

Bitte halte mich mit deinen Briefen am Leben. Schreib

mindestens einmal die Woche. Ich werde mein Möglichstes tun, um mitzuziehen.

Cheerio!
Vido

University College, Oxford
12. Februar 1951

Ihr Lieben,

ehrlich gesagt ist mir das mit dem Auto ziemlich nahe gegangen, und ich bin froh, dass jetzt alles wieder in Ordnung ist.

Das hier ist mein erster Brief seit zwei Wochen, ich habe in den letzten vierzehn Tagen keinen einzigen Brief geschrieben, und jetzt muss ich einen ganzen Stapel schreiben.

Ich habe eine Kleinigkeit für Kamla gekauft, nichts Teures – um genau zu sein, hat es nur rund elf Dollar gekostet –, aber angeblich zählt in solchen Fällen ja der Geist, in dem man schenkt, und nicht das Geschenk selbst.

Wärt ihr so nett, Velma zu sagen, dass mein schlechtes Gewissen wahrscheinlich genauso groß ist wie ihre Verärgerung über mich? Sagt ihr, dass ich in etwa einem Monat schreiben werde. Auch Jainarayan werde ich vermutlich erst dann schreiben können, bitte richtet ihm deshalb meinen Dank für die Zigaretten aus und sagt ihm, er bräuchte keine mehr zu schicken und ich sei sehr froh, dass er mir die Glimmstängel so schnell auf den Weg gebracht habe.

Letzte Woche hatte ich meinen ersten Asthmaanfall, und ich habe zwei Tage lang fast nur geschlafen. Aber jetzt geht es mir wieder gut, und ich bin so gesund wie eh und je.

Die Tage werden wieder länger. Es ist schon fast fünf, trotzdem ist es noch hell draußen. Ich bin, ehrlich gesagt, sehr froh, dass der Winter vorbei ist und Frühling und Sommer vor der Tür stehen.

Ich muss euch etwas über dieses Land erzählen. Es ist unmöglich, hier reich zu werden. Die Steuern sind aberwitzig hoch, ab einer gewissen Stufe sind es neun Shilling pro Pfund, und wahrscheinlich werden sie wegen der gewaltigen Ausgaben für die Wiederaufrüstung noch erhöht. Wenn man ein Auto für 500 £ kauft, zahlt man zusätzlich 120 £ Erwerbssteuer. Man zahlt auf alles Erwerbssteuer. Leben: in diesem Land. Geld verdienen: woanders.

Sati weiß natürlich, dass ich es nicht todernst gemeint habe. Aber was hat Meera[3] gesagt?

Ich schicke ein Exemplar von *Isis* mit – eines, in dem klein gedruckt mein Name steht. Es ist eine alberne kleine Zeitschrift, wie ihr sehen werdet. Die Studenten an dieser Universität sind nämlich, anders als ihr vielleicht denkt, keineswegs alle Geistesgrößen. Es gibt scharenweise Esel hier. Dass so viele von ihnen weiterkommen, liegt daran, dass England für ihr Fortkommen genau den entsprechenden Rahmen bietet. Die Jungs aus meiner Schule waren im Durchschnitt genauso gut – wahrscheinlich eher besser – als die meisten Studenten hier. Vorbei die Zeit, in der die Aristokraten den Ton angaben. Fast alle kommen mit einem staatlichen Stipendium nach Oxford. Wodurch das Niveau natürlich sinkt. Wenn man oberflächliche junge Frauen oder besonders oberflächliche junge Frauen sucht, dann ist man in Oxford genau richtig.

Ich werde jetzt eine Weile nicht mehr schreiben, stellt euch also darauf ein, keine Briefe zu bekommen, und habt bitte Verständnis dafür. In vier Wochen finden meine Prüfungen statt.

Aber – auch wenn das egoistisch scheinen mag – , ich würde mich sehr sehr freuen, wenn ich pro Woche wenigstens einen Brief von einem von euch bekommen würde.

Versucht es einzurichten.

Alles Gute!
Vido

26, Nepaul Street
19.2.51

Lieber Vidia,

das Auto ist wieder in Ordnung; um genau zu sein, ist es in einem viel besseren Zustand als zuvor, denn die Kotflügel und die vordere Stoßstange, die, wie du dich wahrscheinlich erinnerst, verbogen und eingedellt waren, sind ausgebeult und gestrichen worden. Statt der beiden Vordersitze gibt es jetzt eine Sitzbank mit einer durchgehenden Sitzfläche, und sowohl Vordersitz als auch Rücksitz sind mit grünem Kunstleder bezogen. Der Wagen sieht wirklich besser aus denn je. Und die Versicherungsgesellschaft hat die Rechnung bis auf den letzten Cent bezahlt.

Ich merke, dass ich gar nicht weiß, was ich erzählen soll. Noch ein weiteres halbes oder gar ganzes Jahr der Untätigkeit, was das Schreiben angeht, und ich werde kaum noch wissen, wie man schreibt. Zur Zeit denke ich meistens über Schlagzeilen und den Seitenumbruch bei Zeitungen nach. Die Arbeit ist äußerst interessant. Manchmal glaube ich, sie nimmt einen mehr in Anspruch als das Schreiben. Du ahnst gar nicht, wie viel man dabei beachten muss. Natürlich solltest du den *Guardian* nicht als beispielhaft betrachten; aber schlecht ist der Seitenumbruch nicht.

Seit einer Woche lese ich *Newspaper Editing, Make-up and Headlines*, ein staubtrockenes Sachbuch von Radder und Stempel. Mir war gar nicht klar, wie wenig ich über die Schlussredaktion wusste – vom Seitenumbruch ganz zu schweigen –, bis ich dieses Buch angefangen habe. Es ist in einem amerikanischen Verlag erschienen, aber sehr gut.

Schick mir bitte, sobald du die Prüfungen hinter dir hast, ein paar Exemplare – wenn möglich je ein halbes Dutzend – von folgenden Zeitungen, vorzugsweise von den unterstrichenen: THE SUNDAY EXPRESS, THE DAILY MAIL, REYNOLD'S NEWS, SUNDAY CHRONICLE, vor allem die Massenblätter. Sie sollten sich deutlich von den anspruchsvolleren, konservativen Blättern (*Liberty, Everybody*) unterscheiden. Ich will mir den Seitenumbruch genau anschauen.

Habe ein paar Briefe von Kamla erhalten. Sie hat zu ihrem 21sten Geburtstag etliche sehr hübsche und teure Geschenke von ihren Freunden in Indien bekommen. Ich glaube nicht, dass sie hier in Trinidad besser dran gewesen wäre. Was ihr Studium angeht – mir ist nicht ganz klar, wo es eigentlich hinführen soll –, scheint mir, dass sie selbst so ihre Zweifel hat. Sie sollte ja Indische Philosophie studieren und alles, was dazugehört – die Kultur und so weiter –; aber niemand unterrichtet sie darin. Die BHU scheint eine eher laxe Universität zu sein.

Morgen wird deine Mamee erfahren, ob sie auf der *Golfito*, die am 28. dieses Monats in Trinidad ablegen wird, noch Plätze bekommt. Sie spekuliert auf die Betten von zwei Leuten, die die Überfahrt wahrscheinlich stornieren werden. Tun sie das nicht, wird Mamee weiter warten müssen. Sie hat übrigens versprochen, Zigaretten für dich mitzunehmen.

Dhan Mousie[4] hat ein Haus in der Dundonald Street gekauft, das fast genauso aussieht wie unseres, nur dass es ein Zimmer mehr und zwei Bäder hat. Die Familie ist am Donnerstag eingezogen. Heute Morgen wurde ein Suruj Puran[5] abgehalten.

Dieser Brief ist wohl ziemlich konfus, aber besser als gar nichts. Als ich *Liberty* und *Everybody* nannte, wollte ich damit sagen, dass ich solche Zeitungen nicht haben will. Sie sind, was den Umbruch angeht, mehr oder weniger konservativ, und außerdem anspruchsvoll.

Ich wünsche dir viel Glück für deine Prüfung. Lass nicht zu, dass dich die Angst packt, sondern bleibe gelassen; nimm dir einfach vor, so gut zu sein, wie *du* sein kannst, ohne Eindruck schinden zu wollen, das heißt, nimm dir nicht vor, alle anderen zu überflügeln, sondern sei einfach so gut wie du kannst.

Nächstes Mal schreibe ich dir einen längeren und ergiebigeren Brief.

Es geht zu Hause allen gut.

Herzlichst
dein Pa

[Handschriftlich]:

Lieber Vido,

ich nutze nur diesen freien Platz, für den Pa offenbar keine Verwendung finden konnte. Du steckst sicherlich mitten in anstrengenden Prüfungsvorbereitungen, darum wünsche ich dir, wünschen wir dir alle einen Riesenerfolg. Du kannst dich darauf verlassen, dass ich mein Bestes tun werde, um meine eigene Prüfung zu bestehen, die am 4. Dez. stattfindet.

Alles Liebe
Sati

Zu Hause: 24.2.51

Lieber Vido,

vor zwei Tagen habe ich das Exemplar von *Isis* erhalten; ich wollte eigentlich einen Brief an dich diktieren – Meera sollte ihn schreiben –, ließ es dann aber bleiben, da mir das Luftpostpapier ausgegangen war. Und heute Mittag kam ein weiterer Brief von dir.

Isis ist nicht schlecht. Die Zeitung ist gut gedruckt, gut redigiert und vermittelt jugendliche Lebendigkeit, allerdings hätte es bei dem Artikel »Literarische Schizophrenie« womöglich besser ausgesehen, wenn der Name des Verfassers in die Mitte der mittleren Spalte gesetzt worden wäre – vielleicht in einen Kasten. Dein Artikel ist gar nicht übel.

Willst du immer noch, dass ich diesem Rodin vom *Express* schreibe? Wenn du die Prüfung hinter dir hast, versuch ein oder zwei Artikel – oder Kurzgeschichten – bei Swanzy unterzubringen. Schreib als Westinder für Menschen aus Westindien. Das gefällt dir vielleicht nicht, aber du bekommst dafür vermutlich mehr Geld. Und ich habe den Eindruck, dass du Geld brauchst.

Mrs Capildeo und die Kinder haben jetzt die Überfahrt auf der *Golfito* gebucht. Sie reisen am 28. dieses Monats ab – das ist ein Mittwoch. Wir geben ihnen ein Paket mit 5 Pfd. Zucker und eine Stange Anchor Specials für dich mit. Ich hoffe, die Specials werden nicht als »billige« oder drittklassige Zigaretten empfunden. Lass es mich wissen. Das Schiff wird zehn Tage unterwegs sein.

Gestern wurden die Ergebnisse der Prüf. für das School Certificate bekannt gegeben. Rabi[6] hat mit Bestnote bestanden. (Mal sehen, ob er dir schreiben wird.) Satti ist durchgefallen – zum zweiten Mal; und Neel Ramdin hat mit einer mittelmäßigen Note abgeschnitten. Georges Name tauchte nicht auf, deshalb nehme ich an, dass auch er durchgerasselt ist. Übrigens sind die meisten Schüler der Privatschulen – 500 Jungen und Mädchen – durchgefallen; nur 125 haben bestanden. Sitah Rajcoomar hat auch mittelmäßig abgeschnitten.

Die Ramnarines[7] sind umgezogen. Sie wohnen jetzt in der Dundonald Street. Das Haus ähnelt unserem sehr: zwei Stockwerke mit drei Schlafzimmern und zwei Toiletten – »Kloake«, wie wir sie hier nennen.

Ich glaube, ich verstehe die Lage, in der du dich in Oxford befindest. Du wirst überall geistlosen Menschen begegnen; und gerade weil sie geistlos sind, machen sie ein großes Trara. Ich halte nicht gerne Predigten – am allerwenigsten dir; ich weiß, du magst es nicht, wenn man dir predigt, aber manchmal kann ich nicht anders. Ich habe in Jamaika sehr unter solchen oberflächlichen Leuten gelitten, und sie waren allesamt wesentlich beliebter als ich. Wir müssen lernen, die Menschen objektiv zu betrachten. Ausgeprägte Wahrnehmungsfähigkeit ist selten und Intelligenz keineswegs weit verbreitet. Menschen, die in ungewöhnlichem Maß damit gesegnet sind, leiden oft furchtbar: Sie sind die einsamsten Lebewesen der Welt. Denk an Sinclair Lewis (*Babbitt*). Ja, nicht selten entsteht wahre Größe auf dieser Welt durch solche Leute. Intellektuelle müssen sich zwangsläufig vom Durchschnitt unterscheiden. Manchmal bringt man gerade aufgrund dieser Einsamkeit, unter der wir leiden, etwas hervor, was noch nie da gewesen ist und was man sonst nicht hervorgebracht hätte. Erkenne die Drohnen und Amöben unter deinen Mitmenschen, aber lass nicht zu, dass du ihretwegen deine Mitte verlierst. UND ICH WILL NICHT HÖREN, DASS DU DICH IN DICH SELBST ZURÜCKZIEHST. Oder, wenn du es tust, dann versprich, dass du in der Zurückgezogenheit deine Arbeit tun wirst. Nutze sie als Schild gegen den Lärm und die Dummheit der anderen, aber lass dich auf keinen Fall von ihr lähmen.

Wenn ich morgen Vormittag – heute ist Samstag – Zeit dazu finde, werde ich dir 10 $ schicken; von nun an werde ich dir etwa alle zwei Monate ein bisschen Geld zukommen lassen. Es soll dir dabei behilflich sein, ab und zu ein paar Leute zu einem kleinen Umtrunk einzuladen. Ich weiß nur zu genau, wie wichtig und wie notwendig so etwas ist. Und du sei ein Mann und kusche vor niemandem.

Pa

b.w.

Wir sind alle sehr stolz auf Savi. Sie hatte eine Blinddarmoperation, die sie glänzend überstanden hat. Sie ist heute vor acht Tagen ins Colonial Hospital eingeliefert worden, und das lästige Ding wurde noch in derselben Nacht entfernt. Sie war sehr tapfer.

Dr. Mavis Rampersad, die in dem Krankenhaus arbeitet, war sehr hilfsbereit. Sie kam sofort zu uns nach Hause, um Savi zu untersuchen, und hat sie später in ihrem eigenen Wagen ins Krankenhaus gefahren. Obwohl sie an dem Abend keinen Dienst hatte, bestand sie darauf, bei Savi zu bleiben, damit sich das Mädchen nicht ängstigte. Sie schaut jeden Tag bei Savi vorbei – meistens dreimal, und sie sorgt dafür, dass auch die anderen Ärzte nach ihr sehen.

Savis Genesung verlief von Anfang an hervorragend. Gestern hat sie Ma erzählt, dass sie sich schon richtig daran gewöhnt hat, im Krankenhaus zu sein. In ein paar Tagen darf sie nach Hause.

Pa

[*Handschriftlich*]:

Lieber Vido,

dein Vater hat dir schon alle guten Nachrichten geschrieben, deshalb bleibt mir nicht viel zu sagen. Ich hoffe, du passt gut auf dich auf, du musst dich in Acht nehmen, besonders wegen deinem Asthma. Uns geht es gut, auch Savi, die im Krankenhaus liegt, aber fast schon wieder gesund ist. Deine dich liebende Ma

University College, Oxford
8. Februar

Ihr Lieben,

zuerst einmal vielen Dank für die beiden Briefe. Sie sind innerhalb von zwei Tagen hier angekommen, nach zwei völlig brieflosen Wochen.

Hört zu, ich will kein Geld von euch. Ihr wisst selbst, dass ihr es nicht erübrigen könnt, und ich komme gut ohne zurecht. Schickt kein Geld, solange ich nicht darum bitte. Ich habe in den letzten sieben Monaten nicht darum gebeten und hoffe aufrichtig, dass ich es auch nie werde tun müssen. Aber vielen Dank für das Angebot.

Ich frage mich, ob alle Journalisten unzufriedene Menschen sind, die ihre Arbeit verfluchen und trotzdem an ihr festhalten, oder ob ich das von dir geerbt habe. Heute Morgen war ich fuchsteufelswild, weil der Nachrichtenredakteur in allen drei Artikeln von mir herumgepfuscht hat. Jeweils am ersten Absatz hat der Kerl sich vergriffen. Dabei verbringe ich – deinem so oft erteilten Rat folgend – immer die Hälfte der Zeit damit, mir einen passenden Anfang zu überlegen. Ein Beispiel: Ich habe Emeric Pressburger interviewt, den Mann der *Die schwarze Narzisse* und eine ganze Reihe anderer guter Filme gedreht hat, und ihn gefragt, was er von seinem letzten Film halte – *Das dunkelrote Siegel*. Er sagte, es sei ein mieser Film. Der Präsident des Clubs, in dem Pressburger später sprechen sollte, kam vorbei und sagte, ich solle diesen Satz streichen. Der Vorsitzende der Experimental Film Group der Universität Oxford ebenfalls. Natürlich habe ich mich geweigert. Es gibt wenig, was mich mehr aufbringt, als wenn mir Leute sagen, was ich schreiben und was ich nicht schreiben soll. Na ja, jedenfalls fing mein Bericht so an: »›Nein, ich bin nicht zufrieden mit dem D.S. Ich finde, es ist ein mieser Film‹, erklärte Mr E. Pressburger letzten Mittwoch gegenüber *Isis*.« Und meine Überschrift lautete: »Das miese Siegel«. Schlichtweg deshalb, weil der Bericht selbst nur ein paar langweilige Ausführungen über die Filmindustrie enthielt. Dieser Trottel hat die Überschrift in »Pressburger spricht« geändert und meinen Absatz so umgeschrieben: »E. Press. sagte letzten Mittwoch gegenüber *Isis*: ›Ich bin nicht zufrieden…‹ Er meinte den Film, den er gedreht hatte, und fuhr fort: ›Ich finde, es ist ein mieser Film.‹« Das ist doch absurd, oder?

Ich bin richtig auf den Geschmack gekommen, was den

Journalismus betrifft. Ich finde das alles ungemein spannend. Alle Leute fluchen auf ihre Zeitung, ohne dass sie es selbst besser machen könnten – auch hier in Oxford haben Leute, die selbst überhaupt nicht schreiben können, für *Isis* nur Verachtung übrig –, und sie lesen sie trotzdem unbeirrt weiter.

Kamla hat mir erzählt, dass das Leben zu Hause geradezu revolutioniert worden ist. Dass Fräulein Sati bei jeder Gelegenheit tanzen geht und die Mädchen Jeans tragen. Ich werde nicht mehr dazu sagen, als dass ich das für hanebüchenen Unsinn halte. Mehr sage ich nicht, denn ich weiß, dass ich auf Sattis Gefühle Rücksicht nehmen muss. Aber bitte setzt diesem absurden Treiben ein Ende. Das könnt ihr doch bestimmt.

Übrigens stehen in dieser Ausgabe von *Isis* drei Artikel von mir, die fast eine ganze Seite einnehmen. Es ist eine wahre Freude, Vorträge zu besuchen und dann einen Text aus 300 Wörtern darüber zu schreiben, der so knapp und doch umfassend ist wie ein Précis. Manchmal kann ich auch Kritik anbringen. Vor zwei Wochen habe ich George Schwartz in *Isis* kritisiert. Er schreibt für die *Sunday Times*. Und als Palme Dutt, der halbindische Vorsitzende der British Communist Party, nach Oxford kam, habe ich ihn dermaßen heruntergeputzt, dass die Kommunisten den Chefredakteur anriefen und ihn wild beschimpften. Ich glaube, man ist als Journalist nur dann gut, wenn die Leute anfangen, einen zu hassen.

Ich verspreche nicht, dir sechs Ausgaben der *Sunday Times* zu schicken, denn das hieße, sechs Wochen zu warten. Aber ich werde dir Ausgaben des *Daily Mirror* und des *Sunday Pictorial* schicken – die sind vom Format her mit dem *Weekly* vergleichbar.

Ich habe noch nicht mal angefangen, tanzen zu lernen. Und selbst wenn ich tanzen könnte, bezweifle ich, dass ich ein Mädchen dazu bringen könnte, mit mir tanzen zu gehen – die sind alle so groß hier!

Eine Kommilitonin, die fünf Zentimeter größer ist als ich und auch für *Isis* schreibt, Philippa Gerry (ihr werdet ihren Namen in eurem Exemplar von *Isis* finden), hat mich eingeladen, ein Wochenende bei ihr zu Hause in Devonshire zu verbringen. Sie hofft, dass ihre Mutter einverstanden ist. Ich habe mit Philippa gesprochen, und sie hat mir versichert, dass mich weder ihr Vater noch ihre Mutter irgendwann beiseite nehmen und nach meinen Absichten befragen werden. Macht euch also keine Sorgen! Aber ich enthalte euch eben nichts vor.

Vido

University College, Oxford
28. Februar 1951

Meine liebe Kamla,

was zum Teufel soll das mit deiner Handschrift bezwecken? Und das, ohne dass du mich in deinem letzten Brief auch nur andeutungsweise vorgewarnt hättest!

Man hat mir gesagt, mein französischer Akzent sei fast perfekt. Das liegt nur daran, dass ich ein so hässlich klingendes Englisch spreche. Und jetzt, da meine englische Aussprache in einem erniedrigenden Prozess von Fehlermachen und Häme allmählich besser wird, stelle ich fest, dass die Aussprache das Französischen immer schwieriger für mich wird. Ich glaube, es geht in erster Linie darum, inwieweit man den weichen Gaumen benutzt. Ich benutze ihn kaum. Ich mache meine Lippen weit auf und sage »gud« (good). Die Engländer würden dieses Wort »guudh« aussprechen. Probier es mal aus. Sag »good«, so wie du es immer sagst, und du wirst feststellen, dass du den Mund dabei ziemlich weit aufmachst. Dann versuche, die Lippen nur ganz leicht zu öffnen, und horche auf den Unterschied.

Diese Woche sind drei Artikel von mir in *Isis* erschienen, fast eine ganze Seite. Und trotzdem, obwohl ich der beste Mann in der Redaktion bin und wie üblich auch der fleißigste, ist wohl keine Beförderung in Sicht.

Ein Mädchen, eine Freundin von mir, hat mich zu sich nach Hause eingeladen, nach Devonshire. Ich habe das einem anderen Jungen am College erzählt, und er hat mir abgeraten. Er meint nämlich, während meines Besuchs würden ihr Vater oder ihre Mutter mich früher oder später beiseite nehmen und über meine Absichten befragen. Was das Mädchen angeht, muss ich zugeben, dass ich sie nicht einmal im Ansatz verstehe. Du als Frau könntest mir wahrscheinlich genau sagen, was ich von ihr halten soll.

Sie gehört zur *Isis*-Redaktion. Sie ist eine miserable Journalistin und hat in der Redaktion nicht viel zu melden. Ich habe ihr auch gesagt, dass sie meiner Meinung nach miserabel schreibt. Sie akzeptiert das. Ich habe sie letztes Trimester bei einer Veranstaltung an der Universität kennen gelernt und sie gefragt, ob sie einen Kaffee mit mir trinken gehen will. Auf dem Weg zum Lokal habe ich sie dann zum Tee zu mir eingeladen. Sie sagte zu allem ja, allerdings in dem Glauben, ich sei der Chefredakteur von *Isis*. Als ich ihr sagte, dass ich bei der Zeitung keine bedeutende Rolle spiele und dass *Isis* im Falle meines plötzlichen Ablebens wahrscheinlich weiter existieren, ja nicht einmal einen Nachruf über mich veröffentlichen werde, war sie enttäuscht. Sie kam trotzdem zum Tee, und ich las ihr die ersten zwei Kapitel meines Romans vor. Sie lud mich für die darauf folgende Woche zu sich aufs Zimmer ein. Ich ging hin und nahm ein weiteres Kapitel mit. Na ja, so ging es bis zum Ende des Trimesters, und dann benahm sie sich plötzlich ziemlich unschön. Sie wolle nicht, dass ich zum Tee zu ihr komme, und ob es mir etwas ausmache, wenn sie jetzt sofort gehe? Sie werde mir ein paar Zeilen schreiben. Ich sagte ihr, ich sei es leid, von Frauen »ein paar Zeilen« zu bekommen. Sie sagte: »Na gut, wenn du so empfindlich bist, dann komm eben nächste Woche zu mir.« Noch am selben Abend schrieb ich ihr einen bitteren Brief, in dem ich sie unter anderem höflich kritisierte. Als ich das nächste Mal zum Tee zu ihr ging, erwähnte keiner von uns beiden den Brief. Es war die letzte Trimesterwoche. Wir verabschiedeten uns und wünschten einander frohe Weihnachten, alles sehr höflich.

Auf den Redaktionssitzungen von *Isis* in den ersten vier Wochen dieses Trimesters ignorierte ich sie vollkommen. Dann änderte sich ihr Verhalten wieder. Sie setzte sich öfter neben mich und beugte ihren Kopf dicht neben meinem über irgendeinen Text, den ich gerade prüfte. Am Samstag der vierten Trimesterwoche beschloss ich sie zu besuchen. Ich ging also zu ihr. Ein Mann war gerade im Begriff, sich an ihrem Feuerrettungsseil hinabzulassen. Mir sank der Mut. Es waren noch zwei andere Mädchen da, und auf dem Boden stand Teegeschirr herum. Wir stellten einander vor (sie tat so, als hätte sie meinen Namen vergessen), und der Kerl kletterte das Feuerrettungsseil hinunter, während ich stumm und verlegen dastand und meine Verlegenheit durch ein sarkastisches Grinsen zu überspielen versuchte. Dann erschien der Mann vor der Tür und nahm die beiden anderen Mädchen mit. Ich blieb eine Stunde. Sie wollte, dass ich noch ein bisschen länger blieb. Sie begann Andeutungen zu machen, dass sie mich gerne wiedersehen würde. Am folgenden Dienstag ging ich wieder zu ihr und brachte ihr eine Dose Grapefruitsaft mit. Sie nahm sie dankend an und fragte mich dann verschämt, ob sie zusammen mit einer Freundin zum Tee zu mir kommen dürfe. Ich sagte ja. Wenig später bekam ich einen Brief von ihr, in dem sie schrieb, ihre Freundin habe schon etwas anderes vor und könne leider nicht. Also kam sie allein. Pünktlich auf die Minute, und sie blieb bis um sieben.

Was soll ich von ihr halten?

Vido

4. März 1951

Lieber Vido,

Savi ist am 28. Februar aus dem Krankenhaus entlassen worden, am selben Tag, an dem Mrs Capildeo und ihre Kinder mit der *Golfito* nach England abgereist sind. Savi ist dünner geworden, sieht aber besser aus als vor der Operation. Wir haben deiner Mamee die Stange Zigaretten und den Zucker für dich mitgegeben.

Für das QRC war 1950 hinsichtlich der Vergabe von Stipendien ein schlechtes Jahr. Alle vier Stipendien sind an Schüler des CIC[8] gegangen, und das Stipendium für die Mädchen hat Jean Brathwaite von der Bishop's High School bekommen. Die CIC-Stipendiaten sind: McKenzie – moderne Sprachen; Bharath – Gesellschaftskunde; Cross – Naturwissenschaften; Schacter – Mathematik. Cross und Schacter teilen sich die Goldmedaille.

Rajandaye Ramkissoon (St. für Mädchen) hat es nicht geschafft, das St. zu bekommen, sie wurde Zweite. MacDonald vom QRC (mod. Sprachen) und Spicer mit Gesellschaftskunde haben jeweils den zweiten Platz belegt.

Diese Woche gibt es kaum Neues zu berichten. Es hat zwei Monate lang heftig geregnet – fast ununterbrochen –, und trotz »Trockenzeit« ist es mehrmals zu Überschwemmungen gekommen. Aber seit einer Woche regnet es nicht mehr, anscheinend ist die Trockenzeit jetzt wirklich angebrochen. Deine Mutter, die ja einiges von Erdkunde versteht, meint, der ungewöhnlich lange, harte Winter in den USA sei für die späten Regenfälle in Westindien verantwortlich, und in den Zeitungen steht tatsächlich etwas ganz Ähnliches.

Die Kricketmannschaft von Trinidad ist zur Zeit auf Barbados und absolviert einige Testspiele, unter anderem gegen die Bimshires[9]. Das erste Spiel endete mit einem Remis, was Jagbir zu verdanken ist, der Trinidad vor einer Niederlage bewahrt hat. Er hat zwar keine Runs erzielt, sich aber nicht ausschlagen lassen. Aufgrund der Ergebnisse dieser Spiele (BG[10] und Jamaika sind auch dabei) wird eine westindische Mannschaft zusammengestellt, die dann nach Australien fährt. Bis dahin werden vermutlich Ramadhin und Worrell[11] aus Indien zurück sein. Du weißt vermutlich, dass Ramadhin der beste Bowler des Commonwealth-Teams war.

Vielleicht interessiert es dich, dass der Regen die Petit-Valley-Brücke zum Einsturz gebracht hat – das heißt die Brücke zu den Capildeos; nicht die notdürftig zusammengezimmerte, sondern die alte Maillard-Betonbrücke, die schon seit Jahren so wackelig war wie ein lockerer Zahn. Überall auf der Insel hat der Regen den Feldern, Brücken und Telefonleitungen Schaden zugefügt. Blanchisseuse war sogar von der Außenwelt abgeschnitten, und den Bewohnern wurden Nahrungsmittel und anderes im Auftrag der Regierung per Schiff gebracht.

Um noch einmal auf das QRC zurückzukommen – es gab noch fünf hausinterne Stipendien, aber Rabi hat keines davon bekommen. Romily ist zum geschäftsführenden Direktor des Nelson Street Boys' RC ernannt worden. Ich nehme an, er ist froh über diese Veränderung.

Shivan sagt, du hättest vergessen, ihm eine Geburtstagskarte zu schicken. Von Kamla hat er eine bekommen.

[*Handschriftlich*]:

5.3.51

Habe heute Morgen einen Brief von Kamla erhalten. Sie schreibt: »Seit zwei Monaten sehne ich mich immer stärker danach, wieder zu Hause oder bei Vido in England zu sein… Ich glaube, ich habe größeres Heimweh als nach meiner Abreise. Ich werde von Tag zu Tag pessimistischer und zynischer. Ich stehe auf der Schwelle zu abgrundtiefer Verbitterung. Und was passiert, wenn ich sie überschreite, das weiß ich wirklich nicht. Momentan habe ich das Gefühl, dass das Leben keinen Sinn hat.«

Sie schreibt, dass sie jetzt in eigener Regie frühe indische Geschichte und Kultur studiert und dass sie immer wieder zu diesem oder jenem Professor läuft, um sich Hilfe zu erbitten. Ein ganzes Jahr ist schon vergangen, und sie hat noch keine einzige Geschichtsvorlesung gehabt.

Es klingt wirklich alles sehr bedrückend. Ich frage mich, ob sie an eine seriösere Universität wechseln könnte und ob das etwas verbessern würde. Du solltest ihr schreiben, um ihr Mut zu machen und ein paar gute Ratschläge zu geben.

Herzlichst

dein Pa

Zu Hause, 19.30
9.3.51

Lieber Vido,

hoffentlich vergeude ich diesen Briefbogen nicht. Ich fühle mich heute Abend ungewöhnlich müde. Ich habe schon seit ein paar Tagen vor, dir zu schreiben, habe es aber immer wieder aufgeschoben, weil ich in der richtigen Stimmung dafür sein wollte. Aber mir scheint, wenn ich weiter darauf wartete, bekämst du frühestens in zwei Wochen einen Brief. Hier ist er also.

Zum ersten Mal seit Kamla fort ist, mache ich mir ernsthaft Sorgen um sie. Ich weiß wirklich nicht, was für ein Ziel das Mädchen verfolgt. Sie hat es mit einer Universität zu tun, die – man glaubt es kaum – Fächer anbietet, die dort gar nicht unterrichtet werden! Das mag übertrieben klingen, ist es aber kaum. Ich habe Kamla vorgeschlagen, sie solle, falls diese unangenehme Situation andauert, darum bitten, an eine andere Universität wechseln zu dürfen, wo bessere

Voraussetzungen gegeben sind, um indische Geschichte, Kultur und so weiter zu studieren. Vielleicht hat sie diesen Brief an dich weitergeschickt, denn ich habe sie darum gebeten, damit sie auch *deine* Meinung erfährt.

Ich finde nicht, dass der Schlussredakteur von *Isis* deine Geschichte sehr entstellt hat. Ich finde, die Einleitung ist durch seine Änderungen etwas besser geworden als deine ursprüngliche, allerdings wirklich nur etwas. Mit mehr Übung wirst du erste Absätze schreiben, die sofort die Aufmerksamkeit fesseln. Mach dir also deswegen keine Sorgen. Mein Verdacht ist, dass du zu viele Gedanken auf die Einleitung verwendest. Wenn du nach einem packenden Anfang suchst, dann stell dir vor, wie jemand vom Londoner *Express*, vom *Mirror* oder von *Reynold's* einen Artikel beginnen würde; mir ist nämlich aufgefallen, dass sich der Stil von *Isis* kaum von dem der Massenblätter – sowohl der Tages- als auch der Wochenpresse – unterscheidet.

Also, ich hätte dem Wunsch des Vorsitzenden der Experimentalfilm-Gesellschaft entsprochen. Du hättest ihn über etwas anderes befragen können, und vielleicht wäre daraus ein Artikel entstanden, der genauso viel oder fast genauso viel Neues enthält. Und dieser Mann wäre dir nächstes Mal nützlich gewesen – als Interviewpartner – nicht nur für *Isis*, sondern auch für den *Trinidad Guardian* und andere Zeitungen. So wie du jetzt vorgehst, befürchte ich, dass du deine Informationsquellen, kaum dass du sie aufgetan hast, auch schon wieder verlierst.

Sofern Pressburger nicht jemand ist, der *niemals spricht*, taugt »Pressburger spricht« weder als Schlagzeile noch als Bildunterschrift. So etwas war früher üblich, zu Zeiten, als das, was über den Zeitungsartikeln stand, eher ein Etikett als eine Schlagzeile war. Eine Schlagzeile muss etwas aussagen, sie muss eher konkret als abstrakt sein. »Papst Pius und Ehescheidung« sagt nichts aus, »Papst Pius erlaubt Ehescheidung« sagt alles. Nichtsdestotrotz tust du gut daran, den Schlussredakteuren ihren Willen zu lassen. Ich vermute, ihnen geht es wirklich um eine Verbesserung. Sei in dieser Sache nicht zu empfindlich – zumindest noch nicht.

Meine spontane Idee für einen Anfang wäre: Mr Emeric Pressburger, bekannt durch »Die Narzisse«, hat seinen jüngsten Film, »Das dunkelrote Siegel«, mit einem drastischen Adjektiv beschrieben. Auf die Frage eines *Isis*-Reporters, was er von seinem neuen Film halte, sagte der Produzent (?), ohne zu zögern: »Oh, den finde ich mies. Ich bin gar nicht zufrieden…« usw. usf.

Was die Frage angeht, ob man als Autor gehasst oder gemocht werden sollte – da bin ich genau entgegengesetzter Meinung: Ein Mann macht seine Arbeit dann gut, wenn die Menschen anfangen, ihn zu mögen. Ich werde nie vergessen, was Gault MacGowan[12] vor Jahren zu mir gesagt hat: »Schreiben Sie wohlwollend« – das hindert einen durchaus nicht daran, wahrheitsgetreu oder glänzend zu schreiben.

Bitte schick mir weder den *Express* noch den *Daily Mirror*. Den *Express* bekomme ich beim *TG*, und den *Mirror* kann ich für ein paar Cent in beinah jeder Buchhandlung kaufen. Ich hätte dich nicht bitten sollen, mir diese beiden Zeitungen zu schicken. Aber schick mir die *Evening News*, den *Evening Standard* und die *Daily Mail*. Außerdem möglichst alle Ausgaben von »Isis«, in denen ein Artikel von dir ist. Das werden zwangsläufig ältere Ausgaben sein; schick sie, sobald die Prüfungen hinter dir liegen. Abgemacht?

Übrigens hat Swanzy sich in seiner halbjährlichen Rezension sehr lobend über meine Kurzgeschichte »The Engagement« geäußert. Die Sendung war am 18. Februar, leider habe ich sie nicht gehört. Aber wie üblich wurde eine Kopie des Skripts an den *Guardian* geschickt, und Jenkins hat mir die Stelle über mich gezeigt. Sie werden die Besprechung allerdings nicht abdrucken. Wie es scheint – man glaubt es kaum –, war mein Beitrag die einzige wirkliche und überzeugende Kurzgeschichte.

Ich glaube langsam, dass ich tatsächlich Schriftsteller hätte werden können.

Jeder braucht Freunde – sagt deine Mutter gerade von der anderen Seite der Trennwand –, aber versuch, Verstrickungen zu vermeiden. Sie meint damit Philippa Gerry… Was mich angeht… Ich weiß, es wäre zwecklos, dich in irgendeiner Form zur Vorsicht anzuhalten.

Uns geht es so weit ganz gut. Meine Verdauungsstörungen quälen mich kaum noch. Die besten Wünsche von uns allen.

Pa

University College, Oxford
28. März 1951

Lieber Pa,

ich hätte schon viel früher schreiben sollen, aber ich hatte Prüfungen; sie liegen jetzt zwar schon gut zwei Wochen zurück, aber ich war zu faul, um zu schreiben. Ich habe die Prüfungen sehr gut über die Bühne gebracht, und mein Tutor glaubt, dass ich mit Auszeichnung bestehen werde. Ungefähr drei Wochen vor der Prüfung hat er mir in einem Lokal bei Kaffee und Zigaretten (dies nur, um zu illustrieren, wie wunderbar ungezwungen das Verhältnis zum Tutor in Oxford sein kann) gesagt, dass ich mir zu viele Sorgen mache und zu viel arbeite. Ich habe mich letztes Trimester tatsächlich von sämtlichen Aktivitäten fern gehalten, mit Ausnahme der Arbeit für *Isis*. Es gibt keinen Grund zur Sorge. Ich bin überzeugt, dass ich bestanden habe. Ich glaube, die viele Arbeit hat mir gut getan, und ich spüre regelrecht, wie ich intellektuell wachse. Ich habe mehr Selbstvertrauen als am Anfang meiner Zeit hier.

Und jetzt muss ich dir von einer *Isis*-Fete zum Trimesterende erzählen. Diese Fete wird vom Herausgeber und den Besitzern von *Isis* veranstaltet. Ich bin dort einer Frau von der Sorte begegnet, über die ich schon gelesen hatte – die Sorte, die sich nicht fürs Schreiben interessiert, dafür aber umso mehr für Männer, die schreiben. Redakteur bei *Isis* zu sein hat durchaus seine Vorteile, muss ich sagen. Ich habe zu meiner Überraschung festgestellt, dass ich Leuten, die ich noch nie gesehen hatte, als »der Bursche, der die Hälfte der *Isis*-Artikel schreibt« bekannt war – sie meinten natürlich den Nachrichtenteil. Der Herausgeber fand meine Initialen interessant und wollte wissen, warum ich es nach wie vor bei V. S. belasse und nicht wenigstens meinen ersten Vornamen preisgebe. Du weißt natürlich, dass sich in Trinidad die Männer immer nur beim Nachnamen nennen und bloß Frauen ihre Freundinnen mit dem Vornamen anreden. Tja, hier wird erwartet, dass man die Leute, die man kennt, beim Vornamen ruft, aber mir fällt das immer noch schwer. Der Nachrichtenredakteur meinte, ich sei der beste Journalist, den er in diesem Trimester gehabt habe. Von Beförderung allerdings weiterhin keine Rede.

Ich habe Swanzy einen Artikel geschickt, und Junge, ich sage dir, wenn er ihn annimmt, dann werde ich dieses Zeug raushauen, so schnell ich nur kann. Ich kann das Geld gebrauchen. Ein Franzose, der Teile meines Romans gelesen hat, findet, ich sei talentiert. Er wohnt in derselben Pension in London wie ich und arbeitet für das französische Programm der BBC. Er möchte, dass ich den Roman so schnell wie möglich fertig stelle und ihm dann zukommen lasse. Er kennt Leute wie John Lehmann[13]. Außerdem will er, dass ich die Geschichte über die Karnevalskönigin fürs französische Programm noch einmal überarbeite – der erste Teil hat es auch wirklich nötig –; sie soll dann ins Französische übersetzt werden. Ich weiß nicht, wie lange er noch bei der BBC bleiben wird, denn die Regierung hat gerade beschlossen, die Ausgaben fürs französische Programm zu kürzen und sich auf die Länder hinter dem Eisernen Vorhang zu konzentrieren. Ich überlege schon seit einiger Zeit, wie wir deine Geschichten hier veröffentlichen könnten. Bisher fehlen mir noch die nötigen Kontakte, aber ich nehme an, dass ich bis

Ende des Jahres eine Reihe Leute kennen gelernt haben werde. In der Zwischenzeit halte ich es für die beste Idee, die Kurzgeschichten an Verlage zu schicken, und zwar mit dem Hinweis, dass die meisten von der BBC gesendet worden sind. Ich werde tun, was ich kann, aber wir müssen uns vorher einigen, wer die Geschichten abtippt. Oder zumindest wer wie viele! Ich nehme an, du akzeptierst mich als vertrauenswürdigen Agenten. Ich möchte dir jetzt mal etwas sagen. Ich habe dich als Schriftsteller immer bewundert. Und wenn du in England geboren wärst, dann wärst du jetzt garantiert reich und berühmt und die Intellektuellen würden dich in Beschlag nehmen. Außerdem bist du noch gar nicht so schrecklich alt. Shaw war vierundvierzig, als sich bei ihm der Erfolg einstellte, du solltest also weiterschreiben.

Deine Schwägerin hat mir die Glimmstängel mitgebracht, hat sie mir in die Hand gedrückt, nachdem sie mir in grellen Farben geschildert hatte, wie sie die Zollbeamten hatte anlügen und ihnen erzählen müssen, sie rauche selbst. Dabei weiß ich hundertprozentig sicher, dass jeder, der nach England einreist, 400 Glimmstängel mitbringen darf. Warum müssen diese Leute einem unbedingt immer unter die Nase reiben, dass man in ihrer Schuld steht? Ich werde sie meiden. Sie können nichts für mich tun, außer mich klein zu halten. Capo sagte: »Wie ich sehe, ermutigt dich deine Mutter zum Rauchen.« Ich sagte: »Jaja.« Als er merkte, dass mich sein Sarkasmus völlig kalt ließ und ich meinerseits mit Sarkasmus reagierte, machte er eine Kehrtwende und fragte mich nach meinen Prüfungen.

Es hat mir einen richtigen Schock versetzt, zu sehen, wie bäurisch diese Kinder sind. Ich war gerade aus Oxford zurückgekommen. Ihre Sprache tat mir in den Ohren weh. Ich hörte Sita mit diesem scheußlichen, bäurischen Trinidader Akzent sagen: »I ain' wan' none nuh.« [Ich will jetzt keins.] Es klingt so entsetzlich unkultiviert.

Danke für die Glimmstängel. Der Franzose findet sie besser als Camel. Wenn das mal keine gute Reklame ist!

Und jetzt etwas zu deiner Beruhigung: Ich fahre nicht nach Devon. Ich werde eine Woche bei einem Kommilitonen in Blackpool verbringen (was allerdings einen Haken hat – die Familie ist katholisch) und eine Woche nach Cumberland fahren. In diesen Ferien haben mich zwei Freunde besucht – zwei mehr als in den letzten Ferien. Der eine ist ein Engländer, der in Indien aufgewachsen ist. Er war letzten Dienstag so nett, mich einzuladen. Ich war pleite; wir haben im Regent Palace in der Nähe des Piccadilly Circus einen Kaffee getrunken und zu Mittag gegessen – und dann waren wir noch zum Tee in der Tate Gallery.

Noch ein Tip: Penguin bringt jetzt Klassiker im Taschenbuch heraus. Soll ich sie dir besorgen, oder willst du sie dir selbst in T'dad kaufen?

Vido

[*Handschriftliche Anmerkung*]:

Zur Seitengestaltung des *Weekly*: Der Engländer behandelt Reportagen wie Meldungen. Eure ist nicht schlecht und wird zweifellos noch besser werden.

Schau dir mal an, wie die englischen Zeitungen Fotos verwenden… Jedes Bild in einem akkuraten Rechteck [2 Zeichnungen]

University College, Oxford
3. April 1951

Liebe Kamla,

vor ein paar Tagen habe ich deinen Brief und deine Fotos bekommen. Natürlich bin ich ein paar Briefe im Rückstand, aber ich war einfach zu faul zum Schreiben.

Ich finde es unerhört, dass du deinen Geburtstagskuchen

als »kläglich« bezeichnest. Das war er ganz bestimmt nicht. Ich habe noch nie im Leben einen eigenen Geburtstagskuchen gehabt, nicht mal eine richtige Fete, denn ein Beisammensein bei Gebäck und süßen Getränken kann man wohl kaum als Fete bezeichnen.

Ich habe Neuigkeiten für dich. Du weißt vermutlich noch, dass ich Anfang 1949 etwas über einen Schönheitswettbewerb geschrieben habe. Erinnerst du dich? Na ja, seit dem 27. Februar 1949 habe ich dieses Ding mindestens ein halbes Dutzend Mal umgeschrieben. Das letzte Mal habe ich es vor ein paar Tagen überarbeitet, und zwar auf Anregung eines Franzosen, der bei der BBC arbeitet und in derselben Pension wohnt wie ich. Er wird es für das französische Programm der BBC ins Französische übersetzen lassen. Außerdem habe ich eine Geschichte an die Redaktion der BBC-Sendung *Caribbean Voices* geschickt, und es sieht so aus, als hätten sie sie akzeptiert. Wenn das wirklich stimmt, dann habe ich für zwei Wochen Arbeit über fünfzehn Guineen kassiert. Nicht schlecht! Immerhin bin ich erst achtzehn! Mein Roman ist noch nicht fertig, aber ich habe in den letzten vierzehn Tagen wie besessen daran gearbeitet, allerdings ist nicht viel dabei herausgekommen. Ideen hatte ich natürlich schon, aber ich habe dermaßen geschuftet, dass ich ständig todmüde bin und erst mal ein paar Tage ausruhen muss, bevor ich weiterschreibe. Man braucht einen vollkommen klaren Kopf, um sich Situationen und Menschen auszudenken. Aber im Prinzip komme ich voran, und ich möchte bis Ende Juni fertig sein. Der Franzose hat mir versprochen, den Roman für mich an den Mann zu bringen. Er findet, dass ich Talent habe, und glaubt, dass ich erfolgreich sein werde. Ich halte den Roman natürlich nicht für ein Meisterwerk, aber ich schreibe ihn in der Hoffnung, circa hundert Pfund damit zu verdienen und im Anschluss an Oxford vielleicht eine schöne Stelle antreten zu können. Aber da gehen die Schwierigkeiten los. Wenn ein Autor gut schreiben will, muss er ein richtiges Leben führen, und wer in einem Büro sitzt und sich seiner vier Mahlzeiten am Tag sicher ist, kann keine guten Sachen schreiben. Normalerweise speist sich das Schreiben aus der Erfahrung, und ich habe wenig Erfahrung – du weißt ja, wie ich lebe.

Ich hoffe, du hast deine Verzweiflung überwunden. Versuch es, bitte. Es bricht mir das Herz, dich unglücklich zu wissen.

Wegen des Mädchens brauchst du dir keine Gedanken zu machen. Sie spielt die Unerreichbare, versucht mich mit der Anzahl ihrer Verehrer zu beeindrucken, und ich bin gebührend beeindruckt und ziehe mich zurück. Ich bin zu dem Schluss gekommen, dass es zwar nötig ist, eine Freundin zu haben, dass ich aber zu leidenschaftlich bin – du weißt ja, was du selbst immer über mich sagst, und ich schenke jedem Mädchen, das ich neu kennen lerne, viel zu viel Aufmerksamkeit. Daher werde ich Mädchen wohl einfach grundsätzlich ignorieren, bis ich es zu etwas gebracht habe.

Ein Kommilitone hat mich zu sich nach Hause eingeladen, nach Blackpool. Das Verzwickte daran ist nur, dass er katholisch ist. Hoffentlich mache ich nichts falsch.

Ach übrigens, Arlette ist Nonne geworden. Ich sehe ihre Schwester Molly[14] – sie ist mit einem Malteser verlobt – ab und zu hier in der Pension. Es wohnen auch noch zwei andere Mädchen aus Trinidad hier, sehr indisch, sehr typisch San Fernando und sehr dumm.

Bitte mach dir nicht ständig Sorgen, Liebes – nicht um dich selbst und schon gar nicht um mich. Und was zu Hause angeht, weißt du doch, wie es läuft. Das Leben dort steht auf einem stabilen Fundament. Du musst einfach sehen, dass ohne uns der Familie das Herzstück fehlt.

Es ist eine gewaltige Verantwortung, das weiß ich, aber kein Grund, deprimiert zu sein.

Die Bilder von dir sind bezaubernd, der Franzose meinte, du sähst aus wie eine griechische Göttin! Und er war dreimal verheiratet, er muss es also wissen. Na!

Ich bin froh, dass ich eine so bezaubernde Schwester wie

dich habe, und ich freue mich auf den Tag, an dem ich dich in Oxford vorzeigen kann.

Cheerio, mein Schatz.

[*Handschriftlich*]: Die Frau in Oxford hat deinen Zucker bekommen. Sie ist vor Dankbarkeit dahingeschmolzen und wird dir schreiben.

Zu Hause, 4.4.51
21.45

Lieber Vido,

ich habe gerade mit Carr[15] geredet – dem Mann aus Belmont. Er war wegen eines Romans hier, an dem er schreibt, denn er möchte, dass ich die bereits fertigen Kapitel durchlese und ihm sage, was ich von seinen Bemühungen halte.

Wir waren sehr erleichtert über deinen Brief vom 28.3. Es tat gut zu erfahren, dass du nicht deshalb so lange nichts von dir hast hören lassen, weil du krank warst. Wie so oft haben wir an dem Tag, als dein Brief eintraf, auch einen von Kamla erhalten. Sie scheint ihre Niedergeschlagenheit überwunden zu haben und hat beschlossen, in Eigenregie zu studieren… Ich hatte keinerlei Zweifel, dass du die Prüfung bestehen würdest. Ich vermute, dein größtes Problem ist deine Nervosität; die Leistung vermagst du zu erbringen, selbst wenn du nur das Nötigste lernst. Das Zauberwort lautet, glaube ich, »Gleichgültigkeit« – Gleichgültigkeit gegenüber den Prüfungsergebnissen, nachdem du ruhig und gelassen dein Bestes gegeben hast…

Isis ist nichts Weltbewegendes. In ein, zwei Jahren wirst du für wichtigere Blätter schreiben. Du brauchst dir um uns keine Sorgen zu machen – solange ich wohlauf bin. Nutze deine Chancen… Du solltest die »Karnevalskönigin« ohne

Skrupel kürzen. Meiner Ansicht nach könnte mindestens ein Drittel des Textes gestrichen werden. Ich erinnere mich, dass ich sogar die Stellen markiert habe, die mir überflüssig vorkamen… Wenn Swanzy das Thema der Geschichte für typisch westindisch hält, ist die Chance groß, dass sie angenommen wird; das Honorar ist etwas geringer geworden, es sind jetzt nur noch etwa zehn Guineen statt zwölf bis dreizehn. Aber nur wenige Zeitschriften werden einem jungen Autor wie dir mehr bezahlen… Der Franzose wollte wahrscheinlich bloß höflich sein: Ich kann mir beim besten Willen nicht vorstellen, dass Anchor Specials oder irgendwelche anderen Zigaretten aus Trinidad besser schmecken sollen als Camels.

Heute war Jainarayan hier. Er sagte: »Stell dir vor, Mousa, die Zigaretten sind zurückgekommen. Vido hat sie nicht angenommen. Auf dem Paket war ein Vermerk: ›Annahme verweigert‹. Wahrscheinlich hätte er mehr Steuer bezahlen müssen, als die Zigaretten wert waren.« Vor ein paar Tagen stand in einer Meldung auf der Frauenseite des *Guardian*, dass du und zehn andere Westinder eine Einladung des Pressesprechers vom British Council angenommen habt, durch England zu reisen, um ein paar wichtige Industriebetriebe und dergleichen zu besichtigen. Dazu jetzt noch die Nachricht, dass du eine Woche bei der Familie eines Freundes in Blackpool verbringen wirst. Was immer du auch tun wirst, ich hoffe, es macht dir Freude.

Vermutlich wird es eine Weile dauern, bis die neuen Penguin-Bücher hier erhältlich sind; schick mir also ruhig eines – oder höchstens zwei. Gestern habe ich *I live again* von Deeping[16] gekauft. Es ist nichts Exquisites – eine gute Geschichte, aber ein bisschen zu flott und routiniert erzählt. Man lernt, ein gutes Buch zu erkennen, wie ein Weinkenner einen guten Wein erkennt.

Vielen Dank für die Zeitungen und Zeitschriften. Den *Express* hättest du mir nicht zu schicken brauchen. Ich bekomme ihn hier.

[Handschriftlich]: Es ist schon spät, und ich muss noch einen Brief an Kamla schreiben.

Herzlichst
Pa

University College, Oxford
11. April 1951

Ihr Lieben,

ich schreibe aus Blackpool. Blackpool ist *das* große Seebad im Norden Englands. Es ist eine riesige Maschinerie, die den Urlaubern das Geld aus der Tasche zieht; voller Wahrsagerinnen – Zigeunerinnen, die alle Lee heißen und allesamt behaupten, die einzige Wahrsagerin Lee auf der Promenade zu sein –, Restaurants und Vergnügungslokale. Natürlich hat die Saison noch nicht begonnen, aber man kann die Promenade entlangspazieren und sehen, wie die Maschinerie für die Saison, die offenbar im Juni losgeht, bereit gemacht wird.

Ich bin bei der Familie eines Kommilitonen zu Besuch, der auf dem gleichen Stockwerk wohnt wie ich. Die Familie stammt aus Schottland und ist sehr katholisch, aber vier derart angenehme Tage habe ich in England noch nicht erlebt. Sie tun alles, damit ich mich wie zu Hause fühle, und ich fühle mich wirklich sehr wohl. Das ist etwas, was ich hier gelernt habe: mich jeglicher neuer Situation anzupassen. Seit ich von zu Hause weggegangen bin, habe ich in so vielen verschiedenen Betten und Zimmern geschlafen, dass Ortswechsel für mich sowohl ihren Schrecken als auch jede Romantik verloren haben.

Ein Franzose hat mir gesagt, man müsse Mitleid mit den Engländern haben. Er behauptet, sie seien von ihren Frauen, ihren Seebädern und ihrem Essen geprägt. Ihre Frauen könnten nicht kochen, seien schlecht gekleidet und allesamt unattraktiv; ihre Seebäder seien feuchte, klamme Orte, wo sich Tausende von Leuten drängten, um sich ausnehmen zu lassen. Blackpool ist ein gutes Beispiel. Der Strand ist schön, so schön wie die Ostküste Trinidads, bloß ohne Kokospalmen, aber Wasser und Wind sind höllisch kalt und das Wasser ist schlammbraun. Und ihr Essen, sagt der Franzose, bestehe nur aus »Fish & Chips« (Chips sind frittierte Kartoffeln).

Heute Morgen habe ich im Garten hinterm Haus ein bisschen geharkt. Ich habe ungefähr eine Stunde gearbeitet und mich dabei sehr gut gefühlt. Seit ich nach England gekommen bin, hatte ich nie Gelegenheit, körperlich zu arbeiten, und ich glaube, ich werde in den nächsten Ferien versuchen, Arbeit auf einem Bauernhof zu finden, nicht nur wegen des Geldes, sondern auch wegen der frischen Luft und der Bewegung. Oxford ist eine relativ kleine Stadt. Wenn man im Zentrum losgeht, ist man innerhalb von zehn Minuten auf den Feldern. Als ich aus Oxford wieder nach London kam, hat mich die Hektik dort fast verrückt gemacht. Es kam mir vor, als würden die Leute alle rennen, und es dauerte eine Weile, bis ich das Gefühl hatte, dass sie normal gingen. Die Luft in London ist eindeutig ungesund. In Oxford wache ich spätestens um halb neun auf. In London könnte ich jeden Tag bis um zwölf schlafen, egal wann ich ins Bett gegangen bin.

Diesen Samstag fahre ich nach Borrowdale, wo der berühmte Bowder Stone steht. Borrowdale liegt im Lake Distrikt, weiter im Norden. Denkt nicht, dass ich viel Geld ausgebe. Ich wohne hier gratis, und da der Ausflug nach Borrowdale vom British Council veranstaltet wird, bezahlt mir das Kolonialministerium die Rückfahrkarte von Borrowdale nach London, außerdem bekomme ich pro Übernachtung 7 Sh 6. Da ich mit dem Bus nach Blackpool gefahren bin, was mich 18 Sh gekostet hat, und vorhabe, mit meinem Freund zusammen per Autostopp nach Oxford zurückzufahren, werde ich am Ende gut dastehen, zumal mich die Zugfahrkarte mehr als vier Pfund gekostet hätte!

Ich habe ganz vergessen, euch zu sagen, dass ich schon vor einer ganzen Weile einen Brief von Rabi erhalten habe. Der arme Junge! Ich komme mir richtig grausam vor. Er hatte mir nichts zu sagen und mühte sich furchtbar ab, um seinen Luftpostbrief voll zu kriegen. Trotzdem war es nett von ihm.

Ich hoffe, Pa schreibt wieder, und wenn es nur fünfhundert Wörter pro Tag sind. Er sollte einen Roman anfangen. Er sollte sich vor Augen halten, dass die Gesellschaft auf den Westindischen Inseln ausgesprochen interessant ist – pseudokultiviert. Sicher erkennt er doch den Romanstoff in Leuten wie den Sookhdeos. Beschreibe die Gesellschaft einfach so, wie sie ist – ohne sie zu erklären, zu entschuldigen oder dich über sie lustig zu machen. Ich bedaure, dass ich in dieser Richtung nicht mehr gemacht habe. Andererseits – vielleicht wäre ich dann jetzt nicht hier.

Sagt Shivan, Savi, Mira und Satti, dass ich an sie denke; sagt Savi, dass ich ein schlechtes Gewissen habe, weil ich ihr nicht geschrieben und weder Shivan noch ihr etwas zum Geburtstag geschickt habe. Aber so ist es halt.

Ich glaube, Pas Geburtstag war auch schon. Auf jeden Fall alles Gute. Und viele Grüße an Ma.

IV

14. April 1951 –
13. September 1951

Sommertrimester,
Sommerferien 1951

University College, Oxford
14. April 1951

Liebste Schwester,

ich habe deinen Brief vor einer Woche bekommen. Er hat mich in Blackpool erreicht, wo ich bei der Familie eines Freundes zu Besuch war. Ich bin gerade heute erst abgereist, und zwar nach Borrowdale, wo die Brieffreundin von Ma wohnte oder vielleicht sogar immer noch wohnt.

Meine Liebe, ich werde dir alle Bücher schicken, um die du mich gebeten hast. Bezahlen musst du nichts (es sei denn, ich falle eines Tages auf die Knie und flehe: »Bitte, Herr, ich möchte noch etwas mehr«).

An meinem Auftreten (in jedem Sinne) gab es nichts zu beanstanden. Ich habe noch nie bei einer dermaßen katholischen Familie gewohnt. Sie sind gläubig, und zwar aus tiefster Seele. Das ist ja sicher nichts Schlechtes. Es hat eine Mauer um sie errichtet, doch es gibt ihnen ein Gefühl von Sicherheit, und ihnen ist nicht bewusst, dass das, was sie glauben, vielleicht – oder tatsächlich – oberflächlich und künstlich ist. Es hat keine herrenhaften Menschen aus ihnen gemacht. Sie sind liebenswürdig und großzügig. Aber das liegt vermutlich daran, dass der Katholizismus immer mal wieder einen heilsamen Dämpfer bekommt. Macht steigt jedem Menschen zu Kopf.

Mir ist gerade bewusst geworden, dass dies hier seit geraumer Zeit der erste handgeschriebene Brief ist, den du von mir bekommst. Siehst du irgendeine wesentliche Veränderung?

Ich bin im Frieden mit der Welt. Es ist ein demütigender Friede, aber ich lerne, ihn zu akzeptieren. Ich will dir nicht sagen, warum, denn das würde dir womöglich das Herz brechen. Ich weiß doch, dass du mich immer als eine Art intellektuellen Giganten betrachtet hast. Oder etwa nicht? Aber was passiert, wenn man entdeckt, dass man sich die ganze Zeit selbst angelogen hat? Sich so gründlich angelogen hat, dass man sich schließlich selber glaubt? Alles, was ich gesagt habe oder sage, erfüllt mich mit Scham. Ich stelle fest, dass ich mich sogar dann in Szene setze, wenn ich aufrichtig bin. Muss man diese Phase durchlaufen? Heute Morgen habe ich mich ernsthaft gefragt, wie es andere Menschen überhaupt mit mir aushalten. Ich wünschte, ich könnte mich mit den Augen anderer sehen. Vielleicht würde das das Fass zum Überlaufen bringen. Oder vielleicht bin ich gar nicht ein so schlechter Mensch, wie ich denke?

Die Jungs, die mich mögen, mögen mich wegen meiner »zynischen Extravaganz«, weil ich mich als »Enfant terrible« gebe. Dabei habe ich nie das Gefühl, dass ich mich als irgendetwas GEBE. Es liegt wahrscheinlich daran, dass wir in WI [Westindien] so ausschließlich auf uns selbst konzentriert waren, dass wir die Menschen um uns herum irgendwann nur noch verachteten. <u>Aber diese Leute musste man auch verachten!</u> Ein Freund hat mir neulich gesagt, dass mich die Leute nicht mögen, weil ich ihnen das Gefühl gebe, ich wüsste, wie dumm sie sind. Wie schätzt du mich ein? Und erzähl mir nichts von deinen Cousins und Cousinen. Das sind alles Esel, das weißt du genau.

Leider bin ich am Ende angelangt. Sei herzlich gegrüßt, meine liebe Kamla, von Vido

[Von Kamla]

20. April 1951

Lieber Vido,

tja nun. Deine Schrift ist nur ein kleines bisschen unleserlicher geworden. Aber mach dir darüber keine Gedanken. Eigentlich finde ich es sogar tröstlich, dass nicht nur ich unleserlich schreibe.

Zurzeit habe ich gerade meine jährlichen Prüfungen. Und was glaubst du wohl, was mir passiert ist? Mein rechter Arm ist geschwollen. Am 18., während der Klausur in Englisch Wahlfach I, wurde plötzlich meine Hand steif. Ich konnte keine richtigen Buchstaben mehr zu Papier bringen. Du müsstest meine Schrift sehen. Einfach grauenhaft. Gott allein (nein, ich glaub nicht mehr an Gott, ich kann nicht mal mehr beten) weiß, wie ich die Klausur fertig geschrieben habe. Gestern war ich beim Arzt, denn ich hatte Angst, mir würde irgendeine tropische Krankheit auf die Pelle rücken. Der Arzt meinte, dass der Nerv (irgend so ein komischer Nerv am Ellbogen) etwas taub geworden sei, vielleicht weil ich mich zu oft und zu lange auf den Ellbogen aufgestützt hätte. Noch ist die Schwellung nicht zurückgegangen. Heute Morgen habe ich Englisch II geschrieben, und jetzt ist der Arm noch dicker geworden und tut ziemlich weh. Trotzdem mache ich die Prüfungen zu Ende. Am Montag ist Geographie dran.

Der letzte Teil deines Briefs ist komisch. Erzähl mir bloß nicht, dass das schon wieder losgeht. Verdammt noch mal, du sollst leben (und leben lassen). Ob jemand dich mag oder nicht, ist sein Problem, nicht deins. Versprich mir nur eines: Fang nicht an zu trinken. Ich weiß, wohin das führen würde. Also werd nicht unvernünftig. Für mich wirst du immer der sein, als den ich dich kenne. Glaub mir, du bist einfach so, wie du bist. Also denk nicht mehr darüber nach.

Es gibt Neuigkeiten aus dem Wohnheim. Jemand war in meinem Zimmer und hat mein Portemonnaie mitsamt dem Geld gestohlen. Das mit dem Geld ist mir egal, aber es waren auch die Fotos von Pa und dir drin. Ich wünschte, die würde ich zurückkriegen – den Rest können sie von mir aus behalten. Ich habe doch wirklich Pech. Dieses Geld hatte ich extra gespart, um mir ein paar Baumwollsaris fürs College zu kaufen. Ich ging Tee trinken, und als ich zurückkam, war es verschwunden. Aber was soll's.

Es gibt hier so einen langweiligen Amerikaner. Er hat einen Bart, trägt indische Kleidung und redet so langsam und gedehnt, dass das Zuhören richtig anstrengt. Er will einen ständig dazu bringen, zu irgendwelchen Veranstaltungen zu gehen. Wirklich, eine absolute Witzfigur. Wir nennen ihn den wandelnden Jesus.

Alles Liebe, Kamla

Zu Hause: 25.4.51

Lieber Vido,

letzte Woche habe ich dir nicht geschrieben; und es ist schon fast eine Woche her, dass wir deinen letzten Brief bekommen haben, in dem du uns von deinem Besuch in Blackpool berichtet hast. Wenn ich mit dem Schreiben in Verzug bin, dann liegt das häufig daran, dass – na? Genau: dass ich kein Luftpostpapier habe!

Dabei ist es eigentlich überhaupt kein Problem, welches zu besorgen. Das Postamt ist ganz in der Nähe, Sati, Mira und Savi kommen mehrmals täglich dort vorbei; aber die Mädchen sind unzuverlässig – selbst was Kleinigkeiten wie das Besorgen von Luftpostpapier angeht. Natürlich muss ich mich auch an die eigene Nase fassen, denn ich komme ja, wie du weißt, ebenfalls mehrmals täglich am Postamt vorbei.

Du sagst, ich solle mindestens 500 Wörter pro Tag schreiben. Tja, das tue ich seit ein paar Tagen, aber noch kann ich nicht viel dazu sagen. Warten wir ab, ob ich meinem Vorsatz treu bleibe. Ich habe mich noch nicht einmal entschieden, ob ich an einem autobiographischen Roman arbeiten oder ob ich Gurudeva[1] wieder ausgraben sollte. Ich bin davon überzeugt, dass ich einen Roman schreiben *kann*; ich habe den Aufbau von *Die Laster der kleinen Leute* genau analysiert, und ich glaube, ich könnte mit Gurudeva leicht das Gleiche zustande bringen wie Arnold Bennett mit Mr Earlforward und Mrs Arb. Wenn es jedoch darum geht, mich an einem autobiographischen Roman zu versuchen, so empfinde ich das teils als ein einfaches Unterfangen, teils als mühsam und schwer zu fassen. Schwierig dürfte vor allem die Auswahl der zu schildernden Vorkommnisse sein.

Du solltest unbedingt an deinem Roman weiterarbeiten. Es dauert Jahre, ein erfolgreicher Schriftsteller zu werden, egal wie gut man ist; und je früher man beginnt, desto besser, daran muss ich dich wohl kaum erinnern. Lies Conrad wegen seines ausdrucksstarken Stils, aber sei vor allem du selbst.

Zu meinen Kurzgeschichten: Ich habe 11, die verwendbar sind. Aber momentan erscheint mir allein der Gedanke daran, sie abtippen zu müssen, als unendlich ermüdend. Ich bin nach Feierabend oft erschöpft, und man muss in guter Stimmung sein, um sich nach der Arbeit noch einmal an die Arbeit zu machen. Es raubt mir die letzte Kraft. Erwarte also nicht allzu viel von mir. Und noch etwas: In letzter Zeit musste ich mich hier fast jeden Abend um irgendetwas kümmern – um die Zäune am Ost- und Südrand des Grundstücks, um die Garage, um den Garten – sofern man ihn so nennen kann. Ich möchte ihn zu einem lauschigen Plätzchen machen. Und ich habe schon einiges in dieser Richtung unternommen.

Shivan geht jetzt auf die St. Agnes School (EC)[2]. Er ist in der dritten Stufe, muss aber kaum arbeiten. Er hat mir erzählt, dass die Schüler jeden Tag aufgefordert werden, sich für eine gewisse Zeit mit dem Kopf auf dem Tisch »schlafen zu legen«. Neulich habe ich Shivan gefragt: »Wie lange schlaft ihr Kinder denn?«

Shivan: »Bis die Schule aus ist.« Da hast du's!

Ich bin jetzt sechzehn Monate beim *TG*, habe aber noch keine Gehaltserhöhung bekommen. Etwas, was mich geradezu verbittert – vermutlich wird man wegen so etwas zum Kommunisten –, ist, dass hier ein wenig begabter junger Engländer, der nun wirklich weder mehr noch besser arbeitet als ich, ein wesentlich höheres Gehalt als ich bezieht. Hier in den Kolonien gelten die Weißen als eine höhere Gattung – sie essen besser, wohnen in besseren Häusern. Ich mache kein Hehl daraus, dass ich sie inzwischen größtenteils verabscheue. Das liegt nicht allein an mir. Es gibt da einen Mann namens Barker (Nachrichtenredakteur), der sich aufführt, als wäre er der beste Journalist weit und breit – er hat an irgendeiner drittklassigen Universität einen Abschluss gemacht, einen B.A., glaube ich. Aber in Wahrheit ist der Mann ein Blender. Wenn du je Priestleys *Engelgasse* gelesen hast, dann dürftest du dich an Mr Goldie erinnern. Barker ist genau wie dieser Goldie.

Kathleen McColgan ist nach England zurückgekehrt. Sie erzählte mir, sie habe einen Onkel in Oxford – er ist nicht an der Universität –, und wenn sie ihn das nächste Mal besucht, will sie bei dir vorbeischauen. Sie ist ein anständiger Mensch, gar nicht wie Barker und seinesgleichen.

Kamla hat uns geschrieben und uns gebeten, ihr »sofort« das Buch *Stembridge Geography – Southern Continent* zu schicken. Deine Mutter sagt, ich soll dich bitten, das für uns zu übernehmen, denn es würde sehr lange dauern, wenn sie das Buch von hier aus per Schiff schicken würde.

Hast du von der BBC etwas über deine Kurzgeschichte gehört? Berichte mir davon.

Hier hat ein gewisser Allahar eine ganze Weile lang Geschichten an den *Gdn Wkly* geschickt, die dann auch veröffentlicht wurden; inzwischen hat sich herausgestellt, dass es Texte aus englischen Zeitungen waren, die von anderen Leuten stammten.

Bei uns ist alles in Ordnung, allen geht es gut.

Herzlichst
dein Pa

Ich glaube, den nächsten Brief an dich lasse ich mal deine Mutter schreiben.

University College, Oxford
1. Mai 1951

Lieber Pa,

glaub mir, ich bin wirklich froh, dass du schreibst. Lass dich durch deine verschiedenen Ideen nicht beirren. Es bedeutet schlicht und einfach, dass du zwei Romane zu schreiben hast. Und auch wegen deines Alters solltest du dir keine Gedanken machen. Ich habe dir wahrscheinlich schon mal von Joyce Cary[3] erzählt. Er hat angefangen zu schreiben, nachdem er aus dem Kolonialdienst ausgeschieden ist. Er ist jetzt bestimmt über fünfzig. Ich habe ihn letzten Sonntag gesehen.

Es wird dich freuen zu hören, dass Swanzy wahrscheinlich im Juni oder Juli meine Geschichte bringen wird. Er hat es mir vor etwa vierzehn Tagen geschrieben, hat mich aber gebeten, die letzte Seite noch einmal zu überarbeiten, da er sie »zu literarisch« fand.

In meinen Prüfungen habe ich ziemlich gut abgeschnitten – Beta plus war meine schlechteste Note –, und meine Tutoren sind ziemlich enttäuscht, dass ich keine Auszeichnung bekommen habe. Allerdings haben an der gesamten Universität nur drei Studenten eine Auszeichnung erhalten. Immerhin bin ich der Beste meines College.

Bitte sei nicht bedrückt wegen des *Guardian*. Ich weiß, wie sehr einen so was verletzt, aber bitte mach dir nicht zu viele Gedanken darüber. Wie nicht anders zu erwarten, bin ich bei *Isis* nicht befördert worden, ich glaube sogar, dass man versucht, mich rauszuekeln. In Oxford herrscht die reinste Cliquenwirtschaft. Man muss den richtigen Kreisen angehören, wenn man vorwärts kommen will. Ich bin dieses Trimester etwas später an die Universität zurückgekehrt und musste feststellen, dass in der Nachrichtenredaktion die Aufträge für das gesamte Trimester bereits vergeben waren – ohne dass man mich berücksichtigt hätte. Und später wurde ich dann gebeten, mich der Brosamen anzunehmen, die womöglich vom Tisch der Redaktion fallen werden! Wahrscheinlich kennst du das. Aber es gibt auch ein paar gute Aspekte. Man hat mir meine erste Reportage zugeteilt. Es ist eine ziemlich große Sache, zwei Seiten mit Bildern, und es geht um die Auswirkungen, die die Vergrößerung des Werks von Morris Motors (am Stadtrand von Oxford) womöglich auf die Universität haben wird. Ich hoffe, dass ich es gut mache. Nur die wichtigen Leute kriegen solche Aufträge. Ich sollte mir also wahrscheinlich keine Gedanken machen. Man hat mir sowohl schriftlich als auch mündlich versichert, dass ich nicht glauben solle, ich sei bei *Isis* unerwünscht, dass man meine Arbeit sehr schätze usw. – du weißt schon, das übliche Gewäsch. Aber bei diesen Leuten weiß man nie.

Vor etwa einer Woche hatten wir mal vier Tage am Stück herrlichsten Sonnenschein, aber jetzt ist es kalt und regnerisch. Was für ein Wetter! Aber mir gefällt es. Es ist so abwechslungsreich.

Es wird dich freuen, zu hören, dass Boyzee schließlich und endlich einen Studienplatz in Medizin bekommen hat, und zwar in Newcastle, gut hundertfünfzig Kilometer nördlich von hier. Ich freue mich für ihn.

Ein gewisser Abdullah hier bekommt immer Zigaretten von zu Hause geschickt, jeweils 200 Stück, als Geschenksendung. Wäre das in meinem Fall nicht auch möglich? Ich würde alle Kosten übernehmen. Und bitte sagt nicht, dass ich nichts zu bezahlen brauche, denn ich weiß, wie die Dinge stehen.

Ich habe endlich meinen eigenen fest umrissenen Freundeskreis. Es ist schön, so etwas zu haben. Genies sind sie alle nicht, aber einer von ihnen, ein in Indien aufgewachsener Engländer, ist Künstler, und er ist bei den Prüfungen durchgefallen und wird Ende des Trimesters Oxford verlassen. Wenn ich in den langen Sommerferien – 16 Wochen – keine Arbeit finde, werde ich mich zu Tode langweilen. Hoffentlich finde ich etwas.

Was das Abtippen deiner Geschichten angeht: Gibt es in Trinidad denn keine Leute, die Schreibarbeiten erledigen? In England zahlt man für 1000 Wörter zwischen 1 Sh 3 und 1 Sh 6. Ein Roman von durchschnittlicher Länge hat ungefähr 70 000 Wörter. Du kannst dir also ausrechnen, was es kosten wird.

Ich hätte Savi schreiben sollen. Aber was könnte ich ihr oder auch sonst jemandem schon Neues berichten? Was ich zu erzählen habe, erzähle ich. Diese Briefe sind für alle gedacht – ich hoffe, es will keiner einen Durchschlag!

Bitte grüße alle – Ma, Shivan, Meera und Satti.

Die Bücher für Kamla habe ich gekauft und werde sie heute oder morgen abschicken.

Vido

Zu Hause: 9.5.51

Lieber Vido,

die Akazie blüht; sehr viele Kerzen sind es noch nicht, erst ein gutes halbes Dutzend sind bereits aufgeblüht – aber schon bald werden es viel mehr sein. Der Baum ist hoch und dicht belaubt, ganz anders als die kümmerlichen Exemplare, die du aus der Wrightson Road kennst. Am Fuße unter dem Baum habe ich eine Bougainvillea gepflanzt, eine von der tiefroten Sorte. Ich möchte mit ansehen, wie sie sich immer weiter emporrankt und dunkelrote Blütenkaskaden bildet. Diese Idee ist mir gekommen, als ich an den St. James Barracks vorbeifuhr. Wie du weißt, wächst dort von einem der hohen, alten Samaan-Bäume[4] an der Auffahrt eine violette Bougainvillea herab, und das sieht wunderschön aus. Kamla wollte, dass ich am Autoschuppen eine Bougainvillea pflanze. Das habe ich inzwischen getan, und sie treibt bereits aus.

Die Beschäftigung mit Blumen ist eine Wohltat für mich, eine schöne Entspannung, die mir hilft, den Alltagstrott beim *TG* für eine Weile zu vergessen, was aber nicht heißen soll, dass die Arbeit dort schrecklich monoton wäre. Innerhalb eines gewissen Rahmens – nennen wir ihn Grundsätze oder Arbeitsregeln des *Guardian* – kann man seinen Einfallsreichtum und seine künstlerische Begabung, sofern vorhanden, durchaus einsetzen – man kann Seiten gestalten, Schlagzeilen schreiben, Fotos anordnen, Illustrationen vorschlagen und so weiter. Mit einem jungfräulichen Bogen Zeitungspapier anzufangen und es dann als Zeitschriften- oder Zeitungsseite wieder auf den Tisch zu bekommen bereitet ungemeine Freude. Manchmal allerdings bereitet es auch gehörige Kopfschmerzen.

Ich bin für sieben Seiten des *G Weekly* und zwei des *Sunday Guardian* zuständig – die Seiten 18 und 19, den Wirtschaftsteil. Bei Letzterem sind die Vorgaben viel strikter: Man kann nicht einfach irgendeine beliebige Schrifttype aussuchen. Nein; es muss Bod. kurs. sein und nichts anderes. (Allein in der Bodoni-Familie gibt es: schwarze Bod., moderne Bod., ultramoderne Bod., fette Bod., halbfette Bod., zusätzlich zu den anderen bereits erwähnten.) Einmal habe ich für Schlagzeile und Fließtext schw. Bod. verwendet. Ich hatte schon damit gerechnet, dass diese Kühnheit sich nicht durchsetzen würde. Und am nächsten Tag, dem Sonntag, sah ich, dass die Seite in die übliche Bodoni-Schrift zurückgeändert worden war. Also halte ich mich jetzt an die Regeln – was den *TG* betrifft.

Weißt du, auch wenn das jetzt vielleicht albern klingt, aber ich sitze zurzeit an drei (fast sogar vier) Geschichten gleichzeitig. Ich meine, ich schreibe an drei Geschichten, anstatt abzuwarten, bis ich eine beendet habe, ehe ich mit einer neuen anfange. Ich habe nämlich Galsworthy (*Gesammelte Erzählungen*) und Kiplings *Schlichte Geschichten aus Indien* gelesen, und dabei sind mir verschiedene Einfälle gekommen, und wenn ich diese Einfälle nicht gleich zu Papier bringe, könnten sie verloren gehen. Und auf diese Weise habe ich mal an der einen, mal an der anderen, mal an der dritten Geschichte geschrieben. Eine ist vorgestern fertig geworden, die anderen beiden sind mehr als halb fertig. Abgetippt habe ich bisher keine von ihnen. Erst dann fängt die wirklich Arbeit an. Trotzdem sind diese ersten strukturierten Entwürfe sinnvoll, habe ich festgestellt. Sie geben der Geschichte Einheitlichkeit und ein inneres Gleichgewicht, und halten die Einfälle in der mehr oder weniger endgültigen Form fest, auch wenn man hinterher noch viel Zeit damit verbringt, an ihr zu feilen.

Ich möchte nicht den Eindruck erwecken, dass ich wie ein Wilder am Schreiben bin – ich schreibe langsam, quasi stückweise, aber es ist besser, als überhaupt nicht zu schreiben. Deine aufmunternden Worte tun mir ungemein gut, denn ich weiß, dass du mir nicht bloß schmeichelst, und ich vertraue deinem Urteil; trotzdem möchte ich nicht, dass du zu große Erwartungen in mich setzt, denn sollte ich sie nicht erfüllen, wärst du enttäuscht, und das wäre für uns beide schmerzhaft. Mir fehlt es nicht an Selbstvertrauen, verstehst du. Ich weiß, dass ich schreiben kann, aber es ist auch so, dass ich leichter ermüde als früher. Wenn ich ein halbes Jahr nicht zu arbeiten bräuchte, dann würde ich garantiert meinen ersten Roman verfassen. Und ich habe keinen Zweifel, dass er gut werden würde, auch wenn es vielleicht nicht leicht für mich wäre, einen Verleger zu finden.

Erinnerst du dich, was Cecil Hunte[5] darüber sagt, wie wichtig es ist, sich Notizen zu machen? – die persönlichen Eindrücke von Menschen und Dingen niederzuschreiben (und ich füge hinzu: bestimmte Stimmungen einzufangen)? Es wäre ein Geschenk des Himmels, wenn du dir das zur Gewohnheit machen würdest. Diese Notizen werden sich irgendwann, irgendwo als äußerst nützlich erweisen. Du wirst einen Vorrat an Figuren für deine Geschichten haben. Lass mich das verdeutlichen, indem ich aufs Geratewohl meine Eindrücke von Jenkins aufschreibe:

Alles an ihm ließ an Schmalz denken. Er war weiß wie Schmalz, weich wie Schmalz, so fettig-weich wie Schmalz. Wie um diesen Eindruck noch zu verstärken, kleidete er sich in der Regel weiß; sogar sein Haar war weiß. Ja, es war, als hätte er schon früh im Leben in einer schweren Stunde seinem Gott geschworen, er werde künftig, um ihm zu huldigen, nur noch in Weiß gehen. Er war klein, rundlich, fett; das Schwere und Schmalzige an ihm erstreckte sich auch auf seine Zunge; denn wenn er sprach, schoben sich seine Worte schwerfällig aus dem Mund, als läge ihm ein Bleigewicht auf der Zunge. Wenn man ihn näher ansah, musste man an einen übergewichtigen Säugling denken: pummelig, pausbäckig, drall. Man sagt, das gleichförmige, manchmal drückende, aber niemals unfreundliche Klima Englands spiegele sich im Temperament seiner Bewohner wider. Er war langsam – ach, so langsam! Wer ihn nicht näher kannte, hielt ihn schlicht für trottelig; lernte man ihn dann besser kennen…

Man könnte noch ewig so fortfahren. Die Beschreibung mag mir momentan nicht viel nützen, aber eines Tages werde ich sie gut gebrauchen können: Womöglich suche ich dann für eine Geschichte genau so eine Figur. Das Schöne ist, dass die Charakterisierung auf diese Weise wesentlich lebendiger ist, als wenn ich Jenkins in zehn Jahren beschreiben würde.

Es wäre mir ein Vergnügen, dir alle vierzehn Tage, oder zumindest einmal pro Monat, eine Stange Zigaretten zu schicken. Aber frage bitte Abdullah, wie er seine Zigaretten bekommt, d.h., wie derjenige, der sie ihm schickt, das anstellt. Jainarayan war gestern hier, und er meinte, man dürfe Zigaretten überhaupt nicht ausführen. Frag Abdullah, und sag mir in deinem nächsten Brief Bescheid.

Du solltest über die geringere Arbeitsbelastung bei *Isis* dankbar sein. Du kannst mindestens zwei Reportagen im Monat abliefern und gezielt und in aller Ruhe daran arbeiten; das wird dir größere Anerkennung einbringen als Artikel über aktuelle Ereignisse. Und wer dir gesagt hat, dass deine Arbeit geschätzt wird, kann das durchaus ernst gemeint haben. Jedenfalls solltest du es so auffassen.

Glückwunsch zur bestandenen Prüfung. Das hast du sehr gut gemacht. Immerhin hättest du fast eine Auszeichnung bekommen und warst der Beste deines College.

Halte dir Swanzy warm. Schreib über westind. Themen, nicht nur Kurzgeschichten, sondern auch Sachtexte. Letztere müssen aber mehr sein als der übliche beschreibende Journalismus. Sie müssen literarisch sein. Ich habe etwas Kurzes eingeschickt – diesen »Mohun«-Text, weißt du? Wenn er gesendet wird, bekommst du die Hälfte des Honorars. »Obeah« haben sie auch immer noch, und ich habe Mrs Lindo daran erinnert.

Sag mal, kennst du dich mit Ramlilla[6], Hosey oder Shiva-Ratri[7] aus? Wenn ja, dann schreib für die *Caribbean Voices* etwas darüber. Und du solltest deine »Karnevalskönigin« einschicken. Du brauchst den Text bloß um ein ganzes Stück zu kürzen; nimm ihm den Telegrammstil, indem du ein paar Sätze mit »und« verbindest, und fertig ist die Laube. Wenn du möchtest, kann ich das übernehmen, ich habe ein Exemplar der Zeitschrift… Jetzt ist das Blatt voll. Bleib so gesund, wie wir es alle sind. Ich musste den Brief auf diesem Papier schreiben, da ich kein Luftpostpapier habe.

Dienstag – 15.5.

Habe deinen Brief bekommen, in dem du uns von diesen Dingern an deinen Augen berichtest. Ist das das Gleiche, was wir hier »Rinderfurunkel« nennen? Das Schreiben muss sehr mühsam sein, wenn man so etwas hat. Die Augen tun weh, und man fühlt sich schrecklich. Du hättest deinem Redakteur sagen sollen, dass du nicht in der Lage bist zu schreiben. Aber Sorgen um deinen Artikel würde ich mir wegen dieser Furunkel nicht machen. Ich habe wenige Sachen geschrieben, die ich wirklich gut fand, und habe einiges nur deshalb abgegeben, weil ich musste, und hinterher hat sich nicht selten herausgestellt, dass diese Sachen besser waren, als ich gedacht hatte. Einige von denen, die ich für sehr schlecht gehalten hatte, waren in Wahrheit sehr gut. Kurz nach deiner Abreise habe ich auf Pearses Vorschlag für die Sonntagsausgabe einen Artikel über Elodie Bissessar geschrieben, und obwohl ich ihn in schlechter Stimmung verfasst habe, nach dem Motto »na, wenn's denn unbedingt sein muss«, wurde er am Ende sehr gut. Es gibt also keinen Grund zur Verzweiflung.

Einen Auftrag wie den über die Morris-Werke zu schreiben kann verteufelt schwierig sein … wenn man versucht, ein wirklich detailliertes Bild zu vermitteln. Erinnerst du dich, wie ich einmal die Geschichte über die BC-Werke schreiben musste? Wenn wir uns damals erlaubt hätten, über alles auf einmal zu schreiben, hätte es zweifellos ein ziemliches Kuddelmuddel gegeben. Das Beste ist, irgendwo anzufangen und etwas über einen bestimmten Aspekt zu sagen – dann zum nächsten Aspekt überzugehen und so weiter und so fort – Schritt für Schritt. Du wirst das Thema am Ende nicht erschöpfend behandelt haben, das macht keiner; doch was immer du auch geschrieben hast, wird in sich abgeschlossen sein.

Letzten Sonntag haben Ma und ich zusammen mit den Tewaris – Mutter und Tochter – einen Ausflug mit dem guten alten 1192 gemacht. Wir wollten nach Benali, aber ein heftiger Regenguss zwang uns, in Chaguanas umzukehren, und wir landeten schließlich bei den Ramdins. Dort kam ich mit diesem Arzt zusammen – Deo –, will sagen, ich stieg zu ihm ins Auto. Mir wurde schnell klar, dass er sich auf einer Zechtour befand; er sagte mir, er werde nicht vor 10 oder 11 Uhr abends zurückkehren und werde irgendwohin fahren, wo getanzt würde oder dergleichen. Also habe ich mich von ihm in Arima absetzen lassen und bin mit dem Taxi nach Tunapuna zurückgefahren, wo Ma und die Tewaris auf mich warteten. Dieser Kerl interessiert sich kein bisschen für die Medizin; wärst du wie er, zöge ich es vor, wenn du Arbeiter wärst; ich meine, es wäre mir lieber, du wärst ein anständiger Arbeiter als ein erfolgreicher »Akademiker« wie dieser Mann einer ist. Wir haben zwei Bier und ein paar Whisky bei Rham Dharry getrunken.

Ich lese gerade eine Biographie des bedauernswerten Keats. Noch nie hat mich eine Lebensschilderung so tief bewegt – die Gandhis und Nehrus ausgenommen (Letztere hat Bhisham sich ausgeliehen und nie zurückgegeben). Du weißt, ich bin kein Freund der Lyrik – jedenfalls nicht der modernen Lyrik, wie sie heutzutage geschrieben wird; aber beim Lesen dieses Buches begreife ich, dass Keats wirklich ein Genie war – er muss eins gewesen sein, wenn man bedenkt, was er in so jungem Alter geschrieben hat; und zu lesen, was diese Kerle von der *Quarterly Review* ihm angetan haben – kein Wunder, dass behauptet wird, der Tod dieses Mannes sei durch die kleinlichen Kritiken beschleunigt worden – ganz ähnlich wie das, was heutzutage in Trinidad passiert. Aber Keats lebt und wird immer leben, solange es die englische Sprache gibt... Anfangs hatte ich vor, diesen Brief auf Luftpostpapier zu übertragen. Aber das geht jetzt nicht; deshalb kann ich für die eins sechs, die mich dieser Brief an Porto kosten wird, ruhig noch etwas mehr schreiben.

Die arme Kamla hat geschrieben – der Brief datiert vom selben Tag wie deiner und kam auch am selben Tag an. Sie berichtet, dass sie die Bestnote für ihre Hausarbeiten in englischer Literatur bekommen hat, schreibt dann aber: »Ich will nicht zu gut bei dieser Prüfung abschneiden, denn sonst erhalte ich womöglich ein Stipendium.« Ich weiß wirklich nicht, was das Mädchen damit meint. Satti, die eine ziemliche Schlagfertigkeit entwickelt: »Ach, die hat sich mit der indischen Dummheit angesteckt.«

Kamla fragt außerdem, wieso ich keine Waschmaschine für Ma kaufe. Tja, ich würde ihr gerne nicht nur eine Waschmaschine kaufen, ich würde ihr auch gerne einen Kühlschrank kaufen; und ich möchte unbedingt einen neuen Reifen für mein altes Auto kaufen und eine Batterie und einen Schlauch; aber die Waschmaschine kann aus demselben Grund nicht gekauft werden wie die anderen Dinge. Die Lebenshaltungskosten sind erheblich gestiegen, seit ihr beide weggegangen seid; die dreißig bis vierzig Dollar, die ich früher zusätzlich verdient habe, verdiene ich jetzt nicht mehr; und mein Gehalt bleibt das Gleiche. Kamla werde ich das alles nicht schreiben, denn ich fürchte, an dem alten Spruch ist etwas dran: »Unwissenheit ist ein Segen, wo Einsicht sinnlos wär.«

Aber lass dich trotzdem <u>nicht</u> davon abhalten, Abdullah zu fragen, was man tun muss, um von hier aus Zigaretten zu schicken.

So, ich muss jetzt zur Arbeit. Nächste Woche habe ich am Donnerstag und Freitag frei – beides Feiertage.

Halt die Ohren steif.

Herzlichst, dein Pa

[*Handschriftlich*:] Ich habe Sati gebeten, hier noch ein paar Zeilen zu schreiben, aber sie wollte nicht; sie meinte, sie werde dir entweder einen eigenen Brief schreiben oder gar nichts. Ganz schön eigenwillig, was?

University College, Oxford
9. Mai 1951

Ihr Lieben,

was für ein Wetter! So etwas Unberechenbares habe ich wirklich noch nie erlebt. Vor zwei Wochen war es heiß und sonnig, wie an jedem x-beliebigen Tag auf Trinidad. Aber die ganze letzte Woche: grau, nieselig und kalt.

Ich habe gerade den Morris-Artikel abgeschlossen. Er ist nicht so gut geworden, wie ich dachte. Dabei wäre das nützlich gewesen, jetzt wo ich bei den Redakteuren in Ungnade gefallen bin. Es gibt mehrere Gründe, warum er nicht so gut geworden ist, wie ich erwartet hatte. Zunächst einmal hatte ich zu viel zu tun. Dann habe ich mein Material vor dem Schreiben nicht ausreichend geordnet, sodass ich mich hoffnungslos verfranst habe. Außerdem machen meine Augen seit einer Woche nicht richtig mit. Trotzdem werde ich dir die nächste Ausgabe – eine »Festival of Britain«-Nummer – schicken, und du kannst dir selbst ein Urteil bilden. Bitte sag mir, was du davon hältst.

Was meine Augen betrifft: Es ist nichts Ernstes. Aus dem rechten sind zwei Zysten entfernt worden, und eine weitere Zyste wird demnächst aus dem linken entfernt. Es ist eine ganz einfache Operation, eine Sache von fünf Minuten.

Menschenskinder, die Morris-Werke sind wirklich beeindruckend! Ich bekam als Pressemann eine persönliche Führung und danach das köstlichste Mittagessen, das ich in England bisher zu mir genommen habe. Ich habe mit dem Mann gesprochen, der für die fünf großen Nuffield-Publikationen zuständig ist. Er hat kurze Zeit für Reuters und für die *Daily Mail* gearbeitet. Offenbar hat man es überall mit intriganten und skrupellosen Menschen zu tun. Er meinte, er sei froh, nicht mehr bei der *Mail* zu sein.

Neulich bin ich mit ein paar Freunden paddeln gegangen. Wir hatten natürlich keinen blassen Schimmer vom Paddeln, und erst als wir gekentert und mit all unseren Sachen in den Fluss gefallen waren, wurde uns klar, dass wir es völlig verkehrt angestellt hatten. Aber es war ziemlich lustig.

Ich sollte ein paar Fotos von Oxford nach Hause schicken. Die Läden quellen förmlich davon über, deshalb kommen mir die Bilder richtig gewöhnlich vor. Aber ich werde mich demnächst darum kümmern. Ich habe eine Menge Bücher angesammelt, seit ich nach England gekommen bin. Aber es ist mir peinlich, zu sagen, wie viele davon Taschenbücher sind und wie viele von diesen wiederum Penguins!

Grüße an alle, und wie wäre es, wenn ihr mir ein paar Fotos schicken würdet?

Vido

26. Mai 1951

Ihr Lieben,

meine große Reportage ist jetzt endlich erschienen – in der dieswöchigen Ausgabe von *Isis*. Mit meinem Namen in ziemlich großen Großbuchstaben. Wahrscheinlich ist das meine erste und letzte umfangreiche Reportage für diese Zeitung. Es ist wirklich unmöglich, bei dieser Zeitung vorwärts zu kommen.

Ich werde euch ein Exemplar des Artikels schicken, sobald mein Tutor mir die Zeitschrift zurückgegeben hat. Wir haben uns ein bisschen angefreundet, mein Tutor und ich. Das ist ausgesprochen gut.

Ich habe eine sehr arbeitsame Woche hinter mir. Letzten Sonntag habe ich meine erste größere Einladung gegeben.

Sie hat mich ungefähr fünfundzwanzig Shilling gekostet. Zehn Leute saßen in meinem winzigen Zimmer, und bald war der ganze Raum voller Rauch. Wir hörten ab und zu die Tür schlagen und fragten uns, wer wohl gerade gegangen war, oder erkannten an einer neuen Stimme, dass jemand dazugekommen war. Es war ein großer Erfolg. Glücklicherweise kam Boyzee an diesem Sonntag zum ersten Mal zu Besuch. Er kam unangemeldet, sodass ich die Zeit, die ich eigentlich für die Vorbereitungen eingeplant hatte, damit verbrachte, ihm Oxford zu zeigen. Aber es war sehr schön, dass er da war, und die Jungs fanden es auch prima, und ich nehme an, dass er mit Tränen in den Augen wieder nach Hause aufgebrochen ist – es hatte ihm sehr gut gefallen, und vielleicht bedauerte er auch, dass er noch nie die Möglichkeit gehabt hatte, so zu leben wie ich, ohne Onkels, die ihn permanent überwachen und ausfragen. Es war meine erste große Fete, und ich war so nervös, dass ich überhaupt nichts herunterbekam. Ich war ständig damit beschäftigt, mich um andere Leute zu kümmern, und vergaß alles Mögliche. Der Gasherd war belegt, das Wasser wollte und wollte nicht kochen, und der Tee, den ich schließlich ausschenkte, war dünn wie Limonade und hell wie Packpapier. Aber nicht lange nach dem chaotischen Teetrinken reichte ich das Bier herum – ich hatte zwölf Flaschen gekauft –, und alle waren ziemlich guter Stimmung, denn sie hatten sich über den grauenhaften Tee königlich amüsiert. Die Fete war ein Riesenerfolg, und sie war noch in vollem Gange, als ich die Jungs um Viertel vor sieben rausschmeißen musste, um Boyzee noch ein bisschen mehr von Oxford zeigen zu können. Sie bestanden darauf, ihn auf ein Glas Bier in den Bierkeller des College einzuladen – die einzige Form von Gastlichkeit, die einem jungen Studenten möglich ist –, also gingen wir auf ein Bier hinunter. Dann spazierte ich mit ihm den Fluss entlang und schließlich zurück zum Bahnhof.

Ich habe beschlossen, für meine Jahresabschlussprüfungen noch mehr zu arbeiten als bisher. Es geht um den Roman des neunzehnten Jahrhunderts, und ich habe stapelweise Bücher zu lesen. Aber das ist gut, denn dadurch bin ich gezwungen, die riesige Lücke in meinen Literaturkenntnissen zu schließen. Ich muss Dickens lesen, George Eliot, Thackeray, Meredith, Pater, Henry James, Kipling, Thomas Hardy. Der stellvertretende Direktor des Ashmolean Museum, Harrisons Freund, hat mir ein Buch von Hardy gegeben und ist gerne bereit, mir weitere zu leihen. Wir haben uns ein bisschen angefreundet. Er ist sehr unterhaltsam, zumal er es fertig bringt, unentwegt zu reden. Er ist ausgesprochen belesen und vertritt keine dämlichen Vorstellungen über dumme Romanautoren. Gestern war er zum Tee bei mir.

Ich habe also schließlich und endlich Fuß gefasst. Ich lasse mich durch *Isis* nicht aus der Ruhe bringen und auch sonst durch nichts. Wie ihr an meinem Leseprogramm erkennen könnt, habe ich herzlich wenig Zeit, um zu schreiben. Aber vielleicht ist das ja gerade gut. Das Lesen von Romanen bringt einen zum Nachdenken, und ich habe in letzter Zeit viel nachgedacht – nur darauf kommt es an. Ich habe *Die Geschichte der alten Damen* gelesen. Im Vergleich zu Dickens kommt einem das wie ein schmales Bändchen vor. Es ist außerordentlich gut geschrieben. Mit der Aussage des Buches kann ich allerdings wenig anfangen. In *Die Geschichte der alten Damen* stellt Bennett es als das Traurige am Leben dar, dass Menschen altern.

Ich hoffe wirklich, dass du weiter schreibst. Du solltest es unbedingt tun. Du hast das nötige Alter. Du hast keine Zeit, dir lange zu überlegen, worüber du schreiben sollst. Du verfügst über einen reichen Erfahrungsschatz, und wenn du auch nur eine Seite pro Tag schreibst, wirst du binnen kurzem einen Roman fertig haben. Was deine Kurzgeschichten betrifft, so ist es meiner Ansicht nach höchste Zeit, dass wir einen Verlag finden. Und was das Abtippen betrifft: Es kostet sechsunddreißig Cent pro tausend Wörter. Das heißt, bei 70 000 Wörtern – der Länge eines durchschnittlichen Buchs – kostet dich das weniger als dreißig

Dollar. Wir könnten uns die Kosten teilen, oder du verwendest dafür das Honorar von deiner BBC-Kurzgeschichte. Du müsstest einen kurzen Kommentar hinzufügen, in dem du erklärst, dass die meisten dieser Geschichten auf den Westindischen Inseln spielen. Ich für mein Teil fand »Gurudeva« ein bisschen zu kurz. Ich fand – finde auch jetzt wieder, wo ich es mir ansehe –, dass du es weglassen könntest, denn es ist ja so eine Art Mischform, weder Kurzgeschichte noch Novelle, noch Roman, auch keine lange Erzählung. Schick mir also eine Kopie des Buchs und Kopien deiner Kurzgeschichten. BEHALTE SELBST AUCH KOPIEN DAVON. Ich werde mein Möglichstes tun. Ich verspreche nichts. Aber ein Versuch kann nicht schaden.

Lass es dir gut gehen, mach dir keine Sorgen, und schreib weiter.

Grüße bitte Ma, Meera, Savi, Satti und Shivan. Danke, Ma, für deinen Brief.

Das Wetter ist herrlich. Es ist so warm, dass ich nur ein Hemd trage – ohne Unterhemd. Und ich fühle mich prima.

Liebe Grüße
Vido

Old Gopal Bang,
PO Lanka,
Banares
29. Mai 1951

Mein lieber Vido,

es ist jetzt 23.10 abends. Ich habe erst vor zwei Tagen angefangen, richtig zu lernen. Meine Augen haben mich eine Weile daran gehindert. Ich trage jetzt eine Brille mit dunklem Gestell und rötlich-braunen Gläsern. Ich sehe damit ziemlich albern aus, so als hätte ich Glupschaugen. Eigentlich soll ich die Brille regelmäßig tragen. Aber dazu bin ich zu eitel, ich trage sie nur am Schreibtisch und im Kino. Mein Sehtest hat ergeben, dass ich mit dem rechten Auge die obersten drei Reihen lesen konnte, mit dem linken nur die ersten paar Buchstaben. Heißt das, dass meine Augen sehr schlecht sind?

Weiß du was? In Indische Kultur habe ich am besten abgeschnitten. Das bedeutet, dass ich in allen meinen Fächern die Beste bin. Ob ich auch Jahrgangsbeste geworden bin, weiß ich noch nicht. Das erfahre ich erst nach den Ferien.

Warum schickst du mir übrigens statt Fotos von Oxford nicht lieber ein Exemplar von *Isis*? Wahrscheinlich gehe ich zu stark von der BHU aus und will deshalb keine Fotos von Oxford sehen, aus Angst, enttäuscht zu werden. Die riesigen, massigen Backsteingebäude hier wirken zwar von außen sehr imposant, aber innen herrscht Leere – sowohl in geistiger als auch materieller, als auch in jeder anderen Hinsicht.

Weißt du eigentlich, dass Ma im Juni Geburtstag hat? Eine Karte genügt.

Alles Gute und liebe Grüße, Kamla

Zu Hause: 9.6.51

Lieber Vido,

danke für die Seiten aus *Isis*, die ich gestern erhalten habe. Dein Artikel war sehr gut, und ich bin mir sicher, wenn du nicht so unter Zeitdruck gestanden hättest und nicht krank gewesen wärst, wäre er noch besser geworden.

Kamla hat uns heute geschrieben, um uns mitzuteilen, dass sie heiraten will, hat aber keine Einzelheiten genannt. Wir schicken dir ein Paket – Zucker, Grapefruit- und Ananassaft. Du hast nicht geschrieben, wie Abdullah seine

Zigaretten aus Trinidad geschickt bekommt. Bitte erkundige dich, und sag uns Bescheid.

Herzlichst
dein Pa

Es ist schlimm, dass wir dir nichts schicken, aber es ist auch eine Schande, dass du nie um etwas bittest.

Pa

Lieber Vido,

dies ist mein Brief, nicht Pas. Ich habe ihn nur ein paar Zeilen schreiben lassen.

Zu Hause ist alles beim Alten. Der übliche Streit und Zank. Er findet natürlich zwischen Meera, Savi und mir statt. Die beiden haben sich gegen mich verbündet. Das scheint ihnen Spaß zu machen.

Ich weiß nicht, ob dir das klar ist, aber ich mache im Dezember meinen Schulabschluss. Ich bemühe mich, hart zu arbeiten. [...] hilft mir in Mathe. Das ist eindeutig mein schlechtestes Fach. Und [...] gibt mir Französischstunden.

Sita hat mir vor ein paar Wochen geschrieben, du wärst dicker geworden und hättest hellere Haut und eine rauere Stimme gekriegt. Stimmt das? Letzte Woche habe ich deine weißen Shorts angehabt (natürlich nur zu Hause), und Pa hat mich darin fotografiert. Ich werde dir einen Abzug schicken. Eigentlich ist es ein Gruppenfoto – Ma, Meera, Shiva und ich. Ich hoffe, du hast nichts dagegen, dass ich in deiner Hose herumgelaufen bin. Du bist da ja manchmal etwas komisch.

Unser Garten sieht zurzeit einfach klasse aus. Wir haben neun rosa Rosenknospen und eine wunderschöne gelbe Dahlie. Der Oleander und die Kassie blühen beide schon. Wir kriegen täglich neue Pflanzen, aber leider wissen wir nicht mehr, wo wir sie einpflanzen sollen. Vor ein paar Tagen habe ich für uns acht Verandaorchideen gekauft.

Am Geburtstag des Königs hat John Goddard (der Kricketspieler) den OBE gekriegt. Zumindest glaube ich, dass es das war.

So, das war's für heute

Sati

University College, Oxford
10. Juni 1951

Ihr Lieben,

heute ist der letzte Sonntag des Trimesters. Nächste Woche trete ich die Ferien an, und dann komme ich erst Mitte Oktober wieder hierher zurück. Ich fahre für einen Monat nach Frankreich, und davor werde ich eine Weile als Landwirtschaftshelfer arbeiten.

Hinsichtlich des Ramadhin-Artikels werde ich tun, was ich kann, allerdings glaube ich, dass der Zeitpunkt nicht der beste ist. Aber ich werde es trotzdem versuchen. Meinen *Isis*-Artikel habt ihr vermutlich inzwischen erhalten.

Ich habe ein Foto von mir selbst und ein paar gekaufte Bilder vom College, warte aber noch, bis ich ein paar mehr Fotos von mir habe, bevor ich sie euch schicke.

Ich habe meinem Tutor eine Geschichte von mir gezeigt – ich habe sie Anfang April geschrieben –, und sie gefällt ihm sehr gut. Was das Schreiben betrifft, habe ich das gesamte Trimester pausiert, und diese Pause hat mir durchaus gut getan.

Die Tage sind jetzt lang. Erst gegen halb zehn gehen die Lichter an, und um zehn ist es immer noch relativ hell. Diese langen Tage haben etwas Trauriges – weil man weiß, dass sich die Länge des Tages mit jedem Tag ändert und dass die

Tage in zwei Wochen schon wieder kürzer werden, bis es im Winter schließlich um drei Uhr nachmittags bereits dunkel ist. Aber im Juni fängt der Sommer erst an, und in den ersten Wochen des Trimesters konnte ich fast zusehen, wie die Bäume grün wurden. Denn ein kahler Baum – ich denke dabei an den auf der anderen Straßenseite, den ich von meinem Fenster aus sehe – hüllt sich innerhalb von einer Woche in Grün.

Die Farben sehen aus wie Farben aus der Tube – knallbunt und unecht, wie auf einer Postkarte.

Ich habe in diesem Trimester viel gelesen. *Krieg und Frieden*, einen dreibändigen Roman von Tolstoi, dann *David Copperfield*, E. M. Forsters *Engel und Narren* und den großen Roman von Bennett[8].

Gerade habe ich einen Brief von Kamla bekommen. Er enthält die Nachricht vom Selbstmord eines Mädchens, das ich nie kennen gelernt habe, dessen Ruf aber selbst bis zu mir gedrungen ist – die kleine Muddem. Sie hat sich also aus Liebeskummer umgebracht! Auch kein schlechterer Grund als jeder andere. Ich glaube nicht, dass die Welt durch ihren Tod ärmer geworden ist.

Bitte sagt Miss Millington, dass mich der Tod ihrer Tochter tief erschüttert hat. Ich weiß nicht, warum, aber irgendwie scheinen die Leute allenthaben nur Unglücksbotschaften zu bekommen. Sagt ihr, wie sehr es mir Leid tut. Es ist schwer, den Kummer eines anderen Menschen im selben Maße zu spüren wie den eigenen, aber ich bin wirklich bestürzt. Bestellt ihr herzliche Grüße von mir.

Wie ich höre, wird Shiva von einer Schule zur nächsten verfrachtet. Ist es nicht ein bisschen früh, um ihn so vielfältige Erfahrungen sammeln zu lassen? Aber vermutlich wollen sie ihn im Kindergarten nicht haben. Und es wird ihm wohl auch kaum ein Schaden daraus erwachsen. Ich habe gehört, dass er zurückhaltend und nachdenklich geworden ist, dass er die Probleme dieser Welt wälzt und nüchterne Betrachtungen über Leben und Tod anstellt. Kamla beunruhigt das etwas. Sie befürchtet, er vergeistige. Wo er doch erst sechs ist! Sagt ihm, dass ich ihn sehr lieb habe.

Mas Geburtstag ist wohl inzwischen vorbei. Ich kann mich leider nicht an das genaue Datum erinnern. Die einzigen Geburtstage, die ich im Kopf habe, sind der von Kamla und mein eigener. Bei allen anderen weiß ich nur den Monat. Ich kann Ma kein Geschenk schicken. Es bekümmert mich wirklich, aber es geht einfach nicht. Ich kann ihr bloß liebe Grüße schicken.

So, ich muss mich sputen. In ein paar Minuten habe ich eine Unterrichtsstunde bei meinem Tutor.

Herzliche Grüße an alle –
Vido

Zu Hause, 19.6.51

Lieber Vido,

ich weiß nicht, ob du diesen Brief noch erhältst, ehe du »die Ferien antrittst«. Ich schicke ihn trotzdem. Es gibt eigentlich nicht viel zu erzählen, außer dass ich bald wieder als Journalist arbeiten werde – auf eigenen Wunsch. Wahrscheinlich ab Ende des Monats.

Wie wäre es, wenn du den Artikel über Ramadhin in deinem Namen an *Caribbean Voices* schicken würdest? Oder glaubst du, sie werden ihn erkennen – da er doch in mehr oder weniger derselben Form bereits im *Sunday Gdn* erschienen ist? Ich werde mir am 24., also nächsten Sonntag, deine Geschichte im Radio anhören. Ist es die, die du deinem Tutor gezeigt hast und die ihm so gut gefallen hat?

Wo wirst du als Landwirtschaftshelfer arbeiten, ehe du nach Frankreich fährst? Und heißt das, dass du bis Mitte Oktober nicht in Oxford sein wirst? Denn wenn dem so ist, hat es vermutlich keinen Zweck, dir zu schreiben, bevor du aus Frankreich zurück bist. Lass es uns wissen, falls du diesen Brief noch rechtzeitig bekommst.

Wie sehr wünschte ich, dir Geld schicken zu können, aber ich kann es einfach nicht. Ich habe der BBC eine 3000 Wörter lange Geschichte geschickt, aber ich weiß nicht, ob Swanzy sie verwenden wird. Er hat noch eine von mir. Ende Juli brauche ich Geld, um die Autoversicherung zu bezahlen, und sie ist um 25 % gestiegen. Ich muss also fast 100 $ bezahlen. Die Batterie gibt nach anderthalb Jahren langsam ihren Geist auf, und ich brauche einen Reifen und einen Schlauch. Du siehst, wie die Lage ist und warum ich dir nicht ab und zu etwas Geld schicken kann.

Wir haben es zurzeit offenbar alle schwer, aber mit Mut und Entschlossenheit werden wir es schaffen. Weißt du eigentlich, wie froh ich bin, dass du nicht hier bist, dass du für dich bist und in keiner Weise von den Capildeos abhängig? Oh, diese Brüder! Je weniger Worte ich über sie verliere, desto besser; schließlich verhalten sie sich bloß so, wie es der Großteil der Menschheit tut.

Aber ich bin sehr stolz auf dich und auch auf Kamla, und wer weiß, ob die Schwierigkeiten, die du jetzt durchmachst, nicht schon bald von erfreulicheren Erlebnissen abgelöst werden.

Es ist seltsam, aber während ich (nach dem Lesen deines Briefes) die Bedeutung des Wortes Zyste nachschlug, entwickelte ich dieselben Beschwerden am Auge wie du und konnte 2 Wochen nicht zur Arbeit gehen. Heute war ich zum ersten Mal wieder dort. Du solltest abklären, ob du deine Zyste deshalb bekommen hast, weil du wegen der ständigen Belastung deiner Augen eine stärkere Brille brauchst.

Es geht allen gut. Herzlichst, Pa

Zu Hause: 23.7.51

Lieber Vido,

ich wusste nicht, dass die Briefe, die an deine Adresse in Oxford geschickt werden, dich erreichen. Mir war nicht ganz klar, wann du wo sein würdest; und da ich all die vielen Wochen keinen Brief von dir bekommen habe, bin ich zunehmend unsicher geworden.

Hier geht es allen sehr gut, du hingegen bist vermutlich ziemlich erschöpft. Es wäre schön, wenn du mir berichten würdest, wie deine Arbeit als Landwirtschaftshelfer aussah.

Heute schicke ich dir eine Postanweisung über 10 $. Sie wird dir helfen, das eine oder andere Stückchen von Frankreich zu sehen. Es ist nur eine Kleinigkeit, aber ich käme mir herzlos vor, wenn ich dir gar nichts schicken würde.

Wir werden dir außerdem ein Paket mit Zucker, Grapefruitsaft usw. schicken. Im Zucker werden ein paar Zigaretten versteckt sein. Sieh zu, dass du sie auch wirklich bekommst. Das Paket wird etwa Mitte Oktober in Oxford eintreffen, du dürftest also in der Lage sein, es persönlich entgegenzunehmen.

Deine Geschichte konnte ich nicht gut verstehen. Der Sprecher hat mehr gemurmelt als gesprochen. Es ging wohl um irgendwelche Leute, die in ein neues Haus einziehen, die Sprache erschien mir sehr einfallsreich. Wie viel hast du dafür bekommen?

Meine »Obeah«-Geschichte ist am 14. Juli gesendet worden – Selvon hat sie gelesen, und zwar sehr gut. Den Scheck habe ich noch nicht erhalten. Aber mit der Geschichte »The Mohun« hatte ich Pech. Man hat sie mir zurückgeschickt! Dabei hielt ich sie für so gut! – vor allem, weil Mrs Lindo gesagt hatte, sie fände sie so interessant, dass sie ruhig noch etwas länger hätte sein können.

Ich bin ehrlich gesagt nicht in der Stimmung, eine neue

Geschichte zu schreiben, denn diese »Ablehnung« hat mir einen ziemlichen Dämpfer versetzt.

Deine Nanie und die Sabadors sind völlig über Kreuz miteinander. Die alte Dame fährt sie immer noch jeden Tag herum, aber sie finden kein Haus, das sie mieten oder kaufen wollen. Deo und Phoolo[9] schlafen bei uns. Die anderen wohnen nach wie vor in Nr. 17.

Gold Teeth Nanie[10] ist letzte Woche im Col. Hos. gestorben und am nächsten Tag beerdigt worden. Deine Nanie wollte sie direkt vom Col. Hos. aus beerdigen lassen. Aber Tara Slo.[11] überzeugte sie davon, dass sie sich so »zum Gespött der Leute« machen würde. Immerhin hat sie Tara, Miss D'mouth, K. und Miss Dhan Haus und Grundbesitz hinterlassen, und dazu auch noch Schmuck.

Schreib uns über deine Reise nach Frankreich ein paar lange Briefe. Ich wünschte, ich hätte hundert Dollar, die ich dir schicken könnte. Und du darfst nicht wieder so viel Zeit zwischen zwei Briefen verstreichen lassen. Wir befürchteten schon, dir sei etwas Schlimmes passiert. Kamla hat Probleme mit den Augen, aber ansonsten geht es ihr gut.

Viele Grüße von uns allen
Pa

University College, Oxford
30. Juli 1951

Lieber Pa,

bitte ignoriere den anderen Brief. Mir hätte klar sein müssen, dass es einen guten Grund gab, zu schreiben. Du hättest mir die zwei Pfund nicht schicken sollen. Bitte hab kein schlechtes Gewissen, weil du mir kein Geld schicken kannst. Die Disziplin, die notwendig ist, wenn man auf sich selbst gestellt ist, tut durchaus gut, weißt du, gerade einem

Menschen wie mir. Ich entdecke alle möglichen aristokratischen Züge an mir, habe aber natürlich, wie du nur zu gut weißt, nicht die Mittel, um sie auszuleben. Wenn ich in eine neue Stadt komme, gehe ich immer ins beste Hotel am Platz, einfach wegen der angenehmen Atmosphäre; ich setze mich ins Foyer und lese die Zeitungen, die man mir an der Rezeption meist bereitwillig überlässt, und trinke Kaffee. Ich mag Komfort. Und während ich in Trinidad eine enorme Scheu davor hatte, auch nur ein Amt zu betreten, gehe ich jetzt überallhin, denn ich bin der festen Überzeugung, dass ich das gleiche Recht wie jeder andere habe, dort zu sein. Das ist das eine Gute, was mir Oxford gebracht hat. Es ist eine teure Universität. Hier wird von einem erwartet, dass man unbefangen auftritt, und glaub mir, man tut es. Im Prinzip hat meine persönliche Entfaltung in dem Moment begonnen, als ich in das Flugzeug stieg. Zum ersten Mal in meinem Leben war ich mutterseelenallein – und genoss es. Weitergegangen ist es dann ziemlich spektakulär damit, dass ich in New York in diesem teuren Hotel abstieg, wo ich von unterwürfigen Gepäckträgern und Kellnern bedient wurde und mit Trinkgeld um mich warf, als wäre ich mit einem goldenen Löffel im Mund geboren, während ich das in Wirklichkeit doch nur deshalb tun konnte, weil jemand anders die Rechnung übernahm.

Du wirst inzwischen bemerkt haben, was mit meiner Schreibmaschine los ist. Ich habe keine Zeit, sie reparieren zu lassen.

DU HAST GENUG MATERIAL FÜR HUNDERT GESCHICHTEN. FANG UM HIMMELS WILLEN ENDLICH AN, SIE ZU SCHREIBEN. DU KANNST SCHREIBEN, UND DAS WEISST DU AUCH. HÖR AUF MIT DEINEN EWIGEN AUSFLÜCHTEN. WENN DU ERST EINMAL ANFÄNGST ZU SCHREIBEN, WIRST DU FESTSTELLEN, DASS DIE IDEEN NUR SO SPRUDELN. SUCH NICHT NACH DRAMATISCHEN ODER LUSTIGEN INHALTEN. SELBST EINE HAND IST DRAMATISCH, WIE JEMAND MAL GANZ RICHTIG GESAGT HAT. ALLES IST DRAMATISCH. DU FINDEST ÜBERALL MATERIAL. BLICK AUF DEIN LEBEN ZURÜCK, ANGEFANGEN mit der Kindheit. Erinnere dich an einen bestimmten Menschen, ein bestimmtes Ereignis, das sich dir eingeprägt hat. Es wird eine Geschichte daraus erwachsen. Und noch etwas. Schreibe die Geschichten so zügig wie möglich. In ein oder zwei Tagen. Am Anfang wird der rechte Schwung fehlen, aber irgendwann kommst du in Fahrt. Ich halte dir wirklich nicht gern so eine Predigt, aber ich will einfach von dir hören, dass du schreibst. Ich will unbedingt von dir hören, dass du schreibst. Du bist lange genug untätig gewesen. Setz dich heute Abend hin, und schreib diese Geschichte über das ertrunkene Kalb und den erfahrenen Taucher auf. Das ist eine grossartige Geschichte. Zudem kennst du die Sorte Mensch, über die du schreibst. In dieser Geschichte hast du den Mann, seine Frau und den unheimlichen Brunnen in Petit Valley. Denk nach. Du hast Angst davor. Dieser Brunnen kann einen in dauernde Angst versetzen, eine Angst, die an Wahnsinn grenzt. Der Mann streicht um den Brunnen herum. Erkläre, dass eine unheimliche Anziehungskraft von dem ausgeht, was wir fürchten. Die Angst wird übermächtig, und er beschliesst, den Brunnen zuzuschütten. Er tritt auf einen morschen Balken. Stürzt in den Tod. Das sind gleich zwei Geschichten. Denk nach. Denk nach und schreibe.

Ich kann kaum übers Schreiben mit dir sprechen. Ich kann dich nur drängen. Schreibe zügig, ohne Korrekturen vorzunehmen. Bring die Geschichte so schnell wie möglich zu Ende. Denk daran: Dass die Geschichte aus einem Guss ist, erreicht man am besten, indem man zügig schreibt. Und glaub mir, wenn dir das Schreiben, das zügige Schreiben, erst einmal zur Gewohnheit geworden ist, wirst du feststellen, dass du über zahllose ungeschriebene Geschichten verfügst. Leg die Rohfassungen der Geschichten zur Seite. Nimm sie dir etwa zwei Wochen später wieder vor. Und dann überarbeite sie. Schreib eine Kurzgeschichte pro Woche. Das kannst du dir leisten. Schreib. Stil, Form und Charakter der

Geschichten werden sich allmählich von selbst herausbilden. Bitte schreib. Das Entscheidende am Schreiben ist das Schreiben.

Verzeih mir diese Predigt. Aber ich will einfach von dir hören, dass du schreibst. Weißt du, wenn du vierzig Geschichten schreibst, kannst du sechzehn davon zur Veröffentlichung auswählen. Ich habe versprochen, dass ich mein Möglichstes tun werde. Was meine Rolle in dieser Angelegenheit betrifft, so bitte ich dich, bis auf weiteres auf mich zu vertrauen. Verzage nicht gleich, wenn du eine Ablehnung bekommst. Fürs Radio zu schreiben ist einfach etwas anderes. Was sich auf dem Papier gut liest, ist fürs Radio unter Umständen nicht geeignet. Aus dieser Geschichte von mir, die im September gesendet wird, sind die weitschweifigen Teile gestrichen worden. Die Dialoge dagegen werden verwendet. Mach dir keine Sorgen.

Und glaub nicht, dass ich mich schon für einen guten Schriftsteller halte. Ich kenne meine Grenzen. Du bist der beste Schriftsteller Westindiens, aber man kann Schriftsteller nur an ihrer Arbeit messen.

Vido

Zu Hause: 5.8.51

Lieber Vido,

ich bin SEHR froh, dass im September eine weitere Geschichte von dir in *Caribbean Voices* vorgelesen wird. Du kommst gut voran, und dass du noch ein paar andere mehr oder weniger fertig gestellte Geschichten hast, macht das Ganze umso vielversprechender. John Buchans erster Roman wurde veröffentlicht, als er 19 war und in Oxford studierte. Du befindest dich also in guter Gesellschaft.

Ich habe sehr wohl etwas zu deiner Geschichte geschrieben. Ich habe geschrieben, dass der Empfang schlecht war und ich der Geschichte nicht ganz folgen konnte, bloß einen groben Eindruck von ihr gewonnen habe. Natürlich war ich sehr gespannt darauf, sie zu hören. Ich würde schon sagen, dass du ein gutes Honorar bekommen hast. Ich habe für »Engagement« bloß 10 Guineen erhalten – und ich GLAUBE, die Geschichte war länger als deine. »Obeah« hat mir übrigens 12 Guineen eingebracht. Nicht schlecht.

Übrigens habe ich »The Diver« bereits zu Ende geschrieben, aber mir gefällt die Geschichte nicht besonders. Ich habe sie zu rasch und nachlässig geschrieben, und ich befürchte fast, dass sie zurückkäme, wenn ich sie der BBC schicken würde. Dasselbe gilt für »My Oncle Dalloo«. Obwohl ich diese Geschichte mag. Es ist ein Porträt von Lollos verstorbenem Ehemann.

Was ist mit dem Ramadhin-Artikel? Willst du ihn nicht unter deinem Namen an die westind. Redaktion der BBC schicken?

Der Witz, den du beim *Manchester Guardian* eingesandt hast, ist in einem Kasten auf Seite 1 erschienen. Ich fand ihn ziemlich gut. Zurzeit sind viele Abgeordnete aus Trinidad in England. Wenn es dir gelänge, an den einen oder anderen von ihnen heranzukommen, könntest du einen Artikel für den *Guardian* verfassen.

Ich hatte angekündigt, dir eine Postanweisung über 2 £ zu schicken, aber jetzt ist es noch ein Pfund mehr geworden. Es müssten also drei Anweisungen über je 1 £ in dem Umschlag stecken.

Schreib weiter, damit du noch besser wirst, und kümmere dich nicht um mich. Mir geht es gut. Ich will einfach, dass du es schaffst. Und ich weiß, dass du es schaffen wirst. Meine Güte! In deinem Alter war ich kaum fähig, einen ordentlichen Brief zu schreiben.

Ich habe begonnen, Orchideen anzupflanzen – in bescheidenem Rahmen. Ich lasse sie am großen Baum emporwachsen. Bisher sind es hauptsächlich einheimische Exemplare, von denen die meisten lange lateinische Namen haben – dies ist der zweite Nachteil meines Hobbys. Der erste ist, dass diese Blumen so teuer sind.

Viele Grüße von allen, Pa

[Von Kamla]

17. August 1951

Lieber Vido,

heute grüße ich dich als meinen neunzehnjährigen Bruder. Ob dir das recht ist oder nicht, weiß ich nicht. Ich hab dich zwei Jahre nicht gesehen und du hast dich sicherlich verändert – sowohl geistig als auch körperlich. Betrachte dies einfach als einen Geburtstagsgruß von mir, und sei nicht böse.

Ich hab schon einige Zeit nichts mehr von dir gehört, abgesehen von diesen exzellenten fünf Zeilen, die du mir geschickt hast.

Trotzdem habe ich mich gefreut, als ich sie gekriegt habe. Ich dachte schon, du wärst verschollen. Aber eigentlich ist es ja ein gutes Zeichen, dass du nicht schreibst – entweder es geht dir gut, oder du hast dich schon in einen Engländer verwandelt. Oder ist es etwas anderes?

Am Sonntag reise ich nach Patna. Ich werde dort hoffentlich nur ein paar Tage bleiben. Die Sonderausgabe zum Unabhängigkeitstag schicke ich dir. Ich bin nicht dazu gekommen, sie zu lesen, aber beim flüchtigen Durchblättern erschien sie mir interessant.

Heute hatten wir wieder frei, diesmal wegen Rakhi – an diesem Tag binden Schwestern seidene Armbänder um die Handgelenke ihrer Brüder, geben ihnen Süßigkeiten zu essen und malen ihnen ein Tilaka[12] auf die Stirn. Dafür geben ihre Brüder ihnen dann Geld. Kein schlechtes Geschäft, was?

Das war's für heute. Sei schön artig. Alles Liebe und herzlichen Glückwunsch.

Kamla

[Von Kamla]

18. August 1951

Mein lieber Vido,

ich hätte schon viel früher schreiben sollen, aber ich hatte nicht die leiseste Ahnung, dass du so schnell zurückkehren würdest.

Pa hat in seinem Brief übrigens erwähnt, dass er dir noch mal etwas Geld schicken wird. Ich finde nicht, dass du es zurückschicken solltest.

Ich habe den starken Eindruck, dass du dir zu viel auflastest, mit deinem Geschichtenschreiben, dem Studium und dann noch dieser blöden Landarbeit. Ach, ich habe dir ja doch schon geschrieben, das hatte ich ganz vergessen.

Ständig hast du wegen irgendetwas schreckliche Sorgen – wegen Geld zum Beispiel. Sei gelassener, und mach dich nicht kaputt, indem du auf zu vielen Hochzeiten tanzt. Ich weiß nicht, was du alles gleichzeitig zu tun versuchst. Ich bin hier und habe jede Menge Stoff für Geschichten (ich bin auf diesem Gebiet natürlich eine absolute Niete, aber immerhin kann ich Pa die Fakten liefern), doch ich habe bemerkt, dass man einfach nicht zwei Dinge gleichzeitig tun kann. Denk zuallererst an deine Gesundheit, dann an alles andere, und lass in Zukunft die Landarbeit.

Ich beneide dich schon ein bisschen. Aber ich freue mich sehr, dass du ein paar schöne, ruhige Tage hattest. Du und deine Frauen. Die kosten dich bestimmt eine Stange Geld. Mir ist das ja egal, aber du solltest es nicht übertreiben.

Ich habe Capo R. einen Brief an seine Adresse in

Wallington geschickt. Aber wahrscheinlich bekommt er ihn gar nicht, jetzt, da er dort weggezogen ist.

Ich wünschte, ich könnte Weihnachten mit dir verbringen, aber ich sollte das lieber nicht sagen, nicht einmal daran denken.

Und dein Briefpapier! Ich nehme an, du weißt, was ich meine. Einige von den Mädchen haben ziemlich geglotzt, als sie es gesehen haben.

Die Khurannas werden dir etwas vorbeibringen.

Alles Gute,

liebe Grüße
Kamla

Zu Hause, 19.8.51

Lieber Vido,

die Nachricht, dass du am Blinddarm operiert worden bist, war ein Schlag für uns. Deine Mamie hat es uns geschrieben. Ihrem Brief zufolge bist du letzten Mittwoch aus dem Krankenhaus entlassen worden. Ich hoffe, dass du tatsächlich entlassen worden bist und dass es dir gut geht; und dass dein Asthma dich nicht zu sehr quält. Offenkundig hast du eine schwierige Zeit durchgemacht – zuerst das mit deinen Augen, dann einen Monat lang Landarbeit, dann dein Blinddarm. Bitte berichte, wie es dir geht, sobald du wieder schreiben kannst. Bislang wissen wir nicht mehr als das, was in Mamies Briefen steht.

Die BBC hat einen Rückblick über die Prosa- und Lyrikbeiträge gebracht, die im letzten halben Jahr in *Caribbean Voices* gesendet wurden. Deine Geschichte wurde erwähnt, und wenig später wurde auch meine erwähnt. Samuel Selvons erster Roman wurde mit einigen Worten bedacht, und ich würde lügen, wenn ich nicht zugäbe, dass mich das keineswegs erfreute und ich mich richtig über mich selbst geärgert habe. Ich wünschte, ich wäre an seiner Stelle.

Schaffe ich es, mindestens zwei Reportagen pro Woche für den *TG* zu schreiben und zusätzlich noch einen Roman? Im Moment verfahre ich wie folgt: Ich schreibe abends im Bett in aller Ruhe einen Artikel; am nächsten Vormittag tippe ich ihn dann im Büro ab. Den Nachmittag über lasse ich es dann zu Hause ruhig angehen, oder ich mache Recherchen für einen anderen Artikel.

Ich habe das Gefühl, in der Falle zu sitzen.

In Kamlas letztem Brief stand, dass sie etwa eine Woche lang Fieber hatte. Auch hat sie Probleme mit den Augen. Wir geben den Khurannas etwas für sie mit. Sie reisen am 1. September via England nach Indien.

Owad will am 13. Oktober nach England reisen. Wenn er tatsächlich fährt, geben wir ihm ein Paket für dich mit. Miss [...] von der [...] Mädchenschule wird etwa Mitte September in GBR sein, wir haben ihr fünf Päckchen Anchor Specials für dich mitgegeben. Ich habe sie gebeten, dir eine ganze Stange zu bringen, aber sie sagte, sie könne nur fünf Päckchen nehmen – eine halbe Stange –, da sie schon jemand anderem Zigaretten mitbringe.

Schreib uns möglichst bald, wie es um dich steht. Mit den besten Wünschen für eine rasche Genesung –

Herzlichst, Pa

Zu Hause: 20.8.51

Mein lieber Vido,

dein Brief, den du bei Mamee geschrieben hast, ist gestern angekommen. Desgleichen die Fotos von dir und deinem College. Und was für schöne Fotos! Auf denjenigen, wo man den Eindruck hat, dass du noch unter der Dusche stehst, siehst du dünn aus; aber auf dem, wo du auf einer Steinmauer sitzt, siehst du großartig aus. Wir sind alle erleichtert, dass du die Operation gut überstanden hast. Ich schicke dir 3 £ per Postanweisung, damit du dir zusätzlich etwas zu essen kaufen kannst, denn das ist bestimmt nötig. Sofern die finanzielle Lage es erlaubt, schicke ich später noch mehr Geld. Aber die 3 £ schicke ich dir jetzt gleich.

Hier zu Hause geht es allen gut, nur packt mich gerade die Sorge, weil ich Johnson – den Illustrator des *Guardian* – beauftragt habe, ein Porträt (Öl) von mir zu malen, und ich mir nicht sicher bin, ob das klug war. Ich bezahle den Mann in Raten, musst du wissen.

Gestern habe ich ihm zum ersten Mal Modell gesessen, und zwar in White Hall, zwei Stunden lang. Dort gibt Johnson Kunstunterricht; und während die Studenten damit beschäftigt waren, eine Hand zu zeichnen (nach einem Gipsmodell), hat er mich gemalt. Als die Sitzung vorüber war und ich mir das Ergebnis angeschaut habe, war ich angenehm überrascht. Das war wirklich ich. Und es ist eine recht große Leinwand. Es sind noch ein paar weitere Sitzungen nötig – montags und freitags von 17.30 bis 19.30. Sei mir nicht böse; ich bezahle das Bild nach und nach, so wie es passt.

Ich habe eine Leidenschaft, eine wahre Passion für Orchideen entwickelt – ich besitze bereits 8 oder 9 verschiedene Sorten, bis jetzt hauptsächlich einheimische. Eine, die ich im Botanischen Garten bekommen habe, ist mindestens 20 $ wert. Ich habe durch einen Freund, der dort arbeitet, einen winzigen Ableger für 2 Shilling erstehen können. Es ist ein sehr kostspieliges Hobby, und ich werde damit aufhören, sobald ich noch zwei oder drei der Orchideen erstanden habe, die ich haben will.

Richte deiner Mamee aus, dass wir ihr und deinem Mamoo für das, was sie für dich getan haben, ewig dankbar sein werden. Ma hat deiner Mamee geschrieben.

Deine Mutter schickt dir ein Paket per Schiffspost.

1. Inhalt: 5 Pfd. Zucker in einer Büchse
2. 3 Dosen Grapefruitsaft
3. 2 Dosen Orangensaft & 2 Stücke Jamaika-Seife (Marke *Dream*)
4. 2 Dosen Ananassaft
Achte auf die 3 Päckchen Zigaretten. Im Zucker.
5. 1 Glas Guavengelee
Außerdem 2 Exemplare des *DG*.

Herzlichst
dein Pa

University College, Oxford
20. August 1951

Ihr Lieben,

wie ihr inzwischen wahrscheinlich wisst, habe ich zwei Wochen im Krankenhaus gelegen. Es waren zwei durchaus angenehme Wochen. Ich hatte Blinddarmentzündung – diese elende Erkrankung scheint eine Begleiterscheinung von Kultiviertheit zu sein! Zum zweiten Mal seit ich in England bin, hatte ich auch mein Asthma – es setzte mit der Blinddarmentzündung ein und hat mir das Leben ziemlich schwer gemacht, denn mit einem Schnitt im Bauch zu husten ist äußerst schmerzhaft.

Der Arzt hat mir gegen die Asthmaanfälle Adrenalin gespritzt, und das hat hervorragend gewirkt. Innerhalb von fünf Minuten konnte ich wieder einigermaßen gut atmen.

Aber ich habe diesen Aufenthalt wirklich genossen, besonders weil er mich nichts gekostet hat. Meinen Urlaub in Frankreich musste ich allerdings streichen, und darüber bin ich natürlich enttäuscht.

Ich wohne im Moment bei Mamee – vielleicht für eine Woche – und werde dann, falls mein Gesundheitszustand es erlaubt, in England herumreisen, soweit meine Finanzen es zulassen. Die Krankheit hat noch eine andere unerfreuliche Auswirkung. Ich hatte nämlich in den drei vorangegangenen Wochen jeden Tag geschrieben und richtig gut hineingefunden. Gestern habe ich versucht, wieder da anzuknüpfen, wo ich aufgehört hatte, aber es war völlig hoffnungslos. Das macht mir mehr zu schaffen als alles andere.

Schön, dass der Witz über den *Manchester Guardian* erschienen ist, aber diese Leute haben mir nicht mal fünf Shilling geschickt! Genau genommen haben sie überhaupt nichts geschickt.

Es geht mir inzwischen wirklich ganz gut, und es besteht kein Anlass zur Sorge.

Mehr Neuigkeiten gibt es leider nicht, und eigentlich bin ich auch gar nicht in der Stimmung zu schreiben. Wenn ich es wieder bin, werde ich euch wahrscheinlich einen längeren Brief schreiben.

Ich bin in den Ferien 19 geworden. Und ach! – wie alt ich mich fühle!

Grüße an alle – Vido

Habt ihr die Fotos schon bekommen? Und schickt mir bitte den Zeitungsausschnitt mit dem Witz über den *M. Guardian*.

University College, Oxford
29. August 1951

Liebe Kamla,

danke für deine Briefe und die Geburtstagskarte.

Faulheit, Faulheit – gib ihr die Schuld daran, dass ich dir nicht schon früher geschrieben habe. Wobei es auch von Interesse sein könnte, dass mir der Blinddarm herausgenommen wurde, aber das ist letztlich keine Entschuldigung.

Schließlich konnte ich drei Tage nach der Operation schon wieder laufen. Allerdings hatte es zur Folge, dass ich meine Reise nach Cannes absagen musste. Mit dem rückerstatteten Geld möchte ich für vierzehn Tage nach Paris fahren. Ich konnte mich lange nicht entscheiden: Schreibmaschine oder Paris. Aber ich brauche Urlaub – nach 3 Wochen Landarbeit und 4 Wochen erzwungener Untätigkeit.

Im Moment bin ich bei den Capos in ihrem neuen Haus in Clapham. Sie sind nett zu mir, aber mir fehlt die Freiheit, an die ich mich in meinem Jahr als einsamer Krieger gewöhnt habe: ein eigenes Zimmer und wenigstens ein Stuhl und ein Tisch. Die Kinder widern mich an.

Es gibt Neuigkeiten: Richard hat eine hässliche 30-jährige Engländerin geheiratet. Du kannst dir die Sorte Frau vorstellen. Ich bin ihm und seiner Angetrauten vor etwa vier Wochen zufällig in Oxford begegnet, als sie auf Hochzeitsreise waren. So ein Dummkopf, Dummkopf! Und sie erst!

Das mit deinen Augen beunruhigt mich natürlich. Ich hoffe, du kannst bald wieder richtig sehen. Ich selbst bin bei bester Gesundheit.

Nachmittag

Komme gerade aus der Stadt zurück, wo ich meine Fahrkarte nach Paris gekauft habe. Ich fliege mit dem Flugzeug; nächsten Dienstag (4. Sept.) geht es los.

Die Schreibmaschine, auf der ich diesen Brief fertig schreibe, ist nicht meine, wie du dir denken kannst. Sie gehört Capo S.

Ich schaue aus dem Fenster vor mir und sehe zu meiner Rechten die Backsteinmauer eines großen Kinos und zu meiner Linken Bäume und Backsteinhäuser, die alle gleich aussehen. Es ist Spätsommer, und die schlimmste Sommerhitze ist vorbei. Ganz England macht sich bereit für die sanfteren Farben des Herbstes, die nachlassende Hitze wird rötlich-braune Dunstschleier über die Landschaft legen, und

Lastwagen und Autos werden gelbes und braunes Laub aufwirbeln. Der Herbst in England ist eindeutig das Schönste, was ich je gesehen habe, und ich freue mich darauf, im nächsten Trimester, das in sieben Wochen beginnt, in Oxford spazieren zu gehen.

Meine Lage ist, was das Finanzielle angeht, nicht mehr so katastrophal wie in den letzten beiden Juniwochen, als ich im wahrsten Sinne des Wortes mit leeren Taschen dastand und wirklich nicht wusste, wie ich zu meiner nächsten Mahlzeit kommen sollte. Aber irgendetwas war dann doch immer da – meistens ein Freund. Und der Mann vom Ashmolean Museum in Oxford hat mich öfter zum Essen eingeladen und mir sogar zwei Pfund geschenkt. Aber das liegt jetzt alles hinter mir, es gibt keinen Grund mehr zur Sorge. Inzwischen stehe ich mich einigermaßen gut. Bitte mach dir keine Vorwürfe. Ich habe nie mit Geld gerechnet. Pa hat mir vor einem Monat drei Pfund geschickt. Nichts war schmerzlicher, als dieses Geld zu bekommen: Ich weiß, wie viel sie sich versagen mussten, um 15 $ schicken zu können. Ende September werde ich ihnen fünf Pfund schicken, von dem Geld, das ich dann hoffentlich für eine weitere Geschichte bekommen habe, die nächsten Monat gesendet wird.

Ich schreibe relativ kontinuierlich, und die leidige Frage, worüber ich schreiben soll, quält mich nicht mehr.

Ich kann dir berichten, dass etwas faul ist im Staate Capo. Capo S. ist jetzt seit einem Jahr hier, und er hat immer noch keine Arbeit. Sie reden ständig davon, wieder nach Trinidad zurückzugehen. Ich spüre wachsende Spannungen zwischen den Brüdern. Die Kinder mögen ihren Cousin nicht besonders: Sie äffen ihn nach, und Deven verprügelt ihn ab und zu. Das Haus in Wallington ist verkauft, und Ruth wird allein nach Brighton ziehen. Na. Urteile selbst.

Was die Zigaretten angeht – ich glaube, ich habe dir schon gesagt, dass ich mordsmäßige Zollgebühren dafür bezahlen musste. Also sei so lieb und schick mir keine mehr.

Auf Wiedersehen, und ich hoffe, deinen Augen geht es bald wieder besser.

Vido

Zu deinem 19. Geburtstag!

Für Vido –

Mein lieber Sohn, wir wünschen dir
von Herzen Glück und Segen.
Gesundheit und Erfolg sei'n dein
auf allen deinen Wegen,
und Lob sei deiner Arbeit Lohn –
alles Gute, lieber Sohn!

Von Ma
Pa
Und allen anderen hier zu Hause

18, Rue de la Sorbonne, Paris 5
September

Ihr Lieben,

ich bin seit einer Woche in Paris, und erst jetzt habe ich ein Postamt entdeckt.

Paris ist wundervoll. Aber furchtbar teuer: Eine Mahlzeit kostet um die 8 Shilling. Ich bin ganz allein, treffe aber immer wieder interessante Leute.

In Paris fühlt man sich freier als in London. Die Menschen sind entspannter, und ich fühle mich wohl hier. Auch meine Wirtin ist ganz wundervoll. Gesundheitlich geht es mir natürlich nicht so gut. Schmerzen habe ich keine, aber ich werde sehr schnell müde und muss mich immer wieder hinsetzen und ausruhen.

Ihr werdet es nicht glauben, aber ich bin nur noch 10 000 Wörter vom Abschluss meines Romans entfernt. Ich habe dem Mann in Oxford einen Teil geschickt. Er findet ihn gut und, was noch erfreulicher ist, ausgesprochen lesbar. Na! Ende dieses Monats werde ich den Roman an verschiedene Verlage senden. Ehrlich gesagt habe ich keinen Zweifel, dass er angenommen wird.

In Paris gibt es Tausende von Negern und Arabern, die von allen sehr gut behandelt werden. Und wie absonderlich, Inder zu sehen, die Französisch sprechen und aussehen wie braun gebrannte Pariser! Wie seltsam, einen kleinen indischen Jungen seiner Mama auf Französisch die Ohren voll jammern zu hören! Und Indo-Chinesen Französisch sprechen zu hören!

Natürlich war der erste Satz, den ich auf französischem Boden gesagt habe: »*Où sont les toilettes*?«, also »Wo ist die Toilette?«. Ich war richtig in Panik, denn an der Universität geht es schicklich zu, da fragt keiner einen Franzosen nach der Toilette. Essen bestelle ich hier auf gut Glück – meistens Gemüse –, ich weiß nie, was ich bekommen werde.

Bevor ich abreise, schreibe ich noch mal, aber jetzt fürs Erste auf Wiedersehen!

Viele Grüße, Vido

Paris
13. September 1951

Meine liebe Kamla,

heute ist mein letzter Tag in Paris. Anders als alle braven Postkartenschreiber immer behaupten, hatte ich keinen wundervollen Urlaub. Es war ein ruhiger und angenehmer Aufenthalt.

Ursprünglich wollte ich erst am Montag, dem 17., abreisen, aber ich musste meine Pläne ändern. Eine Frau, wie üblich. Diesmal eine Finnin. Wir haben uns auf dem Montmartre kennen gelernt, im Malerviertel, und drei herrliche Tage miteinander verbracht. Sie hat sogar ihre Rückfahrt nach Finnland um einen Tag verschoben. Aber gestern ist sie dann abgereist, und ich ertrage es nicht, ohne sie noch länger in Paris zu bleiben. Sie ist wirklich fantastisch. Sie hat ein Jahr in Amerika gelebt und ist trotzdem faszinierend. Sie sammelt Schildkröten und Schallplatten mit arabischer Musik! Und als sie sagte, sie würde eine ihrer Schildkröten – wir hatten in einem Laden in Paris zwei gekauft – nach mir nennen, was hatte ich da noch für eine Wahl?

Ich würde alles geben, um sie vor Trimesterbeginn in Finnland zu besuchen und in den Weihnachtsferien einen Monat mit ihr zu verbringen. Aber – das Geld! Das Geld!

Gesundheitlich geht es mir nicht besonders gut. Ich bin sehr schwach und muss mich ständig hinsetzen. Außerdem schlafe ich nicht gut.

Was kann ich dir von Paris erzählen? Es ist unglaublich reich an Monumenten. Aber ich spüre eine unterschwellige Unzufriedenheit bei den Menschen. Paris ist eine übersättigte Stadt voller Monumente einer vergangenen, höhnisch wirkenden Glorie. Der ganze Zauber verfliegt innerhalb einer Nacht, und man begreift, dass hier der gleiche Alltagstrott herrscht wie in England. Die Welt hat nichts Neues zu bieten. Reizvoll sind nur die Menschen.

Und ehrlich gesagt, Schönheit ist immer ein bisschen öde, um mit Maugham zu sprechen.

Ich fürchte, ich bin ein schlechter Bruder. Dir nur ein paar magere Stichworte zu schicken. Bitte verzeih mir.

Ich habe nur noch ein paar Stunden Zeit, bevor ich zum Flughafen fahre.

Schönen Gruß, Vido

V

20. September 1951 –
8. Januar 1952

Herbsttrimester, Weihnachtsferien 1951/52

University College, Oxford
20. September 1951

Ihr Lieben,

ich schulde euch einen langen Brief, und ich habe mich heute Abend mit dem Ziel an den Schreibtisch gesetzt, euch den längsten Brief zu schreiben, den ich je nach Hause geschickt habe. Wenn dieser Brief also lang wird und ihr danach womöglich vierzehn Tage keinen weiteren bekommt, dann wisst ihr, dass es daran liegt, dass ich mich völlig verausgabt habe.

Also, dieser Brief wird aus drei Teilen bestehen: meinem Dank und Rat Paris, und schließlich meinen kleinen Erfolgen und Enttäuschungen. Aber lasst euch von letzterem Wort nicht beunruhigen!

Wir sind doch wirklich alle ziemlich verrückt! Wenn ich mir vorstelle, dass mein lieber alter Herr sein Porträt in Öl malen lässt und ihn das in kindliche Begeisterung versetzt, und wenn ich mir vorstelle, dass er plötzlich eine Leidenschaft für teure Gartenblumen entwickelt! Na gut, vielleicht ist es verrückt, aber mir gefällt es. Meine Zustimmung hat er – wenn sie denn irgendetwas zählt! Was seid ihr doch für stümperhafte und unbedarfte Zollbetrüger, liebe Leute. Euer Campbell-Suppen-Karton ist völlig eingezuckert hier angekommen. Der Deckel der Zuckerbüchse war offen, und die Büchse selbst scheint das Opfer eines brutalen Anschlags geworden zu sein. Sie war vollkommen zerbeult, die Hälfte des Zuckers hatte sich in die Kiste ergossen und war, als ich das Paket bekam, zart hellgrau. Und mittendrin völlig unübersehbar die belastenden Zigarettenschachteln, so ausdrücklich nach Aufmerksamkeit heischend, dass ich mir kaum erklären kann, warum ihr nicht vorgeladen und verhört worden seid. Auf der blauen Zollerklärung, die auf dem Paket klebte, habe ich irgendwas von $^1/_2$ Riegel Seife (einheimische Produktion) gelesen, doch es war keine Seife dabei. Na, egal. Jedenfalls vielen Dank für das Paket. Aber hört mal, bitte schickt mir keine Pakete mehr, es sei denn, ich bitte euch darum. Zucker brauche ich nicht. Die 6 Pfund, die ihr mir über Mamie geschickt habt, habe ich ihr gegeben. Guavengelee ist exotisch – genehmigt. Zigaretten machen zu viel Mühe. Also schickt mir einfach keine Pakete mehr, bis ich euch darum bitte. Als ich heute nach Oxford zurückkam, erwartete mich ein ganzer Stapel Briefe (ich habe sie nicht nach Paris nachsenden lassen), darunter auch ein kurzer Brief von Rostand wegen der Zigaretten. Ich werde ihr heute Abend ein paar Zeilen schreiben, nach erfolgreicher Bewältigung der gigantischen Aufgabe, die ich mir gestellt habe. So viel also zu den Briefen und Paketen.

Es ist ärgerlich, dass der liebe kleine Shivan noch nicht an der Tranquillity School angenommen worden ist. Nicht dass ich dächte, seine Ausbildung würde darunter leiden, aber ich befürchte, er wird nicht an dem Stipendienwettbewerb teilnehmen dürfen. Richtet ihm einen schönen Gruß aus. Mit Mira, Satti und Savi werde ich wohl mal ein ernstes Wörtchen reden müssen. Ich hoffe wirklich, ich werde einmal so reich, dass ich etwas für sie tun kann. Was treiben diese Mädchen nur den lieben langen Tag? Dass Shivan auf Töpfen herumtrommelt, ist besorgniserregend. Dass er den Küchenboden als Toilette benutzt hat, ist amüsant und erst bei näherer Überlegung schockierend.

Und nun ein paar Worte zu den 6 £, die ich bis jetzt von

euch erhalten habe: Es schmerzt mich, Geld von euch zu bekommen. Ja es macht mich geradezu unglücklich. Wenn ich Geld brauche, dann werde ich es euch mitteilen. Schickt mir kein Geld, das ihr nicht entbehren könnt. Vorerst kann ich mich allein über Wasser halten. Jetzt etwas Wichtiges: Ich möchte eine Kopie von *Gurudeva* und ebenso Kopien von allen anderen Geschichten, die du geschrieben hast. Ich werde die 6 £ zurückzahlen, indem ich diese Geschichten abtippen lasse und sie an Verlage schicke. Das alles mache ich nicht nur aus eigenem Antrieb. Ich habe vorgestern bei der BBC in der Oxford Street mit Swanzy Tee getrunken, und da hat er über dich, Pa, wenn ich mich an den Wortlaut recht erinnere, Folgendes gesagt: »Ihr Vater ist ein verdammt guter Schriftsteller. Seine Geschichten sind genauso gut wie die Geschichten, die hierzulande von indischen Schriftstellern veröffentlicht werden, vielleicht sogar noch besser. Versuchen Sie doch auch gleich einen Verlag für ihn zu finden, wenn Sie einen Verlag für Ihren Roman suchen. Er schreibt realistisch, doch er hat auch Humor. Seine Beschreibungen indischer Zeremonien haben Charme, allerdings wird man der Details dieser Zeremonien und der indischen Hochzeiten irgendwann müde (daher auch die Ablehnung von ›Mohun‹). Ich verstehe nicht, warum er in Trinidad nicht bekannter ist.« Du siehst also, du musst mir deine Geschichten unbedingt schicken. Ach ja, es ging noch weiter: »Er ist ein Naturtalent, aber er ist wohl der einzige Schriftsteller auf den Westindischen Inseln, dem ich dringend zu mehr DISZIPLIN raten würde. Er neigt zu einer gewissen Wehmut, wenn es um die ältere Generation geht, aber das liegt wahrscheinlich daran, dass er selbst der älteren Generation angehört.« Also schick mir deine Geschichten. Wo ich gerade bei Swanzy bin, sollte ich noch erwähnen, dass ich acht Guineen für »The Mourners«[1] bekommen habe. Ich persönlich finde die Geschichte gut. Es ist die, die auch meinem Tutor gefallen hat. Swanzy sagte, er müsse sich bei mir entschuldigen, weil er die Geschichte von einer Jamaikanerin habe vorlesen lassen. Er versprach, mich bei Gelegenheit auch mal etwas vorlesen zu lassen. Das Geld wäre mir natürlich willkommen. Und jetzt zu meinem großen Werk, *The Shadow'd Livery*[2]. Satti wird sich vermutlich an den Titel erinnern. Heute Vormittag um halb zwölf habe ich den Schluss geschrieben – 277 getippte Manuskriptseiten sind es geworden (etwas mehr als 70 000 Wörter oder 210 Seiten in einem Buch normaler Größe). Der Mann vom Ashmolean Museum, der die ersten 50 000 Wörter gelesen hat, fand sie ausgesprochen lesbar. Es sieht also aus, als könnten Vater und Sohn mit etwas Glück zur gleichen Zeit ihr erstes Buch auf den Markt bringen. Hoffentlich landet einer von uns einen Volltreffer!

Ihr fragt nach meinem Gesundheitszustand. Es geht mir gut. Ich muss allerdings sagen – dies zur Illustration der großen Affinität zwischen Pa und mir –, dass ich seine Verdauungsstörungen gut nachempfinden kann. In Paris, wo die Leute nur 2 Mahlzeiten am Tag einnehmen, hatte ich 2 Tage lang ebenfalls solche Beschwerden. Aber das ist nicht weiter verwunderlich. 18 Jahre lang 3 Mahlzeiten am Tag, ein Jahr lang 4 Mahlzeiten am Tag und dann plötzlich nur noch 2 Mahlzeiten am Tag! Seit ich wieder meine vier Mahlzeiten am Tag zu mir nehme, geht es mir gut, danke der Nachfrage.

Ich habe Neuigkeiten, aber behaltet sie bitte für euch. Die Capo-Brüder kommen nicht besonders gut miteinander aus. Es herrscht keine offene Feindseligkeit, aber vor einem Unbeteiligten wie mir kritisiert jede Partei die andere, und es ist die Rede davon – inzwischen ist es fast schon beschlossene Sache –, dass man noch vor Jahresende nach Trinidad zurückkehren wird. Mir tut es Leid für Capo S. Es ist ihm nicht gelungen, Arbeit zu finden. Die rosige Zukunft, die sein Bruder ihm ausgemalt hatte, existiert schlichtweg nicht; außerdem stößt das Verhalten des Herrn Mathematikers die anderen ab. Mamie findet, dass er die Kinder schlecht behandelt. Es ärgert ihn, wenn die Freunde seines Bruders zu Besuch kommen, und bisweilen ist er bewusst unhöflich. Es gefällt ihnen hier nicht, das könnt ihr mir glauben. Aber mich haben sie wirklich gut behandelt. Die letzten 25 000 Wörter meines Romans habe ich auf Mamoos Schreibmaschine heruntergehämmert. Und ich habe bei ihnen zwei Wochen lang jeden Tag ein Ei bekommen – Eier sind hier rationiert und teuer.

Soll ich mir Paris für einen weiteren Brief aufsparen? Es ist schon ziemlich spät. Ja, ich glaube, das werde ich tun. Bitte entschuldigt, dass dieser Brief doch nicht mordsmäßig lang geworden ist, aber ich will nächstes Mal auch noch etwas zu schreiben haben.

Übrigens habe ich mich über eine Sache ziemlich geärgert. Und zwar über das mit dem *Manchester Guardian*. Herrgott, die haben einfach nicht abgedruckt, was ich geschrieben habe. Was können Schlussredakteure doch manchmal für Esel sein. Ist es nicht erstaunlich, wie sehr man sich über manche Dinge aufregt? Mich hat das den ganzen Nachmittag lang geärgert.

So, auf Wiedersehen. Grüße an Ma und die anderen.

Euer euch liebender Sohn und Bruder
Vido

Richtet bitte Jainarayan herzliche Grüße aus. Er ist wahrscheinlich stinksauer auf mich – legt ein gutes Wort für mich ein.

29. Sept. 1951

Mein lieber Vido,

ich hätte dir schon längst schreiben sollen, aber mir hat das Benehmen deiner Cousinen Deo und Phoolo ganz fürchterliche Sorgen bereitet. Es hat mir einen regelrechten Schock versetzt, als ich vor etwa drei Wochen feststellen musste, wie »entwickelt« diese Mädchen inzwischen sind. Du weißt, sie wohnen bei uns; und ich war – und bin es immer noch – ratlos, wie ich mich verhalten soll: ob es besser ist, sie wegzuschicken oder ihre beklagenswerten Ungehörigkeiten hinzunehmen. Die beiden Mädchen sind dermaßen fortschrittlich geworden, dass es für sie keine Unterschiede mehr zwischen Negern, Muselmanen und anderen Menschen gibt. Deo sagte, ohne zu erröten, es sei nichts Schlimmes oder Abstoßendes daran, wenn ein Hindu-Mädchen einen Neger heirate. Ihre genauen Worte waren: »Was spielt das für eine Rolle, solange die beiden glücklich sind.« Und über Muslims: »Das sind doch auch Menschen.« Und sie und ihre Schwester haben das nicht nur als eine Ansicht vertreten. Sie setzen es auch in die Tat um. Vor etwa einer Woche brachte Phoolo einen jungen pechschwarzen (glaub mir, ich übertreibe nicht) Dougla[3] mit. Sie wollte wissen, wie ich es fände, wenn sie diesen Mann heiraten würde. Deine Mutter und alle anderen waren auch zu Hause und saßen um den Tisch herum. Ich konnte einfach nicht freundlich zu dem Kerl sein. Nachdem wir ein paar Minuten oberflächlich über dieses und jenes geredet hatten, ging ich hinaus. Die beiden – Deo und Phoolo – brachten ihn ans Gartentor. Und dann – das hat mich am meisten entsetzt – sagte Deo doch wirklich: »Er ist ein prima Kerl. Viel netter als Parsad.« Dieser Parsad ist ein anderer Verehrer von Phoolo, den sie ein oder zwei Abende zuvor mitgebracht hatte: ein gut aussehender Hindu-Bursche, etwa 23 Jahre alt, Angestellter beim GPO[4].

Als sowohl deine Mutter als auch ich zu bedenken gaben, dass der Mann – ich meine den Dougla – ein Dougla sei, behauptete Deo steif und fest, er sei in Ordnung, ein waschechter Inder, dessen Vorfahren aus Madras stammten. Und diese Phoolo war mit Wissen und Unterstützung ihrer älteren Schwester mehrere Monate lang mit diesem Dougla gegangen und hatte allen Ernstes vor, ihn zu heiraten. Inzwischen hat sie sich jedoch von ihm getrennt, wie sie mir versichert.

Aber richtigen Ärger hat mir nicht Phoolo, sondern Deo

bereitet. Das Mädchen hat sich bis über beide Ohren, wie man so schön sagt, in einen Muselman namens Isaac Mohammed verliebt, einem Trommler in dem indischen Orchester, das oft auf Radio Trinidad zu hören ist. Zwei- oder dreimal die Woche *muss* sich das Mädchen mit diesem Muselmanen – einem Straßenhändler, der Paletten verkauft – treffen und bis spätabends mit ihm zusammen sein. Ihr Bruder erzählt, er habe die zwei gemeinsam ins Kino gehen sehen. Phoolo erzählt, Deo habe den Kerl neulich sogar mit zu Stephens genommen, damit er Zuschnitt und Muster eines Rocks guthieß, den sie kaufen wollte. Einmal bin ich den beiden sogar um neun Uhr abends bei einem Spaziergang begegnet – noch dazu mit unserer Mira vorneweg.

Und Deo sagt, dass sie gar nicht daran denke, ihn zu heiraten. Zuerst bestritt sie, diesen Kerl überhaupt zu kennen; jetzt erzählt sie mir frech, dass sie ihn seit über einem Jahr kennt; aber dass sie nur mit ihm redet, sonst nichts. Offen gestanden glaube ich ihr kein Wort. Sie unternimmt die unglaublichsten Dinge, um diesen Mann zu treffen. Sie behauptet zum Beispiel, sie wolle kurz bei ihrer Mutter vorbeigehen, doch in Wahrheit treibt sie sich mit diesem Muselmanen herum, der noch nicht einmal einen ordentlichen Beruf hat. Oder sie nimmt Mira und Savi mit und tut so, als ginge sie mit ihnen zu Dhan. Das kann ich doch nicht dulden, oder?

Ich habe sie wieder und wieder gebeten, nicht mehr ins Studio von Radio Trinidad zu gehen. Zu Hause könne sie sich die Sendung viel besser anhören; doch sie behauptet zwar, sie fände den Muselman grässlich und habe nicht das geringste Interesse daran, ins Studio zu gehen, geht dann aber trotzdem hin.

Deo geht nie in Gesellschaft anderer aus dem Haus. Sie geht allein hinaus, in der Abenddämmerung. Deo will eine Freundin verabschieden, die mit der Colombie wegfährt. Sie geht an Bord. Das Schiff legt um 23 Uhr ab, aber Deo kommt nicht vor eins oder halb zwei nach Hause … und zwar im

Auto, zusammen mit einem verheirateten Mann (Mangatal), mit dem sie befreundet ist. Sie fährt mit uns zum Schiff, in *unserem* Auto. Sie bleibt die ganze Zeit an Bord, ohne Ma oder mir gegenüber auch nur anzudeuten, dass sie nicht mit uns nach Hause zurückfahren wird.

Ich habe den starken Verdacht, dass das Mädchen vom rechten Weg abgekommen ist… Niemand aus der Familie würde sie aufnehmen, außer Dhan. Und ich befürchte, dass man mir die Schuld geben würde, wenn sie irgendetwas Bedenkliches täte, weil es unter meiner Obhut geschehen ist.

Sie verabscheut die Ehe, zeigt unverhohlene Verachtung für die indischen Sitten und Gebräuche. Ich weiß, die Lebensgewohnheiten der orthodoxen Hindus sind abschreckend, aber ich glaube, die Abscheu dieses Mädchens entspringt nicht seiner Kenntnis der indischen Kultur, sondern seiner völligen Unkenntnis dieser Kultur. Der Glaube der Hindus hat bei ihr keinen günstigen Eindruck hinterlassen. Die Mädchen, die kein Interesse am Heiraten haben, gehören oft genug zu den Menschen, die die Freuden des Zusammenlebens von Mann und Frau genießen, ohne die Verantwortung der Ehe auf sich nehmen zu wollen. Das mag ja gewieft sein, aber es zeugt auch von Feigheit… Du wirst dich sicher fragen, wieso ich mich derart über eine Angelegenheit aufrege, die uns direkt gar nicht berührt.

Aber es berührt uns eben doch… Denn geben diese Mädchen nicht ein schlechtes Beispiel ab?

Sag Deo und Phoolo nichts von alldem. Ich bemühe mich nach Kräften, sie aus diesem Schlamassel herauszuholen. Die meisten der Verwandten können sie nicht leiden. Ich muss Mitgefühl und Verständnis für sie zeigen… Schreib mir, was du von der Sache hältst. Schreib mir c/o *The Guardian*… Die Geschichten schicke ich dir bald.

Wir sind alle wohlauf.

Herzlichst
Pa

Zu Hause: 29.9.51

Lieber Vido,

wir haben vor ein paar Tagen deinen sehr erfreulichen Brief erhalten. Ich habe deiner Mutter ja prophezeit, dass ihr Paket dich nicht unversehrt erreichen würde. Und ich habe befürchtet, dass die Leute vom Zoll die Zigaretten entdecken würden. Auch das ist der guten Mrs Naipaul zu verdanken. Nun gut, wir werden dir keine Pakete mehr schicken.

Hat sich Swanzy wirklich so anerkennend über mich geäußert? Warum, bitte schön, hat er dann meine Geschichte zurückgeschickt? Wie auch immer, die Broschüre und die Geschichten werden diesem Brief per Schiffspost folgen. Beachte bitte, dass einige Geschichten nicht genau der Version entsprechen, die ich der BBC geschickt habe. Womöglich wirst du also ein paar Änderungen vornehmen müssen.

Ich erinnere mich vage, den Titel *The Shadow'd Livery* irgendwo gelesen zu haben, aber ich habe vergessen, wo. Offenbar weiß niemand etwas darüber.

Du hast wirklich einen sehr schönen Brief geschrieben. Schreib noch viele in dieser Art. Kurze Briefe sind nicht halb so befriedigend.

Capo S. tut mir wirklich Leid – das meine ich ernst. Ich scheine hervorragende Menschenkenntnis zu besitzen, denn insgeheim hatte ich die Situation schon richtig eingeschätzt. Die Kinder werden Schwierigkeiten haben, sollten ihre Eltern ohne sie nach Trinidad zurückkehren.

Sag mir Bescheid, wenn dein Roman angenommen worden ist. Ich werde dann eine Meldung in den *Guardian* setzen. Und schicke mir in der Zwischenzeit die Kurzgeschichte. Wir haben kaum einen Satz davon verstanden. Der Empfang war miserabel, und nach etwa zehn Minuten war es ganz vorbei.

Soll ich dir mal etwas über Shivan erzählen? Seine

Lehrerin, die noch sehr jung ist, hat ihn gefragt, was für einen Beruf sein Vater habe; und Shivan sagte voller Überzeugung, sein Vater sei DOKTOR. Und die gute Frau glaubte ihm und ging davon aus, dass es stimmte, bis sie sich mit deiner Mutter unterhielt. Vermutlich klingt »Doktor« für Shivan bedeutend, so wie für die meisten anderen Leute auch.

Ich schreibe zwei Reportagen pro Woche, deshalb bleibt mir nicht viel Zeit, etwas anderes zu schreiben – es sei denn, ich würde auch noch auf meinen Schlaf verzichten. Natürlich bin ich als Schriftsteller hier auf der Insel bekannt – aber eben auch nur hier, und mir steht nicht unbedingt der Sinn danach, eine regionale Berühmtheit zu sein.

Uns geht es allen sehr gut. Mein Porträt gefällt mir. Es hat 52 $ gekostet. Ich will noch eines malen lassen, für Ma. Meines will ich unten an die Wand zwischen das von dir und das von Kamla hängen.

Viele Grüße von allen, Pa

Univ. College, Oxford
30. Sept. 1951

Liebe Kamla,

nun bin ich wieder in Oxford; das Trimester hat noch nicht angefangen, und keiner meiner Freunde ist da. Ich bin also ganz allein. Ich frage mich, ob es viele Menschen gibt, die so einsam sind, wie ich es im letzten Jahr war, eigentlich während meiner gesamten »Jahre der Bewusstwerdung«. Es ist einfach so, dass ich andere Menschen – besonders diese jungen Intelligenzbestien hier in Oxford – sterbenslangweilig und ihre Gesellschaft und Gespräche ermüdend finde. Ich bin zu alt für diesen Ort. In Oxford spielen die Jungs das Erwachsensein. Es ist eine Qual. Ich hoffe, du bist nicht so einsam wie ich.

Mit einiger Mühe bereite ich mich auf die Arbeit dieses Trimesters vor. Wie du wahrscheinlich weißt, habe ich das ganze letzte Trimester vertrödelt. Ich habe nur 2 Aufsätze geschrieben statt der eigentlich üblichen 8. Aber ich hatte viele gute Entschuldigungen – Augenprobleme, Asthma und dergleichen mehr.

Wenn ich eine gut funktionierende Schreibmaschine hätte, würde ich noch eine Geschichte für die BBC tippen. Zwei sind schon gesendet worden, und ich brauche das Geld, das ich für eine dritte bekäme. Am zwanzigsten dieses Monats gegen elf Uhr dreißig habe ich das Wort »Ende« unter meinen Roman gesetzt, über den ich in den letzten sechzehn Monaten so viele Andeutungen gemacht habe. Tja, *alors c'est fini*. Was für eine Erleichterung! Im Moment hat ihn der Mann vom Ashmolean Museum. 2/3 des Romans hat er bereits gelesen, ich hatte sie ihm geschickt, bevor ich nach Paris gefahren bin. Sie gefielen ihm ausgezeichnet, er fand sie sehr lesbar, lustig und »ausgesprochen gut geschrieben«. Ehrlich gesagt teile ich seine Meinung. Morgen treffe ich mich mit ihm zum Tee und höre mir an, was er über den Roman als Ganzes zu sagen hat. Offenbar ist ein guter Freund von ihm einer der Geschäftsführer von Secker and Warburg, einem angesehenen Verlag. Und er hat sich bereit erklärt, mit meinem Roman »hausieren« zu gehen. Drück mir die Daumen. Ich wäre überglücklich, wenn mir dieser Roman ein bisschen Geld für Pa und Ma einbringen würde.

Ich fürchte, ich bin Schriftsteller geworden. Je mehr ich schreibe, desto mehr will ich schreiben. Dabei macht es nicht mal Freude. Weißt du, die Figuren beginnen in meiner Vorstellung zu leben. Eine meiner Figuren, eine Frau, hält mich schon ein paar Nächte lang wach. Sie soll sich ruhig weiter entfalten – noch werde ich sie nicht aus meinen Gedanken vertreiben. Solange sie bei mir ist, mache ich mir keine Sorgen. Es ist das gleiche Gefühl, weißt du, das einen auch dazu bewegt, das Eigelb nach dem Eiweiß zu essen – oder sich den besten Teil einer Mahlzeit bis zum Schluss aufzusparen – oder sich die beste Spielkarte für die letzte Runde aufzuheben. Ist das nachvollziehbar? Ich denke schon.

Je älter ich werde, desto öfter stelle ich Verhaltensweisen bei mir fest, die mich an Pa erinnern. Wie ich rauche, wie ich mich hinsetze, wie ich mir über das unrasierte Kinn streiche, wie ich manchmal kerzengerade dasitze, wie ich aus sentimentalen, unvernünftigen Beweggründen Geld ausgebe. Ich fürchte, Pa wird das nicht gefallen. Denn bald wird er keine Geheimnisse mehr vor mir haben. Je mehr ich über mich selbst erfahre, desto mehr erfahre ich auch über ihn. Bitte bewahre dir deine Zuneigung zu Ma. Sie verdient es, dass wir ihr alles geben, was wir geben können. Wir sollten sie nicht enttäuschen. Sie ist die Sorte Mensch, die stumm leidet – die Arme! Ich liebe sie; aber wer hat mein Leben, meine Ansichten, meinen Geschmack geprägt? Pa.

Ich möchte dich um etwas bitten. Und zwar, dass du von mir nichts Großartiges erwartest. Rechne nicht damit, dass du eines Tages meinen Namen irgendwo in großen Leuchtbuchstaben sehen wirst. Ich glaube nicht, dass es dazu kommen wird. Und ich möchte nicht, dass du gekränkt oder enttäuscht bist. Heute Nacht hatte ich einen grässlichen Traum. Ich schwor mir darin weinend, jeden Tag 1000 Wörter zu schreiben, »denn«, so sagte ich mir, »du hast nur noch ein Jahr zu leben. Du hast Krebs. Schreib 1000 Wörter pro Tag. Pro 1000 geschriebene Wörter bekommst du 1000 £.«

University College, Oxford
1. Oktober 1951

Liebe Ma,

heute Nachmittag habe ich zusammen mit Ian Robertson, dem Mann vom Ashmolean Museum, Tee getrunken. Ihm gefällt mein Roman sehr gut, so gut, dass er ihn morgen dem

Geschäftsführer des Verlags Secker & Warburg schicken wird. Allzu große Hoffnungen will ich mir lieber nicht machen. Aber der Geschäftsführer ist ein Freund von ihm, und er hat ihm meinen Roman bereits angekündigt, der ihm nun als Manuskript voller Streichungen, Änderungen und Anmerkungen zukommen wird.

Letzten Sonntag habe ich zufällig John Harrison getroffen, mit ihm zu Mittag gegessen und insgesamt etwa vier Stunden mit ihm verbracht.

Manin und Mamie haben während meiner Krankheit ausgezeichnet für mich gesorgt. Mamie ist natürlich schon immer nett zu mir gewesen. Und sogar Manin, inzwischen ein trauriger und enttäuschter Mann, ist milder geworden. Capo R. und ich sind wunderbar miteinander ausgekommen. Ich habe keine Ahnung, warum. Aber selbst Boyzee fragte mich, wie es mir gelingt, so freundlich zu sein und so freundlich behandelt zu werden. Na! Wilde Streitereien sind also nicht zu befürchten. Sie haben mir außerdem angeboten, jederzeit in ihrem Haus in London zu wohnen (natürlich nur für kurze Zeit). Soweit ich weiß, steht jetzt fest, dass Capo S. nach Trinidad zurückkehren wird – wahrscheinlich nächsten Febr., außer es tut sich noch etwas Entscheidendes. Ich wünsche es ihm, aber es ist leider nicht sehr wahrscheinlich.

Ich will nicht dauernd übers Wetter reden, aber trotzdem: Es ist jetzt Herbst, die Blätter werden braun und fallen von den Bäumen, und morgens ist es neblig und kühl.

Viele Grüße an alle
Vido

b.w.

Hemden kosten hier zwischen 30 und 60 Sh. Für mich natürlich unerschwinglich.

In ungefähr drei Monaten werde ich wohl 2 Hemden

brauchen. Wenn du sie kaufst und wäschst, brauche ich keinen Zoll zu bezahlen. Am besten, du versiehst sie mit meinem Namen. Dies nur als Vorwarnung. Kauf nichts, ehe ich nicht Geld schicke.

Vido

Schickt mir bitte kein Geld.

Zimmer 40
Wohnheim für Studentinnen
Benares Hindu University
4. Okt. 1951

Lieber Vido,

wenn ich jetzt bei dir wäre, weißt du, was ich dann gerne machen würde? Ich würde dir gerne ein paar hinter die Löffel geben. Du und deine Träume und dein Schreiben, und weiß der Himmel, was sonst noch alles? Keine Ahnung, was da noch kommen mag. Du lebst in dieser Welt, aber du tust nichts anderes, als dir das Leben zur Qual zu machen, indem du dich aus der Welt zurückziehst. Was dir fehlt, ist eine ordentliche Dosis Kamla. Aber aus dieser Entfernung kann ich sie dir unmöglich verabreichen.

Und noch etwas: Ich erwarte Erstklassiges von dir, nicht nur beim Schreiben, sondern auch an der Universität. Alles andere wird mich sehr enttäuschen.

Nächster Punkt: Würdest du bitte aufhören, zwei Sachen gleichzeitig machen zu wollen? Bist du vielleicht Napoleon?

Du bist ganz in Ordnung und durchaus tauglich für diese Welt (und du hältst es auch aus, mal kräftig auf die Nase zu fallen), also lass diese albernen Gedanken.

Alles, was du sagst, hat Hand und Fuß. Aber es gefällt mir nicht, dass du so unglaublich pflichtbewusst bist.

Ich wünsche dir viel Erfolg mit deinem Roman. Und das meine ich von ganzem Herzen. Bloß habe ich wirklich Angst, dass du dich überarbeitest. Das macht mir richtig Sorgen.

Mein Gott! Jetzt höre ich aber auf zu predigen. Aber ich habe das alles vollkommen ernst gemeint.

Morgen schließt das College für ein paar Tage wegen Puja. Ich werde die ganze Zeit über hier bleiben.

Die Lampe in meinem Zimmer hat Tausende winziger Insekten angezogen, die sich ständig an mich heranmachen. Deswegen schreibe ich diesen Brief auf meinem Bett, weit weg von der Lampe.

Es gibt vieles, was ich dir sagen möchte, aber das werde ich alles für mich behalten, bis ich dich persönlich sehe – also noch ungefähr anderthalb Jahre lang. Keine Sorge, die Zeit wird wie im Flug vergehen. Wüsstest du eigentlich manchmal gerne, wie ich jetzt aussehe – ob ich immer noch dieselbe Kamla bin? Ich denke sehr oft an dich, aber es ist unmöglich, dein jetziges Ich mit dem in Verbindung zu bringen, das du zu Hause warst.

Sei ein artiger, kleiner Junge, ja? Und HÖR AUF ZU TRÄUMEN!

Liebe Grüße,
Kamla

Sei bitte nicht traurig, dass ich dir einen Scheck mitschicke. Denn das würde mich kränken.

[Von Kamla]

13. Oktober 1951

Mein lieber Vido,

ich wünschte, du würdest nicht solche Sachen über dich selbst reden. Ganz offensichtlich sitzen wir im gleichen Boot – sind beide schrecklich besorgt wegen zu Hause. Wirklich, ich bin so dünn geworden, dass die Leute ihren Augen kaum trauen. Aber das ist egal.

Was deinen Roman angeht, darfst du dich nicht unterkriegen lassen. Verlang während deines Studiums nicht zu viel von dir. Vielleicht wird sich später etwas ergeben. Du kannst nicht erwarten, gleich beim ersten Mal einen Treffer zu landen.

Ich nehme an, dass du meine Briefe über die Situation zu Hause inzwischen erhalten hast. Tja, wenn Ma und Pa es in unserer Abwesenheit nicht schaffen, Sati im Zaum zu halten, dann haben sie Pech gehabt. Und eins sag ich dir: Wenn ich feststelle, dass zu Hause immer noch solche Zustände herrschen, dann werde ich gewiss nicht bleiben. Was aus unseren drei Schwestern mal werden soll, weiß ich wirklich nicht. Mein Gott, wären sie doch bloß Jungs. Na ja, hoffen wir das Beste, denn womöglich fahre ich in einem Jahr schon nach Hause. Mir wird wohl nichts anderes übrig bleiben.

Du solltest endlich aufhören, dir ständig Sorgen zu machen. Du kannst einfach nicht gleichzeitig Geld verdienen und studieren. Meiner Meinung nach solltest du Folgendes tun: Studiere, mach dein Examen, und such dir zu Hause Arbeit (jetzt geh nicht gleich an die Decke), oder versuche, eine Stelle an der WI University zu finden. Du weißt selbst am besten, dass du einen Hang zum Luxus hast, und in England kann man sich nun mal kein luxuriöses Leben leisten. Es wird Zeit, dass du lernst, etwas praktischer zu denken.

Ich würde so gerne mehr für dich tun. Aber du weißt ja,

wie die Dinge stehen. Ich kann dich nur darum bitten, mein Lieber, noch ein Jahr Geduld zu haben. Danach kann ich dir die zusätzlichen 20 £ schicken. Gedulde dich noch ein Jahr, und sei sparsam. Und komm bloß nicht auf die Idee, wegen Geld zu heiraten. Du weißt, dass das nicht gut ist. Verdiene dein eigenes Geld, und du wirst umso mehr Freude daran haben.

Alles Liebe, Kamla

[*Anmerkung*]:
Ich bin in den heißen Sommermonaten und in den letzten Ferien nicht weggefahren. Weißt du, warum? Ich habe behauptet, ich müsste lernen. Aber das war gelogen. Ich hatte schlichtweg kein Geld. Und ich bin mir sicher, dass eine Zeit lang außer mir keine Menschenseele in der Universität war. Das nur zur Ermutigung. Sei tapfer, und halt die Ohren steif. Irgendwas wird sich schon ergeben.

Oxford,
8. November 1951

Meine liebe Kamla,

es tut mir schrecklich Leid, dass ich erst jetzt antworte, und wie üblich habe ich keine Entschuldigung. Es war die reine Faulheit und vielleicht auch Unhöflichkeit. Ich danke dir vielmals für die 5 £, die du mir geschickt hast. Ich konnte sie sehr gut gebrauchen.

Weißt du, ich wünschte, ich hätte 200 £ mehr im Jahr zur Verfügung. Dann wäre das Leben hier perfekt. Aber so sind meine Zimmerwände kahl: Bilder, die angemessen wären, kann ich mir nicht leisten. Ich kann es mir nicht leisten, viele Freunde zu haben – obwohl sie mir in den meisten Fällen doch später einmal nützlich wären –, denn ich kann ihnen keine Getränke spendieren. Meine Ferien sind unvorstellbar langweilig, weil ich nicht ins Ausland, ja nicht einmal innerhalb Englands reisen kann. Ich kann mir keine anständige Schreibmaschine kaufen: Meine alte hat gerade ihren Geist aufgegeben, dabei habe ich noch mindestens eine Geschichte, die ich längst an die BBC hätte schicken sollen und für die ich wieder acht Guineen bekommen hätte. Ich kann mir keine neuen Schuhe leisten. Ich habe nur zwei alte Paar, die im Nu durchgeweicht sind, und keine schwarzen Schuhe. Ich habe keinen anständigen Regenmantel und nur einen schäbigen Überzieher. Alles in allem sieht es ziemlich trübe aus. Hör zu, falls du irgendein reiches Mädchen kennst, das einen intelligenten Mann sucht, könntest du mich ihr bitte empfehlen?

Die Lage zu Hause. Traurig, was? Falls du es noch nicht gehört hast, erfährst du es von mir: Deo läuft Habenichtsen nach, Phoolo läuft Niggern nach, und Tara läuft Douglas nach. Tja. Und dann denk an Satti und die anderen. Weißt du, Mädchen kann man einfach nicht trauen, und ich muss sagen, Satti zu trauen fällt mir besonders schwer. Selbst als ich noch am QRC unterrichtete, wurden mir schon peinliche Gerüchte zugetragen – von Jungs, die nicht wussten, dass sie meine Schwester ist. Ich wünschte, du würdest ihr ein, zwei mahnende Briefe schreiben. Du als Frau weißt vielleicht, wie man mit einer Frau reden muss. Ich mache mir wirklich Sorgen.

Weitere traurige Nachrichten. Der erste Verlag hat meinen Roman abgelehnt. Am Abend der Ablehnung war ich genauso deprimiert wie an dem Abend, als ich das Ergebnis der Bewerbung um das Stipendium erfahren hatte. Jetzt hat ihn ein zweiter Verlag, und ich warte und warte.

Vor etwa 4 Wochen kam ein bärtiger Mann zu mir ins Zimmer. Ich kannte ihn nicht. Er hatte Schwierigkeiten mit der Aussprache meines Namens, ich half ihm, und er erklärte, er kenne dich aus Indien. Er heißt Colin Turnbull. Er entwickelt sich hier zu einer ziemlich großen Nummer – mit einem Foto von ihm in der *Radio Times*, Vorträgen im Radio, einem Buch, das er im Auftrag von Harrap's schreibt. Ich verbringe das nächste Wochenende mit ihm. Hoffentlich ist er nicht homosexuell. In diesem Land ist fast jeder zweite Mann homosexuell.

Vor ungefähr drei Wochen hatte ich Capo S.' ganze Sippschaft hier bei mir zu Besuch. Die Kinder haben sich wie üblich furchtbar benommen, und es war richtig peinlich, sie herumzuführen. Bevor sie kamen, habe ich in diesem College noch nie sieben- oder elfjährige Kinder gesehen. Aber alles ist ohne Zwischenfälle über die Bühne gegangen, und immerhin waren die Capos sehr gut zu mir, als ich krank war.

Wie sehen eigentlich deine Pläne für die Zeit nach Indien aus? Wie willst du dir deinen Lebensunterhalt verdienen? Erzähl mir doch ein bisschen davon. Ich habe bezüglich meiner beruflichen Laufbahn nach Oxford keine Pläne, aber ich mache mir keine Sorgen. Irgendetwas ergibt sich bei mir immer. Wer weiß, vielleicht erscheint ja nächstes Jahr mein Roman!

Da ich fast vier Monate meiner Ferien damit verbracht habe, zu arbeiten, krank zu sein und einen Roman zu schreiben, hatte ich natürlich keine Zeit, etwas fürs Studium zu tun. Es hat sich daher einiges angestaut, und ich versuche dieses Trimester wirklich hart zu arbeiten.

Das Leben geht also seinen gewohnt langweiligen und faden Gang – hier. Wenn ich daran denke, dass ich unbedingt nach England und nach Oxford wollte! Mein einziger Trost ist, dass das Leben in Trinidad noch unendlich viel langweiliger wäre.

Viele Grüße
Vido

Zu Hause: 10.11.51

Lieber Vido,

ich bin froh, dass du den Brief vernichtet hast, den du Satti schicken wolltest. Er hätte sie furchtbar verletzt und einigen Schaden bei ihr angerichtet. Satti ist kein übles Mädchen. Sie ist inzwischen hoch aufgeschossen und sieht in ihrer Schuluniform sehr würdevoll aus. Sie ist sehr sensibel, und wenn sie nicht gerade schlechter Stimmung ist, hat sie viel Sinn für Humor, ja manchmal neigt sie sogar dazu, albern zu sein oder zu wirken. Wenn man sie fragt: »Was liest du gerne?«, kann es passieren, dass sie frotzelt: »Comichefte und Liebesromane.« Comichefte liest sie tatsächlich, aber Liebesromane und dergleichen nur dann, wenn jemand anderes, zum Beispiel Velma, so etwas mitbringt. Ansonsten ist das Mädchen wirklich fleißig und lernt bis spätabends für seine Prüfung, die in ein paar Tagen ansteht.

Bislang hat mich keines meiner Kinder enttäuscht. Einige, so wie Savi beispielsweise, sind manchmal entsetzlich unhöflich, aber ein Wesenszug ist das bei keinem. Natürlich ist Satti manchmal stur. Neulich wollte sie zu einem Fußballspiel zwischen zwei Schulmannschaften gehen. Ich sagte ihr, sie solle Savi und Mira mitnehmen. Sie bestand darauf, allein zu gehen, ließ aber am Ende von ihrer Sturheit ab. Ich habe das Gefühl, dass es ihr sehr gut tun und sie in ihrem Ehrgeiz und Stolz – Stolz in Bezug auf Rasse und Religion – bestärken würde, wenn du ihr schreiben und ihr liebevoll deine Meinung darlegen würdest. Ich weiß, dass sie darauf sehr stolz wäre. Aber wenn du sie verurteilst, werden Verhärtungen in ihr entstehen, die so schnell nicht wieder verschwinden. Mir wäre es lieber, du würdest ihr ab und zu einen Brief schreiben, selbst wenn das bedeutet, dass du an die ganze Familie einmal weniger schreibst.

Gestern sind Phoolo und Deo in aller Stille ausgezogen. Deo hatte ihre Sachen im Laufe der Woche schon nach und nach weggebracht. Alle meine Bitten und Ermahnungen, sie möge sich nicht immer wieder in schlechte Gesellschaft begeben und von ihrem Trommler-Freund ablassen, waren umsonst – in den Wind geredet. Was du über sie gesagt hast, stimmt voll und ganz. Auch mir ist wohler zumute, seit sie weg sind.

Alladeen hat mir zwei seiner Bilder geschenkt: eine Federzeichnung eines Hindupriesters, der in ein Buch vertieft ist, und eine große Pastellzeichnung eines Shango-Tänzers. Er hat mir ein halbes Dutzend Bilder vorgelegt und mir die freie Wahl gelassen. Außerdem hat er angeboten, ein Porträt von mir zu malen, sobald er die nötige Zeit dazu hat. Aber ich glaube, ich werde ihn zuerst bitten, Ma zu porträtieren.

Ich finde, du solltest es dir zur Regel machen, mindestens alle zwei Wochen einen Brief nach Hause zu schreiben. Was für eine Verbindung gibt es denn sonst zwischen dir und uns? Du solltest regelmäßiger schreiben, auch wenn es nur kurze Briefe sind.

Was ist mit deinem Roman? Hat der Verleger sich schon gemeldet? Halte mich auf dem Laufenden. Es geht mir gut und den anderen auch. Drei meiner Orchideen sind erblüht, aber ich gebe unumwunden zu, dass sich die Monday Throat als ziemlich enttäuschend erwiesen hat: eine unscheinbare Blüte, fast farblos, ohne Duft. Aber ich sage dir, die Schmetterlingsorchidee ist eine kleine Schönheit. Die Schmetterlinge halten sie wirklich für einen Schmetterling. Und meine Cedros Bee blüht schon seit zwei Wochen und sieht immer noch aus wie am ersten Tag. Leider, leider besitze ich keine wirklich beeindruckende Cattleya. Sie sind viel zu teuer – mindestens 10 $ pro Pflanze, und ob du es glaubst oder nicht, besonders schöne Exemplare kosten bis zu 200 $.

Dafür besitze ich eine Orchidee, die angeblich sehr selten ist: Silogene heißt sie, allerdings bin ich mir nicht sicher, ob ich den Namen richtig geschrieben habe. Viele Grüße von uns allen.

Pa

University College, Oxford
15. November 1951

Ihr Lieben,

Pa hat schon erraten, warum meine Briefe nach Hause mit einem Schlag ausgeblieben sind. Der Roman ist abgelehnt worden. Aber ich habe meine Niedergeschlagenheit überwunden. Die Reaktion auf meinen Roman hat dazu geführt, dass mir alles andere gleichgültig wurde. Im Moment fühle ich mich geistig richtig schlaff, ich habe seit dem 23. September nichts mehr geschrieben und seit Trimesteranfang nur Bücher fürs College gelesen.

Ich weiß nicht, ob ich euch beeindrucken kann. Aber ich versuche es einfach. Ich habe bis jetzt den gesamten Chaucer und den gesamten Spenser gelesen – und zusätzlich rund 1000 Seiten, die zweispaltig bedruckt sind, mit einer so winzigen Schrift wie der in der Bibel! Diese Woche lese ich *Das verlorene Paradies*. Das vermittelt euch vielleicht einen Eindruck davon, wie viel ich arbeiten muss.

Danke für die Fotos, die ihr mir geschickt habt. Ihr habt euch wohl alle immer das schlechteste Licht ausgesucht? Übrigens, trägt Satti eine randlose Brille? In ihrem Gesicht muss die ja grotesk wirken. Ich muss sagen, dass Mira von den 3 Mädchen am distinguiertesten aussieht. Sagt Satti, dass ich ihr einen ausgesprochen garstigen Brief geschrieben, ihn dann aber doch zerrissen habe. Ich habe ihre Handschrift und ihren Lerneifer – vielmehr den Mangel daran – kritisiert.

Morgen fahre ich nach London. Ich verbringe mal ein Wochenende außerhalb von Oxford, und zwar mit einem Mann, der Kamla aus Indien kennt. Er ist als eine Art religiöser Spinner nach England zurückgekehrt, hat einen Bart und ist Vegetarier. Er hält Vorträge im Radio und schreibt hin und wieder einen Brief an die *Times*. Indien, Benares und Kamla lobt er in den höchsten Tönen, und er hat mir versichert, dass Abschlüsse von indischen Universitäten nicht grundsätzlich gering geschätzt werden. Er ist schon lange genug in Oxford, er sollte es also wissen.

Grüße an alle, von
Vido

University College, Oxford
1. Dezember 1951

Ihr Lieben,

ich bin sehr froh, dass es mit der Unruhe zu Hause ein Ende hat.

Wenn ich in diesem Trimester nicht oft nach Hause geschrieben habe, dann liegt das daran, dass ich furchtbar viel zu tun hatte. Ich musste den ganzen Spenser und den ganzen Milton lesen – das ist wirklich eine Menge.

Vor etwa vierzehn Tagen habe ich ein Wochenende bei der Familie eines Mannes verbracht, der Kamla aus Indien kennt. Ich habe das Wochenende sehr genossen, denn dieser Mann hat ein Auto, sodass wir zusammen mit einigen seiner Freunde eine schöne Tour machen konnten – von Horsham in Sussex nach Chichester, wo es eine wunderbare Kathedrale gibt, und schließlich nach Portsmouth. Wir kamen Sonntagabend gegen elf in Portsmouth an und waren gegen zwei Uhr früh wieder in Horsham. Den nächsten Vormittag verbrachten wir in London. Ich habe die Capos besucht, und dann hat mein Freund mich in seinen Club im Westend mitgenommen. Um halb zwei bin ich mit dem Bus wieder nach Oxford zurückgefahren. Es war sehr schön und sehr interessant.

Erfreulicherweise ist mein Tutor mit meiner Arbeit sehr zufrieden. Zwar schreibe ich nicht viele Aufsätze – dieses Trimester waren es nur 4 –, aber wenn ich denn einen schreibe, ist er ausgezeichnet. Das ist keine Prahlerei, denn mein Tutor ist wirklich beeindruckt. Er möchte sich meinen Roman ansehen, und wenn er ihn gut findet, will er zunächst dafür sorgen, dass mir das College einen Zuschuss von 15 £ gibt, damit ich den Roman ordentlich abtippen lassen kann, und dann will er versuchen, einen Verlag dafür zu finden. Auch Robertson vom Ashmolean ist weiterhin von meinem Roman beeindruckt und scheint keinen Zweifel daran zu haben, dass er früher oder später veröffentlicht wird und dass ich das Zeug zu einem guten Schriftsteller habe.

Mein Dekan (dessen Vater Direktor von Eton war) ist mir aufgrund all dessen inzwischen sehr freundlich gesinnt und hat versprochen, die Kosten für die Reparatur meiner Schreibmaschine zu übernehmen, und die werden sich immerhin auf 50 Shilling belaufen. »Inder«, hat er gesagt, »sind charmante Menschen, sehr praktisch veranlagt, manchmal sogar genial. Aber Sie sind wirklich erstaunlich ungeschickt.« Ich habe mir das alles angehört, ohne mich verdrießen zu lassen.

Am achten dieses Monats geht das Trimester zu Ende. Eigentlich wollte ich nach Spanien fahren, aber das wird womöglich am Geld scheitern. Aber keine Sorge. Ich habe jede Menge Arbeit, und ich muss mich auch wieder an meine Kurzgeschichten setzen. Ich glaube, ich werde vom 8. bis 14. nach London fahren. Ich kenne dort einen Deutschen, den ich besuchen möchte – ich bin mir ziemlich sicher, dass ich gute Chancen habe, über Weihnachten nach Deutschland eingeladen zu werden, wenn ich es klug anstelle! Hoffen wir das Beste.

Eins kann ich über die Deutschen, die ich bisher kennen gelernt habe, jedenfalls sagen: Sie achten die Inder und fühlen sich zu ihnen hingezogen. Ich war mal in einem Restaurant, und da saß mir ein Mädchen gegenüber – blond – und lächelte mich an. Ich lächelte zurück und fing dann an zu lachen, denn ich fand die Situation äußerst amüsant. Wie sich herausstellte, war sie Deutsche. Wir plauderten eine Weile, und dann ging sie. Und dann gab es da noch die charmante Frau auf dem Schiff; eine sechzigjährige Deutsche, die ich vor etwa 2 Monaten in meiner Pension kennen gelernt habe – sie war völlig begeistert vom Hinduismus und Mystizismus –; schließlich den Deutschen in der National Gallery in London, der ausgesprochen nett zu mir war und darauf bestand, mir den Saal zu zeigen, wo ein grober Überblick über die deutsche Malerei geboten wird.

Es wird langsam kalt. Vor ein paar Tagen habe ich mir Handschuhe gekauft – 24 Sh, aber es war notwendig.

Es ist seltsam, aber in diesem Trimester hat sich mein Bekanntenkreis plötzlich vergrößert, und meine Nachmittage sind immer verplant. Ich habe es mir außerdem zur Gewohnheit gemacht, essen zu gehen und abends um elf noch einen Kaffee im Randolph zu trinken, Oxfords teuerstem Queen's Park Hotel, wo ein Kaffee einen Shilling kostet!

Heute Morgen zum Beispiel habe ich mit Robertson Kaffee getrunken. Heute Abend gehe ich ins Theater. Morgen Abend zeigt der Filmclub einen Film. Am Montag bin ich zum Tee verabredet. Am Dienstag ein Treffen der literarischen Gesellschaft, gefolgt von einem vom Dekan spendierten kalten Büfett. Am Mittwoch kommen ein paar ausländische Gäste zum Tee. Gestern war ich auf einer Abendgesellschaft unseres neuen Rektors. Auf dem Papier klingt das alles sehr aufregend, und vielleicht wird es mir im Rückblick auch so erscheinen, aber im Moment kommt es mir nicht so vor.

Übrigens, sagt Pa, dass ich seine vielen Auslassungszeichen[5] nicht mag. Man sollte sie so sparsam wie möglich einsetzen.

Viele Grüße
Vido

8.1.52

Mein lieber Vido,

gerade eben habe ich deinen Brief gelesen, in dem du berichtest, wie du die Capos verabschiedet hast. Ihr Schiff wird diesen Freitag hier eintreffen. Ich bin gespannt, ob Capo S. mir immer noch so missgelaunt begegnen wird wie früher.

Ich wünschte, du hättest mir gesagt, welche Hemdengröße du momentan hast. Das hättest du schon vor über einem Monat tun sollen; dann hättest du die Hemden jetzt nämlich schon. Wenn ich in den nächsten vierzehn Tagen nichts von dir höre, kaufe ich dir drei Hemden Größe 14 1/2 – die Größe, die ich trage. Du brauchst uns dafür kein Geld zu schicken. Wenn du es tätest, würde ich mir schäbig vorkommen. So schlecht geht es uns finanziell nun auch wieder nicht.

Offen gestanden war ich sogar etwas verschwenderisch. Ich war so dumm, Johnson 15 $ für ein kleines Seestück in Öl zu bezahlen. Er hätte es spätestens vierzehn Tage vor Weihnachten abliefern sollen. Er erzählte mir, das Bild – von der Maracas Bay – sei fertig, aber er habe es »heute« zu Hause vergessen. In Wahrheit hatte er das Bild überhaupt noch nicht gemalt. Ich habe es immer noch nicht bekommen. Wo wir gerade beim Thema sind... Dein breitformatiges, unvollendetes Aquarell von den Aiknath-Läden in Petit Valley habe ich rahmen lassen und aufgehängt. Es sieht gut aus.

Ich habe noch ein paar Schnappschüsse von den Leuten daheim gemacht. Die Negative habe ich weggebracht, und sobald sie fertig sind, schicke ich dir Abzüge; Kamla schicke ich ebenfalls welche.

Heute versinke ich in Arbeit. Ich muss eine zweiteilige Reportage über Lebensmittelherstellung und die Vermarktungsgesellschaft schreiben. Das muss ich heute Abend noch machen, denn morgen früh muss ich mich an einen Artikel über Heiratsvermittlung setzen. Eine weitere – halb fertige – Geschichte heißt »Der letzte Grasschneider« – sie handelt von diesen Männern, die frisch geschnittenes Gras aus den Caroni-Sümpfen zu den Stallungen bringen. Wenn ich das hinter mich gebracht habe, will ich natürlich nur noch ausruhen, faulenzen oder schlafen.

Kamla hat uns seit November nicht mehr geschrieben, nicht einmal eine Weihnachtskarte. Velma und Joy hatten mehr Glück. Sie haben eine Weihnachtskarte bekommen.

Letzten Samstag habe ich mich an einem Aquarell des Teichs in der Senke von Rook Garden versucht. Das Ergebnis gefällt mir nicht besonders. Der Teich ähnelt eher einem Fels.

Besser gelungen ist mir ein Seestück nach einem kleinen Foto von einem der alten »Trinidader«.

Ich mache mir Sorgen um Kamla. Ich begreife nicht, wieso sie nicht nach Hause schreibt, sehr wohl aber an andere Leute. Bitte sag ihr, dass sie uns schreiben soll.

Womöglich hätte Sati dir heute oder morgen auch geschrieben, wenn ich nicht eben einen Bogen Luftpostpapier ruiniert hätte und deshalb jetzt ihren benutze. Auch meine Schreibmaschine macht Scherereien, das N und das G klemmen, und das V bewegt sich überhaupt nicht. Deine Mutter hat versucht, die Mechanik zu ölen, während ich diesen Brief an dich tippte. Die Folge: ölverschmiertes Papier.

Kopf hoch. Wenn es an der Zeit ist, wirst du bestimmt eine Stelle finden. Und wenn du nicht sofort eine findest, hast du immer noch zu Hause. Schreib ein paar Kurzgeschichten, um dir ein bisschen Geld dazuzuverdienen. Später kannst du sie dann zu einem Buch zusammenstellen. Unser Haus ist jetzt hell und freundlich. Schöne Teppiche und so weiter. Vielleicht lasse ich nächste Woche das Haus von außen streichen. Wir denken jeden Tag an dich.

Pa

VI

16. Januar 1952 –
8. April 1952

Frühjahrstrimester,
Osterferien 1952

University College, Oxford
16. Januar 1952

Liebste Kamla,

seit zwei Tagen bin ich wieder in Oxford. Ich habe die schlimmsten Ferien hinter mir, die ich je in diesem Land verbracht habe. Ich war furchtbar deprimiert und hatte schreckliches Heimweh. Aber jetzt rappele ich mich langsam wieder auf, wie man so schön sagt.

Vielen Dank für deine Karte. Mir ist durchaus bewusst, dass du in ein paar Tagen Geburtstag hast. Eine Karte werde ich dir nicht schicken, aber hiermit meine besten Wünsche.

Ach übrigens, ich arbeite jetzt für eine andere Oxforder Zeitschrift. Es ist der *Oxford Tory*, eine politische Zeitschrift, wie du unschwer am Titel erkennen kannst. Aber ich mache mir wegen der politischen Ausrichtung der Zeitschrift nicht groß Gedanken. Ich bin für die äußere Gestaltung zuständig und habe eine neue Titelseite entworfen. Ich werde dir ein Exemplar zuschicken, wenn die Zeitschrift aus der Druckerpresse kommt.

Ich verspreche, einmal pro Woche sowohl dir als auch nach Hause zu schreiben. Ich habe ewig nichts mehr von dir gehört, aber daran bin ich selbst schuld, das weiß ich. Erzähl mir, was es Neues gibt – was du für Pläne hast. Wann gehst du aus Indien weg?

Falls du dich auch so unerträglich einsam gefühlt hast wie ich in den letzten Wochen, dann war es umso schofeliger von mir, dir nicht zu schreiben. Ich bitte dich von ganzem Herzen um Verzeihung und kann zu meiner Entschuldigung nur vorbringen, dass es mir so schlecht ging, dass ich nicht einmal entspannt Zeitung lesen konnte. Aber jetzt ist das alles vorbei – hoffe ich. Ach, es ist so mühsam, erwachsen zu werden! Die Jahre scheinen sich endlos vor einem auszudehnen, und man sieht nicht, wohin der eigene Weg geht.

Pa hat mir erzählt, dass du schon lange nicht mehr nach Hause geschrieben hast. Offenbar ist er gekränkt, und das kann ich verstehen. Bitte schreib ihm. Ich liege oft abends im Bett und wünsche mir, ich würde am nächsten Morgen zu Hause aufwachen, wünsche mir, ich könnte kurz nach »nebenan« ins Rialto gehen oder nach Point Cuman fahren, um eine Runde im Meer zu schwimmen.

Da ich in den Ferien überhaupt nichts getan habe, will ich in diesem Trimester so hart wie möglich arbeiten; ich hoffe, meine Gesundheit und seelische Verfassung spielen mit.

Ich habe kürzlich ein paar hübsche Fotos von zu Hause geschickt bekommen – du auch, wie ich höre.

Ruth und Capo R. haben mich zu Weihnachten eingeladen, und ich bin der Einladung gefolgt. Es war auch gut so, denn ich war kreuzunglücklich. Ruth mag dich sehr, aber ich verstehe schon, warum du das Gefühl hattest, du würdest durchdrehen, wenn du noch länger bei ihnen wohnen müsstest.

Capo R., Owad und ich sind nach Southampton gefahren, um Capo S. zu verabschieden. Es war eine anstrengende Fahrt. Wir kamen am Freitagvormittag um zehn an. Man sagte uns, das Schiff habe Verspätung und werde erst um 21 Uhr eintreffen. Und um 21 Uhr hieß es dann, das Schiff komme erst am nächsten Tag! Zu guter Letzt reisten sie dann aber doch ab; ich habe ihnen ein paar Geschenke für zu Hause mitgegeben. Bitte schreib den anderen bald.

Viele Grüße, Vido

24.1.52

Mein lieber Vido,

ich hätte diesen Brief früher schreiben sollen, aber da ich ihn nicht sofort geschrieben habe, als die Capos uns deine Weihnachtsgeschenke und den Brief gegeben hatten, habe ich ihn – bis jetzt – nicht geschrieben. Der beste Zeitpunkt, jemandem zu schreiben, ist, gleich nachdem man einen Brief von ihm bekommen hat.

Vielen Dank für die schönen Weihnachtsgeschenke. Shiva ist sehr stolz auf seinen Malkasten und das Puzzle. Die Schokolade für deine Mutter hat uns allen gut geschmeckt, und die Abdullahs[1] waren erst nach drei Tagen alle.

Es tut mir sehr Leid, dass ich meine Drohung nicht wahr machen und dir die Hemden schicken kann. Mein Auto hat einen Unfallschaden, und die Reparatur kostet mich 90 $. Ich habe 10 $ angezahlt und schulde dem Mann von der Werkstatt noch den Restbetrag. Ich bin also ziemlich »blank«.

Die Capos wirkten richtig glücklich, als sie hier ankamen. Ich war aber seit 8 Tagen nicht mehr in Nr. 17, deshalb weiß ich nicht, ob sich das geändert hat. Er war übrigens sehr nett zu mir.

Sati und die anderen gehen wieder zur Schule. Ich weiß nicht, ob Sati vorhat, ihr HC zu machen. Wenn sie die Bestnote nicht erreicht, wird sie es natürlich tun. Ich glaube übrigens nicht, dass sie die Bestnote bekommen wird.

Mira ist durch die Prüfung gefallen – zum zweiten Mal. Savi hat bestanden – sie ist 20. geworden. Deven besucht wieder das QRC und hat ein Stipendium bekommen, und Sita geht auf die Klosterschule. Suren[2] geht auf das Eastern Boys Gov't, wo Romily Dir. ist. Vielleicht wird Shivan im April in die Tranquillity School aufgenommen, denn dann soll Romilys Onkel dort die Schulleitung übernehmen.

Kamla schreibt uns überhaupt nicht mehr. Sie soll dir sagen, warum.

Herzlichst, dein Pa

(Auf der Rückseite schreibt dir deine Ma.)

Mein lieber Vido,

danke für deine Weihnachtsgeschenke. Ich hoffe du bist wirklich gesund wie Mamie erzählt pass bitte gut auf dich auf und sei nicht zu leichtsinnig.

Kamla hat uns seit Nov. keine Zeile mehr geschrieben auch keine Weihnachtskarte. Ich wäre froh, wenn du herausfinden könntest warum und es mich wissen lässt. Sie kann sich gar nicht vorstellen, wie sehr sie uns damit verletzt und traurig macht. Warum sie uns nicht schreibt weiß ich nicht.

Aber um eins bitte ich dich wirklich heirate kein weißes Mädchen, bitte tu das nicht. Mamie hat mir erzählt, dass die Mädchen verrückt sind nach den Jungs die nach England kommen, um zu studieren. Sie denken, die wären sehr reich, und wenn du eine heiratest dann wirst du deines Lebens nicht mehr froh (ich behaupte nicht, dass du das machen wirst). Dein Ziel muss sein, zu studieren, sonst nichts. Es gibt auch jede Menge indische Mädchen, die in England studieren. Wenn du eins von denen heiratest, aber erst, wenn du mit der Universität fertig bist, werde ich sehr glücklich sein.

Deine dich liebende Ma

Du solltest dich damit abfinden, dass es Leute gibt die dir übel wollen und dich verleumden. Achte gar nicht auf sie.

31. Jan. 52

Lieber Vido, vorhin habe ich einen Brief an Kamla geschrieben. Wir haben gestern einen Brief von ihr bekommen – nach zweimonatigem Schweigen. Sie sagt, sie hat nicht geschrieben, weil einer meiner Briefe sie »sehr, sehr tief gekränkt« hat. Sie gibt zu, dass das kindisch von ihr war, und meint, ich solle ihr »ein paar freundliche Briefe« schreiben, dann wäre alles wieder gut. Sie sagt, sie brauche Zuspruch. Nun, ich habe ihr einen sehr schmeichelnden und dennoch aufrichtigen Brief geschrieben, der hoffentlich dazu führen wird, dass sie ihre Mitte wiederfindet. Ich glaube, Kamla geht es gesundheitlich nicht so gut wie früher, als sie noch hier war. Anscheinend steht sie unter ungeheurer nervlicher Anspannung. Sie scheint sich vor ihren Prüfungen zu fürchten, die übrigens am 27. März beginnen. Ich sehe die Situation genau vor mir: Die Leute erwarten erstklassige Ergebnisse von ihr, und sie will unbedingt – mit aller Macht – diese Erwartungen erfüllen. Daher ihre Anspannung. Bei dir beobachte ich eine ähnliche Neigung. Mach dich frei davon. Lerne, ruhig und gelassen dein Bestes zu geben.

Ich schlage vor, dass auch du ihr ein paar freundliche Briefe schreibst. Sie muss schrecklich einsam sein und großes Heimweh haben. Sehnsucht kann zur Krankheit werden. Sprich ihr Mut zu, was die Prüfungen angeht. Dieser Brief wird dich wohl noch rechtzeitig erreichen, und du musst dann bloß unverzüglich deinen eigenen schreiben.

Schickst du mir bitte ein Exemplar der Zeitschrift, für die du die Titelseite entworfen hast?

Ich habe gelesen, dass ein Buch von Selvon bei Wingate erscheinen wird und die British Book Society es als »Buch des Monats« empfiehlt. Der Glückspilz. Dieser Roman, mit dem Titel *A Brighter Sun*, handelt von der Heirat zweier indischer Jugendlicher in Trinidad. Genau meine Idee. Und ich bezweifle, dass Selvon besonders viel über das Leben der Inder hier bei uns weiß. Ich gebe zu, dass mir das Ganze ziemlich zu schaffen macht. Ich habe – was natürlich dumm von mir ist – das Gefühl, meines Themas beraubt worden zu sein.

Sitzt du zurzeit an neuen Kurzgeschichten? Ich hoffe doch sehr. Dieser Erfolg von Selvon wird bestimmt dazu führen, dass ich selbst wieder mehr tue. Ich bin mir vollkommen sicher, dass ich ein genauso gutes Buch schreiben könnte wie Selvon – und über indische Themen ein noch besseres. Allerdings hat Selvon natürlich den Vorteil, jünger zu sein als ich.

Capo S. arbeitet jetzt in Port of Spain. In Caroni hat er aufgehört. Gefährliche Gegend. Wusstest du, dass der ehemalige Abg. C. C. Abidh[3] kürzlich abends gegen neun Uhr in seinem Haus in Charlieville erschossen worden ist? Das ist etwa eine Woche her, und man weiß noch nicht, wer ihn umgebracht hat.

Du hast versprochen, einmal pro Woche zu schreiben, aber du tust es nicht. Wenn du erst einmal mit einem Brief anfängst, wird er im Nu fertig sein, du brauchst bloß zu schildern, was sich am selben Tag oder auch nur in den letzten Stunden ereignet hat. Deine Mamie hat deiner Ma erzählt, dass »die englischen Mädchen die westindischen Jungs auf ihren Fingern (denen der Mädchen) tanzen lassen«. Ma ist seitdem in großer Sorge. Sie denkt, dass du vielleicht mir nichts, dir nichts ein weißes Mädchen heiraten wirst, dabei will sie doch unbedingt, dass du eine Inderin heiratest. Deine Mamie hat ihr erzählt, dass »viele indische Mädchen aus Trinidad in England studieren«. Wenn man eine Untersuchung anstellen würde, käme heraus, dass die Mehrzahl der gemischten Ehen scheitert.

Mach also keine Dummheiten.

Herzlichst
dein Pa

Lieber Vido,

nach zwei Monaten haben wir endlich einen Brief von Kamla bekommen. Sie hat darin geschrieben, dass sie bei einem der Briefe von deinem Vater sehr gekränkt war. Das Auto hatte einen Unfall und die Reparaturen haben 100 $ gekostet, aber der Anlasser muss noch repariert werden. Das neue Jahr fängt ja gut an! Hoffen wir, dass es besser wird.

Die Bücher für dieses Jahr sind sehr teuer. Ich muss jeden Cent dreimal umdrehen. Wenn die Ausbildung der Kinder früher so teuer gewesen wäre wie sie jetzt geworden ist, glaube ich nicht, dass ich mir das leisten könnte. Aber insgesamt ist alles teurer geworden. Pass auf deine Gesundheit auf und sei ein braver Junge.

Deine dich liebende Ma

University College, Oxford
31. Januar 1952

Ihr Lieben,

gestern habe ich euren Brief bekommen. Es freut mich, dass die Sachen, die ich euch geschickt habe, wohlbehalten angekommen sind. Anscheinend hat Mamee das Bild vom unschuldigen Jungen aus Trinidad gemalt, der von weißen Sirenen ins Verderben gelockt wird, ein Schicksal schlimmer als der Tod. Dieses Bild ist natürlich falsch. Wenn man hört, dass sich Soundso in England unglaublich mit den Mädels amüsiert hat, dann ist es nicht angebracht, den Mädchen Vorwürfe zu machen, sondern den Jungen zu bemitleiden. Selbst in Trinidad kann man sich unglaublich mit den Mädels amüsieren! Und glaubt mir, hier in diesem Land ist man sich, vielleicht mehr als in jedem anderen Land, stets der Klassenunterschiede bewusst. Diese Unterschiede existieren wirklich, da können die Leute sagen, was sie wollen. Und was soll man schon tun, wenn sich einer nur mit den ordinärsten Frauen auf einer Stufe wiederfindet?

Aber ich bewege mich in anderen Kreisen. Vielleicht entbehren sie allzu sehr der nötigen weiblichen Würze, aber ihr braucht euch jedenfalls keine Sorgen zu machen. Englische Mädchen fühlen sich genauso sehr vom Geld angezogen wie indische. Die Tatsache, dass ich arm bin, schließt mich sehr wirkungsvoll von jeglichem Heiratsmarkt aus. Die englischen Mädchen sind nicht liederlicher als alle anderen, und auch an die französischen Mädchen kommt man, ungeachtet ihres Rufs, nicht leichter heran als an andere (zumindest nicht ein armer Schlucker wie ich).

Die Frauen, mit denen ich bisher zu tun hatte, habe ich alle zufällig kennen gelernt. Man schließt Bekanntschaft, fast ohne es zu merken. Diese Begegnungen entwickeln sich allerdings fast nie zu dauerhaften Freundschaften. Und ich muss zugeben, dass mich das ziemlich bedrückt. Ich bin leider nicht zum Mönch geschaffen. Ich könnte mich sehr leicht nach Herzenslust amüsieren, wenn ich wollte, ich müsste mir nur weismachen, dass ich keinerlei Intelligenz besitze, dass ich so dumm bin wie der Junge aus Tunapuna, der mit Ach und Krach die Prüfung schafft und von seinen Eltern auf die Universität geschickt wird, »um dicke Bretter zu bohren«. Ihr braucht euch also wirklich keine Sorgen zu machen. Ich erzähle niemandem, ich sei reich. Ich bin nicht mit blendendem Aussehen gesegnet, und ich bin kein Mann mit hervorragenden Verbindungen. Eine absolute Null, mit anderen Worten.

Na gut, ich habe also den ersten *Oxford Tory* dieses Trimesters durch die Druckerpresse gebracht. Und in zwei Tagen erscheint die zweite Nummer. Eine Zeitschrift zu gestalten ist sehr interessant, und obwohl wir mit lahmen und fantasielosen Druckern zusammenarbeiten, haben wir den *Tory*, glaube ich, doch gehörig aufgemöbelt. Diese Zeitschrift bringt mich in Oxford natürlich nicht weiter. Aber ich bin mehr oder weniger mein eigener Chef, und da ich den Ansichten der Torys nicht im Entferntesten zuneige, könnt ihr euch vorstellen, was für einen Reiz diese Arbeit für mich hat. Ich lerne auch viel über Umbruch und Gestaltung – lerne es auf die mühsame Art –, und solche Erfahrungen sind immer begrüßenswert.

Was Kamla angeht: Ich habe schon seit einiger Zeit keinen Brief mehr von ihr bekommen. Ich weiß nicht, ob sie krank ist. Ich glaube – vermute vielmehr –, dass sie einfach bockig ist, wie ein Kleinkind. Hoffen wir, dass sie ihre Trotzphase bald überwunden hat.

Ich arbeite dieses Trimester etwas besser als letztes. Und ich habe das sichere Gefühl, dass es im Laufe der nächsten Wochen noch besser werden wird. In den letzten zwei Monaten habe ich die schlimmste seelische Krise meines Lebens durchgemacht. Erst ganz langsam stellt sich wieder ein, was die meisten von uns fast immer haben, ohne dass uns bewusst wäre, wie wunderbar das ist: innere Ruhe. Ich erzähle das nicht, um euch zu beunruhigen, sondern um zu erklären, warum meine wenigen Briefe so missmutig gewesen sind. Das sind wohl die Qualen des Erwachsenwerdens.

Das College hat mir übrigens die Reparatur meiner Schreibmaschine bezahlt: 30 Sh. Ich werde von der Collegeleitung außerordentlich zuvorkommend behandelt, und ich hoffe wirklich, dass ich sie nicht enttäusche.

Um diesen Brief zu schreiben, habe ich meine – kursorische – Lektüre (das Buch ist langweilig) von Conrads *Lord Jim* unterbrochen. Ich muss für eine exklusive literarische Gesellschaft an der Universität einen Vortrag über den »Gebrauch der ersten Person Singular in der englischen Literatur« vorbereiten. Es ist ein interessantes Thema, für das ich aber viel lesen muss, noch dazu viel Langweiliges.

Ich merke, dass das ein ziemlich wirrer Brief geworden ist. Ich hasse es, schlecht zu schreiben, egal, zu welcher Zeit; aber wenn der Frühling kommt und die Sonne scheint, wenn die Mädchen sich ihrer tristen dicken Mäntel gleich Winterkokons entledigen und mit ihren leuchtend bunten Baumwollkleidern wieder Leben und Fröhlichkeit auf die Straßen bringen – nun, dann werde ich mich vielleicht wieder spüren. Es hat dieses Jahr erst zweimal geschneit. Ziemlich enttäuschend!

Viele Grüße
Vido

6. Februar 1952

Lieber Pa,

hier sind zwei Exemplare der Zeitschrift, die ich de facto leite. Wie du der Titelseite entnehmen kannst, musste ich fast alles allein machen. Ich schreibe Artikel um und gestalte die Seiten. Letztes Trimester war die Zeitschrift noch ausgesprochen langweilig, die Artikel waren einspaltig gesetzt, bestanden aus langen, unlesbaren Absätzen und hatten keinerlei Zwischenüberschriften.

Vielleicht findest du es komisch, dass ich die Zeitschrift der Oxforder Torys mache. Es erstaunt mich selbst, und ich könnte auch gar nicht mehr sagen, wie es eigentlich dazu gekommen ist, dass ich die Leitung der Zeitschrift übernommen habe. Solche Dinge passieren wohl einfach. Bis Ende des letzten Trimesters hatte ich noch nie von der Zeitschrift gehört. In diesem Trimester leite ich sie. Ich habe ein Plakat gestaltet, das beste Werbeplakat, so finden einige Leute, das seit langem in Oxford zu sehen war. Und es geht aufwärts mit der Zeitschrift. Die erste Ausgabe hat sich besser verkauft als jede andere davor.

Macht euch keine Gedanken wegen meiner politischen Gesinnung. Hier in Oxford lasse ich sie schlicht beiseite. Es ist einfach unübersehbar, dass die Leute hier die Politik wie ein Spiel angehen, ohne wahre Ernsthaftigkeit. Und ich habe den starken Verdacht, dass sich diese Haltung in ihrem späteren Leben fortsetzt. Politiker ist für die Leute hier nur ein Beruf unter vielen. Die Fotos für die Nummer vom 5. Februar habe ich von einem Kommunisten bekommen. Er traute seinen Ohren nicht, als er erfuhr, dass sie in einer Tory-Zeitschrift abgedruckt werden sollten.

Ich lege auch das Programm eines Stücks der College-Theatergruppe bei. Gestern Abend war Premiere, und sie war ausverkauft. Das war für mich genauso erfreulich wie für die Mitglieder des Ensembles, denn ich habe die Werbung gemacht, und bei der Premiere hängen die Besuchszahlen in erster Linie von der Werbung ab. Aber die Freude währte nicht lange. Heute ist nämlich der König[4] gestorben. Er war in irgendeiner Weise mit unserem College verbunden, und deshalb beschlossen der Dekan und der Rektor, das Stück abzusetzen. Meine Aufgabe war es dann, zu »ent-werben«, will sagen, die Plakate abzunehmen und in der Stadt bekannt zu geben, dass das Stück abgesetzt worden war. Nachdem meine Helfer und ich dieser Arbeit eine Stunde lang nachgegangen waren, informierte man uns, dass das Stück morgen doch gespielt werden dürfe. Also machten wir uns wieder ans Werk – an die »Wiederbewerbung«!

Oxford hat rund 100 000 Einwohner, die meisten davon Arbeiter, die sich bei Morris Motors ein paar Kilometer östlich von Oxford ihr Brot verdienen. Immerhin habe ich nur 14 £ für Werbung ausgegeben und war damit ziemlich erfolgreich.

Viele Grüße
Vido

University College, Oxford
9. Februar 1952

Liebe Kamla,

danke für deinen Brief. Ich bin froh, dass nichts Schlimmes bei dir vorgefallen ist. Ehrlich gesagt hatte ich mir schon gedacht, dass du aus purem Trotz nicht geschrieben hast.

Bitte entschuldige diese alte Schreibmaschine. Sie springt ständig. Ich muss jedes Mal die Rücktaste benutzen, damit es nicht so aussieht, als schriebe ich in Spalten. Da, schon wieder habe ich es vergessen!

Ich bemühe mich seit einiger Zeit, richtig hart zu arbeiten, und finde langsam wieder in meinen Rhythmus hinein. Meine Depression ist fast verflogen, und darüber bin ich sehr froh. Ich nehme an, dieser Brief wird dich zu einer Zeit erreichen, in der du härter arbeitest denn je, und ich wünsche dir dafür alles Gute.

Ich war in den letzten drei Wochen ausgesprochen beschäftigt, musste mich um die Redaktion des *Tory* und die Werbung für das College-Theaterstück kümmern. Aber heute Abend war Gott sei Dank die letzte Vorstellung, und ich kann wieder selbst über meine Zeit verfügen. Ich muss in acht Tagen einen Vortrag bei einer literarischen Gesellschaft halten, und dafür ist auch noch mal eine Menge Arbeit nötig.

Der Winter verabschiedet sich nur zögernd. Wir hatten bloß zwei Tage Schnee, und das finde ich ein bisschen enttäuschend. Ich freue mich sehr auf den Frühling – noch fünf Wochen. Ich versuche es zurzeit irgendwie einzurichten, dass ich mal eine Weile aus diesem Land herauskomme. Ich glaube, ich werde noch mal nach Paris fahren. Ich finde, es ist eine wunderbare Stadt, um sich zu entspannen. Dass der zulässige Betrag für Auslandsreisen auf 25 £ gekürzt wurde, schränkt einen schon ziemlich ein, aber ich kenne einen Franzosen hier am College, der versprochen hat, mir im Tausch gegen englische Pfund ein paar Francs zu geben.

Ich weiß nicht, was sich bei dir getan hat – mit deinem Stipendium. Ich glaube, ich fände beides gut. Es wäre prima (sofern wir genug Geld haben), wenn du hier in England wärst. Und ein weiteres Jahr in Indien würde dir vermutlich auch gefallen. Ich wünschte, ich könnte nach Indien kommen, um dich zu besuchen und mir das Land anzusehen. Aber das ist nur ein Traum und wird es wohl auch bleiben.

17. Feb.

Tut mir Leid, dass ich unterbrochen habe. Ich musste einen 5000 Wörter langen Vortrag über den »Gebrauch der ersten Person Singular in der erzählenden englischen Literatur« schreiben. Jetzt ist er fertig – zumindest die Rohfassung –, und ich werde den heutigen Tag auf den Feinschliff verwenden.

Ich weiß nicht, ob du das gleiche Problem hast, aber ich stelle fest, dass es wenig gibt, worüber ich in meinen Briefen schreiben könnte. Es geht mir gut, die Arbeit läuft wieder besser, ich habe genug Freunde. Ich habe bisher nichts verkehrt gemacht und gedenke es auch weiterhin so zu halten.

Nur das Wetter bietet Gesprächsstoff, und das ist im Moment ziemlich scheußlich.

Vielleicht interessiert es dich, dass Gocking[5] und seine Familie derzeit in Oxford sind. Ich habe sie dreimal besucht. Gocking ist zu einem Kurs an der Universität hier. Und das in seinem Alter! Findest du nicht auch, dass das die reinste Geldverschwendung ist?

Sei gegrüßt, meine liebe Kamla,

von
Vido

University College, Oxford
19. Februar 1952

Ihr Lieben,

es ist jetzt 20.10 Uhr. In fünf Minuten muss ich vor der literarischen Gesellschaft des College, »The Martlets«, einen Vortrag über »Gebrauch der ersten Person Singular in der erzählenden englischen Literatur« halten. Ich habe ihn erst heute am späten Nachmittag abgeschlossen, kurz vor dem Abendessen. Zwar habe ich den Großteil schon vor ein paar Tagen geschrieben – ich fing um zehn Uhr abends an und arbeitete bis morgens um drei durch –, doch ich musste feststellen, dass mir das Schreiben nach dieser langen Pause große Mühe bereitete, erst nach zweitausend Wörtern kam ich richtig in Schwung und begann, wirklich gekonnt und geistreich zu schreiben.

Dann habe ich ein paar Tage verstreichen lassen, und heute Abend habe ich die letzten 600 Wörter geschrieben. Gut sind sie nicht geworden. Meine Ausführungen sind ungewöhnlich stümperhaft, und meine Versuche, witzig zu sein, sind plump und primitiv. Aber jetzt ist es zu spät, um noch etwas zu ändern.

»The Martlets« ist eine traditionsreiche literarische Gesellschaft in Oxford. Früher, vor dem Krieg, wurden immer auswärtige Redner eingeladen, Männer wie Lord David Cecil oder der berühmte Kritiker C. S. Lewis. Heute versammeln sich die Mitglieder alle vierzehn Tage, meistens beim Dekan, machen es sich gemütlich, trinken Portwein und lauschen dem Vortrag eines Studenten.

Normalerweise muss man während seiner Zeit in Oxford nur einen derartigen Vortrag halten, aber ich wurde so verdammt früh ausgewählt, dass ich womöglich zwei oder gar drei halten muss. Der heutige ist mein erster. Nervös bin ich nur ein bisschen, zumal ich die meisten der Leute kenne, vor denen ich sprechen werde.

Ich habe eine ziemlich hektische Woche hinter mir. Erstens habe ich den *Tory* fertig gestellt. Zweitens habe ich ein Plakat für die Oxford Experimental Theatre Group angefertigt und weitere Plakate für die Gruppe entworfen. Übrigens kenne ich mich auf dem Gebiet der Typographie mittlerweile hervorragend aus. So gut, dass die Drucker des *Tory* sogar schon bedauert haben, dass ich für Umbruch und Gestaltung zuständig bin. Mich können sie nämlich nicht für dumm verkaufen. Vermutlich ist dies das größte Kompliment, das sie einem machen können.

Aber jetzt muss ich wirklich aufhören und zu dieser Versammlung gehen. Wenn ich zurückkomme, schreibe ich den Brief fertig und erzähle euch, wie es gelaufen ist.

Mittwochvormittag. Tja, meine Lieben, mein Vortrag ging den Leuten runter wie ein Glas erstklassiger Champagner. Sie lachten immer genau dann, wenn sie lachen sollten. Heute Morgen hat mir jemand gesagt, mein Vortrag sei mit Abstand der brillanteste gewesen, den er in dieser Gesellschaft je gehört habe. Offenbar habe ich also doch noch ein bisschen was von meinem früheren Feuer. In meinem Referat mache ich übrigens die meisten Leute zur Schnecke. Defoe: Er wird gepriesen, so behaupte ich, weil er so wahrhaftig ist. Was heutzutage wohl kaum mehr als ernst zu nehmendes Kriterium gelten kann. Defoe bleibe ein Klassiker, erklärte ich, weil man *Robinson Crusoe* Kindern aufzwinge, die keinen Widerstand leisten könnten. Dann würden die Kinder erwachsen, und die Zeit des Lesens liege endlich hinter ihnen. *Robinson Crusoe* sei allen bekannt. Jeder habe davon gehört, aber keiner lese es. So müsse es natürlich ein Klassiker bleiben. Ich parodierte Henry James. Zitierte ein paar Zeilen von Cecil Hunte über den Telegrammstil: »Ein Schuss ertönte. Ein Mann fiel tot um. Zwei weitere Schüsse ertönten. Zwei weitere Männer fielen tot um.«

Alles in allem bin ich sehr zufrieden. Und in der anschließenden Diskussion habe ich zu meiner Überraschung festgestellt, dass ich mich mit Romanen besser auskenne, als ich dachte.

Das Wetter ist richtig schön heute Vormittag, der erste schöne Vormittag seit sechs Wochen. Es ist so warm, dass ich keinen Pullover brauche.

Sagt Satti, dass ich ihr sehr für ihren Brief danke und versuchen werde, ihr zu antworten, sobald meine Zeit es zulässt. Aber urteilt selbst: Ich muss bis morgen Vormittag noch zwei Aufsätze über einige Dichter schreiben, die vor vierhundert Jahren in schottischem Dialekt geschrieben haben. Und übermorgen muss dann mein Aufsatz über angelsächsische Lyrik fertig sein.

Grüße an alle zu Hause!

Es freut mich, dass ihr und Kamla euch wieder vertragt.

Viele Grüße
Vido

University College, Oxford
24. Februar 1952

Ihr Lieben,

Sonntag. Es ist wärmer als gestern, und man spürt, dass der Frühling endlich angefangen hat. Fünf Wochen des Trimesters sind vorbei. Drei stehen noch bevor. Bislang ist dieses Trimester für mich nicht ganz erfolglos gewesen. Ich habe einiges auf die Beine gestellt. Ich habe geholfen – und zwar sehr wirkungsvoll –, für das Stück des Collegetheaters Werbung zu machen. Ich habe geholfen, den *Oxford Tory* herauszugeben. Ich habe eine Reihe neuer Leute kennen gelernt. Ich habe einen guten Vortrag für die literarische Gesellschaft The Martlets geschrieben.

Neulich habe ich beim British Council in der Blackhall Road ein paar Exemplare des *Guardian* und der *Gazette* gesehen. Ich habe auch einen Artikel von Pa gefunden. Irgendwas über Textilien, wenn ich mich recht erinnere. Ich habe dieses Trimester nur wenig geschrieben, genau genommen gar nichts. Und gestern habe ich eine Geschichte, die ich letzten Juli geschrieben habe, ins Sekretariat des College gebracht. Die Mädchen dort werden sie für mich abtippen.

Ich stelle fest, dass ich kaum etwas zu erzählen habe. Ich lebe so ein ruhiges Leben, tue Tag für Tag das Gleiche. Worüber soll ich schon schreiben?

Ich kann euch höchstens erzählen, euch so detailliert wie möglich schildern, was ich heute, an einem Sonntag, tun werde. In zwei Stunden, um Viertel nach eins, gehe ich in den Speisesaal zum Mittagessen. Der Speisesaal ist ein langer hoher Raum mit einem riesigen Kamin, der nie benutzt wird. Die Decke ist holzgetäfelt, und einige der Fenster haben Buntglasscheiben. An den Wänden hängen Bilder bedeutender Männer, die früher einmal an unserem College waren. Attlee war übrigens auch hier an der Universität. Am hinteren Ende des Raums steht die erhöhte Speisetafel, an der die Fellows sitzen. Zum Mittagessen werden sie allerdings nicht da sein. Das Mittagessen wird aus einem kalten Salat bestehen – immer eine grässliche Angelegenheit, besonders aber, wenn es auch draußen kalt ist. Es wird Wurst, Schinken und andere Sachen geben, die ich nicht esse. Ich werde den Mann, der das Essen serviert, bitten, sie wegzubringen. Das wird er tun. Wenn ich Glück habe, werde ich etwas kaltes Huhn bekommen. Ansonsten etwas kaltes Lamm. Nach dem Essen gehe ich in den Junior Common Room hinauf. Dort werde ich Kaffee trinken und einen Krapfen essen. Ich trinke Kaffee und lese Zeitung. Um zwei gehe ich wieder auf mein Zimmer und arbeite bis um drei. Um drei werde ich mir etwas Besseres anziehen. Ich bin nämlich im Norden Oxfords zum Tee verabredet. Ich werde bis 7 wegbleiben. Wenn ich um sieben wieder ins College zurückkomme, gehe ich auf ein Glas Bier in den Bierkeller, meistens trinke ich ein kleines Stout für vierzehn Cents. Um 19.15 gibt es Abendessen – sonntags immer Huhn –, und um acht bin ich mit dem Kaffee fertig. Um acht werde ich das College eiligst wieder verlassen, denn ich gehöre dem Oxforder Filmclub an, der heute Abend einen französischen Film zeigt. Um elf bin ich wieder zurück und arbeite bis etwa zwei Uhr nachts in meinem Zimmer. Morgen beginnt das Ganze von neuem.

Viele Grüße
Vido

University College, Oxford
26. Februar 1952

Meine liebe Kamla,

danke für deinen Brief. Es tut mir wirklich Leid, dass ich so ein schlechter Briefpartner bin. Ich habe mir selbst und dir versprochen, häufiger zu schreiben, aber ich schaffe es immer noch nicht so oft, wie ich möchte.

Dass ich nicht häufiger schreibe, hat vor allem einen Grund. Es gibt so wenig, worüber ich schreiben könnte. Ich hatte ziemliche [Scherereien] wegen der Schreibmaschine, auf der ich diesen Brief schreibe. Ich schrieb einen [Brief nach dem anderen], nachdem sie meine [Walze] einbehalten hatten, ohne irgendetwas daran zu machen. Ich wollte wissen, was sie getan hätten, [wenn ich] nicht nachgefragt hätte. Der Verwaltungschef antwortete und forderte mich auf, meine Unterstellung, sie hätten die Schreibmaschine ohne meine Nachfragen behalten, zurückzunehmen. Was ich dann auch getan habe. Sie haben die Reparatur bezahlt, aber die Maschine ist steinalt und kann deshalb nicht mehr richtig repariert werden.

Ich habe meinen Vortrag »Der Gebrauch der ersten Person Singular in der erzählenden englischen Literatur« vor der literarischen Gesellschaft The Martlets gehalten. Er kam ziemlich gut an, und dieser kleine [Lücke] Erfolg hat mich sehr gefreut (ignoriere diese Lücke bitte, das ist eine der Kapriolen, die meine Schreibmaschine neuerdings schlägt).

Ich bin schon ein bisschen enttäuscht, dass ich dich dieses Jahr nicht zu Gesicht bekommen werde, aber die Zeit vergeht so schnell, dass wir wahrscheinlich beide alt sein werden, bevor wir es überhaupt bemerken. Und eigentlich macht mir das nichts aus. Es mag dich überraschen, aber ich habe festgestellt, dass ich mich unbedingt irgendwo niederlassen und all die Dinge haben will, für die ich noch vor ein paar Jahren nur Verachtung empfand: einen Beruf, eine Frau, eine Familie usw. Glück ist etwas sehr Flüchtiges. Es umgibt einen, und man weiß es nicht. Erst wenn irgendeine tief greifende Erschütterung erfolgt, wenn irgendetwas die Ruhe und Langeweile des Alltags zerstört, wird einem klar, was man einmal hatte und verloren hat.

Es ist schwer zu glauben, dass Satti kein kleines Mädchen mehr ist, und auch Mira nicht.

Ich hoffe, du kannst arbeiten, ohne durch Gefühlsdinge abgelenkt zu werden, und ich hoffe, du arbeitest gut. Ich werde dir in ein paar Tagen wieder schreiben.

Viele Grüße
Vido

28. Feb. 52

Lieber Vido,

herzlichen Glückwunsch, dass deinem Vortrag vor der literarischen Gesellschaft so viel Erfolg beschieden war. Das sollte dein altes Selbstvertrauen zum Teil wiederherstellen.

Die Ablehnung hat dir, genau wie es mir ergangen wäre, einen schlimmen Schock versetzt. Aber jemand wie du bleibt nicht lange in der Versenkung verschwunden. Menschen wie wir sind wie ein Korken, den man ins Wasser wirft: Wir mögen zwar einen Moment lang untertauchen; aber dann schnellen wir zwangsläufig wieder in die Höhe. Mein Rat an dich ist: Unternimm noch einen Versuch, sofern du momentan genug Zeit übrig hast; aber lass für eine Weile die Finger von Satiren; bemühe dich mehr um realistische Schilderungen. Es wird dir todsicher glänzend gelingen.

Zwei Anzeichen gibt es, an denen du erkennen kannst, dass ich nachlasse: Das Blumenzüchten wird mehr und mehr zu der einzigen Sache, die mir wirklich gefällt; und meine Handschrift entwickelt sich zu der leserlichen, wohl gestalteten Kalligraphie des typischen Absolventen der CM[6] School. Und noch ein drittes Anzeichen: Ich kann dem Bedürfnis nicht widerstehen, jeden Tag von 1 bis 3 ein Mittagsschläfchen zu halten. Wenn ich aufwache, ist es gerade die richtige Zeit, ein Glas Milch oder Kakao oder was sonst da ist, zu trinken: Danach rauche ich eine Zigarette, schaue nach den Orchideen usw.; und vielleicht gieße ich die Pflanzen. Rauche und esse erneut; und, das Beste von allem, gehe ins Bett. Ins Kino gehe ich nur noch selten. Es ist unmöglich, gleichzeitig einen Film zu sehen und zu schlafen.

Der Karneval ist vorbei. Er war weder besser noch schlechter als letztes Jahr. Savi wollte in Jeans und Bluse in die Stadt gehen, aber das habe ich ihr nicht erlaubt. Natürlich gelte ich deshalb jetzt als altmodisch. Capo S. habe ich seit etwa zwei Wochen nicht gesehen. Vermutlich frischt er die alten Kontakte nach und nach wieder auf.

Ich sitze an zwei (kurzen) Geschichten, eine davon kommt mir allerdings so albern vor, dass ich mir unsicher bin, ob sie überhaupt etwas taugt. Ich habe sie: »By St. Peter, by Saint Paul« genannt – eine schöne Charakterskizze eines gewissen Laloo, von dem du vielleicht schon gehört hast. Egal aus welchem Blickwinkel man Laloo betrachtet, er ist und bleibt ein großer Witz. Wenn du ihn so gut kennen würdest, wie ich ihn kenne, wüsstest du, was ich meine. Ich hatte es als schlichte Charakterskizze geplant, habe sie geschrieben und dann festgestellt, dass sie nicht so lebendig war wie eine Kurzgeschichte. Also probierte ich, eine Kurzgeschichte daraus zu machen, merkte aber, dass der Text – was die Dialoge angeht – erst nach zwei Dritteln wirklich zu leben beginnt. Kein Gleichgewicht. Also habe ich mich darangemacht, ihn erneut umzuschreiben. Wenn ich fertig bin, taugt er womöglich überhaupt nichts mehr! Du siehst also, dass ich tatsächlich nachlasse. Was soll ich tun?

Deine Mutter fühlt sich seit über einer Woche nicht auf der Höhe. Sie hat Probleme mit dem Magen. Heute Nachmittag war sie bei Dr. Rampersad (Mavis), um sich untersuchen zu lassen, war aber zu spät dran. Sie wird es morgen Vormittag noch einmal versuchen. Mach dir deswegen keine Sorgen. Es ist nichts Ernstes… Die Klosterschule – und Bishop's ebenfalls, wie ich höre – macht es dummen Schülern sehr schwer. Man muss das SC beim ersten Mal mit Bestnote bestehen, eine zweite Chance bekommt man nicht! Ich frage mich, was Mira wohl tun wird.

Alles Liebe von uns allen
Pa

University College, Oxford
2. März 1952

Ihr Lieben,

diese Woche habe ich einen Brief von Kamla bekommen. Offenbar ist sie vollauf damit beschäftigt, sich auf ihre Prüfungen vorzubereiten, die nächste Woche stattfinden.

Ich habe auch von Satti gehört, und es hat mich ziemlich – nein, enorm – gefreut, dass sie mit einer guten Note abgeschnitten hat. Eine solche Leistung hätte ich ihr nicht zugetraut. Sie muss wirklich noch sehr kindlich gewesen sein, als ich weggegangen bin, oder vielleicht war ich auch zu sehr mit mir selbst beschäftigt, um sie richtig wahrzunehmen. Aber jetzt ist ihr Englisch endlich das einer einigermaßen gebildeten Frau. Sie sollte stolz auf sich sein.

Ich habe Capo S. versprochen, ihm bei Gelegenheit zu schreiben, aber wie ihr wisst, habe ich zum Briefeschreiben bisher nur wenig Zeit gefunden. Wenn ihr ihn oder jemanden aus der Familie seht, richtet ihm bitte ganz herzliche Grüße von mir aus. Vielleicht schreibe ich ihm demnächst einmal.

Ich wüsste gerne, ob ihr euch zu Hause inzwischen daran gewöhnt habt, dass Kamla und ich nicht mehr da sind. Ich weiß noch, dass ich mich nach Kamlas Abreise etwa einen Monat lang entsetzlich unglücklich fühlte und mich nur langsam an den Gedanken gewöhnen konnte, dass sie nicht mehr zu Hause war. Aber dann habe ich mich doch daran gewöhnt. Wenn ich zurückdenke, fällt mir auf, dass ich noch nicht mal achtzehn war, als ich von zu Hause wegging. Es war schon abenteuerlich. Wobei meine Abenteuer und Probleme im Vergleich zu den gewaltigen Abenteuern von Millionen unglücklicher Flüchtlinge und anderer Kriegsopfer natürlich läppisch sind. Trotzdem fände ich es nicht gut, wenn Shivan von zu Hause wegginge, bevor er eine gewisse Reife erlangt hat. Intelligente Hindus verfallen einfach zu leicht der Selbstbetrachtung. Und Selbstbetrachtung führt zu sehr konkreten Unglücksgefühlen.

Übrigens, seid nicht allzu überrascht, wenn ich diesen Sommer zu einem kurzen Aufenthalt nach Hause komme. Mit meinem Stipendiengeld für vier Monate (so lange dauern die Sommerferien) kann ich nämlich gut eine Hin- und Rückfahrkarte kaufen. In zwei Wochen bin ich in London, dann werde ich alles in die Wege leiten. Was haltet ihr davon? Ich fände es wirklich schön, mal wieder ein Weilchen zu Hause zu sein, ohne das Gefühl, für jede Nacht 12 Sh 6 bezahlen zu müssen.

Heute ist Sonntag, und ich habe gerade ein ausgezeichnetes Abendessen zu mir genommen – Pilzsuppe, Huhn, Blumenkohl und Röstkartoffeln, und danach Eis und Kaffee. Das sollte jeden Zweifel an der Qualität und Quantität des Essens hier ausräumen.

Heute bin ich zum ersten Mal seit drei Monaten wieder wirklich guter Stimmung. Ich werde das ausnutzen und heute Abend hart arbeiten.

Ihr müsst mir verzeihen, wenn ich zeitweise nicht schreibe. Ich weiß, was meine Briefe euch bedeuten, aber wenn ich immer über die gleichen Dinge schreibe, wird euch das wahrscheinlich ermüden – mich ermüdet es weiß Gott.

Noch mal meinen Glückwunsch an Satti, und Grüße an sie und die anderen.

Vido

University College, Oxford
7. März 1952

Lieber Pa,

dein Brief hat mich amüsiert. Deine Schrift hat mich amüsiert. Niemand bekommt eine leserliche, gestochene Handschrift, weil er nachlässt. Normalerweise ist es umgekehrt. Außerdem gibt es keinen Grund, auf eine schwungvolle, unleserliche Schrift stolz zu sein. Interessanterweise gibt es in England gerade eine Entwicklung hin zu einer eher altmodischen Art zu schreiben, zu akkurater Schönschrift usw., sodass das Ergebnis deines Nachlassens nicht gerade besonders schockierend ist.

Du klagst über dein unwiderstehliches Verlangen, nachmittags zu schlafen. In den Tropen sollte man nachmittags schlafen. Du kannst kaum ermessen, wie schwer es mir fällt, überhaupt zu arbeiten, wenn hier die Sonne scheint. Solche

Tage scheinen dafür geschaffen, herumzutrödeln und zu faulenzen.

Jemand vom Sekretariat des College hat letzten Samstag meine Geschichte für mich abgetippt. Am Montag habe ich sie Swanzy geschickt. Heute, drei Tage später, kam seine Antwort. Er findet die Skizze »ganz hervorragend«. Sie wird am 27. April gesendet, wahrscheinlich werde ich sie selbst lesen. Auf diese Weise verdiene ich mehr Geld damit. Es ist übrigens das erste Mal, dass Swanzy mich uneingeschränkt lobt. Bei meiner ersten Geschichte war ihm die letzte Seite zu literarisch. Meine zweite war zu persönlich und hatte Längen. Diese ist hervorragend. Das ist doch eindeutig ein Fortschritt, oder?

Ich habe Sehnsucht nach zu Hause. Wisst ihr, wonach ich mich sehne? Nach der Nacht, die ohne Vorwarnung einbricht, jäh und schwarz. Nach einem heftigen nächtlichen Regenguss. Nach dem metallischen Trommeln schwerer Tropfen auf dem Dach oder den Regentropfen, die auf die breiten Blätter der *Tannia*, dieser wunderschönen Pflanze, fallen. Kurz gesagt sehne ich mich einfach nach zu Hause, oder vielleicht nach dem vertrauten Gefühl, daheim zu sein. Und mir fehlen meine Fahrradtouren, das Meer, das Parkett im Rialto und die Sorte Zigaretten, die ich zum Entsetzen aller immer geraucht habe.

Ich werde auf jeden Fall versuchen, diesen Sommer nach Hause zu kommen. Sorgen mache ich mir nur wegen der Rückfahrt nach England. In etwa vierzehn Tagen werde ich in London ins Reisebüro gehen.

Ich habe den Eindruck, dass ich in letzter Zeit etwas regelmäßiger schreibe. Jetzt muss ich aber aufhören, denn ich muss für morgen früh noch einen Aufsatz verfassen.

Herzlichst,
Vido

8. März 1952

Mein lieber Vido,

in den letzten ein, zwei Wochen habe ich viel über dich nachgedacht. Zum einen hatten deine letzten beiden Briefe etwas Betrübtes. Du scheinst einsam, ja traurig zu sein. Das Essen ist offenbar dürftig und von wechselnder Qualität, genau wie es damals bei mir in Jamaika war, weil ich einen Widerwillen gegen alle Arten von Rind- und Schweinefleisch hatte. Ich wünschte, wir könnten wie die anderen alles essen. Dann würden wir uns den Gegebenheiten besser anpassen können – und wären dadurch vielleicht in besserer körperlicher Verfassung. Viele Hindus, die außerhalb Indiens leben, essen heutzutage Rindfleisch.

Ich weiß, ich war dir bisher nicht besonders nützlich; was mich so sehr schmerzt, dass ich dieses Thema lieber nicht vertiefe… Heute endet die erste Woche meiner zweiwöchigen Ferien. Ich arbeite härter, als wenn ich keine Ferien hätte. Aber die Arbeit bereitet mir große Freude, darum spüre ich die Anstrengung kaum. Ich habe eine lange Kurzgeschichte vollendet – eine, an der ich früher schon einmal eine Weile sporadisch gearbeitet hatte. Ich glaube, ich begreife langsam, wie die großen Schriftsteller vorgehen – wenn sie nichts anderes zu tun haben, als zu schreiben, und wenn sie wissen, dass ihr Verleger ungeduldig auf ihre Geschichten, ihren Roman oder ihre Artikel wartet. Man trödelt nur so lange, bis man die Aufgabe anpackt. Dann nimmt sie einen gefangen. Der Schriftstellerei sollte man sich voll und ganz widmen. Man tippt oder schreibt bis mittags. Dann isst man und entspannt sich oder schaut in seinem Gärtchen nach dem Rechten, oder man schläft; wenn man wieder aufsteht, ist man bereit für die nächste Runde. So ist es bei mir zur Zeit. Ich bin mir hundertprozentig sicher, dass ich binnen eines halben Jahres einen Roman zu Papier bringen könnte – wenn ich nichts anderes zu tun hätte. Das geht jedoch nicht. Aber dir will ich genau das ermöglichen. Wenn du nach deinem Studium eine gute Stelle bekommst – wunderbar; aber wenn nicht, dann brauchst du dir nicht die geringsten Sorgen zu machen. Du wirst nach Hause kommen und das tun, was auch ich am liebsten täte – nur schreiben; und lesen und die Dinge tun, zu denen du Lust hast. Auf diese Weise will ich dir nützlich sein. Ich will, dass du die Chance bekommst, die ich nie hatte: dass jemand mich und die Meinen unterstützt, während ich schreibe. Zwei oder drei Jahre sollten ausreichen. Wenn du bis dahin nichts erreicht hast, bleibt dir immer noch genug Zeit, um dir eine Stelle zu suchen. Denk darüber nach. Es ist mein voller Ernst. Ich bezweifele, dass du mit einem normalen Beruf je zufrieden sein wirst. Ich weiß, dass nichts anderes dich glücklich machen wird… nichts anderes als der Erfolg als Schriftsteller, meine ich.

Eben gerade habe ich mir noch einmal angeschaut, was ich getippt habe… Du weißt jetzt also, was ich mir für dich vorstelle. Du hast es zur Zeit bestimmt schwer. Das ist Teil der Mühsal desjenigen, der Höheres anstrebt. Aber es wird vorübergehen. Du musst genau wissen, was du sein willst; einen guten Rat möchte ich dir allerdings geben, obwohl ich weiß, dass du ihn kaum nötig hast. Heirate nicht zu früh. Es würde dich behindern. Heirate erst, wenn du etwas erreicht hast. Und heirate, wen du heiraten willst. Wen du heiratest, entscheidest du allein; obwohl ich es natürlich gerne sähe, wenn du eine Inderin heiraten würdest, musst letztlich du die Wahl treffen. Aber lass dir damit noch viel Zeit.

Wenn du erwägst, dich um eine Stelle beim QRC zu bemühen, solltest du den Kontakt zu Hamer aufrechterhalten. Er kann dir in mehr als nur einer Hinsicht eine Hilfe sein. Ein Posten in der Schulbehörde könnte für dich auch in Frage kommen. Du könntest Schulinspektor werden. Aber dafür müsstest du in Oxford ein Lehrerdiplom machen. Hat nicht auch Rameshwars darauf hingewiesen? Aber wie gesagt, du brauchst dir gar keine Arbeit zu suchen. Du willst

Schriftsteller werden. Ich bin mir vollkommen sicher, dass du ein hervorragender Schriftsteller sein könntest. Ich kenne dich besser als irgendjemand sonst. Du wirst zwei oder drei Jahre sorglos und ungehindert schreiben können. Am Ende dieser Zeit wirst du etwas erreicht haben.

Natürlich muss ich die Schulden bei Mr Sookhdeo abbezahlen. Ich erwarte von Kamla und Sati, dass sie dabei helfen werden. Die Naipauls müssen eine außerordentliche Kraftanstrenung unternehmen, um wieder Oberwasser zu bekommen. Ihr Kinder müsst eure Pläne und eure Arbeit darauf ausrichten…

Kesso Ramcharan hat das Medizinstudium in Indien bekommen, das QRC hat alles außer den Naturwissenschaften bekommen. Bishop's hat zum dritten Mal in Folge das Mädchen-Stipendium bekommen.

Versuch, dich selbst ein wenig aufzumuntern. Vergiss nicht, du brauchst dir keine Sorgen darüber zu machen, was sein wird, wenn du in Oxford fertig bist. Du wirst alle Hände voll zu tun haben. Ich halte dir den Rücken frei.

Viele Grüße von uns
Pa

12. März 1952

Mein lieber Vido,

die Nachricht, dass du in den Sommerferien vielleicht nach Hause kommst, war für uns eine freudige Überraschung. Bist du sicher, dass du eine Hin- und Rückfahrkarte bekommen wirst? Versuche, wenn irgend möglich, eine zu besorgen…

Danke für den Brief und die verschiedenen Ausgaben des *Tory*. Sie sind schön geworden, und ich bin mir sicher, dass du deine Sache gut machst. Deine Seiten sind ansprechend, ohne überladen zu wirken. »Colonist« ist ein Kolumnist, nehme ich an. Wie wäre es mit einer handschriftlichen Autorenzeile? Oder einem Namenszug unter dem Artikel? Ich hatte sofort den Wunsch, die Exemplare Hitchens in die Hand zu drücken, mit dem Kommentar: »Ich glaube, da wächst ein neuer Schlussredakteur heran.« Außerdem hatte ich die Idee, sie Mr Hamer zu zeigen, aber ich wünschte, du hättest sie ihm selbst geschickt. Er wäre bestimmt sehr angetan gewesen und hätte dich und dein Wirken in seiner Rede beim alljährlichen Schulfest ausdrücklich erwähnt. Wir können es uns nicht leisten, solche Gelegenheiten ungenutzt verstreichen zu lassen, sollten uns allerdings nicht in den Vordergrund drängen. Ich für meinen Teil habe stets etwas zu viel Zurückhaltung geübt.

Ich habe versucht, rasch eine Geschichte abzutippen, um sie dir gleich schicken zu können. Aber meine Schreibmaschine hat gestern gestreikt, als noch vier oder fünf Seiten übrig waren. Ich schreibe sie auf Zeitungspapier in Briefbogengröße. Morgen oder übermorgen werde ich sie dir auf jeden Fall schicken. Ich habe zwei Versionen – eine lange und eine kurze, die etwa 2 500 Wörter umfasst; die richtige Länge für die BBC. Ich möchte, dass du die Geschichte sorgfältig liest, und solltest du sie gut genug finden, schick sie bitte an Mr Swanzy mit dem Hinweis, dass sie von mir stammt und dass sie Teil eines Kapitels des Romans ist, an dem ich gerade schreibe. Genau dafür will ich sie tatsächlich auch verwenden. Beginne sobald wie möglich wieder mit der Arbeit an einem Roman. Beschreib die Dinge, wie sie sind, in realistischem Stil, humorvoll, wenn es sich anbietet, aber auch nur dann. Solltest du um ein Thema verlegen sein, nimm mich. Fang so an: »Er saß an dem Tischchen und schrieb auf, welchen Tieren die Verwandten seiner Frau entsprachen. Er dachte scharf nach. Er wollte präzise sein; ging wie ein Wissenschaftler zu Werke. Er schrieb: ›Die Füchsin‹, dann ›Der Skorpion‹; als fünf Minuten verstrichen waren, hatte er eine Liste zusammengestellt, die sich wie folgt las: …«

Ich habe das jetzt nur im Scherz geschrieben, aber man könnte es tatsächlich so machen.

Die Sache mit Selvon macht mich richtig nervös. Können zwei Menschen über dieselben Themen schreiben und gleichermaßen erfolgreich sein? Herrgott! Dieser Mann hat mich schamlos meiner Einfälle beraubt. Monatelang hatte er beim *Guardian* meine Geschichten auf dem Tisch; dann geht er hin und schreibt über dieselben Themen. Natürlich habe ich mir sein Buch noch nicht angeschaut, geschweige denn es gelesen. Und das werde ich auch garantiert nicht tun. Denn es wäre eine Qual für mich. Lies du es und sag mir, was du davon hältst... Du hattest Recht, was R. K. Narayan angeht. Ich mag seine Kurzgeschichten, aber sein Roman *The English Teacher* ist unausgegoren. Sein Englisch ist oft unenglisch und verrät den Ausländer. Nichtsdestotrotz scheint er Talent zu haben, und er hat aus diesem Talent etwas gemacht, wovon ich selbst wahrhaftig noch weit entfernt bin.

Was gibt es sonst Neues? Sati hat sich ungemein über deine Komplimente gefreut; es steht nun endgültig fest, dass sie das HC machen wird. Das bedeutet weitere zwei Jahre Schule. Ich habe die Hoffnung, dass Mira und Savi es ihr gleichtun werden, wobei Savi offenbar die intelligentere ist; kein Wunder, dass sie frecher und vorwitziger ist.

Das ständige Lamentieren deiner Mamee über das ewig gleiche Thema – wie schön es in England ist und wie unangenehm in Trinidad – ist nervtötend. Ich bin sicher, dass sowohl sie als auch ihr Mann übertreiben... Hast du Mrs Jean Peremanand – Owads Frau – schon kennen gelernt? Sie ist ihrem Ehemann natürlich nachgefolgt, und Miss Dhan könnte kaum geknickter sein.

Nimm dich gegenüber Owad in Acht. Was immer er über dich erfährt, wird binnen kurzem hier die Runde machen. Nicht, dass du ihn ganz meiden solltest; sei nur einfach vorsichtig.

Heute habe ich zum ersten Mal einen neuen Reifen

gekauft. Ich besaß keinen Ersatzreifen mehr. Habe eine Anzahlung in Höhe von achtzehn Dollar geleistet und bin noch dreiundzwanzig Dollar und ein paar Cent schuldig. Auch einen Schlauch habe ich gekauft... Letzten Sonntag ist die ganze Naipaul-Sippe runter zur Manzanilla Bay gefahren. Auf der Hinfahrt platzte am Ortseingang von Curepe mit lautem Knall einer der Hinterreifen. Die Schuld des Mannes, der in der Stadt den Reifendruck kontrolliert hatte; zu stark aufgepumpt.

Wir haben den Ersatzreifen montiert und sind weitergefahren, als wäre nichts gewesen. Die anderen Reifen haben gehalten, und jetzt habe ich also einen neuen Ersatzreifen. Wir haben übrigens Pilaw und Bananen gegessen und süße Getränke getrunken. Kein Wunder, dass Ma und ich nach dem Essen geradezu trunken vor Müdigkeit waren. Aber wir haben nicht geschlafen. Es war ein schöner Tag; die Sonne schien, und die ganze Zeit wehte eine angenehme Brise.

Johnson hat mir mein Bild gebracht. Es ist eine Strandszene bei Carenage mit dem Titel »Ruhende Boote«... Übrigens, würdest du »hub an« oder »hob an« schreiben? Ich habe gesehen, dass Narayan letzteren Ausdruck benutzt...

Dein dich liebender Pa

University College, Oxford
24. März 1952

Kamla, mein Schatz,

dies ist ein verzweifelter Hilferuf. Ich bin pleite, pleite, pleite.

Könntest du mir 5–10 £ schicken. Es eilt nicht, aber versuche, mir das Geld bis Ende Mai zukommen zu lassen.

Ich tue, was ich kann. Ich schreibe wie ein Besessener. Wenn ich es schaffe, 30 £ dazuzuverdienen, ist alles in Ordnung.

Wenn du mir kein Geld schicken kannst, mach dir keine Gedanken.

Tut mir Leid

Vido

28.3.52

Mein lieber Vido,

heute Vormittag habe ich eine Anzahlung (25%) auf deine Schiffspassage nach England geleistet.

Du musst jetzt nur noch die Reise hierher buchen. Ich weiß nicht, mit welchem Schiff du kommen willst, aber wenn du am 19.6. die Colombie nehmen würdest, wärst du am 3.7. hier und könntest 62 Tage in Trinidad bleiben.

Deine Rückreise habe ich für die Überfahrt gebucht, bei der du am 4. Oktober an Bord der Colombie Trinidad verlässt und am 17. Okt. in Southampton bist.

Da du in diesem Fall 6 Tage nach Trimesterbeginn in England ankommst, habe ich dir auch einen Platz für die Überfahrt reserviert, bei der du am 23.8. mit der Colombie in Trinidad abreisen und am 5.9. in Southampton sein würdest.

Aber versuche, den Dekan deines College oder deinen Tutor davon in Kenntnis zu setzen, dass du 6 Tage nach Trimesterbeginn ankommst, dann musst du hier nicht am 23.8., sondern erst am 4.10. abreisen; du wärst also 62 Tage bei uns statt bloß 49 Tage.

Du könntest auch eine Passage auf einem Tanker buchen (288 $), und dann könntest du die Fahrt mit der Colombie stornieren, aber das muss spätestens zwei Monate vor

Reisebeginn geschehen. Du wirst genug Zeit haben, dich darum zu kümmern, wenn du zu Hause bist.

Mach dir keine Sorgen wegen der 360 $ für die Überfahrt; vielleicht gelingt es dir, dass du in die Kabine für 65 $ statt in die für 75 $ kommst.

Wenn du erst einmal hier bist, ist alles gut. Mach dir keine Sorgen, aber bring so viel Geld wie möglich mit; es wird uns helfen, die Restsumme für die Rückfahrt zu bezahlen. Wir warten alle schon auf dich.

Herzlichst
dein Pa

Malaga, Spanien
6. April 1952

Ihr Lieben,

ich hätte schon vor meiner Abreise schreiben sollen, aber ich hatte keine Zeit. Seit 30. März bin ich unentwegt auf Reisen. Nehmt eine Karte von Europa zur Hand und folgt mir. Am 29. März habe ich den Bus um 14.15 Uhr von Oxford nach London genommen. Es schneite, hatte schon 36 Stunden ununterbrochen geschneit. Was für Ende März ziemlich ungewöhnlich ist, denn von diesem Monat sagt man hier, er komme wie ein Löwe und gehe wie ein Lamm. London versank im Schnee. Ich habe bei Mamoo übernachtet und mit Owad, Mamoo und Ruth Whist gespielt. Ruth war sehr freundlich, und es scheint ihr viel besser zu gehen als letzte Weihnachten in Brighton. Am Sonntagmorgen machte mir Jean, O.s Frau, Frühstück, und dann sind Owad und ich zur Victoria Station gehetzt, wo ich den Zug zur Fähre nehmen wollte. Wir haben uns wirklich beeilt, aber die U-Bahnen hatten wegen des Schnees Verspätung. So kamen wir gerade noch rechtzeitig in der Victoria Station an, um den Zug nach Newhaven abfahren zu sehen. Aber um 9.30 Uhr fuhr wieder einer. Den nahm ich. Ich fuhr nach Dover und ging dort an Bord des Dampfers nach Calais – wobei ich allerdings die belegten Brote vergaß, die Ruth mir netterweise mitgegeben hatte. Eine schöne, kalte Überfahrt. Calais–Paris. Eine fünfstündige Zugfahrt, die ersten zwei Stunden durch eine vollkommen weiße Landschaft, weiß verschneit. Als wir uns Paris näherten, wurde es allerdings milder. Ich war zu spät dran, um noch den Schnellzug nach Barcelona nehmen zu können. Also musste ich in Paris übernachten – in einem (nicht gerade respektablen) Hotel auf Montmartre. Am nächsten Tag Paris. La Gare d'Austerlitz. Ein romantischer Name – romantische Reisen. Gewaltige Lokomotiven vor Schnellzügen, die Ziele in ganz Europa ansteuern. Abfahrt in Paris um punkt 20 Uhr. Die ganze Nacht nicht geschlafen. Am nächsten Morgen bei N[?] beschlossen, mir etwas zu gönnen, und im Speisewagen gefrühstückt, während draußen die Sonne aufging. Wunderschön. Paris–Châteauroux–Toulouse–Carcassonne–Narbonne–Perpignan–Po… Schaut es euch auf der Karte an. Die Farben waren hinreißend. Das blaue klare Meer… rote, terrassierte Berghänge, die Dächer der Häuser mit gewellten Ziegeln gedeckt, die Mauern ockerfarben, mit blauen oder meergrünen Fensterläden. Sieben lange Tunnel bis Cerbère – durch die Pyrenäen. In C die Grenzformalitäten bei der Ausreise aus Frankreich. Die Pässe kontrolliert und gestempelt. Dann – Spanien. Überall Soldaten. Zahllose lästige Formulare auszufüllen. Umsteigen – vom französischen in den spanischen Zug, der spanische wie eine Spielzeugeisenbahn neben den technischen Meisterwerken der SNCF (Société Nationale des Chemins [de Fers] Français). Will doch der Freude der Franzosen an imposanten Titeln Genüge tun.

In Port Bou gehen vier bewaffnete Polizisten durch den Gang am Abteil vorbei. Später Passkontrolle – die 3. in Spanien. Ich werde wütend und fluche laut auf Englisch: Das Mädchen auf dem Platz gegenüber ist Amerikanerin. Sie hat bis dahin makelloses Spanisch gesprochen, jetzt spricht sie makelloses Amerikanisch, und ich bin zutiefst beeindruckt.

(Kein Papier mehr. Schreibe später weiter.)

Hotel Granada, Malaga
Sonntag Morgen

Heute Morgen um 10.30 aufgestanden und zum Bahnhof gegangen, um mich nach Zügen Richtung Madrid zu erkundigen. Dieses Hotel ist zu teuer. Aber ich habe eins gefunden, wo ich – für 6 Shilling – essen und übernachten kann. Das ist sehr billig, und ich schreibe dies im Schreibzimmer des teuren Hotels, bevor ich nachher in das weniger respektable umziehe.

Also, zurück zum Zug in Port Bou. Nach kurzer Zeit ist das ganze Abteil eifrig am Plappern. Ein Spanier verkündet, er sei Maler und habe ein halbes Jahr in Spanien verbracht. Ein Mädchen steigt zu; er macht prompt Annäherungsversuche. Er zieht ein Foto von seiner Frau aus der Tasche, lässt es herumgehen und schwört, dass er ihr trotz der Verlockungen von Paris treu geblieben ist. Ich schaue mir das Bild an und stimme zu, dass sein Kampf gegen die Versuchung wirklich hart gewesen sein muss.

Um 3 komme ich in Barcelona an – nach 19 Stunden Fahrt. Durchschnittlicher Bahnhof, hässlich und rußgeschwärzt. Am Ausgang lauern Scharen von Männern, die versuchen, einem eine Taxifahrt oder eine Hotelübernachtung anzudrehen. Ich ignoriere sie und nehme, dem Rat einer Frau aus dem Zug folgend, die U-Bahn und fahre zu einem bestimmten Hotel. Das Hotel erweist sich als horrend teuer. Aber – ich habe seit 20 Stunden nicht mehr geschlafen und fast nichts gegessen. Meine Augen brennen, und ich muss ständig blinzeln. Also bleibe ich, nehme ein Bad und gönne mir dann eine reichhaltige Mahlzeit, die mit wohltuender Formvollendetheit serviert wird. Trinke Kaffee in einem

Raum mit Blick auf einen von Barcelonas schönen Boulevards; unterhalte mich mit meiner Gastgeberin und ihrer Tochter – einem schlanken hübschen Ding von 22 Jahren, das Klavier gespielt hatte, während ich aß. Bald bin ich sowohl mit Mutter als auch Tochter am Schäkern. Aber in Spanien herrschen strenge Sitten. Ehrbare Töchter sind nie ohne ihre Mütter anzutreffen. Ich ruhe mich bis zum Abendessen aus. Nach dem Abendessen mache ich einen langen Spaziergang – auf der Suche nach Barcelonas Nachtleben. Überall Lichter. Doch plötzlich weichen die breiten sauberen Straßen schmalen schmutzigen Gassen, gesäumt von Reihen fünf- und sechsstöckiger Gebäude. Ein Junge läuft mir nach und bietet mir eine Schweizer Uhr an – Schwarzmarkt. Ich lehne ab. Das Nachtleben von Barcelona ist ordinär und abstoßend. Es ist nicht einmal unterhaltsam. Barcelona hat nicht die Lebenslust von Paris.

Am nächsten Tag regnet es. Ich stöbere in Buchläden herum und lasse mir von einem Schuhputzer die Stiefel putzen. Lasse mir auch Schnürsenkel einziehen, denn der eine Stiefel hatte überhaupt keine! Das kostet mich 4 Peseten – ungefähr neun Pence.

Am nächsten Tag scheint die Sonne, und ich beschließe, ein paar Sehenswürdigkeiten zu besichtigen. Interessant, aber Fotos werden Barcelona besser gerecht, als jede Beschreibung von mir es könnte. Ich treffe eine junge Schottin, die vorhat, auf einem kleinen Frachtdampfer nach Malaga zu fahren. Ich beschließe, sie zu begleiten. Mit dem Schiff fahre ich in Barcelona ab und gelange nach Malaga. Ich sehe meine schottische Reiseführerin zum letzten Mal und weine ihr keine Träne nach.

Andalusien steht jetzt ganz im Zeichen der Karwoche. Die Preise sind überall hoch. Morgen reise ich ab, nach Córdoba oder Madrid. Ich muss jetzt aufhören.

Viele Grüße
Vido

An Bord des Katalonien-Express
Madrid–Barcelona
8. April 1952

Meine liebe Kamla,

ich sitze in einem Erste-Klasse-Abteil eines spanischen Zuges. Im Abteil herrscht reges Leben, obwohl es schon Mitternacht ist. In spanischen Zügen geht es anders zu als in englischen. Jeder unterhält sich mit jedem, sobald der Zug losfährt und die Fahrgäste von ihrem Leben als eigenständiges Individuum trennt.

Wir sind um 19.15 Uhr in Madrid losgefahren und kommen morgen um 9.30 (also heute) in Barcelona an.

Tut mir Leid, dass ich dich so völlig unverhofft mit einem fremdländisch frankierten Brief überrasche, aber du bist nun mal diejenige, vor der ich meine Herzensqualen ausbreite, wenn es mir schlecht geht. Wenn du nichts von mir hörst, heißt das, dass es mir unerhört gut geht... (Verzeih den Kalauer.)

Wir sind fünf Männer und eine Frau hier in diesem luxuriösen Abteil (im ganzen Zug gibt es nur Erste-Klasse-Abteile). Die Frau sitzt zu meiner Rechten. Sie ist eine echte Schönheit, und wir haben gerade im Speisewagen zusammen einen Kaffee getrunken. Jetzt sagt sie dem gegenübersitzenden Herrn die Zukunft voraus – einem stämmigen, schmierigen Mann mittleren Alters mit ein paar spärlichen Haaren auf seinem fast kahlen, glänzenden Schädel. Der Herr mir gegenüber hat seinen Mantel ausgezogen. Von ihm habe ich das Papier bekommen, auf dem ich diesen Brief schreibe. Füller und Bleistift habe ich von dem Mann rechts von ihm bekommen. Links von mir sitzt ein gut gekleideter Mann, der ziemlich durchschnittlich aussieht.

Der Mann mir gegenüber erzählt lustige Geschichten. Zu meiner Überraschung verstehe ich noch Spanisch und lerne es auch wieder besser zu sprechen.

Ich muss mich für diesen Brief entschuldigen. Es ist schwierig, in einem schaukelnden Zug so schwungvoll, exakt und lesbar zu schreiben wie sonst.

Dabei sind es erst acht Tage, dass ich in Spanien bin.

Das klingt doch nicht englisch, oder? Nein, nein – der Satzbau ist eindeutig spanisch oder französisch.

Einen Tag nachdem der Winter mit einem zweitägigen Schneesturm nach England zurückgekehrt war, sodass das ganze Land unter einer Schneedecke lag, habe ich mich nach Paris aufgemacht, mit dem Zug zur Fähre. Eine ziemlich ereignislose Kanalüberquerung. Dann eine fünfstündige Zugfahrt durch das verschneite Nordfrankreich. Es war zu spät, als dass ich den Schnellzug nach Barcelona noch bekommen hätte, der jeden Abend um 8 von der Gare d'Austerlitz in Paris abfährt. Ich übernachtete in einem angenehm schäbigen Hotel auf dem Montmartre und besuchte am nächsten Tag ein paar Orte, die ich von meinem Aufenthalt in Paris letzten September noch in Erinnerung hatte.

Die Gare d'Austerlitz! Großartig. Sauber, mit riesigen Anzeigetafeln, auf denen die Zugabfahrtszeiten der »*grandes lignes*« aufgelistet sind – mit Zielen in ganz Europa. Was für großartige Lokomotiven die haben! Und wie schnell sie fahren. Nimm eine Landkarte zur Hand und folge dem Zug. Von Paris nach Châteauroux nach Limoges nach Toulouse (Um 3 Uhr morgens. Die alte Bäuerin und der schweigsame Priester steigen aus, und ein paar andere Bauern, die nach Knoblauch riechen, steigen ein), nach Carcassonne nach Narbonne nach Perpignan. Ich frühstückte, während linker Hand M[…] rasch in der Ferne verschwand. Die Sonne ging gerade auf. Ach, war das schön.

2 Tage in Barcelona. Eine große Stadt – 1,5 Mio. Einwohner –, die aus 2 unterschiedlichen Teilen besteht, der Altstadt mit ihren engen Straßen und alten Gebäuden und der neuen Stadt mit ihren geraden Boulevards.

Habe eben das Schreiben unterbrochen, um Zigaretten herumgehen zu lassen. Nur ein Nichtraucher im Abteil!

In B. ein schottisches Mädchen kennen gelernt (26, wie sich herausstellte), die mich dazu verleitete, mit einem Frachtdampfer nach Malaga zu fahren. Also eine 2-tägige Mittelmeerkreuzfahrt – ich die ganze Zeit auf Deck, hundsmiserabel behandelt, während sie, die Beziehungen zur Reederei hat und ziemlich kokett ist, wie eine Königin reist.

Dann Malaga, wo ich mein Möglichstes tue, um sie loszuwerden, was mir auch gelingt. Dann mit dem Zug nach Madrid. Eine wunderschöne Stadt. Wenn du nächstes Jahr nach England kommst, müssen wir mal nach Madrid fahren. Madrid gefällt mir besser als Paris.

So, jetzt muss ich aufhören. Ich möchte mich wieder den anderen hier im Abteil zuwenden. Ich bin auf dem Weg nach England, wo ich in etwa 40 Stunden ankommen werde – fast durchweg Zugfahrt, und zwar 3. Klasse! Das wird ein Spaß!

Viele Grüße, Vidia [durchgestrichen]

Alle nennen mich Vidia – scheußlicher Name –, und ich habe mir sogar schon selbst angewöhnt, mich so zu nennen.

VII

21. April 1952 –
28. September 1952

Sommertrimester,
Sommerferien 1952

University College, Oxford
21. April

Lieber Pa,

deine so prompt und tatkräftig in die Wege geleiteten Vorbereitungen für meine Heimreise waren leider umsonst.

Es bekümmert mich sehr, dich so enttäuschen zu müssen, aber meine finanzielle Lage verbietet es mir strikt, nach Hause zu fahren.

Ich habe in Spanien einfach zu viel Geld ausgegeben. Außerdem bin ich während meiner Nervenkrise (doch, genau das war es) lax und leichtfertig gewesen und habe nach dem Motto »Nach mir die Sintflut« das Geld zum Fenster hinausgeworfen. Die einzige Möglichkeit, meinem gegenwärtigen Chaos beizukommen, besteht darin, dass ich diesen Sommer in England bleibe und sehr bescheiden lebe. Und genau das werde ich tun.

Außerdem sind das meine letzten langen Ferien vor dem Examen, und ich muss hart arbeiten.

In ein paar Tagen werde ich Swanzy deine Geschichte schicken, und ich muss sagen, du schreibst wirklich immer noch hinreißend.

Wenn ich zur Ruhe gekommen bin, schreibe ich wieder.

Viele Grüße, Vido

University College, Oxford
21. April 1952

Liebe Kamla,

vielen Dank für deine 7 £. Sie haben mir sehr geholfen.

Es tut mir Leid, dass ich dir so zur Last gefallen bin, aber ich habe einige ziemliche Dummheiten begangen; ich hoffe nicht, dass sich das wiederholen wird.

In Spanien war es sehr schön. Ich hätte natürlich nicht fahren sollen. Aber nach dem massiven Nervenzusammenbruch, den ich hatte – schien mir eine Reise das Einzige, was mich beruhigen würde.

In ein paar Tagen schreibe ich mehr. Bitte denk nicht schlecht von mir.

Viele Grüße
Vido

2.5.52

Lieber Vido,

ich bin sehr enttäuscht, dass du nun doch nicht heimkommen kannst. Vor ein paar Tagen habe ich meine 90 $ von der Schifffahrtsges. zurückbekommen. 25 $ davon schicke ich dir, der Rest geht an meinen Gläubiger, der momentan nicht auf der Insel ist, denn er ist auf Geschäftsreise im Ausland.

Warum machst du dir so viele Sorgen? Uns hier geht es keineswegs schlecht, und dieser Umstand sollte dich in etwas bessere Stimmung versetzen. Ich schicke dir per Schiffspost das Buch *You and Your Nerves*. Ich glaube, es wird dir helfen, dich von einem Großteil deiner Sorgen zu befreien. Die meisten Dinge, die uns bekümmern, sind eigentlich kein echter Grund zur Sorge.

Deine letzte Geschichte hat mich mit Stolz erfüllt. Sie ist sehr gut geschrieben. Wir haben sie uns alle angehört, und der Empfang war recht ordentlich. Ich glaube, keiner von uns hatte Schwierigkeiten, die Leute in der Geschichte wiederzuerkennen. Warum hast du Mrs Fred nicht Mrs Fred genannt?

Schreib weiter so viele Kurzgeschichten wie möglich. Gib dich den Mühen und Wonnen deiner schöpferischen Arbeit hin; und schreib über westind. Themen oder über die Neger in Westind. Wir dürfen Selvon nicht das Feld überlassen.

Was meint Mr Swanzy zu meiner Geschichte? Ich weiß, sie ist weitschweifig, aber sag ihm bitte, dass sie eigentlich Teil eines Romans ist, und das stimmt ja auch. Außerdem lässt sie sich ohne weiteres kürzen.

Ich bin zu ausgelaugt, um auch nur daran denken zu können, regelmäßig an meinen eigenen Sachen zu arbeiten; ständig muss ich irgendeinen Artikel für den *Wkly Gdn* schreiben. Im täglichen Kampf ums Überleben fühle ich mich von unumstößlichen, unentrinnbaren Fakten und Notwendigkeiten eingeengt.

Wir haben 2 Briefe von Kamla bekommen. Sie scheint bei ihren Prüfungen gar nicht schlecht abgeschnitten zu haben. Die letzte Klausur bekommt sie, glaube ich, morgen zurück. In Englischer Literatur, soweit ich weiß.

Schreib ihr einen liebenswürdigen Brief. Und sei bitte nicht mehr so niedergeschlagen – uns zuliebe.

Herzlichst, dein Pa

University College, Oxford
10. Mai 1952

Ihr Lieben,

ich kann mit keiner Entschuldigung aufwarten, warum ich nicht schon früher geschrieben habe. Ich verspreche immer, dass ich häufiger schreiben werde, aber ich tue es nie. Erlaubt mir, eine frühere Entschuldigung noch einmal vorzubringen. Im August letzten Jahres, glaube ich, hat meine Schreibmaschine einen bleibenden Schaden erlitten. Vielleicht habt ihr bemerkt, dass meine Briefe erst seitdem so selten geworden sind. Es fällt mir schwer, mit Füller oder Bleistift zu schreiben.

Ich habe wenig Neues zu berichten. Höchstens, dass der Frühling jetzt wirklich da ist. Die Sonne scheint ziemlich oft, und Sonne am Morgen ist etwas sehr Schönes. Die Blumen sind herausgekommen, und sie haben hier in England immer reine, unverfälschte Farben: chromgelb, venezianisch rot, rot, blau, mauve. Das Gras ist grün und der Wind mild. Es ist angenehmes Wetter, um Radtouren aufs Land zu machen oder spazieren zu gehen. Die Landschaft in Oxfordshire ist wenig abwechslungsreich. Sie ist größtenteils flach und eintönig. Aber ich empfinde sie als beruhigend. Selbst der Regen hier ist für mich nicht zu etwas geworden, vor dem ich fliehen wollte. Er ist sanft und tut der Haut nicht weh. Vor einer Woche gab es hier ein herrliches Gewitter, nach einem besonders heißen Tag. Die Blitze zuckten, der Donner rollte und krachte – natürlich nicht so heftig wie in Trinidad –, und es regnete. Das Ganze ist mit einem Gewitter auf Trinidad nicht vergleichbar. Der Regen auf T'dad ist ausgesprochen heftig, er scheint einen daran erinnern zu wollen, dass die Natur manchmal wie eine Bestie wüten kann. Der englische Frühlingsregen dagegen ist sanft und angenehm. Ich ging im Gewitter spazieren und ließ mich richtig schön nass regnen. Fast wie in alten Zeiten.

Was meine Freizeitbeschäftigungen angeht: Ich spiele in diesem Trimester Kricket, und ich habe wieder mit der Ölmalerei angefangen. Meine Technik ist besser geworden. Will sagen, die Konturen gelingen mir ganz gut. Das liegt daran, dass ich so viel mit Tusche gezeichnet habe. Aber Farben stellen mich immer noch vor ein Rätsel. Wenn ich mich richtig erinnere, habe ich irgendwann einmal wunderschöne Farben hingekriegt, aber damals konnte ich nicht zeichnen.

Meine Kricketkünste sind natürlich nicht gerade umwerfend.

Wie ihr euch vielleicht denken könnt, habe ich geweint und gefastet, geweint und gebetet, dass zu Hause keiner meine Geschichte anhören würde. Tja! Ihr habt natürlich gemerkt, dass ich meiner Fantasie freien Lauf gelassen habe. Das meiste war frei erfunden. Nur die Grundidee stammte – na, ihr wisst schon, woher. Übrigens habe ich ein Honorar in Höhe von elf Guineen bekommen. Ich habe vor etwa drei Wochen mit Swanzy gesprochen. Er hat mir noch einmal gesagt, dass du deine Geschichten veröffentlichen solltest. Er findet, dass du deine Möglichkeiten verschenkst. Er meinte, du seist ein reiferer und besserer Schriftsteller als Selvon. Würdest du mir also bitte deine Geschichten schicken? Wir brauchen etwa zwölf. Ich habe Swanzy deine Geschichte bisher nicht zugesandt. Ich bin noch dabei, sie radiotauglich zu machen. Sie ist hinreißend geschrieben. Ich habe sie ein paar Freunden vom College vorgelesen – über so herrliche Sätze wie »sie schienen Verwandte des Schlamms« oder »Außenstehende betrachteten den Chandannagarer als eine Art Amphibie« haben sie sehr gelacht.

Ich habe bis jetzt zehn Geschichten geschrieben. Du weißt, dass ich nicht gut schreiben kann. Nicht halb so gut wie du. Dir gelingt eine bestimmte Art von Humor, die mir einfach nicht gelingen will. Deine Weltsicht ist erstaunlich heiter. Na gut, dann schreib eben keinen Roman. Schick mir einfach deine Kurzgeschichten. Und: Bemühe dich nicht um

EINE DRAMATISCHE HANDLUNG. Sie gelingt dir nicht. Mir auch nicht. Beschreibe kleine Episoden. Ich kann mich nicht so gut ausdrücken, wenn mir bewusst ist, dass ich nur beschränkt Platz habe.

Ich habe Satti gebeten, mir zu sagen, welche französischen und spanischen Bücher sie in der Schule durchnimmt. Sie wahrt unverbrüchliches Schweigen. Jetzt könnte ich ihr helfen, aber in zwei Monaten werde ich wahrscheinlich zu viel zu tun haben.

Grüße an alle zu Hause. Und grüßt auch Capo S. von mir, wenn ihr ihn seht.

Vido

19.5.52

Lieber Vido,

in deinem Brief haben mir drei Dinge große Freude bereitet. Erstens, dass du Kricket spielst; zweitens, dass du bereits zehn Geschichten geschrieben hast; und drittens, dass du der Ansicht bist – und Swanzy ebenfalls, ich schriebe sogar besser als Selvon. Ich werde mir das ganz gewiss nicht zu Kopf steigen lassen, aber es tut mir gut, so etwas von Menschen zu hören, die wissen, wovon sie reden.

Warum verabscheue ich diesen Selvon so sehr? Ich weiß, das ist kein schöner Zug von mir. Aber erleben zu müssen, dass dieser Kerl sich wie einer dieser bärtigen Heilsbringer aufführt, ärgert mich. Na ja, soll er ruhig... Von den Geschichten aus der *Gurudeva*-Sammlung habe ich alle bis auf eine abgetippt. Dein Brief, der gestern ankam, hat mich neu angespornt – es waren die Worte: »Swanzy findet, dass du deine Möglichkeiten schlichtweg verschenkst.« Übrig bleiben also noch die Geschichten, die von der BBC verwendet wurden – sowie diejenigen, die Swanzy abgelehnt hat. Von Letzteren glaube ich immer noch, dass es gute Geschichten sind, nur womöglich ungeeignet für den Rundfunk. Also, schauen wir mal, was wir bisher haben –

1. *Gurudeva* (betrachte es als einen Kurzroman)	Getippt
2. »Panchayat«	Getippt
3. »Sonya's Luck« (BBC)	Getippt
4. »Obeah«	Getippt
5. »Copi«	Noch n. getippt
6. »The Wedding«	Getippt
7. »Dookhani and Mungal«	Getippt
8. »Gratuity« (BBC)	Noch n. getippt
9. »Canaan« (keine schlechte Geschichte)	Getippt
10. »The Engagement« (von S. gelobt)	Getippt
11. »They named him Mohun« (von S. abgelehnt)	Getippt
12. »The Diver« (neu – unveröffentlicht)	Muss neu getippt werden
13. »Uncle Dalloo«	Noch nicht getippt (fürs Buch)
14. »Escape«	Noch nicht getippt (fürs Buch)

Ich habe noch ein, zwei andere Geschichten, die mir aber nicht gefallen und die ich darum nicht in diese Liste aufgenommen habe.

b.w.

Du siehst, fast die Hälfte muss noch abgetippt werden. Ich hoffe, bis morgen eine weitere Geschichte fertig zu haben… Aber Francis X (Klosterschule) möchte, dass ich für sie schildere, wie eine hinduistische Hochzeitszeremonie abläuft, und D. Mahabir will von mir einen Artikel über das

Hindu Ecclesiastical Grant für seine Zeitschrift. Ich glaube jedoch nicht, dass ich all das schreiben werde. Wenn diese Tipperei nicht wäre, hätte ich vielleicht ein, zwei Geschichten mehr… Ich habe mir übrigens überlegt, ob wir nicht ein paar deiner besten Geschichten mit dazunehmen könnten – die Autorenzeile würde dann V. und S. Naipaul lauten oder vice versa. Was hältst du davon?… Eben habe ich Sati gebeten, vice versa nachzuschauen, denn als ich sie bat, das zu buchstabieren, tat sie es, und fügte prompt hinzu: »mit Bindestrich«. Natürlich hatte sie Unrecht. So ist das mit Sati – und den beiden anderen Grazien (sind seit vorgestern in Tunapuna).

Gestern Abend habe ich Capo S. bei einer Bhagwat-Zeremonie (einer 7-tägigen Angelegenheit) hier in St. James getroffen, habe aber vergessen, ihn von dir zu grüßen.

Nichts macht uns so froh wie die Gewissheit, dass du frohen Mutes bist; freu dich am Leben – und bleib mit beiden Beinen fest auf dem Boden… Ich werde jetzt gleich etwas essen. Es gibt Carite[1] in Curry mit Reis und reifen Bananen. Das ist alles, allerdings hätte ich Lust, dazu ein oder zwei Glas Bier zu trinken, das mir viel lieber ist als Rum. Rum ist scharf.

Uns geht es allen gut, und lass du es dir auch gut gehen. Beste Grüße, dein Pa.

Ich habe eine Geschichte geschrieben, bei der die Hauptpersonen zum größten Teil Mitglieder meiner Familie sind: Sanyasi ist Sadhu[2], Gurudeva zu 75 % Dinanath[3]. Gopi bin ich selbst usw.

2. Juni 1952

Ihr Lieben,

vor ungefähr drei Wochen habe ich zusammen mit zwei Freunden in meinem Zimmer hier im College eine Bottleparty gegeben. Eine Bottleparty ist eine preiswerte Angelegenheit. Man sorgt nur für einen Begrüßungstrunk, zum Anwärmen. Jeder Gast bringt sich selbst etwas zu trinken mit. Ungefähr vierzig Leute waren da – Männer und Frauen. Die Fete ging um 7 los. Der Dekan kam gegen halb neun und ging um 10 wieder, zu der Uhrzeit, zu der Frauen das College normalerweise verlassen müssen. Als er aufbrach, gab er mir jedoch die Erlaubnis, die Frauen bis um halb elf dazubehalten. Er hatte so viel getrunken oder sich so gut amüsiert, dass er sogar seine Pfeife bei mir im Zimmer vergaß. Die Fete war ein Riesenerfolg. Nachdem wir die Mädchen nach Hause gebracht hatten, entdeckten wir die Pfeife des Dekans. Vier von uns gingen zum anderen Geviert des College hinüber und sangen unter dem Fenster des Dekans: »*Le pauvre Gilles a oublié sa pipe*!« – »Der arme Giles hat seine Pfeife vergessen.« Er zeigte sich nicht. Also brachten wir ihm die Pfeife hoch. Er bereitete gerade eine Vorlesung vor, aber es machte ihm nichts aus, gestört zu werden.

Das Wetter ist in diesem Trimester bisher ziemlich gut gewesen. Ich habe gemalt und gearbeitet. In einem Kricketspiel letzte Woche war mein Ergebnis als Bowler 11-3-25-3, und als Batsman habe ich 13 Runs erzielt (ohne auszuscheiden)[4]. In ein paar Minuten werde ich mich für ein weiteres Spiel umziehen. Ich bin für die erste Mannschaft aufgestellt. Hoffentlich mache ich meine Sache gut.

3. Juni

Na ja, es hat ein bisschen geregnet gestern, und das Spiel war eine ziemlich klägliche Angelegenheit. Ich habe überhaupt nichts getan, nicht gebattet, nicht gebowlt, nur zwei Bälle zurückgeworfen.

Noch drei Wochen bis Trimesterende. Dann kommen die langen Ferien, vier Monate. Ich arbeite in letzter Zeit wieder ziemlich gut und hoffe, dass ich in den Ferien eine Menge Arbeit erledigen kann.

Nächstes Trimester, im Oktober, ziehe ich in ein möbliertes Zimmer um. Ich wohne jetzt seit zwei Jahren im College. Innerer Frieden ist das kostbarste Gut auf dieser Welt. Er ist selbst dann erstrebenswert, wenn man gewisse Ziele dafür aufgeben muss. Ich kann euch nicht sagen, was meine dreimonatige Krankheit mir gebracht hat. Ich muss die Dinge geruhsam angehen. Es ist wie bei einem Glas voll schlammigem Wasser, das man ruhig stehen lassen muss, damit der Schlamm sich setzt und das Wasser klar wird. Als ich mich Anfang April langsam wieder aufrappelte, musste ich erst einmal innehalten und den ganzen Schutt um mich herum in Augenschein nehmen. Dieses Trimester habe ich ihn nach und nach weggeräumt.

Ich kenne natürlich den Grund für meine Krise: Einsamkeit und fehlende Zuneigung. Man ist eben kein Holzklotz, der einfach ins Ausland geschickt wird und dort zwei Kerben zum Zeichen seiner absolvierten Ausbildung erhält. Man ist viel mehr. Man fühlt und denkt. Und manche Leute fühlen und denken bedauerlicherweise etwas mehr als andere, und diese Leute leiden. Es ist Unsinn zu denken, sensible Menschen wären glücklicher oder bedeutender als andere. Keiner interessiert sich für die Tragödien, die man durchlebt – bis man sie besingen kann, und um das zu tun, braucht man inneren Frieden.

Vor rund drei Wochen habe ich zugesehen, wie das indische Team Oxford schlug. Als ich zum Spielfeld kam, hatten die Inder 38 Runs in 3 Overs erzielt, und Hazare und Umrigar batteten. Umrigar ist ein großer hässlicher Mann, außerordentlich kräftig. Vor der Mittagspause hatte er schon 95 Runs erzielt – 4 4er hintereinander –, und bei 205 battete er nacheinander zwei 6er.

Es wird euch wahrscheinlich umhauen, aber ich rasiere mich jetzt alle zwei Tage. Es muss sein, und ich finde es furchtbar lästig.

Sagt Satti danke für ihren Brief. Ich habe die Liste mit den Büchern, die sie haben will, bekommen, aber ich bin im Moment knapp bei Kasse, und deshalb werde ich sie wahrscheinlich erst Ende des Monats schicken. Ich muss selbst haufenweise Bücher kaufen.

Ich habe *Anna Karenina* von Tolstoi fast durch. Im sechsten Teil bricht der Roman vollkommen ein. Die Einheitlichkeit geht verloren. Tolstoi packt alles hinein, was ihm nur irgendwie einfällt, und das macht das Lesen ermüdend. Ich bin zu dem Schluss gekommen, dass unsystematische Lektüre nichts bringt. Ich möchte anfangen, richtig systematisch zu lesen – vor allem Geschichtliches, ich weiß eigentlich nur sehr wenig über europäische Geschichte. Dank meines Studiums kenne ich jetzt Chaucer, Shakespeare, Spenser, Milton, Donne, Marlowe usw. Man muss alle Werke dieser Schriftsteller durcharbeiten.

Letzten Monat ist ein Spanien-Artikel von mir im *Oxford Tory* erschienen. Ich möchte auch für die BBC etwas über Spanien schreiben.

Grüße an alle, und vergesst mich nicht.

Vido

[Von Kamla]

7. Juni 1952

Mein lieber Vido,

gerade heute erst habe ich mir überlegt, dir ein Telegramm zu schicken, um zu sehen, ob du noch lebst. Und wirklich, wenn du vor mir gestanden hättest, wäre ich, glaube ich, vor Wut in die Luft gegangen. Aber alles in allem bist du ja doch ein guter Bruder, und deswegen schicke ich es nicht.

Bevor ich irgendetwas anderes sage, möchte ich dir versichern, dass du in mir eine treue Schwester hast. Lass dich durch nichts aus der Ruhe bringen oder entmutigen. Erzähle mir alles, und glaube mir, ich werde alles verstehen. Zumindest kannst du darauf vertrauen, dass ich dich voll und ganz verstehe. Mir kannst du alles sagen, ohne Scheu. Ich kann mir vorstellen, wie es bei Ruth gewesen sein muss. Vergiss nie, dass die Capildeos einen Hang zum Neid haben. Und da wir diesen Hang kennen, ist es jetzt an uns, zu zeigen, dass auch die Naipauls zu Ruhm und Ehre gelangen können.

Du brauchst nicht enttäuscht zu sein, ich kann es so einrichten, dass ich schon Ende April, vielleicht sogar schon Ende März nächsten Jahres nach England komme. Die Prüfungen in Musik finden normalerweise im Juli statt, aber man hat mir versprochen, dass ich sie mit einer Sondererlaubnis auch im März oder Februar ablegen kann.

Wie du weißt, ist mir die Vorstellung zu heiraten inzwischen richtig zuwider. Ich finde, mit der Hochzeit hört das Leben auf. Außerdem denke ich mehr und mehr, dass es bei der Ehe um all das geht, was mit Sexualität zu tun hat, und das gefällt mir nicht. Ich habe jetzt nur das Ziel, irgendwo eine gute Stelle zu finden und für die Ausbildung von Sati und den anderen zu sorgen. Ich wünsche mir, dass sie Trinidad eines Tages verlassen können und es zu etwas bringen werden. Ich weiß nicht, ob du es schon gehört hast, aber bei uns in der Familie wird es bald wieder Nachwuchs geben. Meine Freude darüber hält sich natürlich in Grenzen. Glaube mir, ich hab eine Weile gebraucht, um die Nachricht zu verdauen. Natürlich kann ich Pa keinen bösen Brief schreiben, der ihn womöglich zum Weinen brächte. Ich habe beschlossen, die Sache auf sich beruhen zu lassen, und hielte es für klug, wenn du das auch tätest. Trotzdem habe ich all diese Sachen vor Augen, und damit rückt der Gedanke ans Heiraten in noch weitere Ferne. Ich sehe es als meine Lebensaufgabe an, für die Ausbildung und das Wohl der Kinder zu sorgen, und auch für das von Ma und Pa.

Du hast nicht mehr viel Zeit bis zu deiner Abschlussprüfung. In diesem Jahr solltest du dich ganz dem Studium widmen – und enttäusch mich nicht. Denk daran, wir sind immer noch arm, und ein Leben in Wohlstand wird erst dann möglich sein, wenn unsere Studienzeit abgeschlossen ist. Wenn wir die Zeit an der Universität vergeuden, vergeuden wir auch unser zukünftiges Glück. Mein heimlicher Ehrgeiz ist es inzwischen, vollkommen unabhängig von unseren Verwandten – sowohl den Capildeos als auch den Sookhdeos – meinen Weg zu machen. Ich hasse unsere gesamte Verwandtschaft.

Ich glaube nicht, dass ich irgendein Stipendium für England bekommen kann. Aber selbst wenn, würde ich es ablehnen. Ich war lang genug von zu Hause weg. Ich finde, jetzt sind die anderen dran.

Meinst du nicht, es wäre besser, wenn ich erst nach deinen Abschlussprüfungen nach England käme? Überleg es dir – ich komme dann, wenn es dir am besten passt.

Gerade habe ich einen Brief von Pa erhalten. (Er hat mir ein Telegramm geschickt, um mir zu gratulieren.) Er beklagt sich, dass du ihm nicht öfter schreibst. Er glaubt, du wärst krank. Also schreib bitte ein paar Zeilen nach Hause.

Grüße von deinem Schwesterherz
Kam

Wenn du mir und den anderen zu Hause öfter schreiben würdest, hättest du kein Heimweh.

16.6.52

Lieber Vidia,

gestern habe ich die letzte Geschichte abgetippt, und ich glaube, insgesamt sind es 14 Geschichten. Die letzten beiden gefallen mir nicht besonders, aber ich habe sie mit aufgenommen, weil ich keine anderen hatte. Ich habe die Sammlung ordentlich in einer Mappe abgeheftet, sodass sich das Ganze wie ein Buch liest. Dennoch möchte ich dich bitten, jede einzelne Geschichte sorgfältig zu lesen, Zeile für Zeile, und nach Fehlern in der Rechtschreibung, beim Satzbau und bei der Verwendung von Bindestrichen Ausschau zu halten.

Ich habe dir das Ganze nur deshalb noch nicht geschickt, weil ich mir nicht sicher bin, wo du die Sommerferien verbringen wirst. Schreib mir also sobald wie möglich, ob du in Oxford bleibst. Nimm keine zu drastischen Änderungen an den Geschichten vor, aber wenn du meinst, irgendwo müsste etwas hinzugefügt werden, solltest du das natürlich tun. Du wirst sicher Auslassungen und dergleichen finden. Übrigens, was hältst du davon, es bei Eyre and Spottiswoode zu versuchen, dem Verlag von R. K. Narayan? Oder vielleicht bei Penguin. Wenn die Geschichten von einem Verlag abgelehnt werden, versuch es bei einem anderen. Während der Ferien hättest du dafür doch Zeit, oder?

Und wie wär's, wenn du einige deiner Geschichten hinzufügen würdest? Frag den Verleger, ob das möglich ist, denn dadurch würde es ein Buch von ansehnlichem Umfang. Und wenn es dir gelingt, einen Verleger zu finden, dann erwähne, dass ich beabsichtige – und diese Absicht zum Teil auch bereits in die Tat umgesetzt habe –, *The Adventures of*

Gurudeva zu einem Roman auszuarbeiten. Ich habe die einzelnen Kapitel bereits grob skizziert und zwei auch schon getippt – »Die Rückkehr Gurudevas« und »Gurudeva wird zum Pandit«.

Und ich habe vor, eine Art Trinidad-Tagebuch zu verfassen, vergleichbar mit Ackerleys *Hindu Holiday*, einem Buch, das du vielleicht schon gelesen hast. Ich könnte darin im Plauderton Szenen aus dem Leben der Inder und der Neger mehr oder weniger ausführlich schildern: alles Wissenswerte über Mahabir-Swami-Pujas und die Suraj-Puran-Rezitation[5], über Tilaks[6] und Hochzeiten und dies und das und jenes.

Weißt du, wir sollten einen Beschluss fassen: Entweder du unterstützt mich, nachdem du dein Studium in Oxford abgeschlossen hast, damit ich mich ganz dem Schreiben eigener Geschichten widmen kann; oder ich unterstütze dich, damit du dich deinem Schreiben widmen kannst...

Offenbar hattest du gewisse finanzielle Schwierigkeiten. Ich hoffe, die fünf Pfund, die ich dir telegrafisch habe anweisen lassen, haben dir ein wenig geholfen. Du solltest unbedingt aufs Geld achten. Ma und Sati und die anderen erzählen mir immer wieder, dass du dich ruinierst, indem du zu viel ausgibst. Ich glaube, irgendwer hat Sati sogar erzählt, du hättest viele Freundinnen.

Halte dich von allem fern, was dich in deinem weiteren Fortkommen womöglich behindern könnte. Deine Ma glaubt, dass du dich von Owad beeinflussen lässt, und macht sich deswegen große Sorgen. Sie misstraut Owad, und ich ebenso. Aber natürlich können wir uns auch irren.

Schreib mir so schnell wie möglich, damit ich dir die Geschichten schicken kann... Heute kam ein Brief von Kamla aus Kaschmir. Offenbar geht es ihr gut.

Herzliche Grüße
dein Pa

University College, Oxford
23. Juni 1952

Satti, mein Schatz,

gerade habe ich zwei Briefe von zu Hause bekommen, und einer davon war deiner. Deiner war in klarem, prägnantem Stil geschrieben, in einer energischen, etwas geneigten Handschrift. Kurzum, ich glaube, du bist erwachsen geworden. Es war ein langsamer und anstrengender Prozess, anstrengend vor allem für die Menschen um dich herum. Aber mir gefällt dein Brief. Er hat mich amüsiert; er hat mich in Rage gebracht, und deshalb habe ich mich, eine halbe Minute nachdem ich ihn zu Ende gelesen hatte, hingesetzt, um diese Antwort zu schreiben.

Ich bedauere, dass ich mich in deinen Augen auf das Niveau einer Figur in einem Universitätsroman begeben habe. Ich bin verschwenderisch gewesen. Das gebe ich zu. Aber wenn ich in den ersten 3 Monaten dieses Jahres nicht verschwenderisch gewesen wäre, dann gäbe es schlichtweg niemanden, der heute diesen Brief schreiben könnte. Ich werde dir klipp und klar sagen, wie es war: Ich konnte es nicht ertragen, irgendjemanden zu sehen; ich konnte es nicht ertragen zu lesen, weil mich das an andere Menschen denken ließ; ich konnte nicht ins Kino gehen; ich konnte nicht Radio hören. Versuch also bitte zu begreifen, dass es für mich an ein Wunder grenzt, wieder durch die Straßen gehen zu können, ohne Angst zu haben, wieder mit jemandem reden zu können, ohne weglaufen zu wollen.

Dieser Drang wegzulaufen fand seinen deutlichsten Ausdruck in meiner Zugfahrt nach Spanien. Ich war ständig in Bewegung. Meine Sorgen beschränkten sich darauf, ob ich eine Übernachtungsmöglichkeit finden oder einen bestimmten Zug erwischen würde. Das hat mir sehr geholfen. Ich bin nicht zu einem undankbaren Sohn oder irgendeiner romantischen Gestalt geworden. Ich bin wieder der, der ich früher war. Ich lese eine Menge und bin wieder ganz der Alte.

Liebe Sati, ich werde deine Bücher in genau einer Woche bekommen. Kannst du noch so lange warten?

Nun ein paar Neuigkeiten über mich: Während ich dies schreibe, läuft ein Mann in meinem Zimmer hin und her. Etwa dreißig Zentimeter von meiner Hand entfernt steht eine Flasche Champagner. Der Champagner gehört nicht mir. Er gehört dem Mann. Durch das Fenster zu meiner Rechten höre ich das Lärmen einiger junger Männer, die sich offenbar schon auf den heutigen Abend freuen. Heute findet hier im College der alljährliche Ball zu Ehren der Universitätsgründer statt, und in dem großen Innenhof hat man ein riesiges Festzelt errichtet. Mein Zimmer ist dem Herrn mit dem Champagner zugewiesen worden. Er ist ein großer, albern aussehender Mann mit einem breiten, irritierenden Grinsen, in dem sich seine Vorfreude auf die Vergnügungen des heutigen Abends ausdrückt. Darf ich dich mit auf den Ball nehmen? Es kostet lediglich zehn Pfund. Soll ich dich mitnehmen? Gestatte mir diese kleine Extravaganz. Einen Collegeball gibt es nur einmal im Jahr. Aber keine Sorge. Ich gehe nicht hin.

Letzten Montag stand mein Name in der *Oxford Mail*. Ausgerechnet wegen eines Kricketspiels. Ich habe für die Collegeauswahl gespielt. Mein Ergebnis als Bowler war: 15 O, 3 M, 33 R und 4 W. Nicht übel! So gut wie ich hat in diesem Spiel kein anderer für die Collegemannschaft gebowlt. Unsere Gegenseite hat 142 Runs erzielt. Unser Endergebnis war 17 (VSN als Batsman mit 0 Runs ausgeschieden)! In meinem letzten Spiel hatte ich als Batsman mit 25 Runs (3 Vierer) das beste Ergebnis, als Bowler habe ich 3 Wickets für 33 Runs erzielt. Mein Kricketspiel ist also immerhin besser geworden.

Letzten Donnerstag hatten die Martlets (die College-Intellektuellen) zu einem wunderbaren Abendessen beim Dekan eingeladen. Ich bin zum Schriftführer der Martlets gewählt worden. Wobei das allerdings nicht unbedingt eine große Ehre ist.

Was Owad betrifft: Ich habe meine eigenen Ansichten; von denen lasse ich mich nicht leicht abbringen.

Viele Grüße an Meera, Savi und natürlich an Shivan.

Dein
Vido

23. Juni 1952

Lieber Pa,

danke, dass du so prompt auf meinen Hilferuf reagiert hast. Du kannst dir vorstellen, wie ich mich wegen der ganzen Sache fühle. Ich habe die 2 x 5 £ bekommen. Danke.

Meine Adresse während der gesamten Ferien ist University College, Oxford, genau wie immer. Es gibt also keinen Grund zur Sorge.

Wenn ich gewusst hätte, dass Kamlas Briefe genauso rar sind wie meine, hätte ich alles versucht, um öfter zu schreiben. Ich fände es schrecklich, wenn du deine beiden Ältesten für undankbar hieltest.

Das Trimester ist vor zwei Tagen zu Ende gegangen, jetzt sind Sommerferien. Sie dauern bis Ende September. Diese Ferien sind zum Arbeiten gedacht, und ich habe bereits damit begonnen.

Meine Beurteilung für das letzte Trimester war ausgesprochen ermutigend. »Außergewöhnliche Fähigkeiten … einfallsreich … guter Stil … sehr belesen.«

Bitte schick mir die Geschichten. Ich werde sie herumschicken.

Für die Ferien habe ich zwei Einladungen erhalten. Eine nach Kent für eine Woche Ende Juli; die andere nach Harrogate, Yorkshire, für vierzehn Tage. Ich habe mir einen sehr großen Freundeskreis aufgebaut. Und während des Trimesters lässt es sich kaum vermeiden, dass ich mich mit

Leuten aus meiner Bekanntschaft treffe. Ein Mann hier hat es sich zur Gewohnheit gemacht, gegen Mitternacht zu mir aufs Zimmer zu kommen und mir von seinen Erfolgen und Misserfolgen in Liebesdingen zu erzählen.

Ich habe vor, bis zum Ende des nächsten akademischen Jahrs, d. h. bis Juni, keine weiteren Geschichten mehr zu schreiben. Dann liegt mein Examen hinter mir.

Es kann sein, dass ich im Juli eine Woche mit der 1. Elf im Westen Englands unterwegs sein werde.

Grüße an Ma.

Alles Liebe
Vido

University College, Oxford
30. Juni 1952

Liebste Schwester,

die Nachricht über deine Prüfungen hat mich sehr gefreut. Sag mal, gibt es denn gar keine Möglichkeit für dich, mit irgendeiner Art von Stipendium nach Oxford zu kommen? Oder könntest du für Indien im diplomatischen Dienst arbeiten? Halt mich auf dem Laufenden.

Was für eine Enttäuschung, dass du erst nächsten Juli nach England kommen kannst. Ich hatte mich so darauf gefreut, dich im April wiederzusehen und in den zwei Monaten vor dem Examen deine Gesellschaft zu genießen. Aber nun ist es anders gekommen. Weißt du, meine Liebe, ich habe nämlich großes Heimweh. Im letzten halben Jahr war alles, was ich tat, von einem Gefühl der Unwirklichkeit begleitet.

Tja, und jetzt ist es also passiert. Vermutlich hast du gewusst, dass es so kommen würde. Ich hatte Streit mit Ruth. Sie und ihr Mann haben einen regelrechten Erniedrigungsfeldzug gegen mich gestartet, in der Hoffnung, ich sei so rückgratlos wie die anderen. Wenn ich zum Beispiel sage, dass ich Kricket spiele, fragen sie sich laut, was für eine Mannschaft mich wohl für sich spielen lässt; wenn ich sage, dass ich gerade eine Geschichte schreibe, bezweifeln sie, dass irgendjemand sie je lesen wird; wenn die Geschichte gesendet wird, sprechen sie den Zuhörern ihr Mitleid aus. Sie haben mich in ein Zimmer gesteckt, das vom Badezimmer abgeteilt ist – kein Stuhl, kein Tisch –, und verlangen dafür 1 £ pro Woche. Auch fürs Essen muss ich bezahlen. Und noch dazu muss ich abwaschen. Ich werde lautstark ermahnt, keine Asche auf den Boden fallen zu lassen (vergleiche nur das charmante »Augenblick, Mr Naipaul, ich hole Ihnen einen Aschenbecher« meiner derzeitigen Vermieterin mit Ruths »Lass bloß keine Asche auf meinen Fußboden fallen«). Nein, mir reicht's. Gott sei Dank habe ich Freunde in diesem Land. Und so bin ich einen Tag nach meiner Ankunft in London wieder nach Oxford zurückgekehrt (jetzt ist die zweite Ferienwoche). Heute war ich bei meinem Dekan, der mich beruhigte – er meinte, man solle nichts hinnehmen, was man nicht hinnehmen müsse.

Ach, ich hoffe so sehr, dass meine Depressionen nicht wiederkommen. Ich will arbeiten. Ich will unbedingt arbeiten, aber dazu muss mein Kopf frei sein.

Wie ist das eigentlich, willst du nicht langsam mal ans Heiraten denken? Nach deinen Briefen zu urteilen, ist dein Leben ein gefühlsmäßiges Vakuum. Aber das kann ich nur schwer glauben. Denk nicht, dass ich Witze mache. Du hast offenbar ein Problem. Ich bin anderen Menschen gegenüber vielleicht zu kritisch, und du hast wahrscheinlich Angst, mir etwas zu erzählen.

Zwei meiner Freunde haben mich diesen Sommer zu sich nach Hause eingeladen: einer nach Harrogate in Yorkshire, der andere nach Kent. Meine Ferien könnten also ganz angenehm werden.

Ich bin zum Schriftführer der Martlets gewählt worden.

Wobei das nicht unbedingt eine besonders große Ehre ist, aber es ist auch nur mit wenigen Pflichten verbunden.

Meine beiden Jahre im College sind vorbei. Zum nächsten Trimester ziehe ich in ein möbliertes Zimmer um. Ich habe eins am Wellington Square in Oxford gefunden – für 3 £ die Woche! Wirklich schockierend, was das Leben hierzulande kostet.

Nachdem ich das »wahre« Oxford hinlänglich ausgekostet habe, stelle ich fest, dass Oxford auch in Form schlichter Arbeit Spaß machen kann. Das ist etwas Fabelhaftes, und wenn man sich in ihr verliert, umso besser. Aber meine Einsamkeit lastet auf mir. Irgendwie entwickeln sich die Dinge nie so, wie ich es gern hätte.

Tut mir Leid, dass ich die ganze Zeit herumjammere. Aber besser Gejammer als gar kein Brief. Ich habe, was das Briefeschreiben angeht, neue Vorsätze – jedenfalls hoffe ich das von ganzem Herzen – meine köperliche, geistige und seelische Gesundheit einmal vorausgesetzt.

Schreib mir bald, liebe Kamla.

Viele Grüße
Vido

University College, Oxford
10. Juli 1952

Ihr Lieben,

ich schreibe aus Harrogate, wo ich bei der Familie eines Freundes aus Oxford wohne. Harrogate ist eine ehrwürdige Stadt im Norden Englands, in die früher reiche Leute nach einem Leben der Unmäßigkeit zur Erholung kamen.

Am 30. Juni habe ich Satti ein Paket mit Büchern geschickt – mit allen, die sie haben wollte, bis auf eins. Ihren Beteuerungen zum Trotz weiß ich übrigens, dass sie diese

Bücher auch in jedem beliebigen Buchladen auf Trinidad bekommen hätte.

Eigentlich kann ich den Rest dieses Briefs auch darauf verwenden, euch von meinem Streit mit den Capildeos zu berichten. Ich habe im Moment sehr wenig Geld (eine Situation, die sich mit meinem Umzug vom College in ein möbliertes Zimmer glücklicherweise ändern wird). Also schrieb ich der Frau meines Onkels und fragte, ob ich bei ihnen wohnen könne. Mir war natürlich klar, dass ich ihnen etwas dafür würde bezahlen müssen. Ich kam am Abend des 27. Juni um 22.45 Uhr an. Sie gaben mir etwas zu essen. Kurz nach dem Essen wurde ich aufgefordert, mir die Hände zu waschen und beim Geschirrspülen zu helfen. Zwei Frauen – Jean und Ruth – und Owad waren bereits am Spülen. Ich ignorierte die Aufforderung zunächst und las einen kurzen Artikel in der Zeitung fertig. Dann ging ich zum Spülbecken. Jean schickte mich fort: Es sei schon in Ordnung, sie werde den Abwasch machen. Daraufhin Ruth: »Verhätschelt ihn nicht so. Er muss lernen, auch solche Arbeiten zu tun.« Das mag harmlos klingen, aber es ist Bestandteil eines regelrechten Erniedrigungsfeldzugs, den die Capildeos gegen mich führen. (Sie waren zum Beispiel außer sich vor Freude, als sie hörten, dass ich gleich zu Beginn meines kleinen Spanienausflugs den Zug verpasst hatte. Diese Trottel – sie wussten nicht, dass ich einfach nur eine halbe Stunde warten musste, bis der nächste Zug kam. Sie dachten, ich hätte das Geld für die Fahrkarte umsonst ausgegeben!) Doch am Spülbecken gab es nichts für mich zu tun. Ich stand bloß untätig herum.

Ich bat um einen Stuhl für das Zimmer, in dem sie mich freundlicherweise für 1 £ die Woche einquartiert hatten. Dieses Zimmer sah so aus [kleine Zeichnung der als Schlafzimmer vorgesehenen Hälfte eines 2,70 m x 3,30 m großen Raums]. Keine Möbel, kein Tisch, kein Stuhl – und dafür 20 $ im Monat! Onkel ist sehr großzügig.

Am Grundriss erkennt ihr, dass jeder, der ins Bad will,

durch dieses Zimmer gehen muss. Ich wäre also nie für mich gewesen. In so einem Raum sollte ich mich nach der Vorstellung der beiden auf meine Prüfungen vorbereiten!

Ich bat um einen Stuhl. Ruth meinte, ich solle mir einen nehmen, ihn aber jeden Morgen wieder herunterbringen. Ich sagte nichts. Dann schrie sie plötzlich: »Von allein marschieren Stühle ja wohl nicht die Treppe hoch, oder?« Ich antwortete nicht und beschloss, da ich mich nicht aufregen wollte, in mein Zimmer hochzugehen. Ich war völlig ungerührt. Mir wurde einfach klar, dass ich nicht dort bleiben und arbeiten konnte. Ich nahm meinen Mantel und wollte hinaufgehen. Da sagte Ruth: »Und lass keine Asche auf den Boden fallen.« Das war der Tropfen, der das Fass zum Überlaufen brachte. Ich erklärte, dass ich schon in anderen und durchaus auch besseren Zimmern gewohnt hätte, dass ich ihr Gehabe nicht ertrüge, dass ich mich nicht mehr erniedrigen und mir von niemandem meinen Lebensmut brechen ließe und dass ich am nächsten Tag abreisen würde.

Sie war wütend. Ich wisse gar nicht, wie sehr sie um Onkels Erlaubnis habe kämpfen müssen, mich – die arme bedürftige Waise – aufzunehmen; sie stehe auf meiner Seite. (Das ist lachhaft. Capo R. versuchte es so darzustellen, als habe Ruth mich nicht aufnehmen wollen. Ihr seht, worum es geht: Erniedrigung.)

Na gut, am nächsten Tag ging ich also in aller Herrgottsfrühe aus dem Haus. Später kam ich noch einmal wieder, um meinen Koffer abzuholen. Capo R. erklärte, ich hätte ihm Unkosten verursacht. Das Zimmer koste ihn 1 £ die Woche: er müsse ja das Gas und all das bezahlen (eine glatte Lüge: Im Sommer muss man nicht heizen, verbraucht man kein Gas). Und 1 £ fürs Essen sei angemessen. Wenn er eine Pension führen würde, wäre das ja in Ordnung gewesen. Aber so eine unverschämte Lüge: In dem Haus, in dem ich jetzt wohne – ein großes, respektables Haus, in dem ich ein so großes und schönes Zimmer habe, wie man es sich nur wünschen kann, mit Blick auf den Garten –, zahle ich nicht

2 £, sondern 30 Sh, und zwar nicht etwa an arme Leute, sondern an Leute aus der Oberschicht.

Ihr müsst euch wegen all dem nicht aufregen. Diese Leute waren mir nie eine Hilfe. An Weihnachten dachte ich ja, sie wären gut zu mir, aber das waren sie nicht. Meine seelischen Leiden dienten ihnen nur zur Erheiterung. Capo S. ist vielleicht ein bisschen besser, aber wer weiß – nein, die sind genauso schlimm. Erwartet von ihnen allen nichts Gutes.

Viele Grüße
Vido

Schreibe immer noch aus Harrogate, Yorkshire
1. Juli [sic!] 1952

Liebe Satti,

gerade habe ich den 2. Teil der *Fünf Gesänge der Feenkönigin* von Spenser (1552–99) zu Ende gelesen und beschlossen, dir zu schreiben. Es ist 7 Uhr abends, aber die Sonne scheint immer noch ziemlich hell und wird auch in den nächsten zweieinhalb Stunden noch scheinen. Mein Zimmer geht auf den Garten des Hauses hinaus, in dem ich zu Gast bin. Ich bin seit einer Woche hier und werde noch eine Woche bleiben.

Morgen schauen wir uns alle zusammen ein Theaterstück an, oder besser gesagt, ein Maskenspiel: *Comus* von Milton. Es wird von den Schülerinnen der Queen Ethelberga's School aufgeführt, einer berühmten privaten Mädchenschule in Harrogate. Ich freue mich schon darauf.

Ich bin sehr froh, dass du beschlossen hast, das HC zu machen. Das hätte für dich von Anfang an außer Frage stehen müssen. Ein normaler Schulabschluss ist praktisch wertlos. Aber du scheinst dich für ein schwieriges Fach entschieden zu haben. Für Englische Literatur reicht es nicht aus, die einzelnen Werke zu kennen und mit den Ansichten des jeweiligen Herausgebers vertraut zu sein. Du musst dir selbst Gedanken über die Bücher machen, die du liest. Du musst fundierte Literaturkritik betreiben. Mit anderen Worten, wenn du dich mit Milton beschäftigst, ist es nötig, dass du etwas über sein Leben, seine Zeit, die damaligen literarischen Konventionen weißt. Bleiben wir bei Milton: Du liest einen biographischen Eintrag über ihn und einen geschichtlichen Abriss über seine Zeit (das dauert weniger als eine Stunde und ist unverzichtbar). Dir wird klar, dass Milton ein übertrieben sittenstrenger Mann war – ernst, von seiner eigenen Genialität überzeugt, ständig bestrebt, ein großes Epos von bleibendem Wert zu verfassen. Du erfährst, dass er verschiedene Themen für sein Epos erwog, dass es ihm also nicht besonders wichtig war, worüber er schrieb, was allerdings nicht bedeutet, dass er ohne innere Überzeugung geschrieben hätte. Jetzt stellst du dir die Frage, welche Absicht Milton verfolgte – Gottes Wirken zu rechtfertigen, und zwar insbesondere, was den Sündenfall betrifft. Mit welchen Problemen sah er sich konfrontiert?, willst du wissen, und du stellst fest, (a), dass ein Epos viel Handlung enthalten muss, so wie die *Aeneis*, viele übernatürliche Elemente – was für die Römer aufgrund ihrer Religion akzeptabel war (Jupiter konnte z. B. Sterblichen Botschaften senden usw.), und (b), dass Milton versucht, solche Elemente für sein Epos zu verwenden, dabei aber in Schwierigkeiten gerät. Der Gott der Christen ist ein unkörperliches Wesen; seine Engel sind ebenfalls unkörperliche Wesen. Wie kann Milton sie geradezu fleischliche Gestalt annehmen lassen, ohne sein Gedankengebäude zum Einsturz zu bringen?

Es ist also unabdingbar, dass du dir Gedanken machst. Du musst vor allem herausfinden, welche Absicht der Autor verfolgt. Es hat keinen Zweck, einen Kricketreporter zu kritisieren, weil ihm ein Bericht über Stollmeyers[7] Hochzeit misslingt. Wenn du dir über die Zielsetzung des Autors im Klaren bist, solltest du die Schwierigkeiten seines Vorhabens erwägen und dir dann anschauen, inwiefern er gescheitert ist. Führe dich um Himmels willen nicht so auf wie einer meiner Kommilitonen hier, der davon ausgeht, dass jeder berühmte Schriftsteller ein literarischer Gott ist, unergründlich und unfehlbar.

Wenn du die Literatur des 17. Jahrhunderts verstehen willst, ist es nötig, ein kurzes Buch über die europäische Renaissance zu lesen. Nutze das Angebot der Büchereien. Lies viel und sorgfältig. Hör auf, Schund zu lesen, und du wirst binnen kurzem feststellen, dass Schund dich nicht mehr reizt.

Es tut mir Leid, wenn ich überheblich klinge, aber ich weiß, wie schlecht der Unterricht im QRC ist, und wie er in St. Joseph's ist, möchte ich mir gar nicht erst ausmalen. Übrigens, du ungezogenes Gör, du hast mich *Mansfield Park* für dich kaufen lassen, obwohl du es offenbar schon besitzt!

Pa wird sich wahrscheinlich an Mr Earlforward aus *Die Laster der kleinen Leute* erinnern. Richte ihm aus, dass ich in Harrogate einem Mann begegnet bin, der mir wie der personifizierte Earlforward vorkommt. Es ist ihm egal, ob man etwas bei ihm kauft oder nicht. Sein Laden ist heruntergekommen, überall stapeln sich die Bücher. Aber er kennt den Wert von Büchern, bemüht sich nicht, mit Kunden ins Gespräch zu kommen, und scheint eine echte Abneigung dagegen zu haben, etwas zu verkaufen. Genau wie Mr E. ist er stets modisch gekleidet. Er wirkt unterernährt. Ausgesprochen faszinierend.

Viele Grüße
Vido

16.7.52

Mein lieber Vido,

über eine Woche lang habe ich es unterlassen, dir zu schreiben. Ich habe dir zwar einen kompletten Brief geschrieben, fast unmittelbar nachdem ich deinen letzten (vom 23. Juni) erhalten hatte, aber er gefiel mir nicht, deshalb habe ich ihn nicht abgeschickt. Bis ich deinen Brief bekam, war ich in Sorge um dich. Die Nachricht, dass es dir wieder besser geht, war eine wahre Wohltat, und ich habe mich mit neuem Schwung an die Arbeit gemacht.

Ich bin sehr froh, dass du nach Spanien gefahren bist. Es war das Beste für dich... Ich würde dir sehr gerne ein oder zwei Pfund schicken, weil du so gut bei deinen Prüfungen abgeschnitten hast, aber im Moment würde mir das nicht so gut passen, obwohl ich gerade ein bisschen Geld habe. Letzte Woche habe ich im Wald beim Forest-Reserve-Ölfeld meine Brille verloren, und sie zu ersetzen hat 34 $ gekostet. Und es stehen noch weitere Ausgaben an. Sag mir trotzdem sofort Bescheid, wenn du dringend Geld brauchst.

Es wird dir missfallen, aber deine Ma bekommt ein Kind – im September oder Oktober... Ich weiß, das ist ein ganz schönes Schlamassel, aber so ist es nun mal. Was deine Probleme angeht... Das ist mir alles nicht unbekannt, denn ich habe vor vielen Jahren selbst an einer Neurose gelitten. Du erinnerst dich vielleicht an unseren Aufenthalt in Chase Village; und vor Chase Village an meine schlimmen Tage bei deiner Nanie und dann in Wilderness, zusammen mit Aiknath... Aber ich habe den Zustand überwunden und leiste seither mehr, als ich erwartet hätte. Hab also keine Angst. Mir haben damals einige religiöse Schriften geholfen, aber nur auf oberflächliche Weise. Sie brachten Linderung, aber keine Heilung. Meine Heilung habe ich den Büchern *Outwitting our Nerves* und *Psychology of the Adolescent* zu verdanken. Ersteres Buch werde ich zusammen mit diesem Brief in den Briefkasten stecken. Ich bin sicher, dass es dir eine große Hilfe sein wird. Du wirst deine lähmende Angst überwinden, denn mehr ist eine Neurose letztlich nicht. Du musst begreifen, mein lieber Vido, dass wir nicht nur aus Knochen und Muskeln bestehen. Wir sind auch das, wozu unser Denken uns macht. Es gibt keine »kranken« oder »erschöpften« Nerven. Das Ganze ist kein körperliches, sondern ein gedankliches Problem. Wir werden krank, weil mit unserem Denken etwas nicht stimmt. Die Krankheit ist häufig das Ergebnis eines Konfliktes zwischen den Bedürfnissen des Menschen als triebhaftem Wesen und den Bedürfnissen des Menschen als zivilisiertem Wesen.

Selbst die Besten unter uns – vom König bis zum Kleinbauern – sind zu drei Vierteln immer noch sehr primitive Wesen, und dieser primitive Teil von uns überlistet manchmal den »Zensor« in uns und ergreift Besitz von unserem Bewusstsein. Machmal dringt es auch gar nicht ins Bewusstsein, sondern kommt unbewusst zum Ausdruck, in allen möglichen sonderbaren Formen… die Adoleszenz ist eine Phase, die im Kalender der Natur nicht vorkommt. Die biologische Reife haben die meisten von uns schon in der Mitte der Adoleszenz erreicht. Aber gesellschaftlich betrachtet, müssen wir zu dieser Zeit noch die Schulbank drücken. Die Triebe, seien es Hunger oder der Fortpflanzungstrieb oder auch jeder andere, sind heute (trotz der menschlichen Zivilisation) noch genauso stark wie zu der Zeit, als wir uns auf der Evolutionsstufe des Affen oder des Neandertalers befanden. Die Natur kennt keine Sünde, die Gesellschaft hingegen schon. Daraus entsteht der Konflikt. Wir sind bewusst oder unbewusst davon überzeugt, dass wir etwas Falsches getan haben, wir wollen wegrennen und uns verstecken. Wir können der Realität nicht ins Gesicht sehen… Aber Sünde ist nur, was die Gesellschaft zur Sünde erklärt. Der Schlüssel zur Heilung ist die Bewusstseinsveränderung.

Das Buch, das ich dir schicke, wird dir helfen. Lies es

aufmerksam, und versuch herauszufinden, worin genau dein Problem besteht... Du sagst, deine Krankheit sei aus einem Mangel an Zuneigung entstanden. Gut möglich. Aber das hätte nicht sein dürfen. Wenn es so war, dann lag das an einer zu starken Mutter- oder Vater-Fixierung, wie die Psychologen das nennen: Gemeint ist, dass ein Mensch zu lange in der Sphäre der Mutter- oder Vaterliebe verharrt; eine Art unvollständige Entwöhnung, im psychologischen Sinn. Das musst du überwinden. Heimweh ist vermutlich mehr oder weniger eine Fixierung; wenn sie zu intensiv ist, entwickelt sie sich zu einem Leiden. Mach dir klar, dass du kein Kleinkind mehr bist... Lerne, selbst über deine Gefühle zu bestimmen. So, das war jetzt eine lange Predigt, aber in dem Buch wirst noch viel mehr darüber finden.

Hitchens ist im Caura-Sanatorium. Als ich ihm gestern (bei einem Besuch) erzählte, dass du für Redaktion und Gestaltung des *Oxford Tory* verantwortlich bist, hat er gelacht... Shekhar wird nächstes Jahr mit Dharrys Tochter verheiratet werden. Beachte: »*Er* wird mit *ihr* verheiratet.«

Gestern sind ein paar Bücher von Kamla für Sati angekommen... Erdkunde und Englische Literatur, oder vielmehr Englische Literaturgeschichte. Und ein paar Fotos. Schöne Abzüge. Seit dem Telegramm anlässlich ihrer bestanden Bachelor-Prüfung hat sie uns nicht geschrieben. Wieso nur? Das Mädchen ist sonderbar – genau wie du!... Ich weiß nicht, was ich über die Kurzgeschichten sagen soll. Zwölf sind ganz ordentlich, aber das ergibt noch kein richtiges Buch! Drei oder vier Geschichten bräuchte ich noch.

Schreib uns einen schönen langen Brief.

Bis dahin bleibe ich wie immer dein
Pa

University College, Oxford
19. Juli 1952

Meine liebe Kamla,

ich war ein Dummkopf. Ich habe dir im Zorn geschrieben. Aber obwohl ich das alles schlichtweg dumm finde, bin ich nicht mehr wütend. Ich werde deinem Vorschlag folgen und die ganze Angelegenheit in meinen Briefen ignorieren.

Ich schreibe nicht aus Oxford, sondern aus Harrogate, einer Stadt mitten in Yorkshire. Ich wohne als zahlender Gast bei der Familie eines Kommilitonen. Wie du dir wahrscheinlich denken kannst, komme ich mit den Eltern meiner Freunde nie zurecht. In diesem Land, wo die Beziehung zwischen Mutter und Sohn enger und gefühliger ist als bei uns, betrachten die Mütter ihre 24-jährigen Söhne ausnahmslos als ihre armen kleinen Babys und behandeln sie dementsprechend. Und so ist es natürlich nicht überraschend, dass ein Außenstehender und Eindringling wie ich mit Misstrauen beäugt wird. Weiß der Himmel, was sie von mir denken. Vielleicht halten sie mich für einen trunksüchtigen Atheisten oder, schlimmer noch, für einen Kommunisten.

Wie bereits gesagt, habe ich nächstes Jahr im Juli meine Abschlussprüfung. Ich glaube, ich werde danach noch 2 Jahre in Oxford bleiben und meinen Bachelor of Letters oder etwas ähnlich Nutzloses machen. Die Berufsaussichten sind nicht besonders gut. Wenn ich nach Trinidad zurückkehre, bedeutet das entweder Lehrer am QRC oder eine Beamtenlaufbahn. Und es bedeutet das Ende meiner Ambitionen. Es ist wirklich ein ziemliches Problem. Sobald ich Oxford verlasse, muss ich die Familie unterstützen. Also, »Que faire?«.

Satti schreibt mir seit einer Weile regelmäßig, und ich antworte immer sofort nach Erhalt des Briefes. Ich bekomme so viele Briefe, dass es gar nicht einfach ist, mit dem Antworten nachzukommen. Aber ich habe mir vorgenommen, jeden Brief sofort zu erwidern. Dadurch geht vielleicht Zeit verloren, aber dafür bleibt das Gewissen rein.

Viele Grüße
Vido

University College, Oxford
27. Juli 1952

Liebste Ma,

vor etwa zehn Tagen habe ich von Kamla die Neuigkeit erfahren, und ich war ziemlich überrascht. Aber inzwischen hat sich meine Überraschung gelegt, und ich möchte dir sagen, dass ich zu dem Schluss gekommen bin, dass es kaum etwas ändern wird, außer vielleicht für dich. Ich hoffe, die Mädchen sind dir eine Hilfe. Bitte sag mir Bescheid, wenn dem nicht so ist, dann werde ich ihnen schreiben – falls mein Rat etwas zählt.

Meine zwei Wochen in Harrogate waren sehr angenehm. Der Vater meines Freundes hat während des Krieges auf einem U-Boot Dienst getan, und er gab über die Marine Geschichten von Korruption, Betrug und Intrigen zum Besten, die es mit allem aufnehmen können, was Pa über den Staatsdienst oder den *Guardian* zu berichten weiß. Inzwischen ist er ein alter Mann von 60 Jahren, der aus der Armee ausgeschieden ist, keine Arbeit hat und von einer lächerlichen Pension lebt. Sein Kriegsdienst hat ihm nur einen OBE eingebracht und ein Nervenleiden, in dessen Folge er mit einem Bein hinkt. Es ist doch überall auf der Welt das Gleiche.

Ich finde, du solltest dich nicht zu sehr um Kamla sorgen. Sie ist ein gutes Mädchen, voller Energie und Entschlossenheit. Sie will nach Hause zurückkehren, um dir zu helfen, und das wird sie bestimmt auch tun. Glaub mir, wenn sie nicht schreibt, ist das kein Anzeichen für schwindende Zuneigung.

Was mich angeht, so kannst du dich auf mich verlassen, solange mir meine Gesundheit erhalten bleibt. Nicht, dass ich momentan daniederliegen würde, aber ich stelle fest, dass ich mit fortschreitendem Alter immer komplizierter werde, wozu auch eine gewisse ererbte Nervenschwäche gehört. Und ich habe auch noch andere Dinge geerbt. Mir ist aufgefallen, dass ich meinen Mantel genauso zuknöpfe wie Pa, zumindest den Fotos nach zu urteilen. Meine Sitzhaltung ist die Gleiche, und ich habe die gleiche scheinbare Unbekümmertheit. Vielleicht kennst du Pas Angewohnheit, gegen 5 Uhr morgens aufzustehen, mit seinem Krach alle aufzuwecken und sich dann wieder schlafen zu legen. Tja, ich habe niemand, den ich aufwecken könnte, aber auch ich stehe manchmal um 5 auf und lege mich dann wieder schlafen.

Vermutlich sind die Bücher, die ich Sati geschickt habe, eingetroffen, bis du diesen Brief liest. Ich hoffe nur, dass ich das Paket gut genug gepackt habe und keines der Bücher fehlt. Ich habe mir von Harrogate aus selbst ein paar Bücher geschickt (um zu verhindern, dass mein Koffer zu schwer wurde). Als das Paket ankam, fehlten 3 Stück, und es hatte eine andere Verpackung. Ich bin also immer noch nachlässig. Und ich bin so vergesslich wie eh und je. Die Mutter meines Freundes hatte mir zum Abschied für die siebenstündige Fahrt von Harrogate nach Oxford ein paar Brote geschmiert. Natürlich habe ich sie liegen lassen.

Eines, so hoffe ich, wird in unserer Familie nie passieren. Gestern war ich bei den Gockings und musste feststellen, dass es bei ihnen zu Hause furchtbar unordentlich und dreckig war. Die Töchter und ihre Mutter schaufelten Essen in sich hinein und redeten dabei ununterbrochen, und das war richtig deprimierend. Ich hoffe, so weit wird es bei uns nie kommen.

Morgen oder übermorgen werde ich Pa schreiben. Sag ihm

schon mal, dass ich sein Geld erhalten habe. Sag ihm außerdem, dass er vorläufig nichts mehr zu schicken braucht. Das College hilft mir aus. Sie werden mich nicht verhungern lassen, und ich habe von einer Erhöhung der Stipendiengelder munkeln hören. Vor allem aber wünsche ich dir alles Gute, und pass auf dich auf – viele Grüße, dein Sohn Vido

21. August 1952

Liebe Satti,

es tut mir Leid, dass ich dir so lange eine Antwort auf deinen Brief schuldig geblieben bin. Ich freue mich, dass die Bücher dir gefallen. Und ich entschuldige mich hiermit dafür, dich in Sachen *Mansfield Park* fälschlicherweise beschuldigt zu haben.

Ich habe den Eindruck, dass sich zu Hause alle große Sorgen um Kamla machen oder vielleicht auch wütend auf sie sind. Ich habe gerade einen Brief von ihr bekommen, in dem sie erwähnt, dass sie euch so bald wie möglich schreiben wird. Also, lasst ab von eurem Zorn, und hört auf, euch zu sorgen.

Ich habe gerade vierzehn Tage bei einem Freund in Kent verbracht, und ich fühlte mich dort richtig zu Hause. Und jetzt beschäftigt mich die Frage, ob es mir je gelingen wird, mich wieder daran zu gewöhnen, in einem kleinen Haus zu wohnen. Sämtliche Häuser, in denen ich hier zu Gast war, waren aufwendige Bauten à la St. Clair[8]. Und ich entwickle langsam das Gefühl, dass es mir zusteht, so zu wohnen. Das ist vermutlich eine der Gefahren von Oxford.

Meine finanziellen Probleme sind gelöst. Das College hat mir 40 £ gegeben, und prompt bekam ich einen Tag später 45 £ vom Kolonialministerium, also gab ich dem College die 40 £ zurück. Die Stipendien sind erhöht worden.

Ich glaube, Kamla wird in etwa zehn Monaten nach Hause

zurückkehren, und ich werde 1953 oder 54 für etwa vier Monate kommen. Die Odysseen, die 1949 (drei Jahre ist das erst her) ihren Anfang nahmen, nähern sich also ihrem Ende.

Schreib mir, wie du mit dem Lernen vorankommst. Und denk daran, ich werde jeden Brief, den ich erhalte, noch am selben Tag beantworten. Ich habe vor etwa drei Wochen etliche Briefe nach Hause geschickt, aber nur von dir eine Antwort bekommen. Nicht, dass ich deshalb böse wäre. Ich nehme an, ihr habt alle viel zu tun. Herzliche Grüße an Ma & Pa, und ebensolche an dich und die anderen – Meera, Savi und Shivan.

Alles Liebe
Vido

28.8.52

Mein lieber Vido,

wir haben den gesamten August über keine Post von dir erhalten. Gestern ist dein Brief an Sati hier angekommen. Anscheinend sind die Briefe, die du an uns alle geschickt hast, verloren gegangen. Ich hatte mich auch schon gefragt, wieso du nicht schreibst. Was Kamla betrifft… Ich verstehe sie einfach nicht. Sie schreibt nur sehr sporadisch und weicht meinen Fragen jedes Mal aus oder ignoriert sie völlig. Wie lange dauert es schon, rasch einen Brief zu schreiben? Es ist sinnvoll, Briefe gleich nach Erhalt zu beantworten. Es fällt dann leichter, sie zu schreiben.

Ich bin sehr froh, dass deine finanziellen Probleme sich erledigt haben und dass die Stipendien von dir und den anderen erhöht wurden. Wie steht es um deine Nerven? Und hast du das Buch erhalten, das ich dir geschickt habe? Bitte lies es. Es wird dir helfen.

Ich habe gehört, dass die Angestellten des *Guardian* im

September mehr Geld bekommen sollen. Entweder einen einmaligen Zuschlag oder eine Gehaltserhöhung. Genaues weiß ich nicht. Ich hoffe, ich werde auch berücksichtigt.

Der ganze Naipaul-Klan ist – natürlich mit Ausnahme deiner Mutter und mir – mit den Sookhdeos nach Mayaro gefahren. Sie sind seit Donnerstag fort und werden Freitag oder Samstag zurückkommen. Shivan ist immer ganz versessen darauf, am Meer zu sein, aber er streckt kaum einen Zeh ins Wasser. Vorletzten Sonntag sind wir in unserem alten 1192 nach Balandra gefahren, und er hat sich untadelig benommen.

Bei der Capildeo-Sippe ist es zu etlichen Zerwürfnissen gekommen. Die meisten davon gehen auf Verstiegenheiten der Mädchen zurück. Meine Güte, die treiben es wirklich toll! Vor einer Weile hat Miss Sattin Ramnarine einen Untermieter ins Haus gebracht – einen Presbyterianer, der hier das staatliche Lehrerkolleg besucht. Jetzt will sie ihn heiraten. Er ist aber schon verheiratet, hat ein Kind, und ein zweites ist unterwegs. Capo S. und Anhang gehen deshalb nicht mehr in die Robert Street. Was die anderen Mädchen angeht – die Sookhdeos –, die sind einfach unberechenbar. Bisher scheinen nur die Naipaul-Mädchen noch einigermaßen bodenständig zu sein. Herr im Himmel! Wie sich die Menschen doch ändern können!

Vermutlich hast du schon gehört, dass Shekhar heiraten wird… Übrigens, eine Freundin von dir namens Pat[9] hat dir einen Brief aus – ich habe vergessen, woher – geschickt, und die dicht beschriebenen Seiten sind aus irgendeinem Grund hier gelandet. Alle haben sie gelesen, und als Sati mir den Brief ans Bett brachte, sagte sie: Hier, sieh mal, was dein Sohn in England so treibt. Wir haben uns alle nach Kräften bemüht, herauszufinden, wie der Brief überhaupt zu uns gelangen konnte. Ich nehme an, irgendjemand von der Collegeverwaltung hat ihn in deiner Abwesenheit in Empfang genommen und hierher geschickt, weil er dachte, du würdest die Ferien in Trinidad verbringen. Überstürze nichts. Ein

Junge muss schon mal eine Freundin haben – sonst wäre er kein richtiger Junge. Nur lass dich nicht einfangen… SCHREIB JEDE WOCHE, BIS ES ZU EINER FESTEN GEWOHNHEIT GEWORDEN IST. Schreib, egal ob wir dir schreiben oder nicht.

Stets der deine
Pa

University College, Oxford
6. September 1952

Ihr Lieben,

diese Woche habe ich zwei Briefe bekommen. Und wie versprochen antworte ich sofort. Die langen Ferien neigen sich dem Ende zu. Genauer gesagt dauern sie nur noch einen Monat, und dann beginnt das letzte Jahr vor meinem Examen.

Vergangenes Jahr um diese Zeit war ich in Paris. Jetzt bin ich in Oxford, und so erlebe ich mein erstes St.-Giles-Fest mit. St. Giles ist eine breite Straße, die nördlich von Oxfords Zentrum beginnt und nach Banbury (ja, das aus dem Kinderreim mit der vornehmen Dame auf dem Schimmel) und Woodstock führt. Diese Straße wird zwei Tage lang für den Verkehr gesperrt, und eine Kirmes wird veranstaltet. Heute (Sonntag, der 7.) standen die Zelte und Buden schon. Das Wetter wird ziemlich schlecht sein. Es ist kalt und regnet.

Ich muss jetzt mein Missfallen über etwas äußern. Ein an mich adressierter Brief wurde nach Hause geschickt, weil der Pförtner dachte, ich sei reich genug, um nach Hause zu fahren. Es gibt keinen Grund, warum dieser Brief hätte geöffnet beziehungsweise nach dem Öffnen gelesen werden sollen, und gar noch bis zum bitteren (oder leidenschaftlichen) Ende.

Aber ich werde eure Neugier befriedigen. Patricia Ann Hale ist ein zwanzigjähriges Mädchen. Sie ist auch hier an der Universität, ist nicht unintelligent und auch nicht ganz unattraktiv. Ich habe sie im Februar kennen gelernt und bin dafür nach wie vor dankbar. Sie hat sich meiner angenommen, als meine Krankheit am schlimmsten war, und hat all meine Launen ertragen – meine Grobheit und meine Angstattacken. Unsere Beziehung ist zwar nicht platonisch, aber bisher noch keusch. Der Kommentar, ich solle mich nicht »einfangen« lassen, ist ziemlich zynisch, und ich hoffe, ihr macht es uns nicht doppelt schwer. Ihr Vater veranstaltet ein furchtbares Theater, und ich will nicht hoffen, dass ihr die gleiche Engstirnigkeit an den Tag legt.

Was ihren Charakter angeht: Sie ist ein guter, unkomplizierter Mensch. Vielleicht ein bisschen zu idealistisch, was ich gelegentlich etwas irritierend finde. Sie will stets das Gute sehen und schließt vor dem Schlechten die Augen. Sie teilt meine literarischen Vorlieben, und ich erlebe die Freundschaft mit ihr als äußerst anregend.

Ich hätte euch schon früher von ihr geschrieben, aber ich hatte keine Ahnung, dass sich die Dinge so entwickeln würden. Ich hatte schon andere Freundinnen, die mich aber letztlich zurückgewiesen haben. Bei keiner von ihnen habe ich die Eigenschaften gefunden, die Pat hat – ihre Unkompliziertheit, ihr gutes Herz, ihren Charme. Ich wäre dankbar, wenn Pa ihr einen wohlwollenden Brief schreiben würde, oder besser noch, wenn er mir einen wohlwollenden Brief schreiben würde. Ein solcher Brief würde sie, glaube ich, ziemlich aufmuntern. Sie hat Bilder von euch allen gesehen und ist natürlich vor allem von Shivan angetan.

Ich habe hoffentlich nicht den Eindruck erweckt, dass wir bald heiraten werden. Wir müssen erst einmal abwarten, wie sich das alles entwickelt.

Viele Grüße
Vidia

8. September 1952

Liebste Ma,

vielen herzlichen Dank für deinen Brief und deine Geburtstagskarte. Ich habe insgesamt drei Karten bekommen – zwei von zu Hause und eine von Pat (deren Brief Allgemeinbesitz wurde). Pat (die Gute) hat mir ein Paar Socken geschenkt, denn ich hatte mich vor einer Weile beklagt, dass ich nur noch das eine Paar besäße, das ich anhatte!

Die Genesung nach einer Nervenkrise ist eine langwierige Angelegenheit, aber ich kann jetzt guten Gewissens sagen, dass das Schlimmste vorüber ist. Ich erwäge, zu einem Psychologen zu gehen, aber meine Genesung hat in den letzten zwei, drei Tagen so rapide Fortschritte gemacht, dass ich es eigentlich nicht mehr für nötig halte. Vielleicht kann aber eine Konsultation doch nicht schaden. Die Gefahren eines Ortes wie Oxford lassen sich kaum überschätzen: seinen verstörenden Einfluss auf Menschen, die sexuell desorientiert sind oder schlicht und einfach neurotisch.

Man muss sehr genau aufpassen, mit wem man sich anfreundet, und das führt zu Angst – einer schrecklichen Angst vor fast allem und jedem. Nur ein sehr gefestigter Mensch übersteht das unbeschadet, und ich kann wohl mit Fug und Recht behaupten, dass meine relativ puritanische Erziehung mir wunderbare Dienste geleistet hat.

Ich war davon ausgegangen, dass eine Mutter das Verhalten ihres Sohnes nicht verstehen kann. Das Bedürfnis eines jungen Mannes nach einer Frau ist derart drängend, dass er furchtbar unglücklich ist, wenn er es unterdrücken muss. Das Leben eines Mannes, der in einem möblierten Zimmer lebt, zum Essen in Restaurants geht und regelmäßig allein ist, kann vielfältigste Auswirkungen haben. Wenn ich also versuche, meine Einsamkeit durch die Freundschaft mit einer Frau zu überwinden, ist das doch wohl kaum tadelnswert! Und ich habe das große Glück, eine sympathische Frau gefunden zu haben.

Aber ich sollte aufhören, von mir zu erzählen, und dich meiner liebevollen Gefühle versichern. Ich hoffe, dass du wohlauf bist und dass alles gut geht. Das wird es bestimmt.

Man sagt hier, dass Menschen aus den Tropen sich in ihrem ersten Winter in England wohl fühlen, im zweiten aber nicht mehr. Daran ist viel Wahres. Ich spüre das kalte Herbstwetter sehr, aber es ist eine belebende, gesunde Kälte, und sie ist mir nicht unangenehm.

Ich habe schon lange keinen Brief mehr von Kamla bekommen; als sie das letzte Mal schrieb, berichtete sie von ihrem Widerwillen gegen die Ehe, bei der es nur um abstoßende geschlechtliche Dinge gehe. Aber ich finde, ein 23-jähriges Mädchen sollte verheiratet sein. Es ist bedauerlich, dass meine Cousinen sich so aufführen, und ich vertraue darauf, dass meine jüngeren Schwestern sich nicht zum Gespött der Leute machen.

Bitte, mein Schatz, gib auf dich Acht, und vergiss nicht, dass ich euch alle lieb habe.

Vido

Mi.
17. Sept. 52

Mein lieber Vidia,

dein Brief war äußerst interessant, aber auch sehr beunruhigend. Einerseits will ich nichts tun oder sagen, was dich unglücklich machen würde, andererseits würde ich mir nie verzeihen, wenn ich dich zu einem Schritt ermutigte, den du später womöglich bedauern würdest. (Wenn du nur älter wärst, sagen wir dreiundzwanzig oder fünfundzwanzig, hätte ich größeres Vertrauen in deine Urteilskraft.) Ich habe keinen

Zweifel, dass das Mädchen all die Eigenschaften hat, die du nennst, und wir wären jedem Menschen zutiefst dankbar, dessen Verständnis und Anteilnahme dir eine so große Hilfe war, als du solches Verständnis und Mitgefühl besonders nötig hattest. Aber du sagst ja selbst, dass ihr Vater die Beziehung zwischen euch beiden missbilligt.

Ich weiß, du wirst am Ende das tun, was du für richtig hältst, und was immer du auch tust, du sollst eins wissen: Für mich – und für alle hier zu Hause – zählt einzig und allein, dass du glücklich bist. Ich bin froh, dass du nicht vorhast, bald zu heiraten. Ich schlage vor, dass ihr euch noch mindestens zwei Jahre Zeit lasst, um euch besser kennen zu lernen. Danach werdet ihr beide älter sein, und nicht nur die Vorzüge des anderen, sondern auch eure Schwächen und Unvereinbarkeiten erkannt haben.

Sprich immer wieder mit ihr über die Situation, und schau, ob sie begreift, wie die Menschen in Trinidad auf gemischte Ehen reagieren. Fast alle diese Ehen sind glücklos verlaufen – nicht wegen der Wesensart der beiden Menschen, sondern wegen der Haltung, mit der ihre jeweiligen Freunde ihnen begegnen. Du wirst von ihren Leuten nicht akzeptiert werden, sie wird hier einzig und allein von uns zu Hause akzeptiert werden.

Dies ist eine sehr wichtige Angelegenheit, und wir möchten alle, dass du sehr ernsthaft darüber nachdenkst. Warum beendet ihr nicht erst euer Studium, bevor ihr einen Weg beschreitet, der sich später vielleicht als Irrweg entpuppt? Wenn ihr euch nach dieser Wartezeit immer noch sicher seid, dass ihr zueinander passt, werden euch meine innigsten guten Wünsche begleiten.

Bitte richte Miss Hale unseren tief empfundenen Dank dafür aus, dass sie so gut zu dir war.

Herzliche Grüße
dein Pa

PS. Bitte schreib mir, wie es bei dir mit Winterkleidung aussieht. Und falls du Geld brauchst: wie viel?

Pa

University College, Oxford
28. September 1952

Lieber Pa,

ich habe vor sechs Tagen deinen Brief bekommen, und ich muss dir dafür danken. Ich will dich nicht unglücklich machen, aber ich hoffe, dass ich nie wieder nach Trinidad zurückkommen werde, jedenfalls nicht um dort zu leben, obwohl ich dich und alle anderen natürlich so oft wie möglich sehen möchte. Aber Trinidad hat mir nichts zu bieten, das weißt du.

Allein die Tatsache, dass ich von Zukunftsplänen schreiben kann, sollte euch freuen. Ich habe nämlich an einer psychischen Störung gelitten. Ich hatte Depressionen. Ich war zweimal beim Psychologen, aber das ist jetzt nicht mehr nötig. Das erste Gespräch blieb ergebnislos. Gegen Ende des zweiten Gesprächs fand er heraus, was mit mir nicht stimmte. Einfach ausgedrückt, war es Folgendes: Von Oxford und mir selbst enttäuscht, betrachtete ich mich als Versager, wollte meine Angst aber vor mir selbst nicht zugeben. Dementsprechend verwandelte sich die Angst vor dem Versagen zu einer Angst vor etwas derart Absurdem und Entsetzlichem, dass ich frühestens in ein paar Jahren erzählen werde, was es war. Als ich das alles begriff, kam es mir plötzlich vor, als werde mir eine Last von den Schultern genommen. Und wenn ich mich jetzt selbst betrachte, sehe ich einen körperlich und seelisch gesunden jungen Mann an einer guten Universität, der noch ein Jahr Zeit hat, um sich auf sein Examen vorzubereiten, und wieder von Ehrgeiz erfüllt ist. Ich schleppe mich nicht mehr dumpf von einer Mahlzeit zur nächsten. Dieser Geisteszustand, eigentlich das Normalste auf der Welt, erscheint mir jetzt wahrhaft wundervoll.

Natürlich werde ich mit dem Heiraten mindestens noch zwei Jahre warten.

Viele Grüße an Ma
Vido

VIII

3. Oktober 1952 –
8. August 1953

Das Abschlussjahr

University College, Oxford
3. Oktober 1952

Ma, mein Schatz,

mit diesem Brief möchte ich dir vor allem eines versichern: Nichts wird je etwas an meinem Respekt und meiner großen Liebe zu dir ändern. Also sei bitte wegen nichts und niemandem unglücklich. Denn das würde wiederum mich unglücklich machen. Bitte gib gut auf dich Acht. Ich bin davon überzeugt, dass meine Schwestern zu Hause fürsorglich und vernünftig sind und sich nach Kräften bemühen, dass alles reibungslos funktioniert.

Stell dir vor, vor 2 Stunden habe ich eine neue Brille bekommen – die erste neue seit der, die du im April 1948 von Dr. Metivier für mich bekommen hast. Der Vater eines meiner Freunde – in dessen Elternhaus in Kent ich zwei Wochen lang zu Gast war – ist Augenarzt, und er hat meine Augen untersucht. Kurzsichtigkeit ist Gott sei Dank eines der wenigen Leiden, die mit fortschreitendem Alter nicht schlimmer werden. Aber ich war fassungslos, als ich meine neue Brille aufsetzte. Wie schön die Welt plötzlich war. Ich erkannte die Menschen viel deutlicher, und der Anblick der Straßen war eine wahre Freude. Alle Farben wirken intensiver. Ich bedauere es sehr, dass mir all diese wundervollen Farben so lange entgangen sind.

Bitte gib gut auf dich Acht, und schreib mir, sobald du dich erholt hast. Mir geht es gesundheitlich sehr gut. Ich bin voller Energie, und mein Asthma schützt mich vor den meisten Krankheiten, die der Winter bringt. Na!

Alles Gute von deinem Sohn
Vido

University College, Oxford
3. Oktober 1952

Mein liebes Fräulein 18 Jahr'[1],

ich weiß, du hättest große Lust, mir eins überzubraten, weil ich nicht an deinen Geburtstag gedacht habe. Du musst allerdings zugeben, dass ich eine ganze Menge solcher Daten im Gedächtnis behalten muss. Du hast am 21. September Geburtstag, stimmt's? Wenn ich ihn vergesse, ist es an dir, Krach zu schlagen, damit ich mich erinnere. Schreib mir einen Monat vorher – »Ach übrigens, du könntest mir ein goldenes Diadem zu meinem Geburtstag schenken, der zufälligerweise in einem Monat ist. Momentan sind zwar silberne Diademe der letzte Schrei, aber ich hätte nichts gegen Gold einzuwenden.« So macht man das. Ein diskreter Hinweis. Die sicherste Methode, Freunde zu gewinnen und einflussreich zu werden.

Dein Schweigen bezüglich deiner Arbeit für die Schule zwingt mich zu der Annahme, dass du zurzeit, da es Ma nicht gut geht, viel im Haushalt hilfst. Bitte enttäusche mich nicht. Es ist schwierig, einer 18-Jährigen die Bedeutung von Großzügigkeit und Mitgefühl zu vermitteln. Aber glaub mir, es sind gute Eigenschaften. Versuch also zu helfen. Lächelnd geleistete Hilfe zahlt sich zehnfach aus. Missmutig geleistete Hilfe ist eine Beleidigung.

Und du kannst noch etwas tun – schreib Kamla. Ich habe

ihr schon lange nicht mehr geschrieben. Denn ich habe auf eine Antwort gewartet. Aber bald werde ich ihr schreiben.

Vergiss nicht, dass man mit 18 nicht nur mehr Rechte hat, sondern auch größere Verantwortung trägt. Versuch, erwachsen zu werden. Respektiere dich selbst, dann werden andere dich auch respektieren.

In einem der nächsten Briefe an dich werde ich von der LIEBE schreiben. Einstweilen bitte ich dich nur, nichts zu tun, für das Ma sich schämen muss. Vergiss nicht, dass die meisten Männer ihr Leben lang wahre Halunken sind, und alle sind die meiste Zeit ihres Lebens Halunken.

Viele Grüße, Vido

[Von Kamla]

10. Oktober 1952

Mein lieber Vido,

du wirst womöglich sehr überrascht sein, wenn du hörst, dass ich mich vor ein paar Tagen mit einem Inder verlobt habe. Er ist allerdings Christ und hört auf den unsäglichen Namen Vincent Richmond, aber den idealen Mann werde ich wohl nicht finden. Aber das heißt nicht, dass ich jetzt Christin werde. Ich werde mein Leben lang Hindu bleiben, und meine Kinder werden auch Hindus sein. Er ist erst in drei Jahren mit seinem Studium fertig, und vorher werde ich nicht heiraten. An meinem Plan, bald nach Hause zurückzukehren, ändert sich also nichts. Obwohl er Christ ist, schien mir, dass von allen Jungs, die ich kennen gelernt habe, er Ma und Pa am besten gefallen würde. Außerdem glaube ich, dass es sinnvoller ist, man heiratet jemanden, der verrückt nach einem ist – einen geradezu verehrt –, als jemanden, den man liebt. Aber es wird ohnehin noch Jahre dauern, bis ich heiraten kann, also mach dir bitte keine Sorgen.

In letzter Zeit haben sich hier ein paar Dinge zugetragen, die mir Benares und die Dozenten hier so verleidet haben, dass ich so schnell wie möglich nach Hause will. Ich habe Pa gebeten, einen Brief an die Universitätsleitung zu schreiben und meine sofortige Heimkehr zu erwirken. Ich hoffe wirklich, dass er das macht. Aber ich habe dir ja schon gesagt, zu Hause hassen sie mich jetzt alle wie die Pest, und ich glaube, ich würde mir dort wie ein Fremdkörper vorkommen. Ja, ich stehe hier in Benares unter einer solchen seelischen Belastung, dass ich das Gefühl habe, nicht einmal mehr meiner eigenen Familie trauen zu können. Deshalb möchte ich schleunigst hier weg. Hier ist die Reaktion auf den Brief, den ich Ma nach Hause geschrieben hab: »Du hättest deiner gereizten Stimmung nicht nachgeben dürfen, ob sie nun berechtigt war oder nicht (Sati).« Bitte, da hast du's.

Würdest du bitte Pa schreiben, dass er mir sofort Geld schicken soll, damit ich spätestens im Dezember hier wegkomme.

Wenn ich dir übrigens irgendetwas mitbringen soll, sag mir bitte Bescheid. Zigaretten sind klar. Was sonst noch?

In letzter Zeit sind so viele Studenten aus Trinidad nach Indien gekommen, dass ich mich frage, was da drüben los ist. Also ehrlich, ich würde keine meiner Schwestern hierher kommen lassen. Eine von uns reicht. Eine der Studentinnen, sie heißt Seta Muharaj, spricht, seit sie hier ist, nur vom Heimfahren. Der stehen hier harte Zeiten bevor. In den Großstädten kann man es aushalten, aber Benares ist wirklich in jeder Hinsicht ein hoffnungsloser Fall.

Zur Zeit wünsche ich mir nichts sehnlicher, als nach Hause zu fahren. Wenn ich dich wiedersehe, werden wir uns unglaublich viel zu erzählen haben, und ich bin sicher, dass dich Indien und alles, was dazugehört, sehr interessieren wird. Wobei ich jetzt nicht an Politik denke.

So, das war's für heute. Hoffentlich bis ganz bald.

Viele Grüße, Kamla

11.10.52

Lieber Vidia,

diese Woche war eine Woche der Briefe. Drei von dir; über ein halbes Dutzend von Kamla, und einer von Kamlas Freund – Vincent David Richmond (ich wünschte mir, der Name würde sich reimen – so wie beispielsweise Rada Krishnan Dial). Aber es soll wohl nicht sein.

Deine Briefe waren sehr erfreulich – und der an Sati war reizend. Sie hat ihn mir gezeigt. Solche Briefe mögen wir gerne. Sie haben meine trübe Stimmung aufgehellt – bis ein Brief von Kamla kam, in dem sie von mir verlangte, ihr »sofort« 300 $ zu schicken, denn sie habe die Nase voll von Benares und wolle keinen Tag länger dort bleiben.

Dieses Mädchen ist unberechenbar: In einem zwei Tage vorher geschriebenen Brief erbat sie meine Zustimmung zu ihrer Verlobung. Richmond selbst hat mir einen höflichen Brief geschrieben – mit derselben Bitte und der Mitteilung, dass sie in zwei Jahren heiraten wollen. Kamlas Verlobung und ihre Rückkehr hierher passen nicht zusammen. Das habe ich ihr auch geschrieben.

Ihren Briefen entnehme ich, dass sie an der BHU übel verleumdet wurde und eine Untersuchung der Vorgänge gefordert hat. Die Gerüchte, die über sie verbreitet wurden, sind so schlimm, dass ich sie dir lieber verschweige. Es kann sein, dass sich diese Gerüchte zwischen dem 3. und 5. Okt. noch auswuchsen, denn danach schrieb sie, sie wolle Benares auf der Stelle für immer verlassen.

Ich weiß nicht, wie ich 300 $ auftreiben soll. Ich habe bloß 300 Cent auf der Bank, und ich hoffe, dass Kamla es sich noch anders überlegt. Aber sie schreibt, dass sie auch ohne Geld von mir auf jeden Fall im November (kein genaueres Datum) aus Benares abreisen wird.

VDR studiert übrigens mit einem Stipendium der indischen Regierung Pharmazie. Du wirst dich erinnern, dass ich

K. vor einiger Zeit wegen dieses Kerls den »Marsch geblasen« habe. Was dazu führte, dass sie uns monatelang nicht mehr schrieb. Nun, selbst hier in Trinidad lässt sich die Zunahme gemischter Ehen – er ist röm.-kath. – nicht aufhalten. Also habe ich ihnen meine Zustimmung gegeben und ihnen viel Glück gewünscht. Was bleibt mir sonst zu tun oder nicht zu tun? Sollen sie von mir aus heiraten und miteinander glücklich werden. Für dich gilt das Gleiche. Pat ist bestimmt ein feines Mädchen. Ma wird sich allerdings nur schwer überzeugen lassen. Die anderen verhalten sich »diplomatisch«, sie wollen erst ein Foto von dem Mädchen, das sie zusammen mit einem von dir betrachten können. Schick eines.

Viele Grüße
Pa

Benares
28. Oktober 1952

Mein lieber Vido,

gestern Nachmittag habe ich deinen Brief bekommen. Natürlich werde ich Patricia schreiben. Aber du hast mir gar nichts darüber erzählt, was sie macht und wie sie so ist. Na egal, wenn ihr beide meint, dass ihr miteinander glücklich werdet, dann bin ich umso glücklicher.

Natürlich musst du erst dein Studium hinter dich bringen und eine gute Stelle finden. Bis dahin wäre es nicht schlecht, du würdest meinem Rat folgen und dich nicht verrückt machen. Bleib mit beiden Beinen auf dem Boden.

Ich habe übrigens vor, so schnell wie möglich nach Hause zurückzukehren – sehr wahrscheinlich schon im Dezember. Ich werde wohl bei [...] wohnen müssen und ich habe ihm schon lange nicht mehr geschrieben. Das muss ich unbedingt als Nächstes tun. Oder darf ich bei dir wohnen?

Weißt du was, zu Hause wollen sie mir vielleicht eine Stelle als Schulleiterin mit einem Monatsgehalt zwischen 300 $ und 350 $ anbieten. In einer staatlich geförderten Mädchenschule für Hindus. Mamoo ist im Vorstand, aber jetzt, wo ich einen Christen heiraten werde, kann ich die Stelle wohl abschreiben, es sei denn, mein Verlobter wird Hindu. Nun, ich kenne Mamoo, und ich glaube, wenn er es will, kann er mir diese Stelle ohne weiteres verschaffen. Aber offen gestanden habe ich kein, aber auch gar kein Vertrauen in ihn. Davon abgesehen dauert es noch ziemlich lange, bis ich heirate. Es gibt also eigentlich keinen Grund, mich nicht einzustellen. Menschenskind, wäre das schön, wenn es klappen würde.

So, das war's für heute – ich wünschte, du würdest etwas regelmäßiger schreiben. Du kannst damit rechnen, demnächst ein Telegramm mit dem Datum meiner Ankunft zu bekommen.

Viele Grüße an Patricia, und dir alles Liebe.

Deine Schwester
Kamla

49 St John St, Oxford
University Coll., Oxford
7. November 1952

Meine liebe Kamla,

was für eine wunderbare Nachricht, dass du Indien verlassen wirst. Ich freue mich darauf, dich zu sehen. Du kannst bei mir wohnen. Aber das Geld ist natürlich ein Problem. Es ist eher unwahrscheinlich, dass du hier Arbeit finden wirst. Man muss hier bestimmte Voraussetzungen erfüllen, um bestimmte Stellen zu bekommen. Alles Folge des neuen Sozialismus oder was weiß ich. Du wirst wohl deinen Stolz hinunterschlucken und Capo R. ertragen müssen. Ich bin diesen Leuten ein Dorn im Auge. Es ist eine schwierige Situation, aber hab deswegen bitte keine schlaflosen Nächte. Solche Dinge renken sich oft von selbst ein.

Ich will nicht unbescheiden sein, aber könntest du mir bitte Folgendes mitbringen:

1. Ghandis (nur in Indien erhältliche) Autobiographie *Die Geschichte meiner Experimente mit der Wahrheit.*
2. Ein paar indische Messinggegenstände und wenn möglich auch ein bisschen Kunst. Könntest du vielleicht eine Statuette von Siva Natarajan besorgen, dem tanzenden Schiwa?
3. Eine lesbare, maßgebliche und umfassende Geschichte Indiens (gibt es so etwas überhaupt?). Und englische Übersetzungen hinduistischer Epen und Dramen.
4. Irgendetwas für Patricia.

Entscheide selbst. Wenn es geht, bring mir ein paar von diesen Sachen mit, und wenn es nicht geht, dann ist es auch nicht schlimm.

Ich freue mich darauf, dich wiederzusehen.

Viele Grüße von Vido

Ein verdammt knapper Brief, ich weiß!

University College, Oxford
11. November 1952

Liebe Ma,

es tut mir wirklich sehr Leid, dass ich nicht früher geschrieben habe. Vielleicht kann ich das ja mit der Mitteilung wettmachen, dass bei mir zurzeit alles ausgezeichnet läuft. Mein Gesundheitszustand ist gut, mein Ehrgeiz ist zurückgekehrt, und ich bin in der Lage, ziemlich hart zu arbeiten. Sieben Monate wirklich harter Arbeit liegen noch vor mir. Das große Problem war mein Gesundheitszustand, aber da er jetzt gut ist, gibt es kaum Grund zur Sorge.

Doch genug von mir. Ich hoffe, euch geht es gut. Es bekümmert mich sehr, dass ihr im Moment offenbar große Geldsorgen habt. Ich für mein Teil finde es schwierig, Verständnis für Kamlas Verhalten aufzubringen, aber ich glaube sie zu kennen und gehe davon aus, dass sie es bald wieder gutmachen wird – sehr bald.

Ihr solltet euch vor Augen halten, dass in etwa zwei Jahren fast all eure Kinder für sich selbst sorgen und euch unterstützen können. Ehrlich, jedes Mal, wenn ich an dich und Pa denke, finde ich von neuem, dass ihr euch edel verhalten habt. Anders kann ich es nicht sagen, und ich benutze dieses Wort in aller Aufrichtigkeit. Ihr habt wirklich Großartiges geleistet, und wahrscheinlich ist euch das nicht einmal bewusst.

Ende Dezember werde ich euch ein kleines bisschen Geld schicken – 5 £ –, und ich hoffe, dass es euch zumindest das Neujahrsfest ein wenig verschönern wird.

Nanies letzter Wunsch hat mich amüsiert. (An dieser Stelle übrigens ein kurzer pedantischer Hinweis an Satti: Wenn sie in ihren Briefen den Ausdruck »real big«, verwendet, einen grotesken Amerikanismus, dann graust mir bei der Vorstellung, was sie womöglich in ihren Aufsätzen schreibt. Halte ihr vor, was Maugham in *Rosie und die Künstler* über die amerikanische Umgangssprache sagt: die amerikanische Umgangssprache sei vollkommen – die Amerikaner könnten lange Unterhaltungen führen, ohne auch nur einen Gedanken darauf zu verschwenden, was sie eigentlich sagten.) Ich hatte schon zwei Wochen zuvor davon gehört. Ich war an einem Samstag nach London gefahren, in Begleitung eines Amerikaners, auf dessen Schreibmaschine ich jetzt schreibe, und ging auch in Clapham vorbei (wo Capo R. wohnt), um meinen Überzieher abzuholen. Ich hatte ihn im März dort vergessen. Capo war nicht da, wohl aber Owad. Er begrüßte mich herzlich, teilte mir die traurige Nachricht mit und fragte, ob ich Zigaretten dabeihätte.

Ich wohne nicht mehr im College. Will sagen, ich bin in ein möbliertes Zimmer gezogen. Es ist teuer, liegt aber im Stadtzentrum, was sehr praktisch ist.

Was das offenbar heiß ersehnte Foto von Patricia angeht: Die Gute ist so eingeschüchtert, dass sie den Termin beim Fotografen immer wieder verschiebt, und sie erwartet Kamlas Ankunft mit einer gewissen Beklommenheit.

Ich schreibe gerade an einem weiteren Vortrag für die Martlets, die Intellektuellen hier am College. Ich bin ihr Schriftführer, und da es nicht so aussieht, als ob sich jemand fände, der den vierten Vortrag in diesem Trimester hält, habe ich beschlossen, selbst einen zu halten.

Viele liebe Grüße an alle
Vidia

23.11.52

Lieber Vidia,

es tat gut, endlich einen Brief von dir zu bekommen und zu erfahren, dass du wohlauf bist. Ich hatte schon vermutet, du seist wieder krank. Das ist das Schlimmste, wenn du nicht alle zwei Wochen oder sogar einmal pro Woche schreibst.

Ich habe Kamla am 4. telegraphisch 300 $ für die Schiffsreise von Indien nach England angewiesen. Sie wollte unbedingt, dass ich das tue, und hat zwei- oder dreimal pro Woche nach Hause geschrieben und erklärt, sie wolle unbedingt aus Benares weg. Aber seit ich ihr das Geld angewiesen habe, habe ich nichts mehr von ihr gehört. Ich weiß nicht, was los ist.

Andererseits hat mir der diplomatische Vertreter Indiens

hier in Trinidad angedroht, die indische Regierung werde womöglich von mir verlangen, das Geld zu erstatten, das sie für Kamlas Musikstudium ausgegeben hat, falls Kamla vor Beendigung des Studiums die BHU verlässt. Aber vom Kolonialsekretär habe ich (natürlich inoffiziell) erfahren, dass die indische Regierung nichts Derartiges tun kann: Ich habe keine entsprechende Vereinbarung unterschrieben, also mache ich mir deshalb auch keine Sorgen.

Wie von Kamla gewünscht, habe ich dem Vizekanzler der BHU geschrieben. Er hat mir mit einem langen Brief geantwortet, in dem er unter anderem schreibt, »sie sollte eigentlich ihrem Musikstudium nachgehen, doch sie hat selbst zugegeben, dass sie kein Interesse mehr daran hat. Sie ist einzig und allein aus dem Grunde noch hier, weil Richmond hier ist.«

Wenn das stimmt – und es scheint mir zu stimmen –, dann ist das ein sehr unschöner Zug von ihr. Es gehört sich nicht, 200 Rupien pro Monat (einen Betrag, der höher ist als das durchschnittliche Gehalt eines Professors an der BHU) dafür einzustreichen, dass man ein bestimmtes Studium absolviert, und dann zu sagen, man sei nicht mehr daran interessiert. Das kann nur zu Missgunst führen. Ich muss K. in dieser Sache noch schreiben. Wenn du ihr schreibst, sei mitfühlend und taktvoll.

Es ist sehr nobel von dir, dass du uns im Dezember etwas Geld schicken willst, aber wir sind nicht direkt »abgebrannt«. Uns geht es wie immer. Natürlich muss ich den Kredit für K.s Schiffsreise in monatlichen Raten abbezahlen, aber das ist nicht so schlimm. Ich werde es schon schaffen. Mir wäre es lieber, wenn du dir von dem Geld Winterkleidung kaufen würdest. Wenn du uns unbedingt etwas zukommen lassen möchtest, dann bitte Maughams »The Gentleman in the Parlour« oder »Mrs. [Craddock]«.

Ich habe die Geschichten fertig abgetippt – *Gurudeva* ist jetzt mehr als doppelt so lang wie am Anfang. Ich würde dir das Manuskript gerne schicken, sofern ich dich dadurch nicht zu sehr von deinem Studium abhalte. Du hast bald Prüfungen. Kannst du es einrichten, es während der Weihnachtsferien bei zwei oder drei Verlagen vorbeizubringen? Gib mir rechtzeitig Bescheid.

Wenn du in London bist, solltest du meine Cousine Basdai[2] besuchen. Sie wird dich bestimmt herzlich aufnehmen. Sie reist am 10. Januar nach England zurück. Ihr Mann und ihre Kinder leben dort. Die Adresse: 131 King Henry Road, London, NW3.

Allen geht es gut – Pa

Lieber Vido,
Nalini[3] und mir geht es sehr gut, schön, dass es dir auch gut geht. Ma

Ich gebe Basdai Kakao für dich mit.

49 St John St, Oxford
/University College, Oxford
9. Januar 1953

Ihr Lieben,

die Ferien sind vorbei, aber für mich waren es keine Ferien. Ich war die ganze Zeit in Oxford, bis auf drei Tage, die ich fast widerwillig mit Owad und Twalib – einem Mann aus St. James – in London verbracht habe, in einem Londoner Elendsviertel. Wenn dieses Trimester zu Ende ist, werde ich ein ganzes Jahr fast ununterbrochen in Oxford gewesen sein. Das wäre für jeden zu viel des Guten, und ich sehne mich danach, Oxford endlich mal wieder zu verlassen. In irgendein Dorf zu fahren, spazieren zu gehen und frei zu sein.

Mit der Arbeit komme ich gut voran, wenn auch langsam. Ich arbeite wie eine Dampfwalze: langsam, aber dafür umso effektiver. Gesundheitlich geht es mir zurzeit nicht so gut. Ich habe Schnupfen und einen lästigen Husten, was mir ziemlich auf die Nerven geht. Aber das ist letztlich eine Lappalie.

Wie ich höre, fährt Rudranath im Juli nach T'dad. Er möchte die Angelegenheit regeln. Offenbar hat er schon drei Tage nach dem Tod der alten Dame mit dem Regeln begonnen. Er hat auch die Hoffnung geäußert, dass seine räuberischen, gierigen Schwestern nicht Capo S.s […] stören. Mir ist es völlig egal, wie brillant dieser Mann ist, ich möchte ihn niemals wiedersehen. Von ihm hat niemand etwas zu erwarten. Er ist ein Kleingeist.

Ich habe kaum Neuigkeiten zu berichten; ich möchte bloß – etwas verspätet, ich weiß – Meera zum Geburtstag gratulieren, Satti für ihren Brief danken (wobei ich wirklich wünschte, ihre Schrift würde etwas schlichter werden) und euch allen ein schönes neues Jahr wünschen. Natürlich würde ich auch gerne Briefe von den anderen bekommen – Savi, Meera und Shivan; aber man kann wohl nicht alles verlangen. Das Motto scheint zu sein: Bloß nicht als Erster schreiben. Auf meinen Brief von Anfang Dezember habe ich vor vier Tagen Antwort bekommen – Sattis Brief. Kamla hat mit einer Postkarte geantwortet. Ich möchte niemandem Vorwürfe machen. Ich weiß, wie schwierig es ist, Briefe zu schreiben, und bin in dieser Hinsicht ja selbst nicht allzu eifrig gewesen.

Im Idealfall könnte ich Oxford im Juni verlassen. Aber da ich noch meinen Bachelor of Literature machen werde, muss ich noch 2 Jahre bis zu meiner Abreise warten. Ich weiß gar nicht, warum ich den B. Litt. überhaupt mache.

Wenn ich dann also in 21/2 Jahren so weit bin, dass ich Oxford verlassen kann, werden wir fast alle erwachsen sein. Satti wird 21 sein, Meera 18, Savi 17, Shivan 10; Kamla eine alte Frau. Und ich möchte euch jetzt etwas versprechen. Wenn ich erst arbeite, werde ich Himmel und Erde in Bewegung setzen, um jedes Jahr einen Batzen Geld nach

Hause zu schicken, und zwar hoffentlich von Jahr zu Jahr mehr.

Während ich meinen B. Litt. mache, muss ich nicht die ganze Zeit in Oxford sein, und ich werde alles versuchen, um 1954 für etwa 4 Monate nach Hause zu kommen – vielleicht von Januar bis Mai. Das ist alles noch nicht endgültig. Ich werde diesen Plan in Zukunft nicht mehr erwähnen. Wenn ich nicht komme, gebe ich euch Bescheid. Wenn ich komme, sage ich nichts – und überrasche euch alle.

Was eine Arbeitsstelle angeht, da habe ich noch keinen blassen Schimmer. Aber es gibt hier in Oxford ein Arbeitsvermittlungsgremium, das wie eine Art Arbeitsamt funktioniert. Ich glaube, ich könnte eine Stelle bei Shell bekommen. Das Gehalt wäre unglaublich gut, aber Pat gefällt die Idee nicht. Sie hat Ideale usw. Mir gefällt die Idee übrigens auch nicht, aber anscheinend eigne ich mich nur für sehr wenig.

Ende des letzten Trimesters sind Pat und ich zum Fotografen gegangen. Wie nicht anders zu erwarten, bekamen wir uns fünf Minuten vorher noch wegen einer Nichtigkeit in die Haare, und hinter dem gezwungenen Lächeln auf dem Bild erkennt man noch die Spuren dieses Streits. Aber Pat besitzt einen Fotoapparat, und in zwei oder drei Wochen werden wir euch ein paar normale Bilder schicken.

Was macht Satti denn eigentlich dieses Jahr? Und was ist mit Savi und Meera? Keiner schreibt mir, ich habe also keine Ahnung. Ich weiß nicht mal, was Shivan macht und ob Savi in den Genuss einer höheren Schulbildung kommt. Hilft mir jemand weiter?

Viele Grüße von Vido

Könnt ihr mir sagen

a. Mit welchem Schiff Capo S. kommt, die ungefähre Ankunftszeit und den Hafen.
b. Wo in London sich Basdai verkrochen hat?

Benares
2. Feb. 1953

Lieber Vido,

dieser Brief wird dich wahrscheinlich sehr traurig stimmen.

Pa ist schwer krank und liegt im Krankenhaus. Der Grund: Er hat sich um dich und um mich furchtbare Sorgen gemacht. Ich zitiere aus Satis Brief: »Er hatte einen Herzinfarkt, und zwar einen ziemlich schlimmen, denn er kann nicht mehr gehen. Er muss im Liegen essen. Dr. Mani hat Ma gesagt, dass Pa nie mehr richtig arbeiten kann, und wenn er das erfährt, ist es womöglich gleich mit ihm vorbei.« Laut Ma und Sati ist Pas größte Sorge, dass seine Geschichten nicht veröffentlicht werden. Sati hat mir geschrieben, dass er dir eine geschickt hat, du aber noch nichts unternommen hast. Es ist eine Überlebensfrage für ihn, dass in dieser Sache schleunigst etwas geschieht, und dementsprechend ist es auch eine Überlebensfrage für uns, besonders für die armen Kleinen zu Hause. Wenn dir Pas Leben etwas wert ist, dann kümmere dich sofort um seine Kurzgeschichten und schick ihm außerdem einen netten, aufmunternden Brief. Ma sagt, dass »er (Pa) alles in allem ungefähr 14 Kurzgeschichten geschrieben hat, die wo er gerne von Vido zu einem Verleger gebracht bekommen würde, um sie zu veröffentlichen. Das ist sehr wichtig für Pas Gesundheit. Sag Vido bitte unbedingt, dass es ihm gut gehen würde, wenn das geregelt ist.«

Das sind Mas Worte. Ich brauche dir nicht zu sagen, welche Bedeutung es für uns hat, dass Pa weiterlebt – das weißt du selbst. Nimm dir also etwas Zeit, und erledige das. Schreib Pa bitte sofort einen aufmunternden Brief.

Heute Abend habe ich eine Fahrkarte für meine Überfahrt bestellt. Ich hoffe, dass ich so schnell wie möglich abreisen kann – vielleicht noch in diesem Monat, vielleicht erst im nächsten.

Schreib Pa jetzt sofort. Kümmere dich um seine Geschichten. Und berichte mir, was du getan hast. Nachlässigkeit in dieser Frage wäre Pas Tod.

Alles Liebe
Kamla

University College, Oxford
3. Februar

Mein lieber Pa,

zuallererst möchte ich dich bitten, dir keine Sorgen zu machen. Du brauchst dich nicht zu sorgen, auch wenn du nicht wieder arbeiten kannst, denn ich werde Oxford nach meinem Examen im Juni verlassen. Bitte sag Meera oder Sati, dass sie mich auf dem Laufenden halten sollen. Hätte ich geahnt, dass etwas Derartiges passieren würde, dann wäre ich schon viel früher zum Arbeitsvermittlungsgremium gegangen. Aber mach dir keine Gedanken, weil ich aus Oxford weggehe. Für einen vernünftigen Menschen sind drei Jahre allemal genug – die meisten Leute bleiben ohnehin nur drei Jahre.

Du hättest nicht denken sollen, dass ich kein Interesse an deinen Geschichten habe. Du solltest doch wissen, dass ich wahrscheinlich mehr als jeder andere von deiner schriftstellerischen Arbeit begeistert bin. Außerdem, und das habe ich dir schon oft gesagt, hast du das nötige Talent. Mittelholzer[4] hat keinerlei Talent, genauso wenig wie Selvon, der gerade etwas geschrieben hat, was er einen Roman nennt, wohingegen ich es als Reisebericht bezeichnen würde. Das sind bloß zwei der etwa zwanzig Leute, die jede Woche ein Buch herausbringen; und etwa zwölf dieser Bücher werden von den Kritikern in den höchsten Tönen gepriesen. So wurde zum Beispiel dieser schlecht geschriebene, konstruiert wirkende Roman *A Morning at the Office* hoch gelobt. Aber ich habe ihn in keiner einzigen öffentlichen Bibliothek hier gesehen. Die Buchläden in Oxford, die sehr gut sortiert sind, führen weder Selvon noch Mittelholzer. Vor zwei Tagen bin ich nach London gefahren, um zum Kolonialministerium zu gehen. Bei der Gelegenheit habe ich ein Exemplar von *Morning* gesehen, das zum ermäßigten Preis von 2 Sh 6 angeboten wurde. Dieser ermäßigte Preis ist das Schicksal aller Bücher, die ein Misserfolg sind und vom Verlag auch als solcher betrachtet werden.

Wenn ich mit deinem Buch hausieren ginge, würde ich dir damit keinen Gefallen tun. Ich würde versuchen, etwas zu verkaufen, das es verdient, veröffentlicht zu werden.

Erlaube mir, dir noch eine andere Geschichte zu erzählen. Der derzeit erfolgreichste und vielleicht beste Romanautor in Großbritannien ist ein Mann namens Joyce Cary. Cary, der im Ersten Weltkrieg in Nigeria gedient hatte, begann zu schreiben, nachdem er aus dem Militärdienst ausgeschieden war. Jahrelang war seine Frau Zielscheibe mitleidiger Spötteleien. »Was macht Ihr Mann denn eigentlich?«, wurde sie gefragt. »Er ist mein Gefährte, und er weiß schon, was er tut«, sagte sie. Carys erstes Buch erschien 1936, als er bereits auf die fünfzig zuging. Es war ein völliger Misserfolg. Und so erging es ihm mit fast jedem Buch, das er herausbrachte – bis 1944. Dann wurden die schlechten Bücher zu Bestsellern. Die Kritiker begannen die Geduld und die Kunstfertigkeit anzuerkennen, die Cary seit vielen Jahren bewies. Heute ist Cary ein alter Mann; erst seit sechs oder sieben Jahren ist ihm Erfolg beschieden. Er hält manchmal in Oxford Vorträge.

Bitte verlier nicht den Mut und vertraue mir.

Viele Grüße
Vido

[Von Kamla]

8. Feb. 1953

Mein lieber, lieber Pa,

ich habe von Sati und Ma gehört, dass du krank bist. Ich bin sehr traurig darüber, dass ich jetzt, wo ich bestimmt dringend gebraucht werde, so weit weg von zu Hause bin.

Machst du dir Sorgen um mich? Mir geht es in Benares inzwischen sehr gut. Du solltest dich wirklich nicht so viel sorgen. Jeder erlebt ab und zu schwierige Zeiten. So eine Zeit habe ich gerade durchgemacht, und anfangs habe ich versucht, allein damit zurechtzukommen, aber dann war ich dumm genug, euch mit meinen Problemen zu belasten. Du solltest dir wegen solcher Kleinigkeiten wirklich keine Sorgen machen. Bestimmt weißt du doch, wie viel du uns allen bedeutest.

Glaub mir, egal ob ich in der Nähe oder weit weg bin, du kannst immer auf mich zählen. Ob verheiratet oder nicht, ich werde immer sicherstellen, dass ich euch unterstützen kann. Ich wäre ja wohl kaum so undankbar, euch im Stich zu lassen. Dieses Vertrauen solltest du in mich haben. So Gott will, werde ich euch schon bald finanziell unterstützen.

Das Frauen-College hat mir eine Medaille verliehen, weil ich die B.-A.-Prüfung (1952) mit Auszeichnung bestanden habe, ich war die Drittbeste meines Jahrgangs. Ich lasse gerade Abzüge von einem Foto machen, das mich bei der Abschlussfeier zeigt. Sobald sie fertig sind, schicke ich euch einen davon.

Schick mir eine Liste der Bücher, die du haben möchtest. Ich nehme an, in Benares oder Kalkutta sind sie am leichtesten zu kriegen. Ich versuche gerade, ein paar schöne Statuetten aufzutreiben, aber die sind eher im Süden zu finden. Die hier im Norden sind nicht so kunstvoll.

Meine liebe Ma,

ich weiß, dass du dir große Sorgen wegen der Situation zu Hause machst. Pas Krankheit bekümmert mich wirklich sehr. Kannst du mir genau sagen, warum Pa sich um mich sorgt? Will er, dass ich sofort nach Hause komme? Ich hoffe, es geht ihm inzwischen wieder besser. Was Sati über die Sache mit dem Arbeiten schreibt, ist wirklich erschreckend. Ich muss wohl nicht erklären, was es für uns alle bedeuten würde, wenn Pa nicht mehr arbeiten könnte. Die nächsten Monate werden für dich vielleicht sehr schwer. Ich hoffe, dass ich bald eine gute Stelle finde, und dann werden euch keine Geldsorgen mehr plagen. Das ist kein leeres Gerede.

Wie geht es den Kindern? Weißt du, ich bin eigentlich ganz zuversichtlich, denn ich bin überzeugt, dass du und Sati alles im Griff habt.

9. Feb.

Habe Miras Brief von zu Hause bekommen. Ich habe keine Pläne. Bin wirklich in einer Zwickmühle. Ich erzähle dir jetzt, wie die Lage ist, und du musst mir dann sagen, was ich tun soll. Vince sieht für uns schwarz, wenn ich nach T'dad gehe. Er glaubt offenbar, eine Trennung jetzt sei eine Trennung für immer.

In Fidschi könnte ich eine Stelle mit einem Monatsgehalt von etwa vierzig Pfund bekommen. Das entspricht ungefähr 180 Trinidad-Dollar. Davon könnte ich 100 $ nach Hause schicken. Dann bleibt immer noch genug für mich selbst übrig. Aber ich werde diese Stelle erst annehmen, wenn mir die Bestätigung aus Fidschi schwarz auf weiß vorliegt. Was meinst du? Kann ich zu Hause eine besser bezahlte Stelle finden? Soll ich mit Vince nach Fidschi gehen, dort arbeiten und Geld nach Hause schicken, oder habe ich in Trinidad bessere Aussichten? Antworte mir so bald wie möglich, und ich werde versuchen, genau das zu tun, was du mir sagst.

Schreib bald.

Viele Grüße
Kamla

University College, Oxford
20. Februar 1953

Lieber Pa,

heute Morgen habe ich deinen Brief bekommen, und es hat mich überaus gefreut, dass du mit deiner Situation offenbar gut fertig wirst. Wobei mich das in gewisser Hinsicht nicht wundert, denn die wahre Größe eines Mannes zeigt sich erst in Zeiten der Not.

Ich habe mit dem Dekan über meine beruflichen Aussichten gesprochen. Ich habe kein Interesse daran, in England zu bleiben, möchte aber genauso wenig den Rest meines Lebens in Trinidad verbringen. In welchem Land ich auch leben werde, eine Grundbedingung muss es erfüllen: Es muss ein großes Land sein. Was nicht bedeutet, dass ich mich meiner Verpflichtungen euch gegenüber entledigen will. Im Gegenteil. Nur in einem großen Land kann man ordentlich Geld verdienen. Der Dekan ist der Meinung, dass meine Aussichten, in diesem Land eine Stelle zu bekommen, ziemlich trübe sind, und ich hatte auch nie etwas anderes erwartet. Er glaubt aber, dass ich vielleicht als Auslandsrepräsentant irgendeiner Firma arbeiten könnte – oder irgend so etwas. Doch wie auch immer, ich mache mir keine Sorgen, und ich möchte, dass auch du dich nicht sorgst.

Meine Abschlussprüfung rückt näher, und ich muss mein Arbeitspensum steigern.

Savi hat mir ein paar ausgezeichnete Briefe geschrieben,

und ich würde sehr gern auch Briefe von Mira bekommen. Ach übrigens, ich habe ein sehr hübsches Foto von Satti und Mira erhalten. Sie sehen wirklich beide hinreißend aus. Miras Schönheit hat etwas Aristokratisches, Stolzes, was durch die Hagerkeit ihres Gesichts noch betont wird.

Im Moment befasse ich mich mit der Entwicklung der englischen Sprache; ich bin dadurch unendlich nachsichtig gegenüber der Aussprache mancher Leute geworden – »court« wie »coat« auszusprechen und »join« wie »jine«, das hat durchaus seine Berechtigung. Im achtzehnten Jahrhundert hat man diese Wörter nämlich so ausgesprochen. Statt »tea« hat man »tay« gesagt, statt »dream« »draym« und so weiter. Es ist faszinierend.

Neulich habe ich ein paar Briefe von Horace Walpole gelesen – einem der großen Klatschmäuler des 18. Jahrhunderts –, und zwar über die Ballonfahrten, die damals große Mode waren. Er hatte für Menschen, die Ballonfahrten unternahmen, nur Verachtung übrig. Später habe ich dann gelesen, dass zu Beginn des neunzehnten Jahrhunderts große Fortschritte in der Ballonfahrt gemacht wurden. 1836 ist in London ein Ballon gestartet und hat – innerhalb von 18 Stunden! – 750 Kilometer zurückgelegt, bis nach Nassau in Deutschland!

Bitte schick mir deine Geschichten so bald wie möglich. Ich kann sie wahrscheinlich unterbringen.

Pass gut auf dich auf. Mach dir keine Sorgen. Deine Schwierigkeiten nähern sich dem Ende. Glaub mir.

Dein dich liebender und achtender Sohn Vido

5·3·53

Mein lieber Vido,

danke für deinen lieben Brief. Er hat mich getröstet; ich weiß, dass ich mich auf dich verlassen kann. Aber ich bin bereits einigermaßen genesen und möchte, dass du weiterstudierst und den B. Litt. machst, von dem du vor einiger Zeit gesprochen hast. Ich glaube, ich schaffe es schon, die Familie durchzubringen. Außerdem wird Sati, sobald sie ihre Prüfung im Dezember bestanden hat, eine gute Stelle als Lehrerin an einer Mahasabha[5]-Schule bekommen. Und du bist sowieso viel zu jung, um die Verantwortung für eine Familie zu übernehmen; deshalb finde ich auch, dass du in den nächsten Jahren noch nicht heiraten solltest. Mach zuerst deinen Weg in der Welt, oder warte zumindest ab, bis du weißt, wo es für dich langgeht.

Bitte gib gut auf dich Acht, denn sollte dir etwas zustoßen, ist »Englands letzte Hoffnung« dahin.

Noch einmal: Ich wäre sehr froh, wenn du dein Studium wie geplant fortsetzen würdest.

Ich glaube nicht, dass du mit einer Anstellung in einer Firma glücklich werden würdest.

Schick in deinem nächsten Brief eine gute Porträtaufnahme von dir mit – und sorge dich nicht. Wenn du mehr als einen B. A. vorzuweisen hast, werden sich bessere Aussichten ergeben.

Viele Grüße von Pa

University College, Oxford
5. März 1953

Meine liebe Ma,

bitte entschuldige, dass ich letzte Woche nicht geschrieben habe, aber ich habe im Moment wirklich unglaublich viel zu tun. Letzten Dienstag haben die Martlets, deren Vorsitzender ich nun bin, ihr halbjährliches Dinner im Senior Common Room des College veranstaltet. Als Präsident musste ich am Kopfende des Tisches sitzen. Der Dekan saß am anderen Ende. Wir hatten fünf Gäste aus Cambridge. Insgesamt waren wir zu neunzehnt. Der Senior Common Room ist übrigens der Raum, in dem die Dozenten essen und sich auch sonst häufig aufhalten.

Es sind nur noch dreizehn Wochen bis zu meinen Prüfungen, und in dieser Zeit muss ich die Arbeit von fast drei Jahren rekapitulieren. Es ist unwahrscheinlich, dass ich überragend abschneiden werde, aber ich glaube, ich werde mich achtbar schlagen und einen recht guten Abschluss zuwege bringen. Letztes Jahr hat mich ja meine Krankheit vom Arbeiten abgehalten. Sehr bedauerlich.

Es tut mir Leid, dass ich Sewan[6] nichts zu seinem achten Geburtstag geschickt habe. Wenn ich mich recht entsinne, habe ich ihm Grüße ausrichten lassen. Aber das ist natürlich nicht viel wert. Ich werde mein Möglichstes tun, um Ende März etwas Geld für die Mädchen zu schicken. Nicht viel. Etwa 15 \$. Ich hoffe, im Sommer eine Ferienarbeit zu finden und euch dann Geld senden zu können – vielleicht um die 50 \$.

Was Kamla betrifft, so tappe ich völlig im Dunkeln. Sie schreibt mir nur selten, und ich habe nicht die geringste Ahnung, was sie für Pläne hat. Aber ich bin selbst auch kein sonderlich eifriger Briefschreiber gewesen, sodass es mir nicht zusteht, mich zu beklagen.

Was du mir über gewisse Dinge zu Hause berichtet hast,

bedrückt und beunruhigt mich. Aber ich hoffe, du wirst begreifen, dass die Menschen sich oft selbst Schaden zufügen – nicht aus einer angeborenen Neigung zu Mutwille und Schamlosigkeit, sondern einfach, weil sie Menschen sind. Ich nehme an, Sero war es genauso bewusst wie allen anderen, dass ihr Verhalten Schande über sie bringen würde. Es war die normale Reaktion zu sagen: »Ist mir doch egal.« Der nächste Schritt musste dann sein, sehr wütend und sehr patzig zu werden, wenn jemand versuchte, sie zu »retten«. Das ist alles sehr menschlich und sehr traurig. Und es erklärt sich folgendermaßen: Früher verheirateten die Hindus ihre Töchter sehr jung. Heutzutage sind wir fortschrittlich – wir haben uns entschlossen, sie selbst wählen zu lassen, doch zugleich sind wir in unserer hinduistischen Prüderie schockiert von der ordinären Art, in der die jungen Menschen in der westlichen Welt umeinander werben. Wir sprechen ein Machtwort. Das Ergebnis: heimliche Liebschaften. Die einzige Lösung ist die Ehe. Ich hoffe, meine Schwestern werden sich das, was geschehen ist, zu Herzen nehmen und euch gegenüber absolut ehrlich sein.

Sobald Savi anfängt zu poussieren, verheiratet sie!

Oje, jetzt wird sie mir nie mehr schreiben!

Seid ihr nicht auch beeindruckt von der Geschwindigkeit, mit der Capo R. nach Hause eilt, nur wegen des Testaments?

Ich verstehe wirklich nicht, warum manche Menschen sich unbedingt wie Romanfiguren verhalten müssen.

Nach deinem Brief zu urteilen, helft ihr euch zu Hause alle gegenseitig. Das ist wirklich fabelhaft, und ich hoffe, es bleibt dabei. Ich bin wirklich beeindruckt und sehr gerührt. Es soll kein billiger Trost sein, wenn ich euch sage, dass sich in zwei Jahren alles zum Guten wenden wird.

Und Pa, falls du diesen Brief auch liest, bitte glaub nicht, dass ich dich vergessen hätte. Ich denke immerzu an dich. Es kommt mir töricht vor, dich zu fragen, wie es dir geht, wenn ich zugleich weiß, dass ich keine Antwort bekommen kann. Bitte, bitte, mach dir keine Sorgen. Bitte vertrau auf mich. Ich wünschte, ich könnte der Ritter ohne Furcht und Tadel sein, der dich rächt und dir Hilfe bringt. Aber leider müssen wir viel prosaischer an die Dinge herangehen. Schreib nicht, wenn dir nicht danach ist. Das ist nicht schlimm.

Jetzt allerdings muss ich mich der ungleich schwierigeren Aufgabe zuwenden, Sewan um Verzeihung dafür zu bitten, dass ich so herzlos war.

[*In größerer Schrift*]:

Mein lieber Sewan,

es gefällt mir, dass du nicht lange um den heißen Brei herumredest. Ich meine damit, dass du mich ganz direkt gefragt hast, was ich dir zum Geburtstag schenke. Du bist noch zu klein, um den Wert liebevoller Gedanken zu erkennen, wenn sie nicht von etwas Greifbarem begleitet werden. Ich weiß, ich hätte dir etwas schicken sollen. Aber schau, ich weiß einfach nicht, was einem 8-jährigen Jungen gefällt. Sag mir, was du dir wünschst, und ich verspreche, dass ich es dir schicken werde.

Viele Grüße
Vido

Benares
11. März 1953

Mein lieber Vido,

also, ich glaube, du hast mich völlig falsch verstanden. Oder haben unsere Leute zu Hause dir geschrieben, dass ich immer nur leere Versprechungen mache?

Ich bin sehr froh, dass ich mich verlobt habe. Und ich

schreibe regelmäßig nach Hause – ein- oder zweimal die Woche. Wenn ich es mir leisten könnte, würde ich natürlich jeden Tag einen Brief schicken.

Ich bemühe mich gerade um eine Stelle in Fidschi mit einem Monatsgehalt von 40 £. Lehrer ohne Abschluss bekommen 45 £. All das habe ich Ma geschrieben. Ich glaube, sie findet, wenn ich diese Stelle bekomme, sollte ich heiraten und nach Fidschi ziehen. Mein Gehalt wäre dort viel höher als in T'dad. Ich wäre dann in der Lage, der Familie finanziell ordentlich unter die Arme zu greifen. Aber ich ziehe nicht nach Fidschi, bevor ich die Stelle nicht sicher habe.

Ich könnte mich auch furchtbar aufregen, genau wie du, aber hier in Indien habe ich vor allem eines gelernt – Geduld. Statt dich darüber zu beschweren, dass ich nicht schreibe, solltest du dir an die eigene Nase fassen, denn du hältst es ja offenbar nicht für nötig, mir zu antworten. Ich frage mich, *wer* hier so überaus beschäftigt ist – und mit wem? Ich schreibe aber trotzdem weiter.

Grüße an Pat.

Liebe Grüße, Kamla

Schicke ein Foto von mir bei der Abschlussfeier mit. Ich hab den Shiva Natarajan gefunden (aus schwarzem Messing, sehr grazil). Wenn ich nicht nach England komme, kriegst du ihn per Post.

27.3.53

Mein lieber Vidia,

endlich habe ich wieder Luftpostpapier. Seit vorgestern habe ich die drei – Sati, Mira, Savi – immer wieder gebeten, mir welches zu holen. Aber sie hatten einfach keine Zeit (behaupteten sie), kurz ins Postamt zu gehen, an dem sie morgens, mittags und nachmittags auf dem Schulweg vorbeikommen.

Wie dem auch sei, hier ist eine wunderbare Nachricht für dich und uns alle: Ich bin so gut wie gesund. Heute ist Freitag, und ab Montag gehe ich wieder zur Arbeit. Ich war sechs Wochen lang im Col. Hosp. und habe gemäß der Anordnung der Ärzte, die mich behandelt haben, die meiste Zeit flach auf dem Rücken im Bett gelegen. Am 19.1. hat man mich in Windeseile von den Redaktionsräumen des *TG* ins Krankenhaus gebracht, und am 2.3. bin ich entlassen worden. Anschließend war ich noch vier Wochen krank geschrieben, sodass ich insgesamt zehn Wochen nicht gearbeitet habe. Der *Gdn* hat mir mein volles Gehalt weitergezahlt.

Ich fühle mich erholt, aber müde und nervös.

Eine wahre Überraschung habe ich erlebt, als ich aus dem Krankenhaus zurückkehrte und feststellte, was für ein hübsches, behagliches Zuhause die Nr. 26 doch ist. Ich habe es mit ganz neuen Augen gesehen. Das ist den Mädchen zu verdanken, auch wenn sie in anderer Hinsicht ziemlich träge sind.

Ich habe mir das Ende des letzten Kapitels von *The Adventures of Gurudeva* wieder vorgenommen, habe ein, zwei Seiten umgeschrieben, es dann aber lieber beiseite gelegt, um abzuwarten, bis ich in einer passenderen Stimmung bin.

Nalini ist erkältet, aber den anderen geht es gut. Die Mädchen lernen anscheinend fleißig für ihre ersten Klassenarbeiten.

Shivan geht immer noch auf eine Privatschule, aber ich habe vor, ihn in der Boys' Western School anzumelden, wenn Romily dort Direktor geworden ist.

Halt die Ohren steif.

Pa

University College, Oxford
4. April 1953

Lieber Pa,

es ist ein herrlicher Samstag. Ich arbeite allein in der Bibliothek des College, und gerade schlägt eine Kirchturmuhr sechs. Die Sonne ist schon untergegangen, aber die Tage werden wieder länger, und es ist immer noch ziemlich hell.

Offiziell ist die Bibliothek geschlossen, aber ich habe die Erlaubnis, sie auch während der Ferien zu benutzen. Allerdings ist es ziemlich trostlos, allein in einem menschenleeren College zu arbeiten.

Ich habe meine Arbeit für einen Augenblick unterbrochen. Ich mache gerade meine letzten Aufzeichnungen zu Spenser. Er hat 1590–96 ein gigantisches unvollendetes Gedicht mit dem Titel *Fünf Gesänge der Feenkönigin* geschrieben. Es zieht sich über 400 zweispaltig bedruckte Seiten, wobei eine Spalte 40 Zeilen hat, sodass es insgesamt einem 1000-seitigen Roman von normalem Format entspricht. Du kannst dir vorstellen, wie schwierig es ist, das Gedicht als Ganzes zu erfassen. Ich habe es nur zweimal durchgelesen; dann habe ich das Buch zugeklappt und auf der Basis meiner Notizen und Eindrücke weitergearbeitet. Und ich stelle zu meinem Erstaunen fest, dass ich ziemlich gut gearbeitet habe. Es sind nur noch zehn Wochen bis zu meinen Prüfungen, aber ich glaube, ich habe alles im Griff.

Ich möchte keine falschen Hoffnungen wecken, aber ich versuche gerade, eine Stelle bei der Oxford University Press zu bekommen. Der Verlag hat drei Dependancen in Indien. Ich möchte zu den gleichen Bedingungen eingestellt werden wie die Leute hier in diesem Land, d. h. regelmäßiger langer Urlaub usw. Eine solche Arbeitsstelle hat große Vorteile. Meine Verbindung zu England und Oxford bleibt bestehen. Ich werde gut bezahlt. Ich reise, und ich verlustiere mich mit

Büchern. Das klingt so verlockend, dass ich die Stelle bestimmt nicht bekomme.

Es freut mich zu hören, dass du wieder gesund bist. Wenn ich eine gute Stelle bekomme, werde ich Oxford auf jeden Fall verlassen. In der Geschäftswelt ist ein B. Litt. ohnehin nutzlos. Aber warten wir's ab. Ich sehne mich sehr nach zu Hause. Das Komische ist, dass es mir immer noch so vorkommt, als wäre ich erst gestern von daheim weggegangen, und bei hellem Sonnenschein sehe ich immer ganz deutlich die Straße vor mir, die zu uns führt, das Oval[7], all die Schilder, das Oval Café, die chinesischen Läden, die Polizeiwache, das Postamt. Ich habe das alles ganz klar vor Augen.

Vor etwa zehn Tagen war ich morgens mit einem Freund Kaffee trinken. Ein Inder kam herein. Er war zu aufwendig gekleidet, um zur Universität zu gehören. Ich schenkte ihm keine besondere Beachtung. Doch dann spürte ich seinen Blick auf mir. Er kam herüber und fragte: »Entschuldigen Sie – Mr Naipaul?« Ich sah ihn an, erkannte ihn aber nicht. Ich sagte ja. »Vido Naipaul?« Ich lachte und sagte wieder ja. Dann veranstalteten wir ein kleines Ratespiel. Ich sollte raten, wer er war. Ich zerbrach mir den Kopf. War er ein ehemaliger Lehrer von mir? Nein.

Er sagte: »Ts ts ts. Du hast doch wohl nicht vergessen, dass ich dich mal zu einem Kricketspiel mitgenommen habe.«

Und dann fiel es mir wieder ein. Noble Sankar! Kleiner als ich; dunkler, als ich ihn in Erinnerung hatte; hässlicher, als ich ihn in Erinnerung hatte; dümmer, als ich gedacht hatte. Kannst du dir vorstellen, dass jemand zum ersten Mal nach Oxford kommt und sich nicht die Gebäude, nicht die Buchläden anschaut, sondern nur übers Geld redet – wie viel er haben will und wie wenig er hat?

Das ist der typische westindische Intellektuelle, fürchte ich. Er ging automatisch davon aus, dass mich seine Privatangelegenheiten ungemein interessierten. Und während ich mich mit Noble unterhielt, schien es mir, als sei trotz seiner vornehmen Kleidung und Manieren ich derjenige, der wisse, was Kultur ist. Ich bin ja so froh, dass ich nach Oxford gekommen bin.

Lass es dir gut gehen. Viele Grüße
Vido

Grüße an Savi. Sie hat am 21. April Geburtstag, richtig?
Also, um das zu klären:
Satti: 25. Sept.
Meera: 30. Dez.
Savi:...? April
Shivan: 25. Feb.

University College, Oxford

Liebe Ma,

ich habe eine klitzekleine gute Nachricht für dich. Wenn du am 26. April die Sendung *Caribbean Voices* einschaltest, wirst du mich eine Geschichte vorlesen hören.

Die Geschichte an sich taugt nichts. Sie zielt auf den Massengeschmack, und ich schäme mich richtig dafür. Aber ich glaube, genau so etwas will Swanzy. Sie handelt im weitesten Sinne von Mary aus der Louis St. Ich habe eine Menge glatte Lügen hinzugefügt, die Geschichte könnte also ganz interessant für dich sein. Jedenfalls wird es dich sicher freuen, zwölf oder fünfzehn Minuten lang meine Stimme zu hören.

Das bedeutet auch, dass ich etwas Geld nach Hause schicken kann – mehr als erwartet. Weniger als 30 $ werden es nicht sein, aber ich hoffe, ich kann sogar 50 $ schicken. Ich möchte gern warten, bis der Scheck von der BBC eingetroffen ist. Aber wenn ihr das Geld sofort haben wollt, sagt mir bitte Bescheid. Andernfalls würdet ihr es in etwa einem Monat in bar bekommen – ungefähr in der ersten Maiwoche. Bitte scheut euch nicht, es mir zu sagen, wenn ihr das Geld gleich haben wollt.

Außerdem werde ich euch Ende Juni wohl 24 $ schicken können. Ich hoffe, dass ich dann Arbeit gefunden habe, und Ende Juli kann ich vielleicht noch mehr schicken.

Eines könntest du für mich tun: Du könntest mir sagen, was Hemden, Socken und überhaupt Kleidung zu Hause kosten. Ich traue mich nämlich nicht, mir englische Kleidung zu kaufen. Letzten August habe ich mir 6 Paar Socken zu je 1,80 $ gekauft, und die sind bereits hinüber. Ich möchte nicht, dass du irgendetwas für mich kaufst. Es gibt nichts, was ich wirklich dringend brauche. Neulich habe ich sogar ein ziemliches Schnäppchen gemacht. Ich habe einem Freund für 10 Sh ein Hemd abgekauft.

Springer hat mir eine Postkarte geschickt. Ein Bild vom Blue Basin, und dazu ein paar Zeilen, in denen er mich daran erinnert, wie ich einmal in voller Montur hineingesprungen und bis zum Wasserfall und zurück geschwommen bin!

Wegen dieser Karte und einer Reihe anderer Dinge bin ich besserer Laune, als ich es lange war.

Ich muss jetzt aufhören, werde aber bald wieder schreiben.

Viele Grüße an alle
Vido

[Von Kamla]

21. April 1953

Mein lieber Vido,

du machst dir zu viele Sorgen um mich. Mir geht es ganz gut, wirklich. Zu Hause fragen sich alle, wie du dir deine Zukunft vorstellst. Nun, ich will dir einen Rat geben: Man soll nur dann Zukunftspläne schmieden, wenn man sie auch finanzieren kann. Wer kein Geld hat, sollte auch keine Pläne machen, denn das geht leicht ins Auge. Du musst dein Bestes geben, und wenn sich eine Möglichkeit auftut, nutze sie.

Und genauso gehe ich vor. Ich habe keinen Lebensplan und werde auch nie einen haben.

Ich glaube, wenn ich Vince heirate, werde ich sehr glücklich sein, denn er ist ein ziemlich hingebungsvoller Typ (ganz im Gegensatz zu mir, denn ich glaube nicht, dass ich irgendjemanden über alle Maßen lieben kann). Ich habe Verständnis für deine Pläne, und ich glaube, dass du das Richtige tust; sollte ich irgendwann in der Klemme sitzen, werde ich mich melden. Mach dir also keine Sorgen.

Ich weiß nicht, ob du es schon gehört hast, aber Sati hat sich verlobt, mit Krisii Bissoondath (du erinnerst dich bestimmt an ihn). Wenn alles gut geht, wird sie nächsten März heiraten. Ich bin darüber ziemlich froh. Die drei Mädchen zu Hause waren immer meine größte Sorge. Sati heiratet aus freien Stücken. Krisii ist recht wohlhabend und kommt aus gutem Hause. Wenigstens eine unserer Schwestern wird also versorgt sein. Und ich möchte nicht, dass du das in deinen Briefen kritisierst, ist das klar?

Ich habe mich um eine Stelle in Fidschi beworben, aber offenbar ohne Erfolg. Wenn ich sie bekommen hätte, wäre ich dorthin gezogen. Jetzt habe ich mich in Trinidad beworben.

Was ist Pats Lieblingsfarbe und wie viel Meter Stoff wären für ein Kleid für sie nötig?

Sag mir doch bitte kurz Bescheid.

Alles Liebe
Kamla

Schreib mir wenigstens, was das mit Pat betrifft, ehe du mir gar nicht schreibst. Wenn ich überhaupt nach Trinidad oder Fidschi gehe, dann gegen Ende Mai. Schreib mir weiter.

27·4·53

Lieber Vido,

es war fabelhaft, deine Stimme gestern Abend im Radio zu hören. Mit unserem Kasten zu Hause konnten wir die Sendung nicht empfangen, darum sind wir rasch zu Shamar gelaufen – du weißt schon, die Nachbarin, die an der Hauptstraße wohnt. Der Empfang war jedoch auch dort nicht immer gut, und hätten wir nicht vorher schon gewusst, dass du die Geschichte über Mary lesen würdest, hätten wir deine Stimme womöglich überhaupt nicht erkannt. Du hast gut gesprochen, und wir haben keinerlei Nervosität oder Ähnliches bei dir bemerkt. Es war ja eine ziemlich lange Geschichte. Ein Jammer, dass wir der Diskussion nach der Lesung nicht richtig folgen konnten. Ab und zu haben wir natürlich den einen oder anderen Satz verstanden, aber das meiste ging in atmosphärischen Störungen unter.

Vor ein paar Tagen habe ich eine Kurzgeschichte an das Büro der BBC in Kingston geschickt. Sie ist 3400 Wörter lang, und ich habe keine Ahnung, ob eine so umfangreiche Geschichte angenommen wird. Aber ich hatte keine Zeit, sie zu kürzen. Ich habe sie »Ramdas – and the Cow« genannt, und die Hauptfigur ist mein Bruder Ramparsad[8], sonst Rapooche genannt. Ich habe eine Anmerkung für Mrs Lindo hinzugefügt, in der ich sie bitte, Mr Swanzy zu fragen, ob nicht du die Geschichte vorlesen könntest, falls sie angenommen wird.

Sati hat einen Heiratsantrag bekommen, und da das Mädchen Feuer und Flamme ist, blieb mir nichts anderes übrig, als meine Zustimmung zu geben. Ihr Zukünftiger ist Crisen Bissoon Dath aus Sangre Grande, ein Sohn von Seedai – die Leute, die in dem Ort ein Textilwarengeschäft betreiben und noch einen anderen Sohn haben, der in England Medizin studiert. Weil Sati erst im Dezember ihre Prüfung für das HC machen wird, konnten wir uns natürlich nicht damit einverstanden erklären, dass die Hochzeit noch dieses Jahr stattfindet – obwohl Crisen es unbedingt wollte. Wir haben uns vorerst für den nächsten März entschieden. Sati wird auch als verheiratete Frau an der Mahasabha-Schule unterrichten dürfen. So heißt es jedenfalls. Dein Onkel Capo S. hat ihr gesagt, dass sie mit einem HS Cert. am Anfang 90 $ pro Monat bekommen wird. Er ist leitender Sekretär und eine der Stützen der Bewegung für die Eröffnung weiterer Mahasabha-Schulen. Der andere wichtige Mann ist Bhadase Marajh.

Um die Hochzeit zu bezahlen, muss ich mir erneut Geld leihen; aber Sati hat mir versichert, dass sie die Schulden in monatlichen Raten von 50 $ abbezahlen wird – genau die Summe, mit der ich monatlich den Bankkredit über 300 $ abbezahle, den ich für Kamla aufgenommen habe. Sie wollte eigentlich nach Hause kommen, weißt du noch? Inzwischen hat sie es sich offenbar anders überlegt – nachdem sie mir solche Umstände bereitet hat. Kamla sollte wirklich einmal ihre Fantasie bemühen; ihr müsste doch klar sein, für was mein Monatsgehalt von mageren 165 $ und ein Bonus in halber Höhe am Jahresende alles reichen muss. Wenn ihre Rückkehr nach Trinidad gar nicht unbedingt nötig ist, dann hätte sie mir nicht eine monatliche Rate von 50 $ aufbürden dürfen. Sie hatte gesagt, sie werde sich hier eine Stelle suchen und binnen eines Jahres alles abbezahlen; jetzt schickt sie empörend gönnerhafte Briefe, in denen sie Sati auffordert, darauf zu achten, dass wir das Geld, das sie schicken wird, mit Bedacht ausgeben. Als wäre das Geld für mich gedacht! Jeder Cent, den wir von ihr bekommen, muss dafür verwendet werden, den Bankkredit abzubezahlen, den ich für sie aufgenommen habe.

Ich will nicht, dass du ihr das alles erzählst, und ich weiß auch gar nicht, wieso ich es dir erzähle… Aber ich glaube, Kamla hat in Trinidad genauso gute Aussichten, Arbeit zu finden, wie in Fidschi, wo sie jetzt hinfahren will. Der Kerl, den sie heiraten will, ist ebenso knapp bei Kasse wie sie. In Trinidad könnte K. bei der Mahasabha arbeiten.

Es war abgemacht, dass sie sich das Geld für ihre Rückreise zusammensparen würde. Aber sie hat keine Anstalten gemacht, das zu tun, sondern sogar die 250 $ ausgegeben, die Rudranath ihr geschenkt hat. Jetzt habe ich diesen Brief durch die vielen Klagen über Kamla völlig verdorben.

Obwohl wir es momentan nicht leicht haben, sähe ich es nicht gerne, wenn du dir für die Ferien Arbeit suchen würdest. Uns zuliebe brauchst du das nicht tun. Wie wäre es, wenn du dich um eine Stelle bei der Schulbehörde in Trinidad oder beim diplomatischen Dienst Indiens bemühen würdest? Ich weiß auch nicht, es ist nur so ins Blaue gedacht.

Herzliche Grüße
Dein Pa

Benares
22. Mai 1953

Mein lieber Vido,

momentan bin unglaublich damit beschäftigt, einen Platz auf der Moja zu kriegen, die Indien so um den 6. herum verlässt und nach 21 Tagen oder so in England ankommt. Das dauert ja unglaublich lange.

Ich glaube, für dich ist das ein schlechter Zeitpunkt. Du wirst mitten in den Prüfungen stecken. Aber ich kann es nicht ändern.

Ich bin noch nicht sicher, ob das mit der Überfahrt klappt, aber die Chancen stehen nicht schlecht.

Heute Morgen habe ich Pa einen Brief geschrieben. Tja, sehr erfreulich ist er nicht geworden. Du weißt ja, dass sie Geld für mich aufgenommen haben. Und darauf reiten sie jetzt in jedem Brief herum. Satis letzter Brief hörte so auf (Behalt das aber für dich, sag niemandem zu Hause etwas davon. Versprochen?): Ich hatte sie gefragt, ob sie etwas Geld abzweigen könnte, weil ich ihr ein paar Sachen für ihre Hochzeit kaufen wollte. »Ich hätte ja liebend gerne ganz viele von den schönen Sachen, die es in Indien so gibt«, antwortete sie, »aber momentan brauchen wir unser gesamtes Geld, um Essen zu kaufen und die 300 $ zurückzuzahlen, die wir deinetwegen geliehen haben.« Das war wirklich ein Schlag ins Gesicht, es hat mich zutiefst getroffen. Ich habe tagelang geheult.

Und heute Morgen habe ich Pa geschrieben, wie ich mich fühle – dass ich nämlich den Eindruck habe, sie wollten mich nur zurück, damit ich arbeiten gehe, und nicht um meiner selbst willen. Ich habe ihn auch gebeten, mir einen netten Brief zu schreiben und meine Befürchtungen zu zerstreuen. Wenn er das nicht macht, werde ich sicher mit einem schlechten Gefühl nach Hause zurückkehren.

Du darfst mit niemandem daheim über diese Dinge reden, denn das gibt nur böses Blut. Und das will ich nicht. Verstehst du?

Bis ganz bald.

Viele Grüße
Kamla

1.6.53

Mein lieber Vido,

eben habe ich den Brief gelesen, den du Sati geschrieben hast. Es ist traurig zu hören, dass du seit einigen Wochen nicht gut arbeitest. Ich hoffe, du bist nicht krank. Bitte lass den Kopf nicht hängen.

Es vergeht kein Tag – kaum eine Stunde –, ohne dass wir an dich dächten – und an Kamla.

Ich weiß genau, wie öde und deprimierend es ist, nicht öfter Post von zu Hause zu bekommen. Ich bin wirklich sehr ärgerlich auf Sati und ihre Schwestern, weil sie dir nicht häufiger schreiben. Selbstverständlich bin auch ich nicht ohne Schuld.

Zu den Geschichten: Ich werde sie auf jeden Fall morgen oder übermorgen an dich abschicken. Du wirst leider einen kleinen Teil von »The Return of Gurudeva« neu tippen müssen. Ich werde das Ende wohl nie so hinbekommen, wie ich es gerne hätte. Also schicke ich dir das Ganze so, wie es ist, wohl wissend, dass du mit vielen Stellen unzufrieden sein wirst. Bitte lies es Satz für Satz durch. Und behalte eine Kopie von »The Return of Gurudeva«. Ich habe hier bloß unzusammenhängende Teile. Von den Kurzgeschichten und den bereits veröffentlichten Ausschnitten von *Gurudeva* habe ich komplette Kopien. »Uncle Dalloo« könnte, glaube ich, durch ein paar behutsame Straffungen oder Streichungen erheblich verbessert werden. Wenn du magst, kannst du dich ja nach den Prüfungen daran versuchen.

Ich wünschte, ich hätte Gurudevas »Preedicht« in indirekter Rede erzählt, mit eingestreuten beschreibenden Passagen. So wie Bennett es in *Anna of the Five Towns* bei der Schilderung der Erweckungsversammlung gemacht hat. Manche Abschnitte der Geschichte sind wirklich so stümperhaft, dass ich mich kaum traue, sie dir oder sonst jemandem zu schicken.

Falls mein Material für ein Buch von normalem Umfang nicht ausreicht, was hieltest du davon, deine Geschichten hinzuzufügen? Auf der Titelseite würde dann »Seepersad und Vidia Naipaul« stehen. Ich bin mir nicht sicher. Entscheide du.

Kamla schreibt in ihrem Brief, der zusammen mit deinem angekommen ist, dass wir ihr ab jetzt zu Händen Capo R. schreiben sollen. Sie kommt nun also doch nach Hause, und du wirst sie bald in London oder Oxford wiedersehen. Sie hat viele Enttäuschungen erlebt, du solltest sie ein wenig trösten.

Ihre Dozenten in Benares haben sich als richtig rachsüchtig entpuppt. Die Musikhochschule hat die Prüfungen von April auf Juli verschoben – ohne dafür Sorge zu tragen, dass ihr Stipendium um weitere drei Monate verlängert wird. Folglich verlässt sie Benares, ohne die Prüfung abgelegt zu haben.

Sie ist außerdem wütend auf mich, weil ich Sati gebeten hatte, sie zu fragen, ob sie die 300 $ erhalten hat, die ich ihr letzten November über die Barclay Bank angewiesen hatte. Ich wollte mich bloß vergewissern, dass sie das Geld auch bekommen hat, denn sie hat sich nie direkt dazu geäußert, und Geldanweisungen oder Wechsel können schon einmal verloren gehen. Bitte erkläre ihr das, und richte ihr aus, dass wir sie lieben und dass wir sie um ihretwillen hier zu Hause haben wollen und nicht wegen irgendwelcher Schulden, die sie bei uns hat.

Bitte Vido, mach dir keine Sorgen. Du hast für deine Prüfungen wahrscheinlich mehr gearbeitet, als dir selbst klar ist, und ich bin mir sicher, dass alles gut gehen wird. Wir lieben dich alle sehr, so nachlässig wir mit dem Briefeschreiben auch sein mögen –

Herzliche Grüße
dein Pa

Lieber Vido, viel Glück für die Prüfung, werd nicht krank Gesundheit ist das Wichtigste lass den Kopf nicht hängen wir beten jeden Tag für dich. Ma

Aden
4. Juni 1953

Mein lieber Vido,

mir ist schlecht. Genau genommen ist mir schlecht, seit ich an Bord gegangen bin.

Bald wechselt der Monsun, und wir haben starken Seegang.

Meine Kabine teile ich mit einer indischen Familie, die doch tatsächlich nach Trinidad will. Der Mann wird dort bei der diplomatischen Vertretung Indiens arbeiten.

Das war's für heute.

Viele Grüße
Kamla

10.6.53

Lieber Vido,

heute Vormittag habe ich das Ms. von *The Adventures of Gurudeva* abgeschickt. Per Schiffspost natürlich. Wie bereits angekündigt, wirst du einen kleinen Teil davon abtippen müssen. Aus Zeitmangel konnte ich das nicht selbst tun. Fang damit aber erst an, wenn deine Prüfungen vorbei sind.

Bitte ordne »The Panchayat«[9] woanders ein, denn *The Adventures of Gurudeva* endet mit einem Panchayat, und es wäre besser, wenn diese sehr kurze Kurzgeschichte an einer anderen Stelle stünde.

Sollte dir die eine oder andere Geschichte nicht gefallen, steht es dir frei, sie aus der Sammlung herauszunehmen, aber wenn du das tust, solltest du sie durch Geschichten von dir ersetzen.

Deine Prüfungen müssen unmittelbar bevorstehen. Mein

Rat an dich ist der übliche: Bleib ruhig und gelassen. Gib dein Bestes, ohne Angst zu haben. Sei ein Philosoph.

Wenn du fünf Minuten erübrigen kannst, schreib mir ein paar Zeilen, damit ich weiß, wie es um dich steht – insbesondere gesundheitlich. Dein letzter Brief hat mich sehr bedrückt. Es war der, in dem du sagtest, wenn Sati dir letztes Jahr weiter geschrieben hätte, so hätte dir das mehr bedeutet als 200 Freunde in Oxford oder London; und dass du sechs Wochen lang nicht arbeiten konntest.

Es ist gut möglich, dass du mehr für die Prüfungen gelernt hast, als dir klar ist, und ich habe das sichere Gefühl, dass du problemlos bestehen wirst. Bewahre nur die Ruhe.

Gräme dich nicht wegen Kamla und Sati. Mädchen sind dafür geschaffen zu heiraten. Haben wir das nicht schon immer gewusst? Wir wünschen dir alle viel Glück für deine Prüfungen – Pa

22. Juni 53

Mein lieber Vido,

wahrscheinlich hast du die Mse. noch nicht bekommen, die ich dir am 10. geschickt habe. Wenn du sie erhältst, steht dir etwas Arbeit bevor, aber nicht allzu viel, hoffe ich. Aber du sollst sowieso erst damit anfangen, wenn du mit deinen Prüfungen fertig bist. Vielleicht steckst du ja gerade mittendrin; bitte sei gelassen, dann wirst du mühelos bestehen. Ich habe mir in den letzten Wochen Sorgen um dich gemacht; ich werde das Gefühl nicht los, dass du krank bist, und das macht mich sehr unglücklich.

Die BBC wird meine Geschichte »Ramdas and the Cow« – was für ein langweiliger Titel – am 19. Juli senden. Ich hatte Mrs Lindo gebeten, Mr Swanzy vorzuschlagen, die Geschichte von dir lesen zu lassen. Mrs Lindo hat mir geschrieben, sie habe ihm den Vorschlag unterbreitet, aber wegen der weiten Fahrt, die du dafür auf dich nehmen müsstest, sei es dir wahrscheinlich nicht möglich. Ich hoffe natürlich, dass du dir die Sendung anhören wirst. Die Geschichte ist ein Kapitel bzw. eine Episode aus *The Adventures of Gurudeva*, aber das brauchst du niemandem zu erzählen. Ich habe den Namen Gurudeva in Ramdas geändert. Ich stelle mir vor, dass ich, falls meine Kurzgeschichten – diejenigen, die ich dir geschickt habe – nicht von einem Buchverlag angenommen werden, etliche von ihnen für *Caribbean Voices* weiterverwenden könnte. Darum möchte ich dich bitten, unbedingt eine Kopie von *The Adventures* aufzubewahren. Versuch es bei mehr als nur einem Verlag, oder versuch es, wenn nötig, mit Hilfe einer Agentur. In einer alten Ausgabe (1940) von *The Authors' Handbook* empfiehlt Kilham Roberts einige Agenturen. Zum Beispiel –

A. P. Watt and Son, Hastings House, Norfolk Street, Strand, WC2 – »die sich dadurch auszeichnet, dass sie die älteste Agentur des Landes ist«. Andere empfohlene Agenturen sind: Curtis Brown Ltd., 6 Henrietta Street, WC2; A. M. Heath and Co. Ltd., 188 Picadilly, W1; Raymond Savage Ltd., 39 Jermyn Street, SW1; A. D. Peters, 10 Buckingham St., Adelphi, WC2; Pearn, Pollinger and Higham Ltd., 39–40 Bedford St., Strand, WC2 – die übrigen entnimm bitte *The Authors' Handbook.* Entschuldige bitte, dass ich dich mit dieser Liste belästige.

Was Verlage angeht – versuche es bei Michael Joseph oder bei Eyre and Spottiswoode oder bei Allan Wingate, wo das Buch von Selvon erschienen ist.

Kamla ist heute wahrscheinlich in England angekommen. Ich hoffe, ihr trefft euch bei guter Gesundheit wieder; und ich hoffe, ihr streitet euch nicht mit Capo R. Warum mache ich mir bloß ständig Sorgen um dich? Diese Sorgen und dazu alle möglichen bösen Vorahnungen machen mich ganz krank. Ich möchte einen schönen Brief von dir bekommen – und einen von Kamla über dich.

Du sollst nicht denken, du müsstest uns Geld schicken.

Es ist schon schlimm genug, dass wir dir keins schicken. Was sind wir doch für arme Schlucker! Am Ende versprichst du uns, Geld zu schicken, und wenn dann der Zeitpunkt gekommen ist, stellst du fest, dass du dein gesamtes Geld für dich selbst brauchst. Das bedrückt dich dann natürlich. Und das will ich nicht.

Wie lange musst du noch in England bleiben? Bitte lass es mich wissen. Du könntest hier in Trinidad eine gute Stelle bei der Schulbehörde bekommen, aber das müsstest du jetzt schon in die Wege leiten. Du könntest Schulinspektor werden. Oder ans QRC gehen. Es gibt eine neue staatliche Oberschule in Barataria, aber die Eröffnung ist verschoben worden, weil es an qualifizierten Lehrern fehlt. Farrel, der geschäftsführende Direktor des QRC, soll die Schulleitung übernehmen.

Kamla wird eine Stelle an einer der Schulen der Mahasabha bekommen. Capo S. hat dort ja einen wichtigen Posten inne, und Bhadase ist Erster Vorsitzender. Mahasabha betreibt, mit Unterstützung der Regierung, insgesamt sechsundzwanzig Grundschulen auf der Insel, und es gibt Pläne für eine Oberschule und ein Lehrerkolleg. In einem von beiden wird Kamla unterkommen.

Das Wichtigste, um das ich dich bitten möchte, ist, dass du auf deine Gesundheit achtest. Rauch nicht zu viel. Ich leide unter den Folgen übermäßigen Rauchens, ich weiß also, wovon ich rede. Wenn du unbedingt rauchen musst, dann nur nach den Mahlzeiten. Das ist sehr, sehr wichtig. Drei Zigaretten pro Tag.

Wir alle hoffen inständig, dass du bei deinen Prüfungen erfolgreich bist. Während ich hier sitze und tippe, wiegt Ma neben mir Nalini in den Schlaf. Die Mädchen haben sich gerade auf den Weg zur Schule gemacht. Ich muss jetzt aufhören. Ich will noch einen Brief an Kamla schreiben.

Wie immer
herzliche Grüße von Pa

Zu Hause, 1. Juli 1953

Mein lieber Vido,

wahrscheinlich liegen die Prüfungen inzwischen hinter dir. Ärgere dich nicht, wenn du nicht besonders gut abgeschnitten hast. Solange du bestanden hast, sind wir zufrieden. Aber vielleicht hast du ja auch besser abgeschnitten, als du glaubst. Weißt du, du arbeitest viel zu viel, schon seit frühester Jugend. Na ja, du bist noch jung, und das ist die Zeit, in der man hart arbeiten sollte, aber ich hoffe, du wirst dich nicht ständig abrackern müssen, so wie ich. Das zahlt sich nicht aus, Vido; man verschleißt vorzeitig seine Kräfte. Und am Ende stellt man fest, dass man genauso mittellos ist wie ganz am Anfang, vor vielen vielen Jahren. Lass es nach deinen Prüfungen ruhig angehen, erhol dich, sag dir: Was schert mich die Welt! Und komm nach Hause zurück.

Vermutlich hast du Kamla inzwischen gesehen, und wahrscheinlich sind euch die Prüfungen in die Quere gekommen. Natürlich ist das bloß eine Annahme. Ich habe mich gefragt, ob du wohl zu Capo R. fahren würdest, um dich mit Kamla zu treffen, und dann gedacht, dass dir das womöglich sehr schwer fallen würde. Manchmal habe ich mich auch schon gefragt, ob deine Reaktion auf Ruths Verhalten nicht vielleicht in deiner Krankheit begründet war. Wie dem auch sei, es würde nicht schaden, wenn du dich mit Capo R. und seiner Frau wieder vertragen würdest. Ich wäre nicht überrascht, wenn dein Mamoo mit demselben Schiff wie Kamla gen Heimat reisen würde.

Ich kann mir gut vorstellen, dass es dir sehr schwer fallen wird, erneut von Kamla Abschied zu nehmen, und ich hoffe, du kommst schnell darüber hinweg. Übrigens wüsste ich gerne, wie lange du noch in Oxford bleiben musst und wie deine Pläne momentan aussehen. Ich weiß, in früheren Briefen hast du angedeutet, dass du nicht in Trinidad leben willst; außerdem hast du erwähnt, dass du unter Umständen eine Stelle bei der University Press bekommen könntest – in Indien, glaube ich. Das wäre bestimmt das Richtige für dich. Weißt du schon Näheres? Mach nicht den Fehler, Geld gering zu schätzen. Wenn ich mehr Geld hätte, wäre ich ein viel zufriedenerer Mensch und würde dir und meinen anderen Kindern weniger Verdruss bereiten.

Bitte, Vido, versuch, meine Geschichten unterzubringen. Ich weiß, zum Teil wirken sie ziemlich unausgereift und plump, aber ich habe den Eindruck, dass die Verleger heutzutage so etwas wollen. Lies sie durch, tippe neu, was neu getippt werden muss, und schicke oder bringe sie zu einem Verlag. Ich glaube, du weißt, was für ein Segen es für mich wäre, wenn sie angenommen würden – nicht wegen der Ehre, sondern wegen des Geldes, das sie mir womöglich einbringen werden.

Vergiss nicht, dass meine Geschichte am 19. Juli gesendet wird; vermutlich wird Selvon sie lesen. Ich wünschte, jemand anderes würde es tun. Ich hatte Swanzy ja den Vorschlag unterbreitet, sie von dir lesen zu lassen. So, jetzt mache ich Schluss. Ich muss nämlich noch einen Brief an die Naparima Girls' High School schreiben, bei der Kamla sich (von Indien aus) beworben hat; man hat ihr daraufhin eine Stelle als Lehrerin an der neu eröffneten Mädchenschule in St. Augustine angeboten.

Ich habe Kamla c/o Capo R. eine Kopie des Briefes geschickt. Ich hoffe, sie bekommt ihn. Kamla hat auch ein Angebot von der Mahasabha, aber wenn sie es annimmt, würde sie zunächst an einer Grundschule arbeiten. Angeblich haben sie vor, ein Lehrerkolleg zu gründen, und sie haben gesagt, dass Kamla dort später eine Stelle bekommen wird. Mit »sie« ist natürlich Capo S. gemeint.

Aber jetzt muss ich wirklich aufhören, Vido, denn wenn ich den Brief an Miss Scrimgeour vom Verwaltungsrat der Naparima Girls' School geschrieben habe, werden deine Ma, Nalini und ich nach Tunapuna fahren, um den Tag bei den Sookhdeos zu verbringen. Schreib mir einen Brief, und erzähl mir von dir, von deinen Prüfungen und von deinem Wiedersehen mit Kamla.

Wie stets

Pa

Zu Hause, 1.7.53

Meine liebe Kamla,

ich tippe dir gleich einen Brief, den ich von Miss Margaret A. Scrimgeour vom Verwaltungsrat der Naparima Girls' High School bekommen habe. Ich schicke dir nicht das Original, denn ich bin mir nicht sicher, ob dieser Brief dich erreichen wird; will sagen, womöglich bist du bei seinem Eintreffen schon aus England abgereist. Wenn du hier ankommst, gebe ich dir das Original.

Naparima Girls' High School
San Fernando
Trinidad, BWI
25. Juni 1953

Sehr geehrter Mr Naipaul,

ich habe eine Bewerbung von Ihrer Tochter Kamla aus Indien erhalten. Leider habe ich den Brief verlegt.

Der Verwaltungsrat der Naparima Girls' High School ist für zwei Oberschulen zuständig – die zweite ist die (neu eröffnete) St. Augustine Girls' High School.

St. Augustine benötigt eine qualifizierte junge Lehrerin. Ihre Tochter scheint die nötige Qualifikation zu haben. Könnte sie bitte an Miss Constance Wagar, Austin Street, St. Augustine schreiben – mit detaillierten Angaben über ihren Universitätsabschluss.

Sie ist mir von mehreren Seiten empfohlen worden, und ich werde diese Empfehlungen bei der Sitzung des Verwaltungsrates vortragen. Mir ist bewusst, dass sie dem hinduistischen Glauben angehört. Deshalb werden wir einige Dinge mit ihr besprechen müssen, wenn sie sich bei uns persönlich vorstellt. Wir sind unter den gegebenen Umständen nicht bereit, sie Religion unterrichten zu lassen.

Könnten Sie ihr bitte mitteilen, dass diese Stelle frei ist, sofern sie noch Interesse hat?

Da sie es nach St. Augustine nicht so weit hat wie hierher nach San Fernando, habe ich sie auf die Stelle dort hingewiesen. Es wird allerdings auch hier eine Lehrerin benötigt.

Es tut mir Leid, dass ich mich an Sie wende und nicht direkt an Ihre Tochter. Ich hoffe, sie verzeiht mir.

Hochachtungsvoll

(Miss) Margaret A. Scrimgeour (handschriftlich unterschrieben)

Wir haben niemandem von deiner Bewerbung erzählt, und dasselbe gilt für diese Antwort. Mahasabha bietet dir ebenfalls eine Stelle als Lehrerin an, allerdings vorerst nur an einer Grundschule, denn ihr Lehrerkolleg und ihre Oberschule müssen erst noch gebaut werden. Ich finde, du solltest der Frau schreiben und das Angebot annehmen, hoffe allerdings, dass die Leute von Mahasabha, dein Mamoo eingeschlossen, deswegen nicht verstimmt sein werden. Sati soll nämlich eine Stelle bei ihnen bekommen.

Hoffentlich kriegen wir bald Post von dir. Hast du dich schon mit Vido getroffen? Geht es euch beiden gut? Komm möglichst bald heim. Ich wünschte, ich könnte dir etwas Geld schicken.

Wir erwarten dich voller Ungeduld –

Immer der deine

Pa

49 St John Street,
Oxford
14. Juli 1953

Meine liebe Kamla,

tut mir Leid, dass das gestern nicht geklappt hat. Hoffentlich hat es dir keine Umstände gemacht. Habe heute einen Brief von Capo S. bekommen – über dich. Einen sehr kurzen Brief, in dem er fragt, ob ich nicht deine Teilnahme an einem Ferienkurs der Universität arrangieren könnte. Aber ich fürchte, das würde nichts bringen. Das habe ich ihm auch geschrieben.

Ich habe auch Basdai geschrieben und mich bei ihr bedankt. Pat bedankt sich vielmals für die Geschenke. Sie hätte nichts dagegen gehabt, wenn du gestern gekommen wärst.

Sag mir Bescheid, wann du mich sehen willst. Hast du Lust, ins Theater zu gehen? In Stratford oder in London. Bitte lass es mich wissen.

Vido

17. Juli 1953

Lieber Pa,

heute habe ich zwischen meinen Unterlagen einen – bereits adressierten – Brief entdeckt, den ich abgeschickt zu haben meinte. Daher mein ungewöhnlich langes Schweigen. Ich hoffe, Kamla hat von ihrer Ankunft hier berichtet. Sie ist eine so viel verlässlichere Briefeschreiberin.

Dein Ms. ist vor 14 Tagen hier angekommen (da habe ich den Brief geschrieben), und ich habe es durchgelesen. Es ist wirklich gut, und ich bin mir sicher, dass wir es früher oder später unterbringen werden. Aber das Tippen wird viel Arbeit machen.

Meine mündliche Prüfung ist am 23., dann bin ich meine Sorgen los. Ende Juli erfahre ich die Ergebnisse. Danach (nach dem 23.) werde ich 4 oder 5 Tage mit Kamla verbringen und sie anschließend verabschieden; dann arbeite ich für 6 Wochen in einem Krankenhaus – als Tellerwäscher, aber die Bezahlung ist gut. Ich bin von 2 (oder 3) Freunden eingeladen worden, sie zu besuchen, und werde diesen Einladungen wahrscheinlich in den letzten Septemberwochen folgen. Die ersten zwei Oktoberwochen werde ich wohl auf dem Festland verbringen – wenn mein Geld reicht.

Kamla und ich haben ein Wochenende bei Basdai verbracht; ich fand es nett, aber ein bisschen langweilig; Kamla dagegen fand es sehr schön. Ich fühle mich richtig isoliert, wenn ich merke, wie die Kluft zwischen mir und den Leuten von zu Hause tiefer und tiefer wird. Die Jungs, die hierher kommen, finden schnell das ihnen entsprechende Niveau. Oxford ist schon ein besonderer Ort. Es ist einem zum Beispiel nicht bewusst, auf welch hohem intellektuellen Niveau sich die Gespräche hier bewegen, bis man sich eine Stunde mit einem Jungen wie Ramesh unterhalten muss. Man verlässt Oxford intellektuell und menschlich gereift – so kommt es mir jedenfalls vor. Die Kluft wird also mit jedem Tag größer. Natürlich gibt es in Oxford viele Leute aus Trinidad, aber deren Dummheit und Ignoranz sind einfach unerschütterlich.

Mir geht es viel besser, und ich glaube, es wird nicht mehr lange dauern, bis ich vollkommen gesund bin. Körperlich fehlt mir natürlich nichts, aber ich erlebe Phasen schwärzester Depression, die mittlerweile allerdings schnell vorübergehen. Die größte Schwierigkeit besteht darin, sich selbst zu verstehen. Glaub aber nicht, ich wäre der Einzige hier, der psychisch nicht auf der Höhe ist. Es gibt etliche Studenten, die vollkommen neurotisch sind. In Oxford wird man mit all seinen persönlichen Eigenheiten konfrontiert. Man hat so viel Zeit, ist so einsam.

Kamla fand mich bestimmt entsetzlich faul. Aber ihr Besuch bei mir hatte einen eigenartigen psychologischen Effekt: Ich wurde schrecklich müde – müder, als ich es je gewesen bin; am liebsten hätte ich den ganzen Tag geschlafen. Wahrscheinlich kannst du dir zusammenreimen, was das bedeuten mag.

Ich schreibe diesen Brief übrigens nicht in einer depressiven Stimmung. Die Tatsache, dass ich über diese Dinge schreiben kann, sollte dir zeigen, dass ich im Moment ganz guter Verfassung bin.

Grüße an alle zu Hause, und verzeih mein langes Schweigen.

Vido

Zu Hause, 20.7.53

Mein lieber Vido,

zwei Dinge haben mich gestern Abend und heute Morgen froh gestimmt. Gestern Abend haben wir – der gesamte Haushalt – dich im Radio meine Geschichte lesen hören, und heute Morgen habe ich einen beruhigenden Brief von Kamla bekommen… Du hast wirklich sehr gut gelesen. Ich bezweifele, dass irgendjemand anderes das besser gemacht hätte. Danke. Ich hoffe, du hast für das Vorlesen genug Geld bekommen, um die Fahrt von Oxford nach London und zurück zu bezahlen.

Ich habe ein paar schlimme Wochen hinter mir. Der Hauptgrund war, dass wir von dir nichts gehört haben und darum nicht wussten, ob du bei guter Gesundheit bist. Außerdem war Kamla bei ihrer Ankunft in England offenbar fast pleite. Aus ihrem Brief heute Morgen habe ich erfahren, dass Capo R. sich geweigert hat, einen Teil der Kosten für ihre Schiffspassage zu übernehmen. Tja, so ist das eben mit unserem Herrn Professor. Sie kann mein gesamtes Honorar haben – ich meine das Honorar für die Geschichte –, wie hoch das auch sein mag. Und wenn es dann noch um 15 Dollar oder so geht, kann ich die irgendwie von meinem letzten Gehalt vom *Guardian* abzweigen, das Ende des Monats eintrifft. Aber es wäre für uns alle hier erheblich besser, wenn Kamla einen Kredit vom India House[10] bekäme oder wenn, wie sie schreibt, du ihr etwas Geld leihen könntest. Du solltest mir dann sagen, wie deine finanzielle Lage ist, und notfalls schicke ich dir dann das BBC-Honorar, sobald ich es habe… Allerdings hat mir Capo S. vor etwa zehn Wochen gesagt, der diplomatische Vertreter Indiens hier bei uns habe ihn zu sich gebeten und ihn eine Bürgschaft für einen Kredit in Höhe von 45 Pfund an Kamla unterzeichnen lassen – von dem Geld sollte die Reise von England nach Trinidad bezahlt werden. Offenbar hat Kamla diesen Kredit beim India Office in London beantragt, und dort hat man sich mit der indischen Vertretung bei uns in Verbindung gesetzt. Von Capo persönlich habe ich darüber kein Wort erfahren, aber er hat es Sati gegenüber erwähnt, die jeden Samstag und Sonntag in Nr. 17 ist, um Sita Nachhilfe zu geben. Es überrascht mich, dass Kamla in dem Brief, den ich gerade von ihr bekommen habe, nichts von Capo S. und der Bürgschaft schreibt.

Du wirst mir nachsehen, dass ich nicht anders kann, als in Rudranath ein regelrechtes Monstrum zu sehen, oder eine Art Satyr. Dennoch darf ich es mir mit den beiden Brüdern nicht verderben, denn Sati soll eine Stelle bei der Mahasabha bekommen und Kamla ebenfalls – in einer weiterführenden Schule, die im September eröffnet wird. Wie ich höre, soll Kamla die Leitung übernehmen und Sati Lehrerin werden. Kamla hat jedoch auch eine Stelle von der Naparima Girls' High School angeboten bekommen – in einer neuen Schule in St. Augustine.

Es hat mich sehr erleichtert, von Kamla zu erfahren, dass du wohlauf bist und dass es dir seit ihrer Ankunft in England offenbar noch viel besser geht… Ich möchte nicht, dass du dir über uns hier Sorgen machst. Kamla wird bald bei uns sein, und wir werden schon zurechtkommen. Gesundheitlich geht es mir ziemlich schlecht, aber ich bin nicht mehr bettlägerig. Ich kann vieles tun, zum Beispiel Schreibtischarbeit, aber alles, was körperliche Anstrengung mit sich bringt, überfordert mich. Darf mich nicht hetzen. Gott sei Dank kann ich schreiben; dadurch kann ich meine unausgefüllten Stunden damit verbringen, dies und das zu schreiben. Aber seit Anfang des Jahres geht es mir so schlecht, und ich habe so viele Tage krank im Bett gelegen, dass mein Arbeitgeber es für richtig hält, künftig auf meine Dienste zu verzichten. Bis Ende dieses Monats bekomme ich noch mein Gehalt gezahlt. Aber ich will nicht, dass du dir wegen dieser Dinge Sorgen machst. Nach Kamla können uns erst Mira und danach Savi für ein, zwei Jahre unter die Arme greifen; und dann wirst du dein Studium beendet und vielleicht auch eine Arbeit angenommen haben. Mach dir also keine Sorgen, sei pragmatisch. Mutter Oberin Frances Xavier rät dir, in Oxford den einjährigen Kursus für das Pädagogikdiplom zu absolvieren. Dadurch wirst du als Lehrer mehr Geld bekommen.

Ich weiß nicht, ob Kamla noch lange genug in England ist, dass du Nachrichten aus diesem Brief an sie weiterleiten kannst. So habe ich ihr beispielsweise die Abschrift eines Briefes geschickt, den ich von der Sekretärin der Naparima Girls' High School im Zusammenhang mit einer Bewerbung Kamlas um eine Lehrerstelle erhalten habe. Sie kann in der neuen Oberschule in St. Augustine als Lehrerin arbeiten. Kamla schreibt nicht, ob sie diesen Brief bekommen hat – ich habe ihn ihr geschickt, zu Händen Capo R.

Ich kann es mir nicht leisten, Capo S. anders als mit Freundlichkeit zu begegnen. Bis Kamla oder Sati eine Stelle antreten, will er es Sati ermöglichen, weiter zur Schule zu gehen, damit sie ihr HC machen kann; und er wird ihr fünfzig Dollar pro Monat zahlen – nur um uns auszuhelfen. Zumindest hat er das angekündigt. Andernfalls müsste Sati nach den Ferien im August von der Schule abgehen, um zu unterrichten.

Schick mir unbedingt einen deiner ausführlichen, interessanten und munteren Briefe, und berichte, wie du bei den Prüfungen abgeschnitten hast. Nachdem Kamla Geld von dir bekommen hat, stehst du sicher mit leeren Taschen da. Kamlas wahre Feinde hier bei uns sind nicht ihre Onkel, sondern ihre sehr dummen, neidischen Tanten... Kannst du aus dem letzten Kapitel von *Gurudeva* eine 3000 Wörter lange Kurzgeschichte machen? Versuch es. Ich habe kein vollständiges Exemplar, sonst hätte ich es selbst getan. Die BBC (d. h. Mrs Lindo) hat mich um weitere Geschichten gebeten.

Mit den allerherzlichsten Grüßen
Pa

(Sati hat dir per Schiffspost ein paar Fotos und einen Brief geschickt.)

University College, Oxford
30. Juli 1953

Liebster Pa,

ich habe deinen Brief heute Abend vorgefunden, als ich aus London zurückkam, wo ich Kamla verabschiedet habe.

Also, zunächst einmal: Mach dir keine Sorgen. Und ich will dir auch sagen, warum du dir keine Sorgen zu machen brauchst:

1. Ich habe einen Abschluss der Universität Oxford. Ich bin jetzt B. A. (Oxon).
2. Ich werde mich umgehend um eine Stelle bemühen – die bestbezahlte, die ich bekommen kann. Du scheinst zu denken, dass ich bloß unterrichten kann. Aber das stimmt

nicht. Es gibt hier an der Universität das so genannte Arbeitsvermittlungsgremium, das sich darum kümmert, dass Leute wie ich eine Stelle finden, und meistens besteht die Schwierigkeit gar nicht darin, eine zu finden, sondern sich für eine unter mehreren zu entscheiden. Unterrichten werde ich ganz gewiss nicht.

3. Sobald ich eine Stelle habe, möchte ich, dass du herkommst und bei mir wohnst, denn es ist mein Ziel, dass du deine Tage müßig und zufrieden verbringst – und natürlich werde ich dafür sorgen, dass du immer einen Whisky in Reichweite hast. Lange wird es nicht mehr dauern. Ich freue mich darauf, dich binnen eines Jahres bei mir zu haben. Kamla hat versprochen, dass sie sich um Ma und die Kinder kümmern wird.
4. Du musst nicht glauben, dass mir etwas entgeht, wenn ich nur drei Jahre in Oxford studiere. 95% der Studenten bleiben nur drei Jahre und brennen genau wie ich darauf, endlich wegzukommen und Geld zu verdienen. Ein B. Litt. ist nicht notwendig, er ist eindeutig Zeitverschwendung. Er macht es nicht leichter, eine Stelle zu finden, das weiß ich.

Ich will über alles informiert werden, was zu Hause passiert. Ich möchte, dass nichts vor mir geheim gehalten wird. Morgen früh gehe ich zum Arbeitsvermittlungsgremium.

Es war ziemlich dumm von Kamla, sich darüber zu beklagen, dass Capo R. ihr nicht helfen wollte. Warum hätte er das tun sollen? Ich hätte das jedenfalls nicht gern gesehen – dass er Kamla Geld gibt. Letztlich spielt Capo R. in unserem Leben doch eine derart untergeordnete Rolle, dass diese ganze Aufregung völlig überflüssig ist. Kamla hätte euch nichts davon schreiben sollen, besonders da ich ihr das Geld schon versprochen hatte. Na ja, schließlich hat sie es dann vom India House bekommen – ganze 15 £. Weiß der Himmel, warum Capo S. eine Bürgschaft über 45 £ unterzeichnen musste!

Kamla wäre schockiert, wenn sie wüsste, was ich dir jetzt

schreibe. Sie ist wirklich immer noch äußerst gedankenlos und unbesonnen, hat sich allerdings gut gehalten. Dass sie euch beispielsweise von Capo R. geschrieben hat, obwohl ich ihr doch mehrfach zu erklären versucht habe, wie unbedeutend diese Angelegenheit ist.

Ich hätte mich ja um Kamla gekümmert, bloß dachten wir, Capo R. würde gekränkt sein usw., wenn ich es täte. In der letzten Woche wurde Capo R. dann immer unangenehmer, und Kamla tat schließlich das einzig Vernünftige. Sie packte ihre Sachen, und wir verbrachten die letzten fünf Tage in sehr angenehmer Atmosphäre bei Basdai, wo wir den endlosen politischen Diskussionen lauschten, die Carl mit allen und jedem führt.

Ich konnte den Brief gestern Abend nicht mehr fertig schreiben; und ich schreibe auch gar nicht mehr aus Oxford. Sondern aus einem kleinen Dorf namens North Curry, das in der Nähe von Taunton in Somerset liegt. Ich bin bei einem Freund zu Besuch, morgen fahre ich wieder nach Oxford zurück.

Ich war beim Arbeitsvermittlungsgremium und habe die nötigen Formulare ausgefüllt. Ihr versteht sicher, dass es jetzt darauf ankommt, keine überstürzten Entscheidungen zu treffen, die uns vielleicht über die nächsten zwei oder drei heiklen Jahre brächten, mich aber womöglich in eine Sackgasse manövrieren würden.

Gestern habe ich mich mit einem sehr guten Freund aus Oxford unterhalten – einem Mann mittleren Alters –, und er war der Ansicht, dass du dich mit nicht einmal fünfzig Jahren als in der Blüte deiner Jahre betrachten kannst. Aber bitte warte ab, bis ich eine Stelle habe und du herkommen und bei mir wohnen kannst, bevor du wieder irgend so eine Dummheit machst, wie krank zu werden. Ich möchte dich noch einmal bitten, dir keine Sorgen zu machen. Gerade im Augenblick schreibe ich an einer Geschichte, und wenn sie angenommen wird, verspreche ich dir hoch und heilig, das Geld dir zu schicken. Ich habe Kamla eine erkleckliche

Summe Geld gegeben und bin mir ziemlich sicher, dass zu Hause alle angenehm überrascht sein werden, wenn sie die Geschenke sehen, die Kamla und ich haben besorgen können. Shivan bekommt etwas Besonderes – aber ich sage nicht, was, denn es soll eine Überraschung sein. Du erinnerst dich sicher daran, dass er bei Kamlas Abreise zu ihr sagte, er wolle eine grüne Hose. Ich nehme an, aus der Grüne-Hosen-Phase ist er inzwischen raus.

Kamla möchte direkt nach Nr. 26 gebracht werden, und da sie so wenig wie möglich mit Capo R. und unseren affigen Tanten zu tun haben will, möchte sie sich allein dir anvertrauen – du sollst ihr raten, zu wem sie gehen, mit wem sie reden soll usw. Reg dich um Himmels willen nicht über deine Schwägerinnen auf. Wenn du dich erst einmal aufregst, begibst du dich auf ihr Niveau. Ich habe Kamla immer wieder zu erklären versucht, wie verdammt unwichtig ihre Tanten oder ihre geringschätzigen Verwandten sind, und ich hoffe, du lässt dich nicht unterkriegen. Es ist nicht notwendig, dass du dich über Capo R. aufregst, weil er sich geweigert hat zu helfen. Kamla zu helfen war meine Aufgabe, und ich hoffe, dass ich sie gut erfüllt habe. Es war für einige Leute fast ein Schock, dass ich Kamla helfen konnte. Ich kann jetzt selbst für mich sorgen.

Ab Dienstag, dem vierten August, arbeite ich auf einem Bauernhof. Ich freue mich sehr darauf, wegen der Bewegung und weil die englischen Felder etwas Wunderschönes sind. Das reife Getreide sieht aus wie Gold, und die Felder scheinen im Wind zu wogen.

Übrigens, falls du zurzeit schreibst, schlage ich vor, dass du mit etwas richtig Großem beginnst. Deine Lebensgeschichte, in der dritten Person erzählt, würde eine sehr erfreuliche Lektüre abgeben. Du hast mir geraten, ein Philosoph zu sein. Ich möchte auch dir raten, ein Philosoph zu sein und das Bestmögliche aus deiner erzwungenen Untätigkeit zu machen.

So, ich muss nach Taunton (nimm dir einen Atlas, und

schau dir an, wo das liegt), um diesen Brief abzuschicken. Mein Freund fährt gleich dorthin, ich muss also aufhören.

Grüße an alle – meine herzlichsten Grüße,
Vido

(Tut mir Leid, dass ich meinen Namen auch mit der Schreibmaschine geschrieben habe, aber mein Füller ist eingetrocknet.)

1. August 1953

Mein lieber Vido,

ich bin gerade aus der Stadt zurückgekehrt, wo ich mich um einen Druckauftrag für Sahadeo Maharaj aus Tunapuna gekümmert habe. Deine Ma und ich haben das Haus gemeinsam verlassen, aber sie ist noch nicht wieder da. Sie muss Terpentin und ein paar andere Sachen kaufen: Wir wollen die Wände tünchen, damit hier alles schön aussieht, wenn Kamla heimkommt… Mir geht es sehr gut, und man hat mir gesagt, ich sähe besser aus denn je. Ich habe keine Verdauungsbeschwerden mehr. Aber ich arbeite nicht. Hitchens war äußerst herzlos zu mir.

Die Trennung von Kamla muss schlimm für dich gewesen sein. Ich versuche mir oft vorzustellen, wie einsam du dich fühlen musst; und wir wären alle sehr froh, wenn wir wüssten, dass es dir gut geht. Wegen deiner Krankheit bin ich oft sehr bedrückt. Du musst dieser finsteren Depression trotzen, denn sie ist nur Einbildung. Du musst dir sagen: »Ich bilde mir das nur ein. Es wird vorübergehen«, und in ein oder zwei Tagen wird es tatsächlich vorbei sein.

Sonntag, der 9. August, ist ein großer Tag für uns, es ist der Tag von Kamlas Ankunft. Ich wünschte, Rudranath käme nicht mit demselben Schiff. Ich habe vor, sie an Bord des

Schiffes in Empfang zu nehmen, um ihr ein paar Ratschläge zu geben. Ihr ist eine Stelle als Lehrerin an der neuen Oberschule für Mädchen in St. Augustine angeboten worden (ein am Churchill-Roosevelt-Highway gelegenes, eindrucksvolles Gebäude, das gerade im Auftrag der Naparima Girls' High School neu errichtet worden ist). Andererseits hat die Mahasabha ein Gebäude in Sangre Grande gekauft, in dem nächsten Monat eine weiterführende Schule eröffnet werden soll (mit staatlicher Unterstützung). Simbhoo – Sekretär der Mahasabha – sagt, dass man Kamla die Leitung dieser Schule übertragen wird, er wolle versuchen, ein Monatsgehalt von zweihundertvierzig Dollar für sie auszuhandeln; und Sati eine Stelle als Lehrerin an derselben Schule zu verschaffen.

Jetzt hat Capo S. durch Mrs Nobby, der Sekretärin von St. Augustine, Wind davon bekommen, dass die Leute von der Naparima Girls' High School Kamla eine Stelle anbieten, und natürlich gefällt ihm das nicht. Deshalb will ich sie unbedingt schon an Bord des Schiffes sprechen und ihr die Lage schildern, damit sie Simbhoo nicht vor den Kopf stößt und die Chancen für sich und Sati verschlechtert oder gar ruiniert.

Nun zu dir. Je glücklicher du bist, desto besser geht es auch mir, denn du bist offen gestanden der einzige Mensch, um den ich mir häufig Sorgen mache. Wenn ich längere Zeit keinen Brief von dir bekomme, denke ich unweigerlich, dass du krank bist, und mache mir Sorgen. Deshalb musst du so oft wie möglich schreiben. Bei uns ist alles in Ordnung, das versichere ich dir.

Wie steht es um *The Adventures of Gurudeva*? Soweit ich weiß, sind deine Prüfungen jetzt vorbei, deshalb erwarte ich, Neuigkeiten zu hören. Du brauchst nicht viel abzutippen. Tipp nur den mit Bleistift geschriebenen Teil, und schick das Ganze dann einem Verlag. Ich möchte nicht, dass du diese Angelegenheit hinausschiebst. Wenn du keinen Verlag findest, versuch es mit einem guten Agenten, aber sieh zu, dass du einen ehrlichen nimmst. Angeblich sind viele dieser Leute Betrüger. Wie dem auch sei, pack die Sache an. Jetzt, wo du keine Prüfungen mehr hast, erwarte ich, dass du regelmäßig schreibst – Dein dich liebender Pa

Mein lieber Sohn,

ich hoffe, du bist nicht zu traurig, weil Kamla weg ist. Kommen und Gehen gehört zum Alltag, daran musst du immer denken. Lass dich nicht von deinen Gefühlen überwältigen, denk daran, dass es für jeden fröhliche und traurige Augenblicke im Leben gibt, nicht nur für dich.

Nalini ist gestern zehn Monate alt geworden. Sie kann die Treppe raufkrabbeln, hält sich fest und versucht zu laufen, versucht auch zu sprechen, sagt Pa, Ma…

Hier haben alle die Grippe. Wir freuen uns alle sehr darauf, wenn Kamla am 9. August mit der Colombie wiederkommt. Es ist dann vier Jahre und zwei Tage her, dass sie von zu Hause weggegangen ist.

Ich drücke dir ganz fest die Daumen für deine Prüfungsergebnisse, und viel Glück und gute Gesundheit für deine 21 Jahre.

Liebe Grüße von Ma

49 St John Street, Oxford
5. August 1953

Lieber Pa,

dies wird nur ein kurzer Brief, denn ich bin sehr müde. Heute war mein zweiter Arbeitstag. Ich arbeite auf einem Bauernhof – und ich glaube nicht, dass ich je zuvor so geschuftet habe. Ich hätte auch etwas Bequemeres in einem Büro bekommen können, aber ich ziehe die harte Landarbeit vor – für ein oder zwei Monate. Gestern habe ich beim Heumachen geholfen, und ich finde, es gibt nur wenig, was so lieblich duftet wie Heu. Es ist sehr angenehm, auf diesem Hof zu arbeiten, der Bauer erlaubt uns, in seinem Esszimmer zu essen, und wenn wir länger als bis um fünf zu tun haben, bekommen wir Abendessen von ihm. Ich werde morgens mit dem Auto in Oxford abgeholt, zum Hof gefahren und abends wieder nach Hause gebracht. Alles in allem eine angenehme, wohltuende und lohnende Abwechslung.

Wenn du diesen Brief liest, ist Kamla sicher schon zu Hause, und ich hoffe, dass sich niemand danebenbenommen hat. Verwandtschaftliche Beziehungen dieser Art verlieren in dem Moment, wo sie nicht mehr lohnend sind, jegliche Bedeutung. Man sollte keine Anstrengungen unternehmen, sie wiederzubeleben, außer wenn wirklich beide Seiten guten Willens sind.

Ich warte immer noch auf Nachrichten von zu Hause: Sie werden meine nächsten Schritte bestimmen.

Ach übrigens, Kamla hat euch wahrscheinlich schon vorgewarnt, dass Capo R. sich darüber auslassen wird, was für ein schreckliches Lotterleben ich führe. Ich gehe davon aus, dass ihr beide, du und Kamla, mich gut genug kennt, um diese Berichte mit einem Lächeln abzutun. Auch hier gilt, dass etwas erst dann wichtig wird, wenn man es lässt – d. h. wenn man es wichtig werden lässt.

Shivan hat jetzt seine Pistole, und er wird eure Nerven in den nächsten paar Tagen mit seinem Geballer ordentlich strapazieren. Ich kenne mich mit der Entwicklung von Kindern so schlecht aus, dass ich nicht einmal weiß, ob Shivan schon das Stadium erreicht hat, in dem der Besitz einer Pistole legal ist!

Vor zwei Tagen habe ich die Rohfassung einer Geschichte heruntergehämmert. Sie handelt von Rosie, aber ich fürchte, die Dialoge sind etwas hölzern. Meine Erinnerung an die Menschen zu Hause verblasst immer mehr; ich wünschte, mir wären ihr Treiben und ihre Redeweise noch lebendiger. Ich fürchte, ich werde den Namen Rosie beibehalten, denn mir fällt kaum ein anderer Name ein, der so gut passt – einer, den eine indische Familie aussuchen würde und der eine gewisse Derbheit und Üppigkeit vermittelt –, vielleicht, weil Maughams Rosie darin mitschwingt.

Ich arbeite an deinen Geschichten, also halte mir nicht Gleichgültigkeit vor.

Ich warte auf Nachricht von zu Hause. Schreib du vorerst nicht. Lass Kamla schreiben.

In tiefster Liebe und ebenso tiefem Respekt
dein dich liebender Sohn
Vido

8. Aug. 1953

Mein lieber, lieber Vido,

das war wirklich ein schöner Brief – der, den du in diesem Dorf namens Curry zu Ende geschrieben hast. Er hat eine große Last von mir genommen und mich heiter und zufrieden gestimmt. Savi, Sati und die anderen nennen mich neuerdings im Scherz den »Engländer«, weil du geschrieben hast, ich soll zu dir kommen und bei dir leben… Aber natürlich sollte ich dir zuerst zu deinem Bachelor of Arts gratulieren. Ich bin überzeugt, dass es ein guter geworden ist, ich meine, dass du mit einem guten Ergebnis bestanden hast… Dir steht in zweifacher Hinsicht ein Geschenk zu, erstens zu deinem Examen und zweitens zu deinem einundzwanzigsten Geburtstag. Ich sollte dir wirklich etwas schicken, aber ich kann noch nicht sagen, was oder wann.

Du hast vollkommen Recht damit, nicht die erstbeste Stelle annehmen zu wollen. Lass dir Zeit und suche dir eine, die dir auch ganz bestimmt gefallen wird. Die anderen hier zu Hause haben mir – nicht sehr heftige – Vorwürfe gemacht, weil du meinetwegen die Universität verlassen willst, obwohl du doch mindestens noch ein Jahr hättest bleiben können, um beispielsweise das päd. Diplom zu erwerben. Ich stimme ihnen völlig zu. Wir könnten dich noch ein weiteres Jahr entbehren, oder auch noch länger, aber wenn du wirklich nach drei Jahren von Oxford »die Nase voll« hast, dann stellt sich die Lage natürlich anders dar. Es stimmt, ich sehe dich am ehesten als Lehrer, und in Trinidad gibt es eine ganze Reihe von weiterführenden Schulen und Lehrerkollegs, und ich bin mir sicher, dass du dort irgendwo eine Stelle bekommen könntest. Aber deiner Ma gefällt es überhaupt nicht, dass ich dich dazu verleiten will, dir hier eine Stelle zu suchen, und auch ich finde es eine schreckliche Vorstellung, denn ich glaube, es gibt außerhalb dieses Tümpels hier viel mehr Möglichkeiten für dich. Wie wäre es, du würdest versuchen, eine Stelle im diplomatischen Dienst Indiens zu bekommen, oder bei der BBC – deine Stimme und deine Aussprache sind sehr gut. In nicht allzu ferner Zukunft werde ich nicht mehr viel Geld zum Leben brauchen.

Ich vermute, du wirst furchtbar erschöpft von der Landarbeit sein. Probier es zwei Wochen aus, und wenn du es zu anstrengend findest, lass es bleiben... Uns geht es allen gut. Und obwohl ich keine Arbeit habe und nicht ganz auf der Höhe bin, würde man niemals vermuten, dass es mit meiner Gesundheit nicht zum Besten steht; ich bin wahrhaftig selten glücklicher gewesen. Ich fürchte, ich entwickle mich zu einem echten Faulpelz. Sookhdeo hat mir eine Stelle in einem Laden angeboten, den er demnächst in der Stadt eröffnen wird – »brauchst bloß dazusitzen und auf die Waren aufzupassen«. Die Bezahlung wird natürlich – wesentlich – schlechter sein als mein früheres Gehalt beim *Guardian*. Aber ich verdanke dem alten Mann eine Menge. Er hat mir in vielfacher Hinsicht geholfen. Als er einmal abends bei uns zu Besuch war und erfuhr, dass die Ärzte mir davon abgeraten hatten, die Treppen nach »oben« hochzusteigen, sagte er, wenn ich das Haus verkaufen und ein neues kaufen wollte, werde er mir keine Steine in den Weg legen; das heißt, er würde die Summe abschreiben, die ich ihm für die Hypothek schulde. Und es ist eine große Summe. Aber inzwischen hat sich herausgestellt, dass es gar nicht mehr nötig ist, nur wegen mir in ein anderes Haus zu ziehen, denn mein Gesundheitszustand ist so viel besser geworden, dass ich sogar einen kleinen Bauch angesetzt habe, und ich gehe jeden Tag etliche Mal die Treppe rauf und runter... David Ramkeesoon ist Direktor des QRC geworden... Kamla muss sich entscheiden, welche der beiden Lehrerstellen sie annehmen will: die der Leiterin einer Oberschule der Mahasabha, die im September in Sangre Grande eröffnet wird (und wo Sati eine Stelle als Lehrerin bekommen soll), oder eine Stelle als Lehrerin an einer Mädchenoberschule in St. Augustine. Die Schule in St. Augustine untersteht dem Verwaltungsrat der Naparima Girls' High School...

Ich habe gehört, dass Simbhoo versucht, ein Anfangsgehalt von 240 $ für Kamla herauszuholen. Selbst wenn es 200 $ werden, ist das immer noch eine Menge. Aber ich fürchte, er ist ziemlich vergrätzt wegen des Angebots aus St. Augustine. Wozu er aber gar keinen Grund hat. Er hat auf Kamlas Bewerbung nicht reagiert, die Leute von der Naparima School hingegen haben rasch und höflich geantwortet. Außerdem wusste bis vor ein paar Wochen noch niemand, dass die Mahasabha schon im September (mit staatlicher Hilfe) eine Oberschule in Sangre Grande eröffnen würde. Bhadse hat sich ein Fertighaus gekauft... Am Sechzehnten dieses Monats wird Sati ihren Ring (169 $) von Crisen Bissoon Dath bekommen; ich habe die Daths zu einem Abendessen zu uns eingeladen, bei dem die Verlobung offiziell bekannt gegeben wird. Sehr viel mehr Leute laden wir dazu nicht ein, es wird eine kleine Feier... Ich werde Kamla deinen letzten Brief, in dem du schreibst, sie sei immer noch gedankenlos, nicht zeigen; ich verstehe, was du meinst, und stimme dir zu; wirklich ausgezeichnet; es zeigt, dass du jetzt in der Lage bist, Verantwortung zu übernehmen. Und ein gutes Urteilsvermögen hast, einen Sinn für Werte... Aber wir wollen Kamla lieber nichts davon sagen, es könnte sie kränken. Sie dachte, wenn du ihr die volle Summe geben würdest, die sie für die Heimreise brauchte, würde dich das um deinen letzten Cent bringen. Sie war sozusagen auf rücksichtslose Weise rücksichtsvoll. Ich könnte einiges auf der Schreibmaschine zuwege bringen, und ich würde gerne mit dem autobiographischen Roman anfangen; ich habe sogar schon Shekhar gebeten, mir Kohlepapier vom *G* zu besorgen... Aber da gibt es auch noch diese Stelle, die mir Sookhdeo angeboten hat, als Aufpasser in seinem Laden...

Bleib gesund. Uns geht es allen gut, glaub mir. Und noch einmal danke für den Brief.

Pa

IX

10. August 1953 –
8. Dezember 1953

Familientragödie

[Poststempel vom 10. August 1953]

Mein lieber Vido,

Kamlas Heimkehr hat für einigen Trubel gesorgt, und wir freuen uns alle sehr, vor allem, da sie so viel zu erzählen weiß und ihren Sinn für Humor keineswegs verloren hat. Aber ihre Verwandten – ihre Tanten und so weiter – sind weniger zufrieden. Es hätte ihnen unendlich viel besser gefallen, wenn Kamla mit einer Mala[1] in der Hand und einem Vers aus dem Ramajana auf den Lippen die Gangway heruntergekommen wäre. Stattdessen kam sie mit einer gepflegten Aussprache hier an, was viele überraschte – Mrs Dinan sagte zu ihr: »He Mädel, red kein Amerikanisch mit uns.«

Rudranath kam mit demselben Schiff (hielt sich während der gesamten Fahrt von Kamla fern); und obwohl sie dritter Klasse gereist ist, hat es ihr viel Spaß gemacht, sie hat viel gegessen und sogar mehrmals mit dem Kapitän Tee getrunken oder gespeist. Bei seiner Ankunft in Nr. 17 ließ Capo R. sich zum Suraj-Puran Puja nieder, und zu meinem Erstaunen sah ich, wie Kamla sich kurze Zeit später neben ihn auf die Decke setzte.

Ich habe ja schon lange vermutet, dass Capo S. ein Schaumschläger ist, und vorgestern hat sich gezeigt, wie Recht ich hatte. Weißt du, seit über einem Monat behauptet Capo S. (via Mrs Capo S.), dass er versucht, Kamla eine Stelle als Direktorin einer weiterführenden Schule zu verschaffen, die die Mahasabha demnächst in Sangre Grande eröffnet, und dass ihr Monatsgehalt 240,00 $ betragen wird. Na ja, vorgestern bat Kamla Capo S. um ein Vorstellungsgespräch, da es offenbar keine andere Möglichkeit gab, mit ihm zu reden, denn er war überaus beschäftigt. Kamla wollte mit ihm über die Stelle bei der Mahasabha sprechen. Er hat sie jedoch nicht selbst empfangen, sondern sie (und mich) aufgefordert, am folgenden Tag bei Bhadase, dem Geschäftsführer der Mahasabhas oder Vorstandsvorsitzenden oder wie immer man das nennt, in dessen lang gestrecktem Lagerhaus zu erscheinen. Nachdem er uns über eine Stunde hatte warten lassen, hatte er Kamla nicht mehr anzubieten als eine Lehrerstelle in der von Lalee (Rikhi) geleiteten Schule in Tunapuna, für ein Gehalt von etwas über achtzig Dollar im Monat. Das Angebot wurde von ihm mit sichtlicher Gleichgültigkeit unterbreitet, und natürlich bedankte sich Kamla bei dem Herrn, und wir verabschiedeten uns mit dem Gefühl, sehr gedemütigt worden zu sein, denn Capo S. hat uns zu wahren Witzfiguren gemacht. Er hätte Kamla doch wirklich vorher sagen können, wie die Sache steht.

Ich war ein bisschen verärgert über Kamla und bin es immer noch. Sie hat weder Entschlusskraft noch Geschäftssinn gezeigt. Gegen meinen Rat hat sie sich zu sehr auf Capo S. verlassen. Ihr war von der Naparima High School eine Stelle als Lehrerin angeboten worden, und sie hätte sich gleich nach ihrer Ankunft mit einer gewissen Miss Wagar telefonisch oder auf anderem Wege in Verbindung setzen sollen, so wie von Miss Wagar vorgeschlagen. Aber es verstrich fast eine Woche, bis sie ihr telefonisch eine Nachricht zukommen ließ und um einen Termin bat. Meiner Ansicht nach täte Kamla besser daran, für die Presbyterianer zu arbeiten als für die Herren Bhadase und Capildeo und deren Handlanger. Die haben uns nichts zu bieten, und ich werde nicht nach Nr. 17 gehen, um Rudranath zu besuchen, denn ich habe keine Lust, ihn zu sehen… Es ist nämlich so, dass Bhadase und Capo S.

Rudranath gebeten (besser gesagt, bekniet) haben, die Leitung eines College zu übernehmen, das sie in St. Augustine eröffnen wollen; und Rudranath hat sich einverstanden erklärt, unter der Bedingung, dass er nach England zurückkehren darf, um die Erlaubnis seines Chefs an der Universität einzuholen und dann im Oktober wiederzukommen. Ich war dabei, als ihm dieses Angebot in Nr. 17 unterbreitet wurde. Er soll einen Tutor mitbringen. Rudranath verlangt ein Monatsgehalt von 600 $, denn so viel hat ihm angeblich das Jamaica University College angeboten. Du siehst also, Kamla ist in den Augen der Leute von Mahasabha eine Null, aber das ist für sie nur gut so. Stell dir vor, sie würde unter Leuten wie Bhadase und seinen ungebildeten und halbgebildeten Handlangern arbeiten... Ich glaube, Capo R. plant, während der langen Ferien hier bei uns zu arbeiten und dann zu seiner Dozentenstelle an der London University zurückzukehren; und das Jahr für Jahr, bis er eine ausreichende Anzahl B. A.s und B. Sc.s hergeholt hat. Aber er hat unmissverständlich klargestellt, dass er der alleinige Chef sein muss; und dass nur er ausbilden darf – denn sie wollen auch ein Lehrerkolleg eröffnen.

Dass meine geliebte Kamla wieder hier ist, hat mir viel Hoffnung und Mut gemacht, aber ihr Abschluss der Banares Hindu University wird von der Schulbehörde in Trinidad nicht anerkannt, und ich fürchte, dass ihr das hinsichtlich ihres Gehalts schaden wird. Allerdings glaube ich, dass die Naparima Girls' High School ihr mehr Geld anbieten wird als die Mahasabha.

Entschuldige bitte das Gekritzel oben auf diesem Briefbogen. Kamla hatte einen Brief an irgendjemanden begonnen, und ich habe sie gebeten, mir den Bogen zu überlassen... Mir geht es wirklich sehr gut, und du brauchst dich nicht zu sorgen. Swanzy hat mir 16 £ und 16 Sh für die Geschichte bezahlt – das beste Honorar, das ich je bekommen habe.

Pa

[*Handschriftliche Anmerkung*]:

Ich wünschte, ich könnte so schöne Briefe schreiben wie du. Schreib bald wieder.

Arbeitest du immer noch auf dem Bauernhof? Du musst wirklich sehr knapp bei Kasse sein – wenn das stimmt, sag es mir. Ich könnte dir zwei oder drei Pfund von dem Honorar für die Geschichte schicken. Wir geben Krishna und Sita Rajcoomar ein paar Hemden und Socken sowie eine indische Vase als Geburtstagsgeschenk für dich mit. Krishna und Sita reisen am 18.8.53 hier ab.

Übermorgen wird sich Kamla bei der Direktorin der St. Augustine Girls' High School vorstellen.

Nepaul Street 26
St James
Port-of-Spain
12. August 1953

Mein lieber Vido,

ich bin endlich zu Hause. Eigentlich sollte die Colombie erst um 12 anlegen, aber sie war schon um 10.30 da. Ma, Pa und die Mädchen standen am Kai. Sati, Mira und Savi sind richtig erwachsen geworden und wirklich hübsch. Nalini ist ein süßes Baby, aber sie sieht ziemlich chinesisch aus. Shivan ist sehr schüchtern und still, aber Ma hat gesagt, dass er sich erst so anstellt, seit ich wieder da bin. Er weiß sehr wenig, ist aber ausgesprochen lernwillig. Ich lasse ihm noch ein paar Tage Zeit, damit er sich an mich gewöhnt, und dann fange ich an, ihn zu unterrichten. Er besucht irgendeine Privatschule. Weiß der Himmel, was das für eine ist. Aber ich war bei Romily, und ab September kann Shivan wahrscheinlich bei ihm unterkommen.

Barkah Mamoo[2] war sehr nett zu Ma und den Kindern und

hat ihnen ab August $ 50 monatlich versprochen, denn bis Juli hat Pa ja noch sein Gehalt bekommen. Auch Ajah[3] und seine Familie waren ausgesprochen gut zu ihnen. Überraschenderweise waren sie auch zum Kai gekommen, um mich zu begrüßen, und wer nicht da sein konnte, kam dann nachmittags zu uns nach Hause. Sogar Baby und Bhaqurat (Mamees Bruder und Schwester) waren da. Und noch viele andere.

Heute Morgen bin ich mit Phoowa, Sita und Goch die Frederick St. entlanggegangen. Alles kam mir unglaublich klein vor.

Pas berühmter »Schattenbaum« ist mittlerweile so groß, dass er den Namen tatsächlich verdient. Und beim Anblick unseres Hauses war ich wirklich beeindruckt. Jeder erzählt mir, dass Pa ein ganz neuer Mensch ist, seit feststand, dass ich zurückkomme – er ist fröhlicher und unbeschwerter.

Zu meiner Arbeit: Ich habe noch keine endgültige Entscheidung getroffen. Wenn ich das nächste Mal schreibe, werde ich dir sagen können, wo ich arbeite und wie viel ich verdiene.

Wir geben Sita und Krishna Hemden und Socken für dich mit.

Die anderen lassen alle grüßen,

Kamla

17. August 1953

Lieber Pa und ihr anderen,

da seht ihr, was mit den Briefen passiert, die ich schreibe. Ich schreibe sie, und dann vergesse ich sie einzuwerfen oder habe keine Zeit dazu. Mir ist erst heute Mittag eingefallen, dass ich heute Geburtstag habe. Ich bin zu meiner Vermieterin hinuntergelaufen und habe es ihr erzählt. Heute Nachmittag habe ich einen Kuchen von ihr bekommen.

Satis Brief und Foto sind heute angekommen. Ich muss gestehen, dass ich keinerlei Erinnerung an Crisen habe. Sati hat mir – in ihrer grauenhaften Handschrift – mitgeteilt, dass sie bei Mamoo wohnen will. Sie scheint sich darauf zu freuen, aber ich muss sagen, dass mich diese Idee nicht gerade zu Begeisterungsstürmen hinreißt. Ich habe keinen Zweifel daran, dass Mamoo ehrenwerte Motive hat, aber es ist an der Zeit, dass wir versuchen, so unabhängig wie möglich zu sein. Die Frage des Gehalts einmal beiseite gelassen, fände ich es zum Beispiel viel besser, wenn Kamla die Naparima-Stelle annehmen würde. Ich warte schon seit einer Weile auf einen Brief von ihr, aber bisher ist keiner eingetroffen. Weißt du, wenn sie die Stelle an der Naparima-Schule annähme, würde das dieser gereizten Stimmung entgegenwirken, über die du dich beklagst. Allerdings sollte ich mich zu diesen Dingen eigentlich nicht äußern, denn schließlich kenne ich nicht alle Einzelheiten. Aber es erscheint mir absurd, dass Sati in einem Haus wohnen soll, das nicht ihr eigenes ist. Nur Heilige geben selbstlos, und man macht sich zur Zielscheibe von Beleidigungen, wenn man so etwas annimmt. Mit Sookhdeo ist das etwas ganz anderes; auf sein Angebot würde ich ohne Zögern eingehen.

Ich bin ziemlich beunruhigt über die Wirkung, die dieser Capo R. womöglich auf euch hat. Aber wie ich euch bereits zu erklären versucht habe, ist das alles unwichtig. Bitte versteht mich nicht falsch. Gegen Capo S. habe ich nichts. Wenn überhaupt, dann bin ich ihm und Mamee zu Dank verpflichtet. Aber ich habe unsere verwandtschaftlichen Beziehungen auf Trinidad als eine letztlich vollkommen sinnlose Gratwanderung in Erinnerung. Ich würde mir einfach wünschen, dass ihr euch aus kleinlichem, nichtswürdigem Gezanke heraushaltet.

Heute hat meine dritte Woche auf dem Bauernhof angefangen. Wir arbeiten ziemlich lang, von neun Uhr morgens bis abends halb neun, aber die körperliche Arbeit macht mir wirklich Spaß, und sie überanstrengt mich nicht.

Ich warte auf einen Brief von zu Hause und werde in etwa fünf Tagen wieder schreiben.

Alles Gute, Vido

19. August 53

Mein lieber Vido,

wir haben uns inzwischen wieder richtig an Kamla gewöhnt. Ihre Rückkehr hat eine wunderbare Wirkung auf uns hier zu Hause gehabt, aber ich weiß auch, dass sich viele unserer Verwandten ärgern, weil Kamla in der Lage ist, uns zu unterstützen, und noch mehr wurmt es sie, dass Kamlas Auftreten genauso ist, als wäre sie auf einer englischen Universität gewesen. Sie hätten es lieber gesehen, wenn sie ein Tilaka auf der Stirn gehabt, klassisches Hindi gesprochen und Englisch wie jemand aus Banares geredet hätte. Da dem nicht so ist, sind sie sehr enttäuscht, und Kamla war deshalb seit ihrer Ankunft nur zweimal in Nr. 17 – das eine Mal, gleich nachdem sie von Bord des Schiffes gegangen war, und das andere Mal zu einem Höflichkeitsbesuch. Viele Leute verdrießt es, dass sie zurückgekommen ist, um uns zu helfen, und dass sie uns helfen kann und helfen will.

Letzten Montag habe ich Kamla zur St. Augustine Girls' High School begleitet. Sie hatte ein Vorstellungsgespräch bei Miss Constance Wagar, der aus Kanada gebürtigen Schuldirektorin. Das Gespräch war sehr erfolgreich: Kamla wird ab September Erdkunde und englische Literatur unterrichten. Der Direktorin zufolge wird sie ein Monatsgehalt von 180,00 $ bekommen, das jährlich um 15 $ erhöht wird, bis sie das Höchstgehalt von 270 $ erreicht hat. Die Mahasabha hat ihr 80,00 $ für eine Stelle als Lehrerin an der von Lalee geleiteten Grundschule angeboten. Sie wird ihnen heute schreiben, dass sie das Angebot ablehnt.

Wenn Kamla Hindi studiert hätte, könnte sie jetzt fließend Hindi sprechen, wüsste aber wenig oder gar nichts über indische Geschichte und Kultur. Von den Indern auf Trinidad sprechen sehr viele Hindi, aber ich habe keine Ahnung, was ihnen das bringen soll. Letztlich sind sie immer noch genauso dumm und abergläubisch wie eh und je. Denk nur an Dinanath.

Gestern war Mrs Jules Mahabir bei uns zu Besuch. Ihr Mann, Mr Mahabir, ist Vorsitzender des Verwaltungskomitees der St. Augustine High School. Als dort über Kamlas Bewerbung (die sie aus Banares geschickt hatte) gesprochen wurde, hat er sie wärmstens für die Stelle empfohlen. Irgendwann nächsten Monat wird Kamla hier in Port of Spain vor einer Frauenvereinigung einen Vortrag über ihre Zeit in Indien halten. Mrs Mahabir hat sie darum gebeten und trifft die nötigen Vorbereitungen, aber Kamla ist nicht gerade begeistert – sie tut so etwas nur ungern. Trotzdem hat sie sich bereit erklärt, den Vortrag zu halten, denn sie will sich nicht unbeliebt machen.

Letzten Sonntag hatten wir Gäste. Der Anlass war Satis Verlobung mit Crisen Bissoon Dath. Mrs Capo S. war da, aber sonst niemand von der Capildeo-Sippe; von meinen Verwandten waren Mr und Mrs George Rajcoomar da. Sati denkt nur noch an ihre Hochzeit. Wenn die nicht wäre, würden sie und Kamla eine schöne Stange Geld für uns übrig behalten. Was mich angeht, so werde ich wahrscheinlich in den nächsten zwei oder drei Wochen anfangen, für Mr Sookhdeo als Aufsicht in einem seiner Läden zu arbeiten. Die Bezahlung wird nur etwa halb so hoch sein wie beim *Guardian*. Aber es ist eine ruhige, leichte Arbeit, für die meine Kräfte ausreichen sollten.

Nun zu etwas sehr Wichtigem: Geh noch nicht von der Universität ab. Schöpfe die Möglichkeiten, die du jetzt hast, voll und ganz aus, denn solch eine Gelegenheit wird sich dir vermutlich nie wieder bieten. Mit Kamlas Hilfe kommen wir ein oder zwei Jahre ganz gut zurecht.

Vor einer Weile habe ich Shivan die Wortarten beigebracht. Er ist nicht so gelehrig, wie du es warst. Ihm fehlt die geistige Frühreife, die dich auszeichnete. Er denkt nicht nach, vielleicht weil er keine Lust hat. Kamla liest gerade Robin Hood mit ihm, ein Buch, das Savi als Auszeichnung bekommen hat. Die Bücher über König Arthur und Lancelot, die du ihm geschenkt hast, sind zu schwierig für ihn. Denk nicht, dass er ein fauler, träger Bursche wäre. Weit gefehlt; aber er ist noch sehr verspielt und konzentriert sich im Unterricht nicht gut genug, wenn er auch sehr stolz darauf ist, dass er auf der Privatschule, die er besucht, bei der letzten Klassenarbeit Bester war. Ab September geht er auf Romilys Schule – die Eastern Boys' Government. Romily hat uns freundlicherweise versprochen, ihn in seinem Wagen mit zur Schule zu nehmen und wieder nach Hause zu bringen.

Es ist mir nicht gelungen, ihn in der Tranquillity School unterzubringen.

Bitte lies »The Diver« und lass mich wissen, ob die Geschichte gut genug für Swanzy ist. Man hat mir gesagt, er habe zurzeit »jede Menge langer Kurzgeschichten«, deshalb muss meine nächste (»die Sie hoffentlich bald schicken werden«) kurz sein, sagen wir höchstens 2500 Wörter. Aus dem letzten Kapitel von *Gurudeva* ließe sich auch eine gute Kurzgeschichte machen, und ich wäre dir dankbar, wenn du mir eine Kopie davon schicken würdest.

Wir leben momentan von dem Honorar für meine letzte Geschichte, und es wird Zeit, dass ich eine weitere einreiche. Bitte tu, was du kannst – ich meine, schick mir entweder eine Kopie von »The Diver« oder von dem »Panchayat«-Kapitel aus *Gurudeva*.

Wir geben Krishna und Sita ein paar Hemden, Socken und eine Messingvase für dich mit. Bitte betrachte diese Dinge – vor allem die Vase – als Geschenke zu deinem 21. Geburtstag – viele Grüße von allen – Pa

Die BBC hat mich ausdrücklich um weitere Geschichten gebeten.

Pa hat mir gerade gestanden, dass er sich bis heute nicht an Ma gewöhnt hat! In meinem nächsten Brief jede Menge Klatsch über Rosie usw.

Kamla

21. August 53

Mein lieber Vido,

am Dienstag, dem 1. September, beginnt Kamla mit der Arbeit an der Mädchenschule St. Augustine. Es hat ein paar Schwierigkeiten gegeben, aber nun ist alles geregelt. Zuerst tauchte die Frage auf, ob die BHU von der zuständigen Behörde in England anerkannt würde. Gestern hat der diplomatische Vertreter Indiens hier auf Trinindad einen Brief aus London erhalten, in dem stand, dass sie anerkannt wird; außerdem war eine Liste aller anderen indischen Universitäten dabei, die ebenfalls anerkannt werden. Ohne diese rechtzeitige Bestätigung würde Kamlas Gehalt um die Hälfte niedriger ausfallen. Mr Loinsworth von der Schulbehörde, den K. gestern in meiner Begleitung zu einem Gespräch aufgesucht hat, sagte, jetzt sei hinsichtlich der Gültigkeit oder Anerkennung von Kamlas Abschluss alles in Ordnung. Aber wenn Kamla keinen Abschluss mit Auszeichnung gemacht oder nicht die Bestnote erzielt hätte, würde ihr Gehalt dementsprechend unter der höchstmöglichen Summe liegen, die anfangs 180,00 $ beträgt und dann jährlich um 15 $ erhöht wird, bis schließlich 270 $ erreicht sind. Wir sind also alle sehr erleichtert.

Keine Probleme hier bei uns. Mir geht es zunehmend besser, aber wenn ich ehrlich sein soll, muss ich gestehen, dass ich körperlich anstrengender Arbeit nicht gewachsen bin. Ich kann eine Menge tun, aber nur wenn es Schreibtischarbeit ist – so wie jetzt gerade das Tippen. Trotzdem mache ich mir keine Sorgen. Sobald ich mit diesem Brief fertig bin, werde ich anfangen »Oncle Dalloo« abzutippen, eine Geschichte, die ich für die BBC überarbeitet habe. (Was ist übrigens aus dieser Geschichte geworden, die ich dir geschickt habe?) Wenn Swanzy sie annimmt, werde ich ihm anschließend »The Diver« schicken. Und ich bin mir ziemlich sicher, dass der Schlussteil von *Gurudeva* mindestens eine Geschichte hergibt. Ich meine das »Panchayat«-Kapitel.

Sati ist nicht zu Capo S. gezogen. Es mag Zufall sein, aber ich war von Anfang an gegen diese Regelung, und bin es noch immer. Die 50 $ monatlich, die er uns versprochen hat, haben wir nicht bekommen; und wir wollen sie – Gott sei Dank – auch nicht haben, es sei denn, er gibt sie uns ungefragt. Hitchens hat mir zugesagt, mir diesen Monat noch ein halbes Gehalt (82,50 $) zu bezahlen. Vielleicht wird er Wort halten, vielleicht auch nicht. Aber wir kommen schon zurecht. Wir werden womöglich für einen kurzen Monat ein bisschen knapsen müssen; aber ich sollte das gar nicht erwähnen, denn ich stelle fest – du siehst, ich glaube doch an die göttliche Vorsehung –, dass zum richtigen Zeitpunkt das Richtige passiert. Kein Aberglaube, mein lieber Junge, sondern eine seltsame Wahrheit – aber vielleicht nur für Menschen, die Vertrauen haben.

Sati lässt sich nicht von ihrer geplanten Hochzeit abbringen. Wie viel besser wäre es für uns alle, wenn man das Ganze um ein Jahr verschieben würde. Aber sie will nicht, und wenn man ein ernstes Wort mit ihr redet, sie durch Argumente zu überzeugen versucht, dann fängt sie an zu weinen! Und dieser Crisen will nicht länger als bis Februar warten. Ich wollte mich mit ihm auf Mai einigen, aber vergeblich.

Eine Sache macht mir das Leben ziemlich sauer: Ich darf

nicht rauchen. Ab und zu tue ich ein paar Züge, und dann habe ich sofort ein furchtbar schlechtes Gewissen, als hätte ich gerade ein Verbrechen begangen. Und es bekommt mir auch gar nicht gut, denn ich habe danach immer Schmerzen, auch wenn sie nur ein paar Minuten andauern. Jedes Mal, wenn ich geraucht habe, schwöre ich, es nie wieder zu tun, aber kaum habe ich etwas gegessen oder eine Tasse Tee getrunken – Letzteres kommt allerdings nicht oft vor, denn es ist mir ebenfalls verboten –, kriege ich Lust auf eine Zigarette und breche meinen guten Vorsatz. Dabei habe ich es schon geschafft, wochenlang nicht zu rauchen.

Capo R. hat dich mit keinem Wort erwähnt, und ich habe ihn auch nicht gefragt, wie es dir geht. Ich weiß, dass er zu Übertreibungen neigt, sollte er also schlecht von dir sprechen, werde ich mir meinen Teil dabei denken.

Glaub bitte nicht, dass wir dich und deinen 21. vergessen haben. Dem ist nicht so. Ich gebe Krishna und Sita ein paar Hemden für dich mit. Und eine Messingvase, die dich an uns erinnern soll. Krishna und Sita reisen allerdings erst am 18. September ab. Rechne selbst aus, wann sie ankommen werden… Habe deine beiden Briefe bekommen – den einen, in dem du von der Arbeit auf dem Bauernhof erzählst, und den anderen, in dem du von anderen Dingen schreibst.

Bitte studiere weiter, denn es ist eine einmalige Gelegenheit, und ich würde mir große Vorwürfe machen, wenn du meinetwegen aufhören würdest. Das ist wirklich nicht nötig.

Pa

25. August 1953

Liebe Kamla, lieber Pa, liebe Ma und alle anderen,

eigentlich sollte ich ja zuerst Sati schreiben und ihr zu ihrer Verlobung gratulieren, aber da es schon Viertel nach elf ist und ich einen langen Tag auf dem Hof hinter mir habe, werde ich mir das wohl für morgen aufheben.

Die Briefe, die ich seit Kamlas Rückkehr von euch zu Hause bekomme, sind wirklich fabelhaft. Sie vermitteln Lebensfreude und Begeisterung, und das macht mich sehr froh. Besonders froh bin ich über Kamlas Stelle. Aus der Ferne wirkt das alles zu schön, um wahr zu sein. In gewisser Weise bin ich ziemlich unglücklich darüber, dass ihr mir von den Überlegungen, Nr. 26 zu verkaufen usw., nichts gesagt habt. Aber das ist nur eine Lappalie.

Ich lasse gerade »The Diver« abtippen. Deine Briefe waren dazu wirklich nicht nötig. Ich hatte mich schon vor einiger Zeit für diese Geschichte entschieden. Eine Veränderung werde ich allerdings vornehmen. Ungefähr in der Mitte der Geschichte rutschst du ins historische Präsens. Ich werde das normale Präteritum verwenden. Die Geschichte hat einen wundervollen Anfang – »Jaimuni hatte etwas Widersprüchliches an sich…« –, ich zitiere aus dem Gedächtnis. Ich hätte sie ja selbst getippt, aber diese Schreibmaschine hier gehört einem Amerikaner, und ich hätte sie eigentlich schon vorgestern Abend zurückbringen sollen. Er holt sie morgen früh ab.

Ich habe eine ulkige kleine Anekdote für euch. Ich war auf der Suche nach dem Zimmer dieses Amerikaners. Seine Wegbeschreibung führte mich zu einem sehr alten Haus, staubig und ungepflegt, durch enge Flure und dann eine wackelige Treppe hinauf. Das erste Zimmer, in das ich hineinschaute, war voller Gerümpel. Aber im Flur roch es nach Farbe, und ich vermutete, das Haus werde wohl gerade renoviert. Plötzlich hörte ich jemanden aus dem Nachbarzimmer rufen: »Hallo!«, woraufhin ich fragte: »Ist das hier die Nummer 80a?« Die Tür ging auf, und ein Mann kam heraus. Er war alt. Er trug eine Brille und eine Baskenmütze und hatte einen Farbtopf in der Hand. Ich schaute in das Zimmer hinein. Die Decke hing durch, und der Fußboden war uneben. Die Holztäfelung war alt. Der Mann gab mir eine detaillierte Erklärung, wie ich zu meinem Ziel gelangen würde, also zu dem Haus, und dann zeigte er mir ein Zimmer, das aus dem fünfzehnten Jahrhundert stammte, und erzählte mir eine Menge über sich selbst. Er geht in Gefängnisse, um sich mit einsamen Gefangenen zu unterhalten. Das Zimmer, in dem er wohnte – das aus dem 15. Jh. –, war mit der Sorte Bilder voll gehängt, wie man sie in Antiquitätenläden findet. Eigentlich sah alles in dem Zimmer so aus, als käme es aus einem Antiquitätenladen. Bevor er sich von mir verabschiedete, sagte er: »Das Zimmer, in dem Sie mich angetroffen haben, das, das ich gerade gestrichen habe – wissen Sie, was es damit auf sich hat?« Ich sagte nein. »Lewis Carroll hat dort gewohnt. In diesem Zimmer hat er *Alice im Wunderland* geschrieben.« Das war mir völlig neu. Ich bin bestimmt schon tausendmal an diesem Haus vorbeigegangen, seit ich in Oxford bin. Aber es fällt schwer, sich den Zauber des Carroll'schen Oxford vorzustellen. Diese Gegend dort verkommt langsam. Finstere Gestalten treiben sich in den Straßen herum. Zu Carrolls Zeit gab es noch nicht die Morris-Werke, in denen Nuffield seine Autos bauen lässt, und Oxford war für Ganoven und Fabrikarbeiter uninteressant. Das ist jetzt alles anders.

Ich glaube, ich werde noch eine Woche auf dem Hof arbeiten. Nachdem ich schon so lange da bin, wäre es schade, nicht noch länger zu bleiben, besonders wenn das Wetter gut ist und wir mit dem Mähdrescher aufs Feld fahren können. Der Mähdrescher ist eine fabelhafte Maschine. Wie der Name schon sagt, mäht und drischt er in einem Arbeitsgang. Er schneidet die Halme, drischt die Ähren, stößt Spreu und Stroh aus und befördert die Körner in einen Behälter. Meine

Aufgabe ist es, das Getreide in Säcke zu packen. Das ist gar nicht so leicht, denn die Säcke sind groß, und ich muss aufpassen, dass sie nicht umkippen. Ein Sack Getreide wiegt etwa 115 Kilo. Anders als in den ersten zwei Wochen bin ich am Ende meines Elf-Stunden-Tages übrigens nicht mehr vollkommen abgekämpft, sondern nur angenehm müde, und habe das befriedigende Gefühl, ein ordentliches Tagwerk vollbracht zu haben. Reine Schreibtischarbeit erscheint mir jetzt richtig fade. Außerdem füllen elf Stunden Arbeit den Tag völlig aus, und das bisschen freie Zeit, das man abends hat, wird dadurch umso kostbarer. Körperlich geht es mir gut. Meine Arme sind zwar nicht muskulöser geworden, aber hart und sehnig. Auch meine Schultermuskeln sind härter geworden, und ich fühle mich leicht und sehr wohl in meiner Haut.

Am 14. September habe ich ein Vorstellungsgespräch beim Arbeitsvermittlungsgremium. Ich habe im College den Ordner mit den Stellenangeboten durchgesehen, und eine Stelle bei den Vereinten Nationen wäre genau mein Fall. Andernfalls gäbe es noch Stellen bei Firmen in Asien oder auf dem europäischen Festland. Ich muss weiterstudieren, zumindest pro forma. Ich brauche das Geld, während ich eine Stelle suche – was mir vielleicht in vier oder sechs oder acht Monaten gelungen sein wird. Das Kolonialministerium bezahlt nicht, wenn ich in Oxford bleibe, ohne irgendetwas zu studieren. Die Frage ist bloß, was? Ich spiele mit dem Gedanken, einen Abschluss in modernen Sprachen zu machen – Französisch und Spanisch. Es wäre größtenteils der Stoff, den ich schon 1948 durchgearbeitet habe, allerdings fürchte ich, dass meine Kenntnisse etwas eingestaubt sind. Ich weiß nicht. Aber ich mache mir keine allzu großen Sorgen. Solche Dinge regeln sich meistens ganz von selbst.

Ich hoffe, dass du ernsthaft am Schreiben bist. Ich wünschte wirklich, ich hätte Trinidad klarer vor Augen. Mein Gott, was habe ich für Geschichten zu erzählen! An Material herrscht wirklich kein Mangel. Ich bin sicher, dass mir ein dreimonatiger Aufenthalt auf Trinidad Stoff für drei Jahre liefern würde. Bei nächster Gelegenheit werde ich dir James Joyce' *Dubliners* schicken. Von Joyce stammt die Geschichte »Erde« in der Everyman Selection. Das ist die, die dir so gut gefallen hat, dass du sie mir vorgelesen hast – über das Kindermädchen, das einer Familie einen Besuch abstattet und dann feststellt, dass es den Kuchen liegen gelassen hat.

Meine herzlichen Grüße an alle. Es ist spät, ich muss Schluss machen.

Vido

University College, Oxford
7. September

Liebe Satti,

du hättest schon längst von mir hören sollen, aber mir ist Verschiedenes dazwischengekommen.

Ich freue mich sehr über deine Verlobung und wünsche dir und Crisen alles Gute. Du brauchst auf keinen Fall ein schlechtes Gewissen zu haben, weil du mit dem Heiraten nicht länger warten willst. Reg dich also nicht auf, wenn Pa sagt, du sollst noch warten. Ich bin sicher, dass er es verstehen wird.

Von mir gibt es kaum Neues zu berichten. Kamla hat dir bestimmt schon alles erzählt, was du unbedingt wissen möchtest. Aber ich werde wohl auf jeden Fall bis Juni hier bleiben – also noch einmal neun Monate. Bis dahin habe ich hoffentlich eine anständige Stelle gefunden.

Eines allerdings würde ich mir wünschen: dass du deine grauenhafte Handschrift veränderst. Ich glaube nicht, dass dir das schwer fallen wird. Denn Schlichtheit ist immer einfacher als Effekthascherei. Deine Handschrift wird andere Leute abstoßen. A B C D E F G H I J K L ist schließlich nicht so schwer zu schreiben – und zu lesen.

Ich würde mich sehr freuen, ab und zu von dir zu hören, und auch wenn ich nicht jeden deiner Briefe beantworte, liegt das nicht daran, dass ich es nicht gerne täte.

Noch mal alles Gute
Vido

[Von Kamla]

7. September 1953

Liebster Vido,

bis gestern Abend hatte Pa nur einen Gedanken im Kopf: du wärst todkrank. Also, ich finde es wirklich amüsant, was für ein Bild er von dir hat. Mir ist mein Lebtag noch niemand begegnet, der eine so blühende Fantasie besitzt. Kein Wunder, dass er so gut schreibt. Er sieht dich offenbar zum Skelett abgemagert – zu einem Prachtexemplar von Skelett – die St. John's Street entlangspazieren. Er würde alles darum geben, dich endlich wiederzusehen.

Aber Vido, wo du jetzt schon mal in Oxford bist, solltest du das ausnutzen, so gut es nur geht. Geh vernünftig an die Sache heran, und tu das, was dir für deine Zukunft am sinnvollsten erscheint. Pa bekümmert es offenbar, dass du Oxford verlassen willst. Nutze also deine Möglichkeiten, ja?

Wir haben 2 weiße, 1 graues und 1 blaues Hemd für dich gekauft – alle ziemlich edel. Ich nenne dir den Preis, damit du vergleichen kannst. Insgesamt haben wir für die vier 15,30 $ gezahlt. Ich für meinen Teil fand das sehr günstig. Außerdem haben wir 3 Paar Wollsocken gekauft, für 2,64 $ das Paar. Wie gut oder schlecht sie sind, wirst du merken, wenn du sie trägst. Wenn sie gut sind, sag uns Bescheid. Dann gebe ich ab und zu jemandem, der nach England fährt, einige mit.

Hier zu Hause herrscht eine richtig freudige Stimmung,

seit ich wieder da bin. Es ist fast so, als wäre die Hoffnung in Person erschienen. Und wenn ich sehe, wie froh meine Rückkehr sie macht, bin ich selbst auch froh. Es macht mir Spaß, an der Schule in St Augustine zu unterrichten. 80% der Mädchen sind Inderinnen, und einige sind wirklich niedlich.

Pa und die anderen gehen davon aus, dass du nächstes Jahr in den Sommerferien nach Hause kommst. Und es wäre wirklich leicht zu bewerkstelligen. Die Fahrt nach Trinidad würde der Staat bezahlen, und was die Rückfahrt angeht, da lässt sich von unserer Seite etwas machen. Du könntest mir helfen, indem du dir einen Vorschuss auf dein Stipendium geben lässt und eine Anzahlung auf die Rückfahrt leistest. Denk nicht, das wäre egoistisch. Du weißt, ich arbeite erst seit kurzem. Aber ich werde tun, was ich kann, damit das mit nächstem Sommer klappt.

Was zurzeit zu Hause für große Heiterkeit sorgt, sind meine Fahrstunden. Auf die eine oder andere Weise sorge ich immer für Heiterkeit, und das findet Pa herrlich. Heute Nachmittag bin ich auf dem Churchill-Roose-Highway den ganzen Weg von der Schule nach Hause gefahren. Ich mache Fortschritte. Beim ersten Mal bin ich auf zwei Rädern um die Ecke gebogen. Inzwischen schaffe ich es auf allen vier Rädern. Pa meint, ich könnte in einem Zirkus auftreten.

Hier nun das Neueste über Rosie: Sie ist immer noch rund und rosig, Richard ist in England, und Ma hat gesagt: »Mann, das ist wirklich was, wo sie stolz drauf sein kann.« Ihr ist immer noch kein Mann ins Netz gegangen. Sie hatte sich zwar verlobt, aber dann hat sie ihren Verlobten bei irgendwas erwischt und – »Du kennst mich ja, Herzchen, ich fackel da nicht lang rum, ich bin mit der Schere auf ihn los und hab's ihm gegeben«. Danach hat sie sich einen Mann mit Auto geangelt, und das hat ihre Tante Beti sehr unterstützt, die will nämlich einen Lebensmittelladen. Und jetzt sind alle enttäuscht. Rosies Kerl fand sie hässlich. Das ist der aktuelle Stand zu Hause. Rosie ist hässlich. Sie ist alt. Sie ist unverheiratet. Sie ist frustriert. Und Beti hat immer noch keinen Lebensmittelladen, also hat sie [...] Rosie meinte zu mir: »Mensch, bin ich froh, dass ich nicht geheiratet habe. Glaubst du, ich heirate so einen Trottel?« Rosie tut mir Leid.

Kamla

Univ.
7. Sept.

Liebe Kamla,

ich hätte schon viel früher schreiben sollen, aber ich habe auf dem Hof gearbeitet. Leider musste ich Ende August aufhören, denn ich wurde krank und bin es immer noch – ich habe die schlimmsten Asthmaanfälle, die ich je hatte, seit ich von zu Hause weggegangen bin. Der Arzt meint, im Moment hätten das viele Leute. Ich glaube, es liegt am Wetter. Wenn es heiß ist, geht es mir immer schlecht. Dass ich nicht arbeiten kann, bringt mich natürlich finanziell in die Bredouille, und du wirst mir massiv unter die Arme greifen müssen. Im Moment allerdings noch nicht. Das ist bloß eine Vorwarnung. Morgen schicke ich Swanzy »The Diver«, ein Durchschlag geht an Pa. Viel mehr habe ich nicht zuwege gebracht.

Ich bin keineswegs unglücklich. Dazu habe ich einfach schon zu lange Asthma, und ich habe die verschiedensten Arzneimittel auf meinem Tisch stehen – seltsam aussehende Inhalatoren, Pillen, die ich vor dem Essen einnehmen soll, Mixturen, die ich nach dem Essen einnehmen soll. Noch nie im Leben habe ich so viele Medikamente genommen.

Ich habe noch gar nichts Genaueres über deine Stelle gehört. Aber ich finde, du solltest auf jeden Fall fair sein und etwas Zeit in deine Arbeit investieren. Lies den kompletten Shakespeare, zum Beispiel, und den kompletten Milton. Das wird dein Urteilsvermögen schärfen, und du wirst besser unterrichten können.

Das Schlimmste am Asthma ist, dass es so hartnäckig ist. Ich dachte, ich wäre es los, aber von wegen. Na ja, ich nehme an, in ein oder zwei Tagen ist es vorbei.

Bitte versuche, zu so vielen Leuten wie möglich freundlich zu sein, egal wie sie sich dir gegenüber verhalten.

Schönen Gruß
Vido

24. September 1953

Lieber Vido

Krishna und Sita Rajcoomar sind am 18. September mit der Colombie nach England abgereist. Das Schiff dürfte in zehn bis zwölf Tagen dort ankommen; du weißt jetzt also etwa, wann die beiden zu Hause sein werden. Wir haben ihnen zweierlei für dich mitgegeben – vier Hemden, drei Paar Socken und eine Vase und zwei kleine Dosen Lachs. Ich habe dir ein chinesisches Bild gekauft, eine Flusslandschaft; aber das Ding ist aus Kork und so zerbrechlich, dass ich mir fast sicher war, weder Sita noch Krishna würden in der Lage sein, es heil bis zu dir zu bringen. Sita hat sogar selbst gesagt, sie würde nicht dafür garantieren, dass es dich unbeschädigt erreicht. Deshalb habe ich beschlossen, es hier zu behalten, bis du im nächsten Juni oder Juli herkommst. Natürlich haben wir alle über dein Kommen gesprochen. Kamla meint, du könntest die Hinfahrt von deinem vierteljährlichen Stipendiengeld bezahlen; wir könnten dann das Geld für die Rückfahrt aufbringen. Ich wäre sehr froh, wenn du wirklich kommen könntest. Mach ab jetzt Pläne für deine Rückkehr.

Es gibt da eine Sache, die uns allen ein gewisses Unbehagen bereitet, und ich habe es die ganze Zeit vor mir hergeschoben, es dir gegenüber zu erwähnen. Ich habe so getan, als wäre alles in bester Ordnung, und ich hätte auch weiterhin nichts gesagt, aber auf Kamlas Drängen will ich dir jetzt doch von dieser Sache berichten, die uns langsam wirklich Sorge bereitet. Wozu um den heißen Brei herumreden: Wir hier haben alle das Gefühl (und ich schließe mich da selbst nicht aus), dass du im Falle deiner Heirat für uns verloren wärst. Wir können es uns nicht leisten, dich zu verlieren; ich bin zu harter Arbeit nicht mehr fähig. Und ein oder zwei von uns müssen arbeiten, um die jüngeren Familienmitglieder durchzubringen, bis sie für sich selbst sorgen können. Ich wurde gebeten, dich daran zu erinnern, dass dein Onkel Rudranath ein gutes Beispiel ist. Er hat ganz unverblümt zu verstehen gegeben, dass ihn seine Schwestern nichts angehen; und was die Kinder seiner Schwestern betrifft – nun, die bedeuten ihm weniger als nichts. Wie um das zu beweisen, hat er keinen einzigen seiner Verwandten besucht; dennoch haben diese einen Kotau vor ihm gemacht, indem sie ihn allesamt am Schiff verabschiedet haben, als er zurück nach England fuhr.

Kamla tut viel für uns, genau genommen tut sie alles; sie leistet die Arbeit eines Mannes, und ich möchte dir versichern, dass es mir, so dankbar ich ihr auch bin, kein Vergnügen ist, ihr zur Last zu fallen. Außerdem wird sie früher oder später – je früher desto besser – heiraten. Ich habe versucht, Arbeit zu finden, aber aus demselben Grund, aus dem mich der *Guardian* nicht mehr wollte, will mich auch sonst niemand. Und ich kann nicht jede Stelle annehmen, es muss eine leichte Arbeit sein. Und eine leichte Arbeit will mir keiner geben – mit Ausnahme von Sookhdeo, der aber noch nicht so weit ist, und es steht in den Sternen, wann er so weit sein wird.

Ich will auch dir nicht ein Leben lang zur Last fallen, aber du solltest in der Lage sein, uns zu unterstützen. Ich hatte gedacht, Kamla würde uns ein oder zwei Jahre unterstützen und dann würde Sati diese Rolle übernehmen (aber du siehst ja, welche Rolle Sati spielen will); und nach Sati würden erst Mira und dann Savi zur Stelle sein. Aber bei Mädchen weiß man ja nie. Wenn du also für die nächsten drei oder vier Jahre auf das Heiraten verzichten könntest, wärst du eher in der Lage, uns beizustehen. Wobei ich mir durchaus im Klaren bin, dass die Einsamkeit ein Problem ist.

Wenn du eine gut bezahlte Stelle findest, könnten ein paar von uns zu dir nach England kommen oder wo immer du auch sein wirst, und wir würden, so gut es geht, dafür sorgen, dass du dich wie zu Hause fühlst.

Dieser Brief macht dich womöglich sehr unglücklich, und es bekümmert mich sehr, dass ich dir das antue; du wirst am Ende das tun, was du für richtig hältst, aber ich musste einfach ein paar Dinge aussprechen, und das habe ich nun getan.

Es gibt hier inzwischen mehr Lehrerstellen an weiterführenden Schulen als geeignete Bewerber. Die Eröffnung des (staatlichen) St. George's College in Barataria musste verschoben werden, weil man nicht genug Lehrer gefunden hatte. Und mehrere konfessionell ausgerichtete Oberschulen werden zurzeit gebaut oder in Kürze errichtet werden.

Ein gewisser Abdullah, der vier Jahre in Oxford studiert hat, ist zum leitenden Fremdsprachenlehrer des QRC ernannt worden. Rowel Debisingh ist nach Oxford aufgebrochen, um dort ein dreijähriges Studium in ich weiß nicht was zu beginnen.

Das QRC zahlt einem Lehrer mit der entsprechenden Qualifikation 400 $ im Monat. All das bedeutet nicht, dass du wieder in Trinidad leben sollst, ich wollte dir bloß ein paar Neuigkeiten mitteilen. Wahrscheinlich bieten sich dir außerhalb unserer mickrigen Insel bessere Möglichkeiten; aber ich bin mir sicher, dass du einen Urlaub hier genießen wirst.

Mit den besten Grüßen
Pa

University College, Oxford
8. Oktober 1953

Mein lieber Pa,

es tut mir furchtbar Leid, dass ich so lange nicht geschrieben habe, aber es wird dich zweifellos amüsieren, zu erfahren, was ich in der letzten Zeit gemacht habe. Wie du weißt, habe ich im August auf dem Bauernhof gearbeitet. Dann bekam ich Asthma (der Arzt sagte mir, dass alle Leute hier in der Gegend, die dafür anfällig seien, es ebenfalls bekommen hätten). Das fesselte mich erst einmal zwei Wochen ans Bett. Danach erzählte mir irgendwann ein Freund, er werde nach Bristol fahren. Schau dir auf der Landkarte an, wo das liegt. Er wollte mit dem Auto hinfahren, und ich beschloss, ihn zu begleiten. Er hatte vor, seinem Vertriebsleiter einen Besuch abzustatten. Er arbeitet als Vertreter für einen Verlag: *Volksenzyklopädien*, *Bücher des Wissens* usw. Wie sich herausstellte, war der Verlag bereit, mich für sich arbeiten zu lassen, und jetzt verkaufe ich gegen eine Provision von 15 % Bücher. Für die *Volksenzyklopädie* bekomme ich 7 Sh 10 pro verkauftem Exemplar. Bisher habe ich 23 Exemplare verkauft. Und ein Wörterbuch.

Es ist ein so einträgliches Geschäft, dass ich erwäge, auch nächsten Sommer, wenn ich nach Trinidad komme, diese Bücher zu verkaufen. Ich glaube, wir könnten dort eine ganze Menge absetzen. Na ja, jedenfalls hat mich das so verdiente Geld durch den September gebracht. Es ist keine harte Arbeit, und man kann sie sich nach Gutdünken einteilen.

Was deine Geschichten betrifft, bin ich dadurch, dass ich keine Schreibmaschine habe, ziemlich eingeschränkt. Aber ich habe eine Möglichkeit aufgetan, mir eine für 7 Sh 6 die Woche zu leihen.

Zu meinen Plänen. Du kannst darauf zählen, dass du mich innerhalb der nächsten 10 Monate zu sehen bekommst – im Juni/Juli. Ich versichere dir, dass dein Wunsch, mich zu sehen, ganz meinem Wunsch entspricht, bei euch zu sein. Ich habe einen solchen Widerwillen gegen das englische Essen entwickelt, dass ich mich vor zwei Wochen – als ich eine regelrechte Heimwehattacke hatte – beim Schlafengehen mit dem Gedanken an Roti, Kürbis und Baji tröstete – all die Sachen, die du nicht leiden kannst. Das englische Essen ist ein Elend, eine einzige Katastrophe. Die Ignoranz und Ungeschicklichkeit, die diese Leute im Umgang mit Gemüse an den Tag legen, macht das Gemüseessen zu einer wahren Qual.

Ich kenne und verstehe deinen Wunsch, dass ich mich in Trinidad niederlassen soll. Aber ich würde geistig völlig verkümmern, wenn ich das täte, und ich will dir erklären, warum. Vor zwei Tagen bin ich Solomon Lutchman[4] begegnet. Mir war nie klar gewesen, wie grenzenlos hässlich dieser Mann ist, wie grenzenlos ungeschlacht – niedrige Stirn, eckiges, fleischiges Gesicht, dicke Lippen, straff zurückgekämmtes welliges Haar. Dabei ist S. L. ein gebildeter Mann. Aber mir erscheint er unkultiviert. Die Kluft, die ich zu Hause zwischen mir und den anderen Menschen spürte – du erinnerst dich, dass man mich als arrogant bezeichnete –, ist noch tiefer geworden. Nimm Lutchman als Beispiel. Engstirnig und borniert, hält er Trinidad immer noch für die Quelle aller Herrlichkeit. Von Selbstgerechtigkeit erfüllt, weigert er sich beharrlich, in Betracht zu ziehen, dass es zu irgendeiner Frage mehr als einen Standpunkt geben könnte. Kein Interesse an Büchern per se; wie die meisten Menschen liest er nur, wenn er muss. Er ist nicht so wie du, der du Bücher wegen ihres Stils liest und wegen des Menschen, der hinter dem Stil steht. Er kann sich nicht ausdrücken. Er redet ungelenk und phrasenhaft; sagt »preferable« statt »preferable«, betont also die zweite statt der ersten Silbe. Er trägt in Oxford einen himmelblauen Blazer mit dem Abzeichen eines Clubs namens Sunbridge League. Ich wollte ihm einen kleinen Wink geben, denn dieser Blazer fällt einem aus einem Kilometer Entfernung ins

Auge. »Ts ts ts, weißt du etwa nicht, wer wir sind? Kricketclub aus Caroni, Mann.« In Oxford den Blazer eines Kricketclubs aus Caroni zu tragen – ich bitte dich! Kannst du dir etwas Dümmeres und Kleinkarierteres vorstellen? Ich habe mit ihm über Politik geredet. Sein Scheuklappenblick, die unerschütterliche Dummheit, mit der er die 500 000 Einwohner Trinidads für den Nabel der Welt hält, brachten mich auf die Palme. Die wichtigen Dinge ignoriert er (»Warum sollten mich Dominica oder die hungernden Jamaikaner interessieren?«), er sieht nicht, dass den Afrikanern in Kenia und Südafrika Unrecht zugefügt wird; dass vor 12 Jahren in der Wüste indische Soldaten von den Deutschen getötet wurden – und heute: Der Einwanderung von Indern nach Kenia ist ein Riegel vorgeschoben, die Deutschen sind willkommen. Wichtige Themen wie weltweite Ungerechtigkeit und weltweite Missstände gehen völlig an ihm vorbei. Für ihn gibt es nur Trinidad.

Und S. Lutchman ist immerhin ein gebildeter Trinidader!

Schauen wir uns nun die andere Seite an: die Oberschicht Trinidads. Ich betrachte Sita und Krishna als typische Angehörige dieser Schicht. Ein paar Kostproben aus einer Unterhaltung mit Sita: »Ich gehör […], Palm Beach und nochn paar Clubs an. Es gibtn Club in Picaro mit Tanztee. Da fängt man um drei an zu tanzen und tanzt durch bis Mitternacht. Aufm Schiff hab ich mich gut amüsiert. Das war die letzte Fahrt vom Käptn und wir ham jeden Abend getanzt.« Ich glaube nicht, dass sie irgendeine Ahnung hat, was Bildung bedeutet. Bildung hat nichts mit der Erlangung akademischer Grade zu tun – hier irrt Capo R., sie ist viel mehr: Sie sollte einen Geist formen, der Kunst und Literatur, die müßigen Zeiten im Leben, das denkende Gegenüber zu würdigen weiß. Wenn man die feine Lebensart (lies Chesterfields Briefe an seinen Sohn – hinreißend) als »geistige« Lebensart verstehen würde, käme der Sinn von Bildung eher zutage. Sita kann mit Mühe und Not schreiben, Capildeo ist ein Spezialist, der schlimmste Typus des modernen Barbaren – jemand, der glaubt, nur weil er auf einem Gebiet hervorragende Kenntnisse hat, habe er das Recht, zu allem seine Meinung abzugeben. Solltest du ein Buch namens *Der Aufstand der Massen* in die Finger bekommen (als ich noch zu Hause war, gab es das in der Zentralbibliothek), lies es. Es ist von einem Spanier namens José Ortega y Gasset. Was für Sita das Geld ist, sind für die Capildeos akademische Grade. Die Angehörigen der englischen Oberschicht führen vielleicht ein genauso lockeres, ausschweifendes Leben wie Sita, aber sie nehmen sich trotzdem die Zeit, jeden Tag *The Times* zu lesen, und bringen zumindest ein wenig Interesse für die Weltpolitik auf, sie sind sogar (für 20 $ im Jahr) Mitglied der The Times Library. Und selbst in ihren Klatschblättern erscheinen regelmäßig Buchrezensionen. Sita dagegen liest überhaupt nicht.

Ich fühle mich weder mit Lutchman noch mit Sita verbunden. Und es erscheint mir überhaupt schwierig, ein Land zu finden, zu dessen Gesellschaft ich mich ohne weiteres zugehörig fühlen könnte. Aber Trinidad kommt nicht in Frage. Ein Jahreseinkommen von 1000 £ ist natürlich verlockend, aber in Trinidad ist es für mich wertlos.

R. Debysingh kommt nicht nach Oxford. Er ist an irgendeiner drittklassigen technischen Hochschule im Londoner East End.

Was das Thema Heiraten angeht, da bin ich mir selbst unschlüssig; und ich verstehe deine Argumentation. Ich werde demnächst in einem anderen Brief meine Gedanken erläutern.

Am 18. Okt. könnt ihr mich in *Carib. Voices* hören. Es ist ein kurzer witziger Text, sehr witzig sogar, finde ich. Ich habe ihn vor über zwei Jahren geschrieben. Willy Richardson[5] hat mich um einen sechsminütigen Beitrag über »den britischen Bauernhof« gebeten – was ich eben auf Basis meiner einmonatigen Erfahrung darüber sagen kann. Danach kann ich vielleicht etwas über das Vertreterdasein machen. Ich habe stärker denn je das Gefühl, schreiben zu müssen. Aber im Moment bin ich ausgesprochen frustriert. Ich bin an die Schreibmaschine gewöhnt und stelle fest, dass ich ohne nicht zurechtkomme. Im Moment besitze ich keine eigene Schreibmaschine.

Die beste Nachricht, die ich für dich habe, ist, dass es mir gesundheitlich ausgezeichnet geht. Die schlimme Nervenkrankheit, die mir letztes Jahr um diese Zeit das Leben zum Alptraum gemacht hat, ist langsam, aber sicher abgeklungen. Ich stehe jeden Morgen auf und freue mich, dass ich lebe. Jeder Tag ist ein Abenteuer. Eigentlich hat meine Genesung mit Kamlas Besuch in England begonnen, so kurz er auch war. Als sie kam, ging es mir noch schlecht. Ihre Gegenwart hat mir gut getan und mich letztlich kuriert. Kamla bringt uns allen viel Freude. Sie ist das Herz der Familie, viel mehr als ich.

Am Dienstag (dem 13.) gehe ich zum Arbeitsvermittlungsgremium. Ich hoffe, ich werde bis nächsten Juni, wenn ich so weit bin, dass ich England verlassen kann, eine ordentliche Stelle bekommen.

Was ist mit British Guyana? Sita hatte ein paar Bilder von BG. Ich habe beim *Daily Sketch* angerufen und versucht, die Bilder zu verkaufen, aber dort war man nicht daran interessiert.

Ich trage gerade das graue Hemd und die Socken. Gefallen mir ausgezeichnet, meinen herzlichen Dank dafür.

Lass es dir gut gehen und Grüße an alle

Vido

Cable and Wireless (West Indies) Limited

10. Okt. 1953

= NAIPAUL 26 NEPAUL STREET PORT OF SPAIN
TRINIDAD

= ER WAR DER BESTE MENSCH AUF ERDEN STOP ICH VERDANKE IHM ALLES SEID TAPFER MEINE LIEBEN VERTRAUT AUF MICH = VIDO

University College, Oxford
14. Oktober 1953

Liebste Ma,

meine allergrößte Sorge gilt euch zu Hause. Bitte seid nicht beunruhigt wegen mir. Ich hatte mich natürlich darauf gefreut, ihn wiederzusehen; alles, was ich bin, habe ich allein ihm zu verdanken. Aber wie Satti ganz richtig gesagt hat – wir müssen jetzt zur Ruhe kommen und versuchen weiterzuleben. Tränen und Trauer sind unumgänglich, doch sie helfen nicht weiter.

Und es hätte schlimmer kommen können, weißt du. Auch wenn er unersetzlich ist, er, der uns durchs Leben geleitet hat – wir müssen zusammenhalten und einander beistehen. Zunächst einmal möchte ich gern so bald wie möglich wissen, wie unsere finanzielle Lage ist. Wie hoch unsere Schulden sind usw. Bitte teil mir das in allen Einzelheiten mit. Ich war gestern beim Arbeitsvermittlungsgremium und habe mir eine Liste mit Stellenangeboten besorgt. Ich werde mich bei der Western India Match Company bewerben. Ich glaube nicht, dass ich nach Hause kommen werde, bevor ich eine Stelle sicher habe. Und eine Stelle suchen kann ich nur von hier aus. Die Aussichten sind sehr gut. Wenn nichts anderes klappt, kann ich auf jeden Fall für einen Monatsverdienst von 50 £ bei einer Ölfirma arbeiten. Aber ich möchte eigentlich etwas Besseres.

Sorgen mache ich mir im Moment vor allem um Shivan. Er wird mich brauchen, denn als Junge braucht man einfach einen erwachsenen Mann in seiner Nähe. Aber darüber können wir ausführlicher sprechen, wenn ich nach Hause komme.

Ich finde nicht, dass Satti ihre Hochzeit aufschieben sollte; es sei denn, natürlich, es ist ihr eigener Wunsch. Allerdings habe ich meine Zweifel, ob es eine gute Idee ist, in Nr. 17 zu feiern.

Kamla leistet Großartiges, aber ich hoffe nicht, dass sie glaubt, sie sei für mehrere Jahre gebunden. Ich werde mein Möglichstes tun, um sie so bald wie möglich zu entlasten.

Ranee und Dravid sollen auf der Schule bleiben. Ich weiß nicht, wie gut Dravid in der Schule zurechtkommt, aber ich nehme an, Kamla wird mir demnächst Genaueres berichten.

Das Entscheidende ist jetzt, dass ihr euch nicht in Trauer verzehrt. Er hat für uns alle gearbeitet; was wir sind, sind wir durch ihn geworden. Und wenn du bedenkst, unter welchen Voraussetzungen er angefangen hat, dann sollte dich das mit Stolz erfüllen.

Vor allem aber versuche, guten Mutes zu sein, und sei gegrüßt von

deinem dich liebenden Sohn
Vido

[Von Peter Bayley[6]]

University College, Oxford
17. Oktober 1953

Liebe Kamla,

es hat mir sehr Leid getan, von dem Trauerfall in Ihrer Familie zu hören, und ich möchte Ihnen, Ihrer Mutter und der ganzen Familie mein aufrichtiges Beileid aussprechen.

Doch es hat mich zugleich auch berührt und gefreut, dass Sie das Gefühl hatten, Sie könnten sich an mich wenden und mir Ihr Vertrauen entgegenbringen. Ich mag Vidia sehr gerne und verfolge seine Entwicklung mit Interesse, und Sie dürfen sicher sein, dass das auch weiterhin so sein wird und ich mich auch in Zukunft möglichst oft mit ihm treffen werde, auch wenn ich jetzt, da er sein weiterführendes Studium begonnen hat, nicht mehr für ihn zuständig bin. Dennoch wird er wissen, dass er bei uns jederzeit herzlich willkommen ist, und wir hoffen beide, dass er uns auch weiterhin als seine Freunde betrachtet, bei denen er vorbeischauen kann, wann immer ihm danach ist.

Ich habe Ihren Brief am Montagnachmittag erhalten. Ich fand ihn im College an der Pforte vor. Vormittags war ich nicht im College gewesen, weil ich mit meinem Unterricht noch nicht offiziell begonnen hatte. Ich ging sofort zu Vidia, aber er war nicht zu Hause, und als ich am frühen Abend auf dem Weg zum Abendessen im College erneut bei ihm vorbeischaute, war er noch immer nicht da. Ich hinterließ ihm eine Nachricht, in der ich ihn bat, bei mir vorbeizukommen, und gegen zehn Uhr abends kam er dann.

Doch er hatte bereits vom Tod seines Vaters erfahren; er war nämlich nach London gerufen worden, und so hatte er, als ich ihn sah, schon genug Zeit gehabt, um über den ersten Schock hinwegzukommen. Wie Sie wissen, hing er sehr an seinem Vater, er liebte und bewunderte ihn, und er hat mir oft erzählt, wie viel er seiner Familie verdankt: seiner Mutter und seinen Schwestern, insbesondere aber seinem Vater, der sein Interesse für Sprachen und Literatur, fürs Schreiben, ja sogar für den Zeitungsdruck geweckt hatte. Dennoch hatte er den Schock offenbar sehr gut verkraftet und war seinen Schwestern fraglos dankbar für ihre Fürsorglichkeit (obwohl ich sicher bin, dass er Sie in seinem nächsten Brief dafür rüffeln wird, dass Sie mich in dieser Sache bemüht haben!). Aber in dieser Hinsicht brauchen Sie sich überhaupt keine Gedanken zu machen, und auch Sati nicht (Sie müssen entschuldigen, ich weiß nicht mehr, ob der andere Brief tatsächlich von Sati war, da ich ihn natürlich an Vidia weitergereicht habe), denn es hat mir nicht das Geringste ausgemacht, vielmehr war ich, wie bereits erwähnt, sehr berührt und fand es schmeichelhaft, dass die Familie Naipaul sich ohne Zögern an mich gewandt hat. Ich bin außerordentlich froh über die glückliche Fügung, dass Sie während Ihres kurzen Aufenthalts in Oxford bei uns vorbeikommen konnten, und zwar nicht nur, weil es ein sehr schöner Besuch war, der uns unvergesslich bleiben wird, nicht nur, weil wir Sie wirklich bezaubernd fanden, sondern auch, weil Sie jetzt, da Sie uns kennen gelernt haben, hoffentlich nicht mehr befürchten werden, Ihr Bruder sei allein in diesem fremden Land.

Ich versichere Ihnen, und bitte richten Sie das auch Ihrer Mutter und Ihrer Schwester aus, dass ich mich nach besten Kräften um Vidia »kümmern« werde.

Meine herzlichsten Grüße

Zu Hause
22. Okt. 1953

Mein lieber Vido,

es gibt so viel, was ich gerne sagen würde, aber ich weiß nicht, wie. Dass Pa tot ist – damit werde ich mich wohl abfinden müssen, aber ich kann es nicht. Es gibt ein paar Dinge, die mich richtig quälen – er hat dich, den er so gern wiedersehen wollte, nicht mehr gesehen; er wollte einmal nach England; und vor allem wollte er, dass sein Buch veröffentlicht würde. Was mir wirklich wehtut, ist, dass er sein ganzes Leben lang nur gearbeitet hat, nur für uns.

Es gab eine große Trauerfeier, und die Einäscherung verlief so glatt und zügig, dass sie allen Anwesenden als die beste Art der Bestattung erschien.

Finanziell geht es uns so wie immer. Aber ohne Pa fühle ich mich lustlos. Du weißt, wie interessant ich das Unterrichten oft fand, und immer, wenn etwas Lustiges passierte, merkte ich es mir – »das muss ich Pa erzählen, wenn er mich heute Nachmittag abholt«. Neulich zum Beispiel korrigierte ich eine Arbeit einer 4. Klasse, und da las ich: »Bins lebte im Schottland, und als er groß geworden ist, hat er studiert und studiert und er schrieb seine Marmorien auf.« Du kannst dir sicher vorstellen, dass Pa herzlich darüber gelacht hätte. Aber jetzt ist er nicht mehr da, und es gibt niemanden mehr, der das so komisch finden würde wie er.

Doch nun zu etwas anderem: Wir wollen, dass du auf jeden Fall nächsten Juni nach Hause kommst – und sei es auch nur für kurze Zeit. Wenn du kommst, würde Pas Traum in Erfüllung gehen, auch wenn er jetzt tot ist. Er ist als stolzer Mann gestorben – stolz auf mich und stolz darauf, einen Sohn in Oxford zu haben. In seinen Augen warst du gut und rücksichtsvoll. Er vertraute dir und erzählte das jedem.

Was die finanzielle Lage zu Hause angeht: Pa ist so plötzlich gestorben, dass ich noch keinen Überblick habe.

Bald wird das jedoch der Fall sein. Wir haben dich auf BBC gehört und den Nachruf auf Pa. Die übliche Frage – Warum hast du noch nicht geschrieben? Ma macht sich große Sorgen. Denk an sie.

Viele Grüße
Kamla

University College, Oxford
28. Oktober 1953

Liebste Ma,

du hast völlig Recht, dich zu beschweren, dass ich nicht geschrieben habe, aber sosehr ich es auch wollte, ich habe es einfach nicht über mich gebracht. Irgendetwas in mir sträubte sich dagegen. Pat hat aus eigenem Antrieb einen ziemlich langen Brief geschrieben, den ich nicht gelesen habe.

Ich finde, es war sehr nett von Henry Swanzy, einen Nachruf im Radio zu bringen, ganz besonders da er sich zu dieser Zeit sozusagen am anderen Ende der Lebensskala befand – er war im Begriff, zum ersten Mal Vater zu werden.

Es ist wahrscheinlich überflüssig, dir zu sagen, wie einsam und schutzlos ich mich fühle. Alles, was ich in letzter Zeit gemacht – und, wie ich fand, gut gemacht – habe, zog automatisch den Gedanken nach sich: »Das würde Pa freuen.« Zum Beispiel hat er nicht erfahren, dass in der Prüfung meine Übersetzungen die besten des Jahrgangs waren. In gewisser Weise habe ich mein Leben immer als eine Fortsetzung seines Lebens betrachtet – eine Fortsetzung, die, so hoffte ich, auch eine Erfüllung sein würde. Das ist immer noch so, aber ich muss mich von der Vorstellung verabschieden, in Pas Gesellschaft älter zu werden, und ich muss die Kraft aufbringen, mich allein zu behaupten. Ich wünschte bloß, ich hätte auch nur die Hälfte von Pas Mut und Stärke.

Ich möchte keine falschen Hoffnungen nähren, aber in etwa 3 Wochen werde ich über eine Arbeitsstelle Bescheid bekommen, die mir wirklich fabelhaft erscheint. Ich würde als Assistent der Geschäftsleitung der Western India Match Company nach Indien gehen. Die Firma kontrolliert 3/4 der Streichholzproduktion in Indien, Burma, Ceylon und Pakistan; sie gehört zur Hälfte einer schwedischen Streichholzfirma. Mein Vertrag könnte alle drei Jahre verlängert werden. In den ersten 3 Jahren würde ich 1000 Rs (360 $) im Monat verdienen. Danach gäbe es alle 3 Jahre eine Gehaltserhöhung (um 300 Rs monatlich), was bedeutet, dass ich in sechs Jahren 7200 $ in Trinidader Währung bekäme. Alle 3 Jahre stünde mir ein halbes Jahr Urlaub zu (und eine Schiffspassage erster Klasse nach Europa). Dazu gäbe es jedes Jahr zwei Wochen normalen Urlaub. Ansonsten die üblichen Vergünstigungen: Auto, Unterkunft usw.

Solche Stellen sind ziemlich leicht zu bekommen. Einfach nur deshalb, weil man einen Abschluss der Universität Oxford hat! Wenn Pa doch nur hätte warten können! Ich habe mein Bestes getan, um euch klar zu machen, dass es kein Problem ist, eine Stelle zu finden.

Ich habe bei der Streichholzfirma darum gebeten, dass man mir drei Monate Frist einräumt – damit ich noch nach Hause fahren kann, wenn ich gleich eingestellt werde.

Die Fragen, die mich jetzt beschäftigen, sind zum einen, was mit Shivan geschehen soll, zum anderen, ob Meera oder Savi studieren wollen. Aber es ist albern, schon jetzt nach Antworten zu suchen – ich hoffe, konkrete Pläne gemacht zu haben, wenn ich nach Hause komme. Ich möchte ungern von Kamla getrennt sein, solange sie nicht verheiratet ist.

Offenbar war Pa schon vier Tage tot, als ich die Hemden, die Vase und die Socken abholte.

Ich habe die Socken schon getragen. Sie sind – nun ja, vielleicht ein bisschen zu bunt mit diesen hellroten Karos usw.; die Vase steht auf dem Tisch vor dem Fenster, im Moment ist sie voller Chrysanthemen, allerdings eher kläglichen Exemplaren. Eine sehr hübsche Vase, aber sie war bestimmt teuer!

Es ist jetzt Herbst, die Jahreszeit, wenn die Blätter altern und die Bäume in Flammen zu stehen scheinen. Am späten Nachmittag ist es bereits dunkel, und oft ist es neblig. Auf dem Land kann das romantisch sein, aber in der Stadt ist es etwas lästig.

Bayley war voller Anteilnahme, als er mir die Nachricht beibrachte, aber ich hatte es leider schon zwei Tage vorher erfahren. Owad war sehr mitfühlend; an dem Abend, als ich die Nachricht erhielt, kam er bei Basdai vorbei. Ich wollte mich nicht dazu äußern, und er drängte mich auch nicht. Capo R. hat mir einen Brief geschrieben und ist auch nach Oxford gekommen, aber wir haben einander verpasst. Das war gut so, denn mir steht nicht der Sinn nach tränenreicher Versöhnung.

Ich habe im Kinderbuchladen in Oxford gestöbert, weiß aber einfach nicht, was Shivan lesen könnte (Pa meinte, die König-Arthur-Bücher seien zu schwierig für ihn), und ich habe vergessen, was ich in dem Alter gern gelesen habe. Es tut mir sehr Leid für Shivan – mein Lesegeschmack wurde von Pa geformt, und Shivan hat einen solchen Lehrer nun nicht.

Bitte verzeih, dass ich erst jetzt schreibe, und mach dir keine Sorgen.

Viele Grüße an alle
Vido

University College, Oxford
25. November 1953

Liebe Kamla,

ich bitte dich, sobald du diesen Brief gelesen hast, alle Hebel in Bewegung zu setzen, um mir etwas Geld zu schicken. Ich habe dich schon vor geraumer Zeit vorgewarnt, dass ich Geld brauchen würde. Und jetzt ist es leider so weit. Ich habe diesen Brief tagelang vor mir hergeschoben, habe immer gehofft, dass sich noch dies oder das oder jenes ergeben würde. Doch es hat sich nichts ergeben, und ich bin vollkommen pleite. Mir ist klar, dass das eine enorme Belastung für euch sein wird, aber ich habe es trotz meiner Bemühungen nicht geschafft, das Geld, das ich im Sommer ausgegeben habe, wieder hereinzuholen. Ich brauche 150–200 Dollar. Ich musste so viele Sachen ersetzen, die kaputtgegangen sind, seit ich von zu Hause weggegangen bin. Ich musste zwei Paar Schuhe kaufen (43), musste 75 ans College zahlen und 60 an meine Vermieterin. Glaub mir, Kamla, es bekümmert mich wirklich, dass ich dich darum bitten muss, aber ich sehe keinen anderen Ausweg. Mein größter Posten hier ist das Essen. Ich habe es mit billigem Essen versucht, aber das bedeutete gekochte Kartoffeln bis zum Gehtnichtmehr, und davon bin ich schwach und krank geworden. Ich bin zu dem Schluss gekommen, dass ich meine Gesundheit nicht aufs Spiel setzen darf, und deshalb esse ich zweimal am Tag eine ordentliche Mahlzeit. Das kostet mich pro Mahlzeit etwas mehr als einen Dollar. Wenn du das Geld auftreiben kannst, überweise es mir bitte telegrafisch, damit ich es noch vor Trimesterende bekomme. Ich habe wirklich ein schlechtes Gewissen wegen dieser ganzen Sache, und bitte halte mich nicht für rücksichtslos oder leichtfertig. Ich schiebe es seit Tagen vor mir her, dir zu schreiben, aber jetzt bin ich gezwungen, es tun.

Aus der Stelle in Indien ist nichts geworden. Ich muss es

bei einer anderen Firma probieren. Aber du brauchst dich nicht zu sorgen.

Es wird dich vielleicht aufmuntern, zu hören, dass es mir gesundheitlich wieder sehr gut geht, und es kommt mir allmählich schon fast seltsam vor, dass ich diese Nervenkrankheit hatte. Höchst bedauerlich allerdings ist, dass sie mich davon abgehalten hat, nach Hause zu schreiben, mich davon abgehalten hat, neue Freundschaften zu schließen, mich davon abgehalten hat, so hart zu arbeiten, wie ich es hätte tun sollen. Aber das ist jetzt Gott sei Dank vorbei.

Es wäre hervorragend, wenn du Sookhdeo dazu bringen könntest, die Schulden abzuschreiben. Aber wenn er es nicht tut, macht das auch nichts. Es sind meine Schulden, und ich werde in der Lage sein, sie abzubezahlen. Doch wir müssen auf jeden Fall sicherstellen, dass Shivan, und wer immer es sonst noch möchte, die Universität besuchen kann – komme, was da wolle. Zurzeit denke ich fast ständig an zu Hause.

Letzten Samstag habe ich meinen akademischen Grad verliehen bekommen. Man erhält keine Urkunde oder so etwas. Es ist eine kurze Zeremonie, man trägt dunkle Kleidung und eine Robe usw. Jetzt bin ich also ein echter B. A.

Meine Geschichte über Rosie ist abgelehnt worden, eine von mehreren Ablehnungen. Aber schließlich befinde ich mich noch in der Lehrzeit, da muss man mit so etwas rechnen.

Bitte hör nicht auf, mir zu schreiben, nur weil von mir so selten Briefe kommen. Ich brauche Briefe von zu Hause, jetzt mehr denn je.

Grüße an die ganze Familie, insbesondere an Ma.

Vido

8. Dezember 1953

Liebste Ma,

ich schäme mich sehr, zu schreiben, nachdem ich in meinem letzten Brief um Geld gebeten habe. Aber bitte denk nicht schlecht von mir; ich habe es erst getan, nachdem alle anderen Versuche fehlgeschlagen waren.

Ich möchte nicht, dass du unglücklich bist oder dir Sorgen um mich machst. Ich denke jeden Tag an dich und möchte, dass dir das bewusst ist, genauso wie mir bewusst ist, dass du an mich denkst. Bitte vergiss das nie, und vergiss auch nicht, dass alle meine Zukunftspläne dich und die anderen zu Hause einschließen. Du kannst dir dessen vollkommen sicher sein; vielleicht geht es dir mit diesem Wissen ja ein bisschen besser. Seromany ist hier in England und – tja, immer noch dieselbe, soweit ich das beurteilen kann. Sie hat mir die Ausgabe des *Sunday Guardian* gezeigt, in der Pas Tod gemeldet wurde, und es hat mich gefreut, dass die Meldung auf der Titelseite stand. Das war wohl das Beste, was der *Guardian* je für ihn getan hat – ich muss sagen, dass ich diesen Leuten immer noch verübele, wie sie Pa zu Lebzeiten behandelt haben.

Ich finde es fabelhaft, wie Pas Verwandte, die Sookhdeos, euch zur Seite gestanden haben – so hat Seromany es mir erzählt –, und ich werde ihnen meinen Dank aussprechen, sobald ich zu Hause bin. Aber hör mal, Ma, du brauchst dich nicht verloren zu fühlen. Du hast uns, und keiner von uns wird dich je im Stich lassen. Bitte mach dir keine Gedanken.

Um Shivan allerdings sorge ich mich etwas. Er scheint über die Stränge zu schlagen, und ich hoffe, dass ich ihn bald zu sehen bekomme und mich darum kümmern kann, wie es mit dem armen Kerl weitergeht. Sieht er sich eigentlich auch so gern Filme an wie ich früher? Ich bin sonntags immer ins alte London gegangen, weißt du noch? Das Rialto ist für ihn viel näher.

Satti findet es bestimmt schofel von mir, dass ich ihr nicht für ihre Prüfungen Glück gewünscht habe, aber sie sollte wissen, dass ich ihr ganz fest die Daumen drücke und überzeugt bin, sie wird uns nicht enttäuschen und gut abschneiden. Und wie kommt Dravid voran?

Was du dir unbedingt, um jeden Preis, bewahren solltest, sind deine Unabhängigkeit und deine Selbstachtung. Lass dich von niemandem dazu zwingen, irgendetwas zu tun, was du nicht tun willst.

Mir geht es gut. Ich wünschte, ich könnte Weihnachten mit euch verbringen, aber jetzt dauert es wirklich nicht mehr lang, bis ihr mich wiederseht. Mach dir also keine Sorgen.

Mir fällt gerade auf, dass ich dir noch gar nicht gesagt habe, dass das Geld gestern angekommen ist. Vielen Dank. Betrachte es bitte als ein Darlehen, das ich so bald wie möglich zurückzahlen werde.

In ein paar Tagen schreibe ich wieder, und ich habe vor, künftig regelmäßig von mir hören zu lassen. Bitte bewahre mir einen Platz in deinem Herzen.

Dein dich liebender Sohn
Vidia

X

3. Mai 1954 –
20. Juni 1957

Schriftsteller

University College, Oxford
3. Mai 1954

Liebste Ma,

es stimmt nicht, dass ich nicht nach Hause kommen will oder auf dem besten Wege bin, euch alle zu vergessen. Nichts wird mir größere Freude bereiten als meine Rückkehr nach Hause. Ich bin fest entschlossen, diesen Sommer heimzukommen, aber ich kann noch kein genaues Datum nennen. Es kann schon nächste Woche so weit sein oder nächsten Monat, oder auch erst in drei Monaten.

Eins steht allerdings fest: Das Leben auf Trinidad entspricht mir einfach nicht. Ich glaube, es würde mich umbringen, wenn ich den Rest meines Lebens in Trinidad verbringen müsste. Die Insel ist zu klein, die Menschen sind engstirnig und haben die falschen Werte. Zudem gibt es für mich dort wirklich kaum etwas zu tun. Ideal wäre es, wenn ich zunächst eine Arbeitsstelle in Indien oder sonstwo finden und dann nach Hause fahren könnte, um Urlaub zu machen, denn den habe ich bitter nötig. Versuch zu begreifen, dass es zwecklos wäre, von Trinidad aus eine Stelle zu suchen. Natürlich wäre es schön, für ein halbes Jahr nach Hause zu fahren. Nichts täte ich lieber. Aber auch nach diesem halben Jahr bestünde immer noch das Problem, eine geeignete Arbeitsstelle zu finden. Verstehst du? Es ist viel besser, wenn ich noch zwei Monate länger in England bleibe und mir eine Arbeit suche, als wenn ich nach Hause fahre und mich dem Müßiggang hingebe. Aber was auch passiert, du kannst dich darauf verlassen, dass ich dieses Jahr zu euch nach Trinidad kommen werde.

Glaub nicht, dass es mir Spaß macht, noch länger in diesem Land zu bleiben. Dieses Land ist ein Hort rassistischer Vorurteile, und hier bleiben möchte ich ganz gewiss nicht. Mein Widerwille gegen einen dauerhaften Aufenthalt in diesem Land ist genauso stark wie meine Angst vor Trinidad. Ich hoffe, du verstehst meine Haltung jetzt, und du wirst wohl nicht mehr glauben, dass du mich nie wieder zu Gesicht bekommst.

Ich denke sehr viel an zu Hause – nicht an Trinidad im Allgemeinen, sondern an euch. Ab und zu träume ich von euch, und dann wünsche ich mir, ich könnte auf der Stelle heimkehren. Manchmal male ich mir sogar aus, wie schön es wäre, hier einzuschlafen und wie durch ein Wunder in der Nepaul Street aufzuwachen. Ich finde es qualvoll, nach Hause zu schreiben, und das liegt allein daran, dass ich keine aufregenden Neuigkeiten zu berichten habe. Wenn all das, was ich über zu Hause denke, durch Gedankenübertragung zu euch gelangen könnte, würdet ihr mich ganz bestimmt für den größten Langweiler auf Erden halten.

Nun, da der Tag meines Abschieds von Oxford näher rückt, sage ich mich von all meinen englischen Freunden und Bekannten los. Ich werde mein restliches Leben lang zu vergessen versuchen, dass ich in Oxford war. Aber vielleicht wird es auch gar nicht so lange dauern. Oxford ist womöglich die beste Universität der Welt, in vielfacher Hinsicht. Doch zugleich ist es ein tückischer Ort, denn man ist dort von der Außenwelt isoliert. Man vergisst, dass die Menschen da draußen womöglich noch dümmer sind als die Oxforder und unglaublich unkultiviert. Man vergisst viele wichtige Dinge, und man muss mit unangenehmen Überraschungen rechnen.

Glücklicherweise bin ich durch die Nervenkrise, die ich

1952 und 53 durchgemacht habe, auf alles vorbereitet, und ich bin einigermaßen glücklich, so glücklich, wie ein Mann in meiner Lage es sein kann. Als ich krank war, habe ich immer gesagt, dass ich beide Arme dafür geben würde, meine Gelassenheit und innere Ruhe zurückzugewinnen und meine seelische Gesundheit wiederzuerlangen. Aber ich musste nichts anderes geben als zwei Jahre meiner Zeit in Oxford, und jetzt fühle ich mich wirklich ausgezeichnet. Allerdings birgt dieses Wohlbefinden gewisse Gefahren. Kannst du dir vorstellen, dass ich inzwischen über 66 kg wiege und dass ich in den letzten drei Wochen fast 7 kg zugenommen habe? Du brauchst dir also keine Sorgen um mich zu machen. Wenn mir irgendetwas passiert, werde ich mich schon bemerkbar machen, glaub mir.

Sati hat mir eine Postkarte aus Barbados geschickt. Sie wirkt glücklich und unbeschwert, und das freut mich außerordentlich. Könntest du ihr einen Rat von mir ausrichten? Sie soll nicht mehr als zwei oder drei Kinder bekommen.

Ich denke viel an euch alle. An Kamla natürlich, die meinem Herzen am nächsten steht. An Mira mit ihrem ulkigen Gesicht und ihrem ulkigen Mund, und an Savi mit ihrem kräftigen Vibrato beim Singen. An Shivan mit seinem hübschen Naipaul-Gesichtchen – ein richtiger kleiner Chinese. Die Jüngste kenne ich natürlich noch nicht, aber das wird sich bald ändern. Ich frage mich, ob Shivan sich noch an mich erinnert. Und ich denke an dich, Ma, die ich sehr liebe.

Ihr könnt also mit meinem Besuch rechnen, allerdings kann ich noch nicht genau sagen, wann; und bitte macht euch keine Sorgen. Die Welt ist ein ungastlicher Ort, aber unser Stern wird dereinst hell erstrahlen.

Grüße an alle, von deinem albernen Sohn
Vido

University College, Oxford
17. Mai 1954

Meine geliebte Kamla und ihr alle zu Hause,

dieser kleine Racker Shivan ist doch genau wie ich! Kricket und kleine Lügen, um nicht in die Schule zu müssen. 1940, als ich in der 4a der Tranquillity School war, da beschlossen Ma und Pa, dass es gut für mich wäre, Privatunterricht beim älteren Romily zu nehmen. Ich hielt nicht viel von dieser Idee und drückte mich geschickt, indem ich Romily erzählte, Ma und Pa hätten entschieden, dass ich doch keinen Unterricht bekommen solle. Ich ging also nach Hause, und dann brach der Ärger los. Romily nannte mich einen »kleinen Spitzbuben«, als er es erfuhr, und ich musste das Martyrium von Privatunterricht an fünf Tagen in der Woche auf mich nehmen.

Ich möchte Ma ernsthaft bitten, sich die Sache mit der Bettcouch noch einmal zu überlegen. Diese Dinger funktionieren ein paar Monate lang gut. Aber dann fangen sie an, Ärger zu machen. Ich habe mir Basdais Couch mal näher angesehen (Owad hat sie jetzt). Sie ist nicht besonders gut. Es ist sehr unbequem, darauf zu schlafen. Wenn man sie nur ab und zu benutzt, ist das in Ordnung. Aber wenn ihr vorhabt, sie jeden Tag zu gebrauchen, solltet ihr euch lieber etwas anderes suchen. Es gibt durchaus Alternativen.

Sati hat mir eine Karte aus Barbados geschickt und einen Brief. Ich habe den Brief noch nicht beantwortet, hoffe das aber bald zu tun. Sie scheint glücklich zu sein.

Ich hoffe, sie hält das Leben in der Wildnis von Sangre Grande gut aus. Arbeitet sie eigentlich? Sie wollte doch erst mal eine Weile als Lehrerin arbeiten, bevor sie sich ihrem Dasein als treu sorgende Hausfrau hingibt. Meine Güte, es ist schon seltsam, einen Schwager zu haben. Sehr eigenartig. Ich fühle mich richtig alt, bestimmt bekomme ich bald die ersten grauen Haare.

Wegen Marian würde ich mir keine Gedanken machen. Sie ist ein echtes Miststück. Sie war sehr abweisend zu mir, was mich ziemlich gekränkt hat. Ich bin tränenüberströmt zu Bett gegangen und musste am nächsten Morgen den Fußboden aufwischen; alles war voller Salz von meinen Tränen. Für mich ist das nur ein Grund mehr, warum ich Trinidad entkommen will, und ich betrachte es als meine Schuldigkeit, alles Erdenkliche zu tun, damit auch ihr von dort wegkönnt. Wer frönt denn all den Lastern – dem Tanzen, dem Trinken – des westlichen Lebensstils, oder wie immer man das nennen mag? Ich ganz gewiss nicht. Ich bin ganz schön dumm gewesen, mich auf die Bücher und die Malerei zu konzentrieren, die der Westen zu bieten hat, oder etwa nicht? Die Leute werden enttäuscht sein, wenn sie mich sehen. Ich habe nichts an mir, was darauf schließen lässt, dass ich in Oxford war. Wenn Marian meint, ich spräche mit einem Akzent, den man – irrtümlicherweise – als oxfordtypisch bezeichnet, dann beweist sie damit nur ihre eigene Ignoranz.

Es bekümmert mich sehr, dass dir diese elenden Deppen aus unserer Verwandtschaft solchen Ärger machen. Ich kann dazu bloß sagen, dass du versuchen solltest, den Kontakt mit ihnen auf ein Mindestmaß zu beschränken und ihre Lügen und Beleidigungen zu ignorieren. Diese Leute sind so dumm, dass es ein Jammer wäre, wenn du dich von ihnen aus der Fassung bringen ließest. Es ist einfach Pech, dass du in eine Familie hineingeboren wurdest, der auch sie angehören, aber die Bindungen sind ja nicht sehr eng. Noch dazu sind sie weder erfreulich noch einträglich, sodass du durch eisige Höflichkeit nicht viel verlieren wirst. Lass die Leute reden. Ich hoffe, sie waren nicht zu Satis Hochzeit eingeladen. Wir müssen unser eigenes Leben leben, vergiss das nicht. Stark genug dafür sind wir zweifellos.

Ich schicke zwei Fotos mit. Vielleicht findet ihr sie interessant. Kamla wird das eine, das vor der Marlborough-Säule beim Blenheim Palace aufgenommen wurde, sicher wiedererkennen. Der Mann links ist ein türkischer Freund von mir, ein sehr liebenswürdiger und großzügiger Mensch. Das Mädchen in der Mitte ist Seromany, die immer noch furchtbar unglücklich ist. Vor ein paar Wochen hat sie auf meine Einladung ein Wochenende im Randolph verbracht. (Wie gewöhnlich habe ich vormittags kaum mehr getan, als auszuschlafen.) Das andere Bild wurde auf der Brücke in Abingdon aufgenommen, ungefähr acht Kilometer südlich von Oxford. Am Karfreitag sind wir zu viert – außer mir noch der Türke, der Deutsche in der Mitte und ein Inder aus Tanganjika, der das Foto gemacht hat – für zwei Stunden auf dem Fluss rudern gewesen. Was ihr seht, ist nur ein Nebenarm, der eigentliche Fluss liegt ein Stückchen weiter links.

Gebt auf euch Acht, seid nett zueinander und habt mich weiter lieb!

Vido

St. Julian's Road
London, NW6
6. April 1955

Meine liebe Kamla,

gerade habe ich deinen Brief bekommen, der mich sehr bekümmert hat. Man zögert ja immer, in derart persönlichen Dingen Ratschläge zu erteilen. Aber ich finde wirklich, dass du auf keinen Fall nur deshalb heiraten solltest, um verheiratet zu sein. Ich verstehe wirklich nicht, warum du dir wegen des Heiratens solche Gedanken machst. Wenn es zu einer unerträglichen Bürde für dich geworden ist, allein stehend zu sein, dann sieh auf jeden Fall zu, dass du bald heiratest. Aber wenn dem nicht so ist, dann würde ich es für weitaus klüger halten, zu warten, bis du jemanden gefunden hast, den du wirklich magst. Es ist mir eine unerträgliche Vorstellung, dass du unglücklich mit einem Mann verheiratet sein könntest, den du eigentlich nicht magst. Dann wärst du nämlich mit ziemlicher Sicherheit in einer wirklich verfahrenen Lage. Du siehst also, wie schwierig es für mich ist, dir zu raten. Aber meine liebe Kamla, du bist erst fünfundzwanzig, und ich sehe keinen Grund, warum du in Panik geraten solltest. Ich verstehe das alles natürlich, aber ich möchte nicht, dass du dir wegen dieser Angelegenheit Tag und Nacht den Kopf zerbrichst. Das tut dir nicht gut.

Und jetzt, bevor ich zu diesem Thema zurückkehre oder vielmehr damit fortfahre, möchte ich den zweiten Teil deines Briefs beantworten. Ich habe dir an dem Tag, als ich dich in der Waterloo Station verabschiedet habe, versprochen, dass ich alles in meiner Macht Stehende tun werde, um dich wieder in meine Nähe zu holen, fort aus Trinidad. Dieses Versprechen gilt nach wie vor. Ich mache langsame, aber unverkennbare Fortschritte beim Rundfunk, und wenn alles so weiterläuft, dann VERSPRECHE ICH DIR, DASS ICH DICH INNERHALB VON ALLERHÖCHSTENS ZWEI JAHREN von allen familiären Verpflichtungen befreien werde. Denk nicht, dass ich das jetzt bloß sage, damit ich die Last nicht auf meine eigenen Schultern nehmen muss. Ich bin wirklich davon überzeugt, dass ich der ganzen Familie werde helfen können. Denn eines verspreche ich dir, wenn ich nicht bald anfange, richtig Geld zu verdienen, dann werde ich eine gut bezahlte Stelle in Afrika oder sonstwo antreten. Liebste Kamla, ich weiß, dass wir beide kein leichtes Los im Leben haben, du noch weniger als ich, aber ich bitte dich, lass uns einander als Partner betrachten, was die Versorgung der Familie angeht. Du musst nicht mehr lange durchhalten. Und deshalb möchte ich auch nicht, dass du dich zu irgendeiner überstürzten Handlung hinreißen lässt, die du später womöglich bereuen wirst. Verstehst du? Solltest du allerdings jemanden kennen lernen, bei dem du das Gefühl hast, du magst ihn, du könntest dich dauerhaft an ihn binden, dann heirate ihn, und zwar ohne auch nur zu fragen. Ich weiß, dass du mich verabscheust, weil ich immer wieder den Zeitpunkt hinausschiebe, an dem Vido endlich zu den Waffen greift, um die Familie zu erretten. Aber ich arbeite daran. Und ich mache keine leeren Versprechungen. Doch ich brauche noch etwas Zeit, um Tritt zu fassen. Vielleicht wirst du deines Lebens eher froh, wenn du Trinidad nicht als Falle begreifst, sondern als eine Art Zwischenstation. Sieh mal, ich weiß, dass ich als Schriftsteller Erfolg haben werde. Ich weiß es einfach. Ich habe meine gesamte Zukunft auf diese eine Karte gesetzt. Bist du bereit, mit mir gemeinsam auf sie zu setzen, oder nicht? Ich will wirklich nicht, dass du irgendetwas tust, was dich auf lange Sicht unglücklich macht, verstehst du. Und ich möchte, dass dir immer bewusst ist, dass ich für dich arbeite. Denn es ist so.

Ich kann deinem Brief nicht entnehmen, ob du Trinidad sofort verlassen willst. Vielleicht kannst du dich später einmal dazu äußern, in einem anderen Brief. Bitte lass es mich wissen, denn ich will alles tun, was in meiner Macht steht.

Und noch etwas, ich möchte, dass du dir keine Sorgen ums Geld machst. In ein paar Wochen schicke ich euch wieder welches, und ich bitte dich: WANN IMMER IHR ZU HAUSE GELD BRAUCHT, sag mir sofort Bescheid. Ich werde dann Himmel und Erde in Bewegung setzen, um euch welches zu schicken. Es tut mir Leid, dass ich letztes Mal nicht mehr als die fünfzehn Pfund schicken konnte, aber wenn alles so weiterläuft wie im Moment, werde ich bald mehr schicken. Also gib mir Bescheid, ja?

Dass ich nicht regelmäßig Geld senden kann, liegt daran, dass ich auf die Schecks der BBC angewiesen bin, und da gibt es immer wieder Schwierigkeiten und Verzögerungen – ein Riesentheater.

Viele Grüße an alle zu Hause

Vido

St. Julian's Road, 14
London, NW6
3. Oktober 1955

Meine liebe Kamla,

in vier Tagen schicke ich dir das Geld; wenn es mir ratsam erscheint, werde ich es telegrafisch anweisen.

Ich muss mich bei dir und den anderen zu Hause vielmals entschuldigen, und ich hoffe, dass du dein Vertrauen in mich nicht verlierst. Weißt du, fast alle Pläne, die ich bisher für mich und uns alle gemacht habe, sind gescheitert, und das beschämt mich zutiefst.

Dies also ist mein letzter – endgültig letzter – Plan. Ich habe auf jeden Fall vor, nächstes Jahr nach Hause zu kommen, allerdings hoffentlich nicht für lange. Denn offen gestanden rechne ich damit, dass ich als Schriftsteller in nächster Zeit etwas Beachtliches zustande bringen werde. Ich möchte mich so weit etablieren, dass ich England mit irgendeinem lohnenden Ziel verlassen kann. Ich habe immer noch Indien im Auge. Wann immer du mich also verfluchst, denk daran, dass ich selbst mich noch heftiger verfluche. Ich habe in diesem laufenden Jahr bisher zwei Bücher geschrieben. Das erste, auf das ich große Hoffnungen setze, liegt derzeit beim Verlag, und ich erwarte täglich eine Antwort. Eigentlich hätte sie bereits kommen sollen, und ich hatte gehofft, ich könnte gute Nachrichten nach Hause schicken. Ich setze deshalb große Hoffnungen auf das Buch, weil bisher alle, die das Manuskript gelesen haben, davon angetan waren, und das ist ein gutes Zeichen. Das zweite Buch muss ich noch einmal überarbeiten. Ich bin letzte Woche damit fertig geworden, aber es ist nur eine Rohfassung. Auf jeden Fall siehst du, dass ich nicht faulenze, sondern auf ein konkretes Ziel hinarbeite und mir nicht etwa ein schönes Leben in London mache, wie du es nennst. Ich habe noch viele weitere Ideen für Bücher, aber die Annahme dieses einen Buches würde mein Selbstvertrauen stärken, und das ist bitter nötig.

Es gibt noch eine Neuigkeit, und sicher hast du es dir schon gedacht. Pat und ich haben geheiratet, aber ich habe es bis jetzt für klüger gehalten, das zu verschweigen, da ich das Gefühl hatte, es würde dich aufbringen, wo ich doch bisher nichts für euch getan habe. Aber du sollst wissen, dass meine Pläne für die Familie dadurch in keinster Weise beeinflusst werden. Vielmehr drängt mich Pat sogar immer wieder, nach Hause zu fahren und euch zu unterstützen, und sie hat sich nur widerwillig damit einverstanden erklärt, dass ich hier bleibe und schreibe. Unser Plan sieht vor, dass wir, falls ich mit dem Schreiben keinen Erfolg habe, beide nach Trinidad kommen, um dort zu arbeiten und dir möglichst bald die Last von den Schultern zu nehmen. Ich weiß, dass diese Neuigkeit dich und Ma verstimmen wird, aber ich hoffe trotzdem auf eure guten Wünsche.

Du siehst also, dass ich letztlich wegen des Schreibens in England bleibe, und ich nehme an, du wirst das verstehen und mich darin bestärken. Die kurzfristige Lösung, nämlich dass ich nach Trinidad komme, um die Schulden abzubezahlen, würde uns auf lange Sicht alle lahm legen; wenn ich dagegen – mit der entsprechenden Anstrengung – etwas wirklich Beachtliches zustande bringe, dann werden wir alle davon profitieren. Hab Geduld mit mir, bitte. Ich mache es mir nicht leicht: Ich hungere zwar nicht, aber meine Verantwortung für euch lastet mir schwer auf der Seele, und ich schäme mich sehr.

Ich möchte mich mit niemandem treffen, der aus Trinidad nach England kommt, und wäre froh, wenn du mir die Leute vom Leib halten könntest, denn ich finde es zunehmend schwierig, höflich zu Menschen zu sein, die ich nicht mag, und Heuchelei ist mir zuwider.

Ich danke dir für alles: für die Briefe, die du mir trotz meines Schweigens weiterhin schreibst, für den Kakao und den Pyjama, die ich beide dankend erhalten habe und gut gebrauchen kann, vor allem aber für deine stete Liebe. Sie bedeutet mir sehr viel.

Hoffe mit mir, dass du bald einen Brief erhalten wirst, in dem steht, dass mein Buch angenommen worden ist. Das wird alles ändern.

Ich grüße euch alle: Sati, zu der ich unverzeihlich rüde war, Meera und Savi, an die ich mich ausgesprochen gern erinnere, und natürlich – natürlich! – Shivan. Außerdem Nalini und Ma und dich.

Viele Grüße an alle, und bitte keine rüden Briefe!

Vidia

Cable and Wireless (West Indies) Limited

8 DEZ 1955

= NAIPAUL 26 NEPAUL STREET PORT OF SPAIN TRINIDAD

= ROMAN ANGENOMMEN GRUSS = VIDO

THE BRITISH BROADCASTING CORPORATION
Broadcasting House, London, W1
10. Februar 1956

Liebe Kamla,

diesen Brief nach Hause schreiben zu können – darauf habe ich gewartet, seit ich Trinidad verlassen habe. Es geht um mein Buch. Vor einiger Zeit habe ich euch ein Telegramm geschickt, in dem stand, dass das Buch angenommen worden ist. Dieser Brief nun wird erklären, warum ich seither nichts von mir habe hören lassen. Zunächst einmal habe ich letztes

Jahr nicht ein Buch, sondern drei Bücher geschrieben. Das erste habe ich an einen Kritiker geschickt, dessen Urteil so vernichtend ausfiel, dass ich es gar nicht erst an einen Verlag geschickt, sondern gleich ad acta gelegt habe. Ich glaube, es war das Beste so. Denn danach beschloss ich, meinen Stil vollkommen zu verändern. Anfang Juni begann ich an einer Reihe zusammenhängender Geschichten über eine Straße in Port of Spain zu arbeiten. Sie gefallen jedem, der sie liest. Ich habe siebzehn solche Geschichten innerhalb von sieben Wochen geschrieben. Das Mädchen, das sie für mich abgetippt hat, brauchte dafür fünf Wochen. Ich reichte die Geschichten bei einem Verlag ein – genauer gesagt hat ein Freund sie alle zusammen hingebracht –, und dort lagen sie dann elf Wochen lang. Ich rief im Verlag an. Die Verlegerin sagte mir, ihr gefielen die Geschichten und allen anderen im Verlag ebenfalls. Sie seien sich aber nicht sicher, ob sie sie veröffentlichen sollten, da sich Kurzgeschichtenbände schlecht verkauften, selbst wenn die Geschichten thematisch zusammenhingen. Ihr persönlich gefielen sie, und sie wolle sie veröffentlichen, ihr Geschäftspartner sei jedoch dagegen. Während dieser ganzen Wartezeit hatte ich – innerhalb von weniger als sieben Wochen – den Entwurf für einen neuen Roman geschrieben und die ersten drei Kapitel fertig gestellt. Ich erzählte das der Verlegerin, und sie zeigte sich interessiert. Sie wollte die drei fertigen Kapitel sehen. Wenn sie ihnen gefielen, würden sie zuerst den Roman und danach die Geschichten veröffentlichen. Also brachte ich Ende November vier Kapitel hin, und elf Tage später erhielt ich telefonisch die Nachricht, dass ihnen die Kapitel gefielen und dass sie mir 25 £ als Option auf den fertigen Roman und weitere 75 £ bei Erhalt des Manuskripts zahlen würden. Ich arbeitete also bis Ende Januar hart, um den Roman abzuschließen. Auch der fertige Roman gefällt ihnen. Heute Abend treffe ich mich mit der Verlegerin auf einen Drink bei ihr zu Hause, um ein paar Änderungen mit ihr zu besprechen, die sie am Romanende vornehmen möchte. Die 75 £ habe ich noch nicht erhalten.

Das Interessante an der ganzen Sache ist, dass ich überhaupt keine Ablehnung bekommen habe. Die zehn Pfund, die ich zu Weihnachten nach Hause geschickt habe, stammten von den 25 £ Vorschuss. Den Rest dieses Geldes möchte ich vorläufig nicht antasten, und zwar aus folgendem Grund. Ich möchte das Geld auf der Bank lassen; und wenn zehntausend Exemplare des Romans verkauft werden – im Schnitt verkauft sich ein Roman ungefähr zweitausend Mal –, dann werde ich genug Geld haben, um die Schulden unserer Familie – für die Nr. 26 – abzuzahlen. Es hängt also alles von dem Roman und von dem Buch ab, das nach dem Roman erscheinen soll. Der Roman heißt *Der mystische Masseur*, der Verlag ANDRE DEUTSCH; das Buch wird, glaube ich, im September oder Oktober erscheinen – frühestens. Wenn es gut ankommt, wird *Miguel Street: Sketches of a Street in Port of Spain*[1] nachfolgen. Ich arbeite derzeit an einem weiteren, dritten Buch, das ich gerade angefangen habe, es soll *Life in London*[2] heißen. Es ist bisher allerdings nicht mehr als ein grober Entwurf. Ich glaube, dass etwas Beachtliches daraus werden kann. Ich weiß, dass man keine Vorhersagen machen soll, aber ich habe das Gefühl, dass ich mit dem *Mystischen Masseur* womöglich gutes Geld verdienen werde – mehr kann ich vorläufig nicht versprechen, Kamla. Ich habe immer noch vor, im Sommer heimzukommen, wenn auch nur für kurze Zeit. Aber Kamla, ich habe noch etwas anderes, Konkreteres zu bieten. Es ist gut möglich, dass der Roman auch in Amerika veröffentlicht wird, und das Geld der Verkäufe dort soll Kamla gehören. Es liegt also in unser aller Interesse, dass das Buch erfolgreich ist.

An all dem, was ich geschrieben habe, wirst du erkennen, dass ich nicht untätig gewesen bin und euch zu Hause nicht vergessen habe. Ihr seid mir alle stets gegenwärtig, und alles, was ich tue, tue ich letztlich für euch. Ich für mein Teil glaube, dass wir uns dem Ende des steinigen Weges nähern. Und ich kann dir gar nicht sagen, wie froh ich bin, dass mein Schreiben keine Zeitverschwendung war. Ich glaube, dass ich nicht untalentiert bin, und im vergangenen Jahr habe ich so viel übers Schreiben gelernt, dass ich jetzt ungefähr sechsmal so gut darin bin wie Anfang letzten Jahres.

Andererseits kann es natürlich sein, dass das Buch überhaupt kein Geld einbringt. Aber lass dich von diesem Gedanken nicht bedrücken. Ich melde mich bald wieder.

Viele Grüße
Vido

St. Julian's Road, 14
London, NW6
20. Juni 1957

Liebe Ma,

einen Tag nachdem ich Kamla von dem kritischen Echo auf mein Buch geschrieben habe, erschien im *Daily Telegraph* eine ausgezeichnete Besprechung – sie ist so gut, dass ich sie komplett wiedergebe:

> V. S. Naipaul ist ein junger Schriftsteller, der es versteht, den Esprit Oxfords und die Urwüchsigkeit Trinidads gekonnt miteinander zu verschmelzen. Er ist eine Art westindischer Gwyn Thomas[3] – geistreich, warmherzig, satirisch-frech handhabt er das Kleingeld menschlicher Erfahrung wie Münzen aus Gold.
>
> Sein erster Roman, *Der Mystische Masseur*, beschreibt die Laufbahn des Ganesh Ramsumair von dessen mühsamen Anfängen als Lehrer bis hin zu seiner schlussendlichen Verwandlung in den ehrenwerten G. Ramsay Muir, MBE. In der Zwischenzeit schreibt Ganesh Bücher mit Titeln wie *Was Gott mir erzählte* und verzeichnet einen gewaltigen Erfolg als mystischer Ratgeber (»Geistliche Tröstung und Erquickung sind hier zu jeder Zeit, an jedem Tag, außer samstags und sonntags, erhältlich«). Mr Naipaul widmet sich seinen Ne-

benfiguren (darunter zwei furchterregende Matronen namens King George und der Große Rülpser) mit einer an Dickens gemahnenden Fabulierfreude und beweist einen scharfen Blick für politische Winkelzüge. Angesichts seiner Bemerkung, »dass die Geschichte Ganeshs gewissermaßen die Geschichte unserer Zeit ist«, können wir nur spekulieren, was für Auswirkungen das Fernsehen auf Trinidad haben wird.

Ich nehme an, der Verlag hat die Rezension auch an St. Aubyn[4] geschickt; falls nicht, und er will sie für seine Reklame verwenden: Der Verfasser heißt Peter Green.

Und nun zum Thema Arbeit. Letzte Woche hatte ich das erwähnte Vorstellungsgespräch. Es lief gar nicht schlecht, obwohl ich eine Dreiviertelstunde zu spät kam (ich hatte mich verlaufen, war zur falschen Adresse gegangen). Sie waren bereit, mich sofort einzustellen, allerdings nur mit einem Jahreseinkommen von 600 £. Ich sagte, das sei unannehmbar, ich bräuchte als Anfangsgehalt mindestens 1000 £. Sie meinten, sie wüssten nicht, ob ich das wert sei. Ich konnte das nachvollziehen und schlug vor, einen Probetext für sie zu verfassen, damit sie sehen konnten, ob ich ihnen das Gehalt wert sei. Ich werde also einen Probetext für sie verfassen. Heute Morgen haben sie mir den ganzen Kram geschickt. Besonders interessant wäre die Arbeit nicht, ich wäre bei der Cement and Concrete Association angestellt und hätte die Aufgabe, den ganzen Tag Betongebäude zu beschreiben, aber als Arbeitgeber wären die Leute nicht schlecht: Man bekommt jedes Jahr eine Gehaltserhöhung von mindestens 100 £.

Ich habe noch ein paar andere Eisen im Feuer. Um ganz ehrlich zu sein, habe ich die Befürchtung, dass man mir zwei oder drei Stellen anbieten wird – dann wird es schwierig sein, die richtige auszuwählen.

Mir steht eine Menge Arbeit bevor. Ich schreibe (auf Bitte des Verlags) an sechs zusätzlichen Passagen für den Roman, und das ist die Hölle. Ich kann zu einem abgeschlossenen

Roman nicht einfach etwas hinzufügen, das geht nicht einfach so. Ich muss noch 2 weitere Rundfunkbeiträge über Heinrich V. vorbereiten (Gesamthonorar: 30 Guineen). Und dann muss ich noch diesen Probetext schreiben.

Viele Grüße an alle
Vido

Anmerkungen

Anmerkung zum Herausgeber: Gillon Aitken ist seit 1979 Naipauls literarischer Agent.

I
21. September 1949 – 22. September 1950: Von Port of Spain nach Oxford

1. V(idiadhar) S(urajprasad) Naipauls ältere Schwester, die damals an der Banares (manchmal auch Benares geschrieben) Hindu University studierte. Das älteste der sieben Kinder von Seepersad und Droapatie Naipaul (geb. Capildeo). (siehe Stammbaum)
2. Ein Schulkamerad von Vidia
3. Samuel Butlers *The Way of all Flesh* (1903) {*Der Weg des Fleisches*, 1929}
4. Zeitweilige Hausangestellte der Naipauls
5. Mamie (oder Mamee): V. S. Naipauls Tante mütterlicherseits, die Frau von Simbhoo (Capo S.), dem älteren Bruder seiner Mutter
6. V. S. Naipauls Cousine, Mamies Tochter
7. V. S. Naipauls Cousin, Sohn des älteren Bruders seines Vaters, Persad (oder Ramparsad – von seinem Vater als »Rapooche« fiktionalisiert)
8. V. S. Naipauls Cousin, Sohn seiner Tante mütterlicherseits
9. Die weißen Flanellhosen der westindischen Kricketmann-

schaft, die sich zu dieser Zeit in Indien aufhielt, wurden in Bombay gestohlen, was großes Aufsehen erregte.

10. Beverly Nichols' *Verdict on India* (1946) hatte eine heftige Kontroverse ausgelöst.
11. *Autobiography* (1936) {*Indiens Weg zur Freiheit, 1957*}
12. Aldous Huxleys *Jesting Pilate* (1926)
13. Boysie (oder Boyzee): ein Cousin, der Sohn von Koonta, einer der Schwestern von V. S. Naipauls Mutter
14. Eine Koseform von Vidia (das seinerseits eine Verkleinerungsform von Vidiadhar ist); der Name, bei dem V. S. Naipaul innerhalb der Familie genannt wird
15. Schulfreunde
16. Ein Cousin, Sohn von Dhan, einer Schwester von Vidias Mutter
17. Der jüngere Bruder von Vidias Mutter (Capo R.), der zu dieser Zeit als Mathematikdozent an der London University arbeitete
18. Rudranaths Frau
19. Sati (oder Satti): Vidias nächstjüngere Schwester, das dritte Kind der Familie
20. Higher Certificate – höherer Schulabschluss
21. Das Haus der Capildeos befand sich in der Luis Street Nr. 17, im Stadtviertel Woodbrook in Port of Spain.
22. Autonummer des Wagens der Familie Naipaul, eines Ford Prefect
23. Henry Swanzy: Produzent des BBC World Service; *Caribbean Voices*: eine wöchentlich ausgestrahlte Literatursendung
24. Mrs Lindo, jamaikanische Redakteurin bei *Caribbean Voices*
25. Ein bekannter Filmregisseur jener Zeit
26. Die in England lebenden Mitglieder der Familie Capildeo
27. Vidias jüngere Schwestern, das vierte bzw. fünfte Kind (und die dritte bzw. vierte Tochter) der Familie
28. Späterer Autor von *The Forest People* {*Molimo: drei Jahre bei*

den Pygmäen} und anderer Bücher über Afrika – siehe Vidias Brief an Kamla vom 8.11.51 und seine Briefe nach Hause vom 15.11.51 und 1.12.51
29. Freundin von Kamla
30. Onkel mütterlicherseits
31. Shiva, Vidias jüngerer Bruder
32. Eine Cousine, Tochter einer der Schwestern von Vidias Mutter
33. Sonny Ramadhin, der legendäre westindische Kricket-Nationalspieler
34. Capo S. (Simbhoo)
35. Capo R., siehe Anm. 17

II
5. Oktober 1950 – 1. Januar 1951: Das erste Trimester in Oxford

1. Redakteur bei *The Caribbean Quarterly*, einer dem neu gegründeten University College of the Westindies angegliederten Zeitschrift
2. Vidias Grundschule
3. Ein Freund der Familie
4. Das Schia-Fest im Monat Mohurram
5. Nachbildungen der Grabstätten der Schia-Märtyrer
6. Beim Schia-Fest von Tänzern auf den Schultern getragene Bambusmonde
7. S. Radhakrishnan (1888–1975): Professor für östliche Religionen in Oxford; später Präsident von Indien (1962–67) {erhielt 1961 den Friedenspreis des Deutschen Buchhandels, Anm. d. Ü.}
8. Über mehrere Nächte andauernde Schriftenlesung
9. Ritueller Tanz eines ursprünglich afrikanischen Kults, der inzwischen vor allem in der Karibik praktiziert wird
10. Ein Mitglied der bäuerlichen Verwandtschaft von Vidias Vater

11. Ehemann von Calawattee, einer Schwester von Vidias Mutter
12. Vidias Großmutter mütterlicherseits
13. Eingelegte Mangos
14. Der wohlhabende Ehemann von Vidias Großtante väterlicherseits
15. Literarische Zeitschrift der Universität Oxford
16. Queen's Royal College, Port of Spain
17. Lehrer am Queen's Royal College, Hobbyschriftsteller
18. Cousin, Sohn von Capo S.
19. *The Trinidad Guardian*, *The Trinidad Weekly Guardian*
20. Chefredakteur des *Trinidad Guardian*
21. Kunstlehrer bei der karibischen Zweigstelle des British Council
22. Einflussreicher Anwalt in Trinidad, dessen Sohn ein Schulkamerad von Vidia war (siehe I, Anm. 2)
23. Britischer Hersteller von Milchprodukten
24. Carlisle Chang, auf Trinidad ansässiger chinesischer Künstler
25. Samuel Selvon (1923–1994), aus Trinidad gebürtiger Schriftsteller

III

1. Januar 1951 – 11. April 1951: Frühjahrstrimester, Osterferien 1951

1. Cousine von Vidias Mutter, zu der er im Alter von fünfzehn oder sechzehn eine platonische Liebesbeziehung hatte
2. Royal Victoria Institute
3. Andere Schreibweise von Mira, Vidias jüngerer Schwester, der dritten Tochter bzw. dem vierten Kind der Familie (siehe I, Anm. 27)
4. Dhan, eine ältere Schwester von Vidias Mutter
5. Hindu-Ritual, das die Lesung einer religiösen Schrift einschließt

6. Cousin mütterlicherseits
7. Verwandte des Mannes von Calawattee, einer Schwester von Vidias Mutter
8. College of Immaculate Conception, römisch-katholische Oberschule in Port of Spain, die in Konkurrenz zum Queen's Royal College stand
9. Slangausdruck für die Einwohner von Barbados
10. British Guyana
11. Frank Worrell, ein legendärer westindischer Kricket-Nationalspieler
12. Chefredakteur des *Trinidad Guardian* (1929–1934), der erste Arbeitgeber von Vidias Vater und Förderer von dessen literarischer Arbeit
13. Dichter und Verleger, Herausgeber der Buchreihe *New Writing*
14. Arlette und Molly, Freundinnen von Kamla
15. Hobbyschriftsteller aus Trinidad
16. Warwick Deeping (1877–1950), populärer englischer Romanautor der 1920er und 1930er Jahre

IV

14. April 1951 – 13. September 1951: Sommertrimester, Sommerferien 1951

1. Der Titelheld von Seepersad Naipauls einzigem veröffentlichten Buch (siehe Bibliographie)
2. Church of England {Anglikanische Kirche}
3. Joyce Cary (1888–1957), englischer Schriftsteller, Anm. d. Ü.
4. Tropischer Baum {*Albizia samans*}
5. Autor diverser Lehrbücher zum Schreiben
6. Historienspiel auf Grundlage des Ramajana {eins der beiden großen Nationalepen Indiens}
7. Eine Nacht, die der hinduistischen Gottheit Schiwa gewidmet ist

8. *The Old Wives' Tale* (1908) {*Konstanze und Sophie oder Die alten Damen*, 1932}
9. Cousinen – Töchter von Ahilla, einer älteren Schwester von Vidias Mutter
10. Ältere Freundin der Familie
11. Eine der jüngeren Schwester von Vidias Mutter
12. Roter Punkt auf der Stirn

V

20. September 1951 – 8. Januar 1952: Herbsttrimester, Weihnachtsferien 1951/52

1. Vidias erste veröffentlichte Kurzgeschichte
2. Vidias erster Romanversuch; der Titel wird später zum Titel eines Buchs über Trinidad von Foster Morris, einer Figur aus *A Way in the World* (1994) – *Ein Weg in der Welt* (1995). (siehe Bibliographie)
3. Jemand, der als Kind eines indischen und eines afrikanischen Elternteils geboren wurde
4. General Post Office – Hauptpost
5. »'d« statt »would« usw., Anm. d. Ü.

VI

16. Januar 1952 – 8. April 1952: Frühjahrstrimester, Osterferien 1952

1. Türkische Zigaretten
2. Cousin, jüngerer Sohn von Capo S.
3. C. C. Abidh, ehemaliges Mitglied von Trinidads gesetzgebendem Rat, hatte Capo S. bei Ratswahlen besiegt
4. König George VI. (1895–1952)
5. Lehrer am Queen's Royal College
6. Canadian Mission – Kanadische Mission

VII

21. April 1952 – 28. September 1952:
Sommertrimester, Sommerferien 1952

1. Eine karibische Fischart {Karibenfisch}
2. Der zweite Ehemann von Phoowa, der älteren Schwester von Vidias Vater
3. Geschiedener Ehemann von Ramdoolarie, einer älteren Schwester von Vidias Mutter
4. Es wird kein Versuch unternommen, die Geheimnisse des Kricket aufzuklären.
5. Mahabir-Swami-Pujas und Suraj-Puran-Rezitation – Lesungen hinduistischer religiöser Schriften
6. Hinduistische Verlobungszeremonie
7. Bekannter Kricket-Nationalspieler aus Trinidad
8. Vornehmer Stadtteil von Port of Spain
9. Patricia Hale, Vidias spätere Ehefrau

VIII

3. Oktober 1952 – 8. August 1953:
Das Abschlussjahr

1. Sati
2. Cousine von Vidias Vater
3. Nalini (oder Nella), die neugeborene (fünfte) Tochter, das siebte und letzte Kind der Familie
4. Edgar Mittelholzer (1901–1965), sehr produktiver westindischer Romanautor (aus Guyana), Autor von *A Morning at the Office*
5. Hinduistische politische Organisation auf Trinidad
6. Eine andere Schreibweise von Shivan (ebenso auch Sivan), Vidias jüngerem und einzigem Bruder
7. Queen's Park Oval, Kricketstadion in Port of Spain, Anm. d. Ü.
8. Persad, älterer Bruder von Vidias Vater (siehe auch Pas

Gedanken über »Rapooche« in seinem Brief an Vido vom 5.10.1950)

9. Dorfrat
10. Indische Gesandtschaft in London, Anm. d. Ü.

IX
10. August 1953 – 8. Dezember 1953: Familientragödie

1. Gebetskette
2. Capo S.
3. Sookhdeo (siehe II, Anm.14), Vidias wohlhabender Großonkel, der den Kauf des Hauses der Familie Naipaul in der Nepaul Street in Port of Spain finanzierte
4. Ein Schulfreund aus der sechsten Klasse
5. Produzent des westindischen Programms der BBC Overseas Service; als Vidia ihn kennen lernte, war er Bibliothekar auf Trinidad
6. Vidias Tutor in Engl. Literatur an der Univ. Oxford

X
3. Mai 1954 – 20. Juni 1957: Schriftsteller

1. *Miguel Street: Szenen einer Straße in Port of Spain* {*dt: Blaue Karren im Calypsoland*, 1959}
2. Aufgegebenes Romanprojekt, in *The Enigma of Arrival* (1987) – *Das Rätsel der Ankunft* (1993) – ausführlicher erläutert
3. Gwyn Thomas (1913–1981), walisischer Schriftsteller, Anm. d. Ü.
4. Buchhändler in Trinidad

Originaltitel und wörtliche deutsche Übersetzung von im Text erwähnten, nicht auf Deutsch erschienenen Büchern bzw. Kurzgeschichten:

An Unfinished Journey – Eine nicht vollendete Reise
Obeah – Obeah
The Engagement – Die Verlobung
The Year's Work in Literature 1949 – Jahrbuch der Literatur 1949
The Author's Handbook – Autorenhandbuch
The Liar – Der Lügner
Writers' and Artists' Yearbook – Jahrbuch der Autoren und Künstler
The Heart of Hindustan – Das Herz Hindustans
Newspaper Editing, Make-up and Headlines – Zeitungsredaktion, Umbruch, Überschrift
I live again – Ich lebe wieder
Stembridge Geography – Southern Continent – Stembridge Erdkunde – Der südliche Kontinent
The Diver – Der Taucher
My Oncle Dalloo – Mein Onkel Dalloo
The Mourners – Die Trauernden
The Shadow'd Livery – Die schattige Livrei
Verdict on India – Urteil über Indien
Jesting Pilate – Der spottende Pilatus
A Brighter Sun – Eine hellere Sonne
By St. Peter, by Saint Paul – Bei St. Peter, beim Heiligen Paulus
The English Teacher – Der Englischlehrer
Gurudeva – Gurudeva
Panchayat – Panchayat
Sonya's Luck – Sonyas Geschicke
Copi – Copi
The Wedding – Die Hochzeit
Dookhani and Mungal – Dookhani und Mungal
Gratuity – Trinkgeld

Canaan – Kanaan
They named him Mohun – Sie nannten ihn Mohun
Escape – Flucht
The Adventures of Gurudeva – Gurudevas Abenteuer
You and Your Nerves – Du und deine Nerven
Psychology of the Adolescent – Jugendpsychologie
The Gentleman in the Parlour – Der Herr im Salon
A Morning at the Office – Ein Vormittag im Büro
Ramdas and the Cow – Ramdas und die Kuh
The Return of Gurudeva – Gurudevas Rückkehr
Anna of the Five Towns – Anna von den Fünf Städten
Life in London – Leben in London